普通高等学校公共体育新形态教材
安徽省高等学校质量工程项目一流教材

大学
体育教程

（第二版）

主编 赵一平 邹瑞 郑贺

Course of College Physical Education

高等教育出版社·北京

内容提要

本书是在全面贯彻全国教育大会精神的基础上，紧密围绕教育部颁布的《全国普通高等学校体育课程教学指导纲要》《高等学校体育工作基本标准》等有关文件编写，体现了“健康第一”的指导思想和“享受乐趣、增强体质、健全人格、锤炼意志”四位一体的学校体育目标。全书分为体育与健康概述、体育锻炼的理论基础、体质健康的测量与评价、体育文化与欣赏、田径运动、球类运动、时尚体育运动、传统体育运动、休闲体育运动9章内容。

本书为大学公共体育新形态教材，书中链接了大量拓展资源和动作技能视频，便于学生自学、自练。本书既可作为普通高等学校公共体育教材，又可作为高职高专院校的公共体育教材。

图书在版编目（CIP）数据

大学体育教程 / 赵一平，邹瑞，郑贺主编. -- 2版. -- 北京 ：高等教育出版社，2019.8（2020.8重印）
ISBN 978-7-04-052460-4

Ⅰ. ①大… Ⅱ. ①赵… ②邹… ③郑… Ⅲ. ①体育－高等学校－教材 Ⅳ. ①G807.4

中国版本图书馆CIP数据核字(2019)第162531号

Daxue Tiyu Jiaocheng

策划编辑 范 峰　责任编辑 范 峰　封面设计 张 楠 赵 晨　版式设计 于 婕
责任校对 马鑫蕊　责任印制 刁 毅

出版发行	高等教育出版社	网　址	http://www.hep.edu.cn
社　址	北京市西城区德外大街4号		http://www.hep.com.cn
邮政编码	100120	网上订购	http://www.hepmall.com.cn
印　刷	天津文林印务有限公司		http://www.hepmall.com
开　本	787mm×960mm 1/16		http://www.hepmall.cn
印　张	20.25	版　次	2016年8月第1版
字　数	490千字		2019年8月第2版
购书热线	010-58581118	印　次	2020年8月第2次印刷
咨询电话	400-810-0598	定　价	32.80元

本书如有缺页、倒页、脱页等质量问题，请到所购图书销售部门联系调换

物 料 号 52460-00

前言

健康的体魄是青少年为祖国和人民服务的基本前提，是中华民族旺盛生命力的体现。党和国家历来高度重视学校体育工作，重视学生的体质健康。进入21世纪以来，国家相继颁布了《中共中央国务院关于加强青少年体育增强青少年体质的意见》《国务院办公厅转发教育部等部门关于进一步加强学校体育工作若干意见的通知》《国务院办公厅关于强化学校体育促进学生身心健康全面发展的意见》等一系列政策和文件，要求各级各类学校把增强学生体质作为学校教育工作的重中之重，并以此作为学校体育课程改革的突破口。

体育课程是大学生以身体练习为主要手段，通过合理的体育教育和科学的体育锻炼过程，达到增强体质、增进健康和提高体育素养为主要目标的公共必修课程，是学校课程体系的重要组成部分，是高等学校体育工作的中心环节。体育课程是寓促进身心和谐发展、思想品德教育、文化科学教育、生活与体育技能教育于身体活动并有机结合的教育过程，是实施素质教育和培养全面发展的人才的重要途径。

教材建设历来都是课程建设的重要方面。为积极贯彻习近平总书记在全国教育大会上指出的"要树立健康第一的教育理念，开齐开足体育课，帮助学生在体育锻炼中享受乐趣、增强体质、健全人格、锤炼意志"的要求，进一步深化体育教学改革，提高体育课的教学质量，增强大学生的体质，我们在总结多年大学公共体育教学实践的基础上组织编写了本书。本书围绕《全国普通高等学校体育课程教学指导纲要》《国家学生体质健康标准（2014年修订）》《高等学校体育工作基本标准》等文件的精神编写，以"健康第一、促进终身锻炼"为编写宗旨，从大学生体育学习的实际需要出发，内容为普通大学生体育学习应了解和掌握的基础体育理论知识和运动技能知识，内容表达力求简明扼要、图文并茂、通俗易懂，融实用性、科学性、知识性和可读性于一体，使学生学有所得、练有所获，进而促进大学生终身体育观念的形成。

本书由赵一平、邹瑞、郑贺担任主编，宋兴华、丰华、郝宏钟、安庆标、杨继宏担任副主编，编写分工如下：第一章，赵一平、杨继星；第二章，章笑来；第三章，安庆标；第四章，赵一平；第五章，郑贺；第六章，马力、郝宏钟；第七章，丰华；第八章，宋兴华；第九章，邹瑞。本书被立项为安徽省2018年质量工程一流教材建设项目（2018yljc112）。在本书的出版过程中，得到了高等教育出版社的帮助与大力支持，在此致以衷心的感谢！

由于时间仓促，加之水平有限，书中不足之处在所难免，恳请广大读者批评指正。

编　者

2019年4月

目录

第一章
体育与健康概述

第一节　体育概述

体育在人类社会发展的历史进程中，对于人类的生存、强身健体、子孙繁衍等方面起着相当大的作用。随着科学技术和教育事业的不断进步，体育已发展成为比较完善的，又具有独立的理论与实践的学科体系，尤其是通过多学科的交叉和融合，大大促进了体育学科的飞速发展。今天，体育与人们的生活越来越密不可分，体育对改善人类自身的特殊作用也越来越被人们所认识，体育已成为人类社会的一种独具特色的文化现象。

一、体育的概念

体育是伴随人类社会的进步而逐步形成和发展起来的。体育的概念有狭义体育和广义体育之分。

狭义体育把体育定义为身体教育，认为体育是以身体练习为手段，以促进人的身体发展、增强人的体质和提高人的运动技术水平为目的的教育过程。其内涵是传授锻炼身体的知识和技能，培养良好的道德和意志品质，促进人的全面发展。

广义体育视体育为一种社会文化现象，即体育不仅仅是通过身体练习，增强人的体质，提高人的运动技术水平，而且是丰富人们社会文化生活，提高大众生活质量，促进社会文明建设的有意识、有组织的社会活动，它是社会总文化的组成部分，其发展受社会政治和经济的制约，可为社会政治和经济服务。

体育的概念是对体育认识的概括，也揭示了作为社会文化现象的体育本质。伟大教育家、现代奥林匹克运动之父皮埃尔·德·顾拜旦（1863—1937 年）曾以优美动听的散文诗《体育颂》讴歌体育。他赞美体育，崇尚体育，称体育是“天神的欢娱，生命的动力”，是“美丽”“正义”“勇气”“荣誉”“乐趣”“沃地”“进步”与“和平”的化身。

顾拜旦《体育颂》

二、体育的起源与发展

（一）体育的起源

作为人类文化的重要组成部分，体育是随着人类社会的发展而逐渐形成和发展起来的。它萌芽于原始社会，与人类最基本的生存需要以及早期的生产劳动实践有着直接联系。随着生产工具的改进和社会生产力的不断提高，社会对人们掌握生产技术的能力提出了更高的要求。起初，人们把锋利的石片或骨片嵌在木棒上刺杀动物，这延长了人手臂的长度，使之发挥出更大的作用，这就是最初的原始狩猎工具。但这种原始的工具仅限于近距离对动物的刺杀。为了刺杀几十米以外的动物，出现了较为先进的原始标枪。为了对付那些快速奔跑和飞翔的禽兽，原始人发明了弓箭。弓箭把物体的弹力和人体的力量结合在一起，是整个石器时代最先进、最具威力的工具，极大地提高了原始人狩猎的能力。随着劳动生产经验的积累以及劳动工具和技能的改进提高，人们需要对年轻一代在劳动中和劳动之余进行各种训练和教育，向他们传授各种知识和技能，于是便产生了人类最初的教育，其中也包含体育的因素，如走、跑、跳跃、投掷、攀登、爬越、游泳、攻防和格斗等。现代体育的许多项目，从本源上说都是从人类这些基本的活动技能中发展起来的。现代体育的许多项目仍相当程度地保留了这些原始生产和劳动的内容，如竞走、跑步、跳高、跳远、掷标枪、射箭、游泳、拳击、摔跤等。

体育起源于人类的生产活动，而体育的发展则与教育、军事、科学技术的发展以及宗教活动、休闲娱乐活动有着密切的关系。同时需要指出的是，体育在其整个历史发展过程中还受一定的政治经济制约，并为一定的政治经济服务。

（二）体育的发展

体育是随着历史的进程和人类社会对体育需要层次的提高而不断发展的，大致经历了以下三个时期：原始的体育萌芽时期、古代自觉从事体育时期、近现代形成与完善体育制度时期。经过这三个时期，逐步形成了现代的体育体系，其中，竞技体育的发展更是推动现代体育发展的主要动力。

1. 原始的体育萌芽时期

伴随原始社会后期生产力的发展和经济水平的提高，每个氏族、部落、民族之间血亲复仇、争夺地盘和资源财富的战争此起彼伏。在实践中，人们逐渐认识到通过体育这种手段可以使人强身健体，能为社会培养更多更好的劳动力，能为战争培养更多更优秀的勇士。因此，这时的体育是为了培养造就强壮机敏的身体，是出于生存、战争和社会的需要。

2. 古代自觉从事体育时期

进入奴隶社会，随着奴隶制经济的发展，战争频繁发生，统治阶级需要教育和培养其成员具备参加战争的体魄。进入封建社会，体育在发展的速度和规模上都大大向前迈进了一步，文武双全已成为封建社会衡量人才的重要标准，军事武艺在社会活动中越来越显露出其重要性。这一时期，体育活动项目明显增多。如在五代和宋朝时就有武学，其内容有弓箭、武艺和阵法。此外，养生术和养生思想发展尤为迅速。

3. 近现代形成与完善体育制度时期

17 世纪中叶，英国资产阶级革命的胜利，标志着人类社会步入新的历史时期。与这个历史时期相适应的体育，也随着资本主义的兴起而迅速发展。这时期的体育有如下特点：① 体育开始形成独立的学科体系，重视广泛运用近代科学的研究成果作为它发展的理论基础；② 体育运动已具有强烈的竞赛性和广泛的国际性；③ 体育已成为造就全面发展的人才的重要内容与手段；④ 体育运动项目的种类和规模都已远远地超过了封建社会和奴隶社会；⑤ 体育已成为学校教育的重要组成部分。

我国是中国共产党领导的社会主义国家，这就决定了我们的教育必须把培养社会主义建设者和接班人作为根本任务，培养一代又一代拥护中国共产党领导和我国社会主义制度、立志为中国特色社会主义奋斗终身的德、智、体、美、劳全面发展的人才，使之具备从事各种有益于社会的工作能力和良好的思想品质。体育作为培养全面发展的人才的重要内容与手段，社会对它的要求也不断提高。

三、体育的构成

当前，我国体育由学校体育、竞技体育和群众体育三部分组成。

（一）学校体育

学校体育是学校教育的重要组成部分，是全民教育的基础，它作为教育和体育的交叉点和结合部，又是国家体育事业发展的战略重点。为了达到教育、教养及发展的总目标，不同层次的学校体育按不同教育阶段和年龄特征，通过体育课程、课余训练和课外体育活动的基本组织形式，围绕“增强体质”这个中心，全面实现学校体育的各项任务，并与其他环节共同构成了一个完整的教育过程，使学生在德、智、体、美几方面得到全面发展。

（二）竞技体育

竞技体育亦称“竞技运动”（sport），sport 源于拉丁语“cespoit”，原指“工作之外的游戏和娱乐活动”，国际竞技体育协会将其定义为“含有游戏的属性并与他人进行竞争以及向自然障碍进行挑战的运动”。长期以来，我国竞技体育界将其解释为：“为了最大限度地发挥和提高人体在体格体能、心理和运动能力等方面的潜力，取得优异运动成绩而进行的科学的、系统的训练和竞赛。”该两种定义都突出了其竞争性或挑战性的根本属性。

竞技体育在现代奥林匹克运动的推动下，已有 50 多种用于国际比赛的运动项目，并设有相应的国际体育组织和单项运动协会。竞技体育被认为是在高水平竞争中，以夺取优胜为目标，对健康人体进行旷日持久的生物学和心理学改造，进而实现最大限度地开发人的竞技运动能力的教育过程。竞技体育对抗性强，对人的运动能力要求高，为应付激烈的赛场竞争，以探索人类竞技运动的极限，先进的科学训练方法和手段正被广泛采用。同时，由于竞技体育的表演技艺高超、季节性强，且极易吸引广大观众，因此，它作为一种极富感染力又容易传播的精神力量，在活跃社会文化生活、振奋民族精神、促进各国人民之间的友谊和团结等方面，都有着特殊的教育作用。

（三）群众体育

群众体育又称大众体育、社会体育，是指以健身、娱乐、休闲、医疗和康复为目的的体育活动。它是我国体育事业的重要组成部分，既有别于高水平的竞技体育，也有别于学校体育。作为学校体育的延伸，它可使人们的体育生涯得以继续维持并使人们受益终身。由于它吸引的对象主要是一般民众，活动领域遍及整个社会，乃至家庭，所以，活动内容广、表现形式新、趣味性强、参加人数多是其显著特征。

群众体育以增强人民体质，延长人的寿命，满足人民群众的健美、消遣、娱乐、休闲、保健、医疗、康复和社交等多方面的需要为目的，并不追求达到高水平的运动成绩。《中华人民共和国宪法》第 21 条明确规定：“国家发展体育事业，开展群众性体育活动，增强人民体质。”这说明了群众体育在整个体育事业和社会生活中的重要地位。

群众体育开展的广泛性和社会化程度，取决于一个国家经济的繁荣、人们生活水平的提高、余暇时间的增多和对体育的价值观念及社会环境安定等因素。群众体育作为现代体育发展的重要标志，目前在许多发达国家，其普及程度或开展规模都不亚于竞技体育。近几十年来，世界各国和中国群众体育发展的进程都证明了群众体育具有越来越广泛的群众基础，呈现出越来越繁荣发展的景象。

当前，我国的群众体育蓬勃发展。自《全民健身计划纲要》实施以来，全民体育意识大大增强。2016 年 10 月 25 日，中共中央、国务院发布了《“健康中国 2030”规划纲要》，这是新中国成立以来首次在国家层面提出的健康领域中长期战略规划。《纲要》强调“把健康放在优先发展的战略地位”，这对于推动经济社会发展方式转变、改善百姓生活具有重要意义。《纲要》指出，全民健康是建设健康中国的根本目的。体育在推进健康中国建设中有着十分重要的作用，在提高人民身体素质和健康水平，促进人的全面发展，丰富人民精神文化生活，激励人民弘扬追求卓越、突破自我等方面有着独特的功能和价值。随着“健康中国”国家战略的顺利实施，人们不仅开始关注和参与各类体育运动，还注重健康投资，如将健身器材引进家庭，涉及台球、网球、保龄球、高尔夫球等消费水平较高的休闲娱乐体育项目。此外，各种体育俱乐部、体育游乐园、健身娱乐中心也都竞相开办，由此吸引了大批体育爱好者，这表明当前我国的群众体育已进入一个新的历史发展阶段。

四、体育的功能

体育的功能实际上是体育本质属性的反映。随着社会的进步、生产的发展、知识的积累和人类需要层次的提高，特别是近年来体育科学的兴起，体育自身的规律及其他各种社会现象之间的关系不断被揭示，人们对体育的认识在实践中不断向纵深发展。

体育的功能归纳起来有健身功能、教育功能、娱乐功能、政治功能和经济功能等。

（一）健身功能

体育是通过身体运动的方式进行的，它要求人的身体直接参与活动，这是体育最本质的特点。这一特点决定了体育具有健身功能。通过体育活动可以促进人体的新陈代谢和血液循环，从而促使有机体的生长发育，改善各个器官、系统的机能，提高整个有机体的工作能力。体育运动能增强人的体质，使人健康长寿，这是体育运动健身功能的直接效果。

毛泽东《体育之研究》

此外，由体育运动的健身功能还可以派生出其他一些功能，如可以促进生产、提高劳动效率、提高部队战斗力、增强国防力量以及促进其他事业的发展等。同时，全民族体质的增强，本身就是精神文明的标志之一。

（二）教育功能

马克思和恩格斯在其著作中不止一次地论及体育的教育功能，他们把体育视为教育不可缺少的组成部分，认为“生产劳动同智育和体育相结合，不仅是提高社会生产的一种方式，而且是造就全面发展的人的唯一方法”。这一观点，是我们论述体育的教育功能的理论依据。

由于体育竞赛具有群众性、国际性、技艺性和礼仪性（指有一定的仪式，如开幕式、闭幕式、发奖仪式等）的特点，使它成为一种传播价值观的载体。它能激发人们的爱国热情，振奋民族精神，教育人们保持与社会价值观取向相一致的行为。体育竞赛的国际性，不仅扩大了它的活动范围，而且加深了它所产生的社会影响，把本来属于运动技艺的比赛扩大和延伸到国与国之间的竞争，这种竞争超越了体育运动本身的价值，产生了不可低估的教育作用。例如，在国际比赛中，运动员按照规定必须在胸前佩戴所代表国家（或地区）的鲜明标志；竞赛规程又明文规定比赛结束后，在给获胜国运动员颁奖时要奏国歌、升国旗，这就更增加了体育竞赛参与者和欣赏者的爱国意识。虽然人们不会简单地以运动竞赛的胜负来论定国家的优劣，但是，人们总是把一个国家的运动员在国际比赛中的表现和他们所取得的成绩看作一个国家国力的反映，民族威望也会由于在国际比赛中取胜而提高。特别是随着全球性通信网络的形成，体育运动更成了一种富于感染、易于传播的精神力量，这就使体育运动不仅与人民生活息息相关，而且能产生巨大的教育作用。

体育课程的开设，是体育教育功能最直接的体现。其目的是促进学生身体的正常发育和健康水平的提高。这种价值主要以两种方式体现出来：一体现在身体形态和机能的变化方面，通过在教师指导下参加体育活动，学生能够增强体能，使健康水平得到提高。二体现在体育意识和行为的变化方面，通过长期的运动实践和体验，学生不但能形成对身体、身体活动和健康的正确观念，增强自我保健的意识，同时还可以逐步养成健康的行为习惯和生活方式。

（三）娱乐功能

进入 21 世纪，随着现代化进程的加快，人们的余暇增多了，如何善度余暇，成了一个社会性问题。丰富多彩、健康文明的余暇生活，不仅可以使人们在繁忙劳动之后获得积极性休息，而且还可以陶冶情操，愉悦身心，培养高尚的品格。体育运动由于其技术的高难性与简单性、动作造型的艺术性、配合的默契性和易于接受的朴素性，成为现代人余暇生活的一个重要组成部分，起着丰富社会文化生活、愉悦人的身心、调节人的情感、满足人的精神需要的作用。参加活动者从活动中获得乐趣，获得愉悦的感觉，无论这种感受来自生理还是来自心理，抑或来自活动的场景。愉悦感、轻松感和满足感的获得，是体育娱乐的直接目的。现代体育运动技艺日益向难、新、尖、高的方向发展，能最大限度地发挥人的体力和智力水平。一些杰出的运动员能够在一定的空间和时间内把身体控制到尽善尽美的程度，使健、力、美高度统一起来，再加上和谐的韵律与节奏的巧妙配合，能表现出抒情诗般的艺术造型，使人们在观看体育比赛时，得到美的享受。例如，在欣赏跳高比赛时，成千上万的人在运动员准备起跳的时候屏息凝神，而当运动员越过横杆时，立即爆发出纵情的欢呼声；当一个排球运动员跳起扣球时，人们的手心沁出了汗水，而当排球落地有声得分时，观众马上爆发出震耳欲聋的掌声和欢呼声。亚里士多德曾将类似的情境称为“净化”观众的感情。这不仅可使人们在工作中所造成的紧张的神经、疲劳的身体和紊乱的情绪得到积极有益的调节，也可以获得一种精神上的享受。人们通过参加体育运动，特别是参加那些自己特别喜爱的擅长的运动项目，在完成各种复杂练习的过程中，在征服自然障碍的斗争中，能体验到一种非常美妙的愉快感受。这种心理状态可以激发人的自尊心、自信心和自豪感，满足人们与同伴交往、合作的需要。同时，不同的运动项目，可使人在实践中获得不同的情感体验。例如，跑步教导人们有条不紊，勇往直前；打球让人觉得视野开阔、豁达合群的重要性；旅游则可以饱览名山大川，赏心悦目，心旷神怡……

（四）政治功能

政治对体育起主导和支配作用，直接影响着体育的目的与任务。反之，体育以其特有的方式能动地作用和反作用于政治，为政治服务。体育的政治功能主要体现在以下两个方面：

1. 提高民族、国家的威望和地位

随着竞技体育的飞跃发展，竞赛场成了没有枪声的金牌争夺“战场”。金牌从一个侧面反映了一个国家的实力、地位、政治面貌、精神状态和社会制度的优越等。因此，各国纷纷运用竞技体育这一手段来表现实力、扩大影响、提高国际声誉。例如，苏联十月革命成功 35 年后，第一次参加奥运会就与美国平分秋色，显示了社会主义制度的优越性。1972 年，美国在奥运会篮球决赛中输给了苏联，引起了美国公众的普遍不满，认为这有损于美国的国际威望，要求调查失败的原因。我国在历史上曾被侮辱为“东亚病夫”，国际威望大受贬损。20 世纪 80 年代后，我国运动员在亚运会上连续夺得金牌总数第一，在奥运会上也连续多届获得多枚金牌，大大激发了民族意识，振奋了民族精神，提高了中华民族的威望和国际地位。

2. 振奋民族精神，加强爱国主义教育，增加国民凝聚力

一个国家要想谋求政治安定、经济繁荣、文化发达、军事强大，必须具备多种条件，而发扬民族精神、掀起爱国主义热潮、增强国民凝聚力，是其中必不可少的条件。为了实现这一目标，可采用多渠道和多种方式，而体育是其中十分重要的渠道和方式。当今，一个国家在一次国际体育大赛中获胜，会像巨石击水，在国民心中产生巨大的冲击波，使千百万人甚至整个民族、国家沸腾起来，从而使民族精神得到升华，爱国激情得到弘扬，民众之心连成一片。

（五）经济功能

体育的经济功能主要表现在通过提供体育服务产品，起到拉动市场、扩大就业、联动产业等作用，从而促进国家的经济增长。随着经济的发展，体育本身所蕴含的巨大的经济功能与价值越来越为人们所认同。在发达国家，体育产业的发展已经比较成熟。在美国，每年的体育产业总产值已超过 5 000 多亿美元；进入 21 世纪以来，随着我国经济的快速发展，我国的体育产业也迅猛发展。如今，体育产业在国民生产总值中占据的比例越来越大，体育经济越来越受到人们的关注。

在商品经济社会，体育作为第三产业，它以劳动的形式向社会提供消费。当前，一些经济发达国家非常重视发挥体育的经济功能，采用多种途径谋求体育的经济效益。例如，在大型比赛中通过出售比赛的电视转播权、发行纪念币、提供体育彩票、收取门票费用等方式获利。在日常体育活动中，通过提高体育设施的利用率、举办热门项目比赛的方式获利。此外，还可以通过发展体育旅游、寻求赞助、开展体育咨询等方式获利。

第二节　大学生健康教育

一、正确的健康观

（一）健康的定义

健康是一个充满时代特色的概念。随着人类社会政治、经济、文化和科学技术的发展与变革，人们对健康的认识和理解也在不断深化。1989 年，世界卫生组织在其宪章中重新对健康作了界定：“健康不仅是没有疾病，而且包括躯体健康、心理健康、社会适应良好和道德健康。”这一评价不仅基于医学、生物学的范畴，而且扩大到心理学和社会学领域。由此可见，一个人只有在身体和心理上保持健康的状态，并具有良好的社会适应能力，才算得上真正的健康。美国学者奥林斯提出了一种三维健康模式，强调从生物、心理和社会三个方面来评价人的生命状态，每个方面均包括健康和疾病两极，由此得出了关于人的健康状况的三维表象。根据这种表象所确定的方案，可以大致区分出普通人的 8 种健康模式（表 1–2–1）。

表 1-2-1　8 种健康三维模型

类型	标志	身体方面	心理方面	社会方面
1	正常健康	健康	健康	健康
2	悲观	健康	不健康	健康
3	社会方面不健康	健康	健康	不健康
4	患疑难病症	健康	不健康	不健康
5	身体不健康	不健康	健康	健康
6	长期受疾病折磨	不健康	不健康	健康
7	乐观	不健康	健康	健康
8	严重疾病	不健康	不健康	不健康

资料来源：[美] F. D. 奥林斯．健康社会学 [M]．北京：社会科学文献出版社，1992.

（二）健康的标准与亚健康

2000 年，世界卫生组织指出，人的健康标准有 10 条：① 精力充沛，能从容不迫地应付日常生活和工作，而不感到过分紧张和疲劳。② 处事乐观，态度积极，乐于承担责任，事无巨细，不挑剔。③ 善于休息，睡眠良好。④ 应变能力强，能适应外界环境的各种变化。⑤ 能够抵抗一般性感冒和传染病。⑥ 体重适当，身体匀称，站立时头、肩、臀位置协调。⑦ 眼睛明亮，反应敏锐，眼睑不发炎。⑧ 牙齿清洁，无龋齿，无痛感，齿龈颜色正常，无出血现象。⑨ 头发有光泽，无头屑。⑩ 肌肉、皮肤富有弹性，走路感觉轻松。

健康的标准——“五快三良好”

据有关研究报道，上述 10 条健康标准评价，只有 15%的人可以达到，15%的人有病，而大部分人是介于健康与疾病之间的一种状态，这种状态称为亚健康。所谓亚健康是指无明确疾病（包括躯体和心理、器质性的），却表现为精神活力的下降和适应能力减退。这可表现为身体和心理上的不足，如疲乏无力、精神不振、焦虑、头痛、失眠、食欲减退等，但经现代仪器检测或临床医师的诊断均未达到疾病的标准。在这种状态下，人的机能、免疫功能已有所下降，容易患病。

何为亚健康

（三）影响健康的因素

人体的健康受多种因素的影响，这些因素互相渗透、互相制约、互相作用。这些因素归纳起来主要有两方面：先天因素和后天因素。

1. 先天因素

影响人体健康的先天因素是遗传。人类遗传学告诉我们，人体细胞内含有的染色体 DNA（脱氧核糖核酸）是遗传物质的基础，有遗传意义的 DNA 称为基因。人体的遗传正是这些遗传基因不断地向后代传递的结果。目前，已经发现了 5 000 多种遗传病。随着科学技术的发展和各基因功能的明确，许多遗传病是可以治愈的。

2. 后天因素

（1）行为和生活方式：生活方式是指人们的衣、食、住、行以及工作、生活、娱乐、社交等活动方式。生活方式对健康的影响很大，并具有潜在性、累积性和广泛性的特点。良好的生活方式是健康生活与延年益寿的保证；不良的生活方式会导致各种疾病，将严重损害人体的健康与寿命。如经常暴饮暴食、营养不合理，容易造成营养过度导致肥胖，使血液中胆固醇含量过高，诱发心脑血管疾病和糖尿病；若经常饮浓茶、抽烟、酗酒，甚至吸毒，会严重损害神经系统的正常功能；若陶醉于色情场所或打牌赌博寻求“刺激”，会损害人的身心健康；若养成纵欲行为，甚至嫖娼、卖淫，极易染上各种性病，并败坏人格和社会精神文明。据世界卫生组织的报告，在全球人类死因中，不良生活方式所引起的疾病占60%，其中发达国家高达70%~80%，发展中国家也达到了50%~60%。有学者研究指出，在美国前10位死因疾病中，不良行为和生活方式在致病因素中占70%，中国占44.7%。

（2）医疗卫生服务：医疗卫生服务是指促进及维护人类健康的各类医疗、卫生活动。它包括医疗机构所提供的诊断、治疗服务，也包括卫生保健机构提供的各种预防保健服务。一个国家医疗卫生服务资源的拥有、分布及利用将对其国民的健康状况起重要的作用。

（3）环境：人类的健康状况离不开生存的环境，自然环境与社会环境对人类健康会产生直接或间接的影响。自然环境是指天然形成的水、空气、土壤、阳光等生存系统，它们是人体生存的物质基础。良好的自然环境与人体保持着一种平衡关系——生态平衡，它对人体健康有促进作用。社会环境是指人类生存及活动范围内的社会物质和精神条件的总和。社会环境对人的形成和发展进化起着重要作用，同时人类活动也给予社会环境以深刻的影响，而人类本身在适应改造社会环境的过程中也在不断变化。由于工农业生产的发展或某些人为的因素，造成了对自然环境的污染，从而破坏了大自然与人体之间的生态平衡，使人体健康和寿命受到威胁，甚至引发疾病和死亡。据报道，1949年国民的人均寿命是35岁，现在是76岁。随着经济的发展和科学技术水平的提高，人们工作和劳动的条件不断改善，受教育的面与程度不断扩展，物质文化生活越来越丰富，公共性服务与医疗服务也在不断改革、完善，从而使得人们的健康水平大大提高。

（4）心理因素：人的心理活动对人体健康的影响已越来越引起人们的重视。人的心理活动是客观存在的，是大脑对社会客观现实的反映。积极的情绪对健康有着良好的促进作用，可以改善大脑的功能，增强机体的免疫功能，提高机体防病和治病的能力，使人感到精力充沛。而消极的情绪则与疾病的发生和发展有密切关系。常常处于闷闷不乐、忧虑、紧张压抑的精神状态，会导致躯体生命系统整体功能失调，进而引发各种疾病。

二、健康教育

（一）健康教育的概念

健康教育的概念是与医学模式的演变和对健康概念的界定相关的。在生物医学模式时代，人们把对健康的追求归结为对疾病的积极诊断和治疗，此时，健康教育仅仅是传播医学卫生知识的手段，被称为“卫生教育”或“卫生宣传工作”。20世纪六七十年代以后，由于世界范围内疾病谱和死亡谱的演变，人们开始认识到人的行为和生活方式与习惯是影响健康的主要原因，纯生物医学模式逐渐被生物—心理—社会医学模式所取代，健康教育成为联结健康知识与健康行为的桥梁。正如世界卫生组织健康教育处前处长慕沃勒菲于1981年所指出的那样：“健康教育帮助并鼓励人们有达到健康状态的愿望，知道怎样做可以达到这样的目的，每个人都尽力做好本身或集体应做的努力，并知道在必要时如何寻求适当的帮助。”

由此，健康教育就是通过有计划、有组织、有系统的社会和教育活动，促使人们自愿地改善不良的健康行为和影响健康行为的相关因素，消除或减轻影响健康的危险因素，预防疾病，促进健康和提高生活质量，并对教育效果作出评价的过程。

（二）健康教育的内容与目标

为贯彻落实《“健康中国2030”规划纲要》对学校健康教育提出的工作要求，加强高校健康教育工作，提高大学生健康素养和体质健康水平，教育部于2017年6月14日颁发了《普通高等学校健康教育指导纲要》。

《普通高等学校健康教育指导纲要》

在大学开展健康教育，主要是讲授基本的卫生知识，传播有益的科学信息，帮助学生树立追求健康、珍惜生命、热爱生活的科学观念，并提供形成行为习惯所需的卫生保健、心理卫生、安全防病、性健康、营养卫生、人际关系等方面的知识、技巧和方法。其具体目标如下：

（1）丰富大学生的医疗保健知识，使其进一步了解健康的价值和意义，增强维护健康的责任感和自觉性，提高自我保健和预防疾病的能力。

（2）帮助大学生自觉选择健康的行为和生活方式，消除或减少影响健康的危险因素，从而促进身心健康，改善生活质量。

（3）使大学生认识到不良的行为和生活方式（如吸烟、酗酒、饮食结构不合理、缺少体育运动、生活无规律等）是诱发多种疾病（如高血压、冠心病、恶性肿瘤）的重要原因。

（4）帮助大学生树立现代的健康观念，使他们意识到现代人的健康不仅是躯体无病、体格健壮，更应有良好的心理素质和良好的社会适应能力。

（三）健康教育的原则和方式

1. 健康教育的原则

（1）科学性原则：健康教育是以传播、普及、提高卫生科学知识，使人们了解达到健康的途径为己任，所以应首先做到内容正确、举例真实、数据可靠，切忌片面化、绝对化，以免造成受教育者的误解。

（2）针对性原则：健康教育的对象是全体人群。由于人的年龄、性别、职业和文化程度的不同，他们在认识水平、接受能力、心理状态上以及对卫生知识的需求方面也必然有差异，因此必须因人施教。

（3）群众性原则：健康教育是一项造福于全人类的工作，在教育过程中要体现教育对象的涉及面广和参与教育人员数量多的原则，要根据教育对象的接受能力，尽量将深奥的医学、教育学理论变得通俗易懂，做到家喻户晓，尽人皆知。

（4）艺术性原则：根据不同对象心理生理特点、兴趣爱好、文化程度和理解能力的差异，采取各种不同的教育方式，力求做到教育内容与形式的统一。

2. 健康教育的方式

健康教育是以健康为目标，有计划、有组织、有步骤的社会和教育活动。它已不仅仅是卫生宣传或课程教育的狭义概念，而是由政府、社会、学校等社会多层面、多机构共同介入的大教育。其实施方式主要有社会活动、学校教育和行政干预等几个方面。

（1）社会活动：以各种社会活动进行的健康教育，是在各级政府、学术团体、专业协会等机构的组织下，由广大群众参与的一种教育活动方式。社会各方面的协同工作，改变了以往仅靠医疗卫生部门独家开展健康教育的局面，是实施健康教育的主要方式。在各种社会健康教育活动中，最为常见的是大众传播媒介的宣传、主题活动和专题讲座、健康咨询等形式。现代传媒技术的发展，使得大众通过广播、电视、期刊、报纸等媒介，可以得到健康知识教育，而因特网的健康网页和电信系统的健康热线，成为借助传媒进行健康教育最具现代特色的传播方式。

（2）学校教育：学校教育是健康教育的重要阵地，它可以通过有计划、有组织、有目的的教学计划，使在校学生得到全面、系统的健康教育，使他们在学习掌握科学文化知识的同时，获得有益的卫生保健知识，养成良好的健康行为和生活方式，树立正确的健康观念，也可使其成为健康教育的传播者，推动社会健康教育事业的发展。

通过学校进行健康教育不能仅仅理解为开设一门健康教育课，而是当前我国实施素质教育的重要组成部分。学校体育教育是实施素质教育和健康教育的有效形式。对体育教育功能的研究表明，体育不仅仅是以增强体质为目的的单纯运动形式，它还具有多功能和多目标的指向，有着培养良好心理、良好品德、良好人际关系和传授有关健康知识等作用，重视体育教育，积极参与体育活动，本身就是最好的健康教育。

（3）行政干预：即通过各级政府、各级组织有目标、有计划、有针对性地指导社会健康教育活动，使健康教育得到在法律、政策和制度上的保障。我国从中央到地方，均设有爱国卫生运动委员会，它们是我国健康事业的行政机关。各级政府积极主动地从多方面、多层次组织人力、物力、财力参加健康教育活动，是实施健康教育的组织保障。

第三节　现代体育与人的健康

一、现代生活方式与人的健康

（一）现代生活方式的特征

20 世纪是人类文明发展史上的一个重要阶段。在这 100 年里，人类创造的奇迹超过了以前几万年的总和。但令人炫目的 21 世纪则会进一步改变我们的世界，改变我们的生活时空。例如，劳动过程的机械化、自动化，汽车、电梯代步，生活电器化、信息化，食物半成品、快餐化，机械化、自动化、信息化、智能化等共同构成了人们享受社会生活的物质条件。我们的生产和生活由于现代化的高度发展而日趋效率化和合理化，劳动的时间缩短了。社会学研究表明，社会发展可持续化、社会资产投入无形化、社会知识化、教育终身化、生产方式集约化、信息传递网络化的趋势和特征，对学校教育改革与发展，对人才培养的方针和途径以及人才如何适应未来社会生活需要提出了新的要求，这也正是学校体育特别是高校体育所面临的重要问题。

（二）现代生活方式对人体健康带来的影响

现代生活方式主要由人们满足自身需要的方式所决定。科学技术的发展，使生产过程自动化、电气化和智能化的过程加快，繁重的体力劳动大大减少。过去那种大幅度、高强度的劳动操作，被由小肌肉群所参与的小动作所取代。现代生产方式的变化，造成了现代人的机体结构和机能（身体、心理）与生活环境之间产生了不平衡。身体活动的机会越来越少，这必然导致体力的下降。而现代社会的物质又极为丰富，人们营养物质摄入过剩，加上日常生活的运动减少，极易使人产生肥胖。一些人随着肥胖程度加大，体能逐渐下降，而另一些人则体质衰弱，成为“亚健康人”。现代文明病越来越成为人类的第一杀手。

（三）现代社会带来的挑战与危机

现代社会生活给人们带来方便和舒适的同时，也带来了许多的危机和不利的因素，归结起来有5个方面：

1. 面临高科技的挑战

信息时代，大众传媒的覆盖面越来越大，电脑被广泛使用，信息爆炸，人们要不断地取得、挑选和运用这些信息，学会面对崭新的环境。

2. 精神紧张

以自动化为代表的生产方式，不仅使劳动者自身劳动生产的喜悦减少，反而增加了厌倦感。此外，由于快节奏的工作，人们精神紧张程度也会越来越强，从而增加了精神的疲劳。此外，城市人口高度集中，交通拥挤，噪声增加，再加上以广告为代表的宣传泛滥等，均可成为容易使人疲劳的因素。

3. 面临道德和情感的困惑

在现代社会，以互联网用户构成的社区已成为城市日常生活的主流，这些超越时空的因素使人们的交往方式变得复杂，但这种情感的交流是不完全的。办公家庭化、信息个人化又呼吁人们应有面对面情感交流的机会。这种时空的阻断和交流的渴望使人们不可避免地产生道德和情感的困惑。

4. 人类面临生态危机

由于人口高度集中和城市化的不断发展，人们与大自然的距离越来越远。全球气候变化、臭氧层破坏和损耗、酸雨污染、土地荒漠化、水资源危机、森林植被遭到破坏、生物多样性锐减、海洋资源的破坏和污染、持久性有机污染物的污染等，使得人类的生存环境急剧恶化。在这些生态危机面前，阳光、水、空气这些自然的因素对人的健康显得愈加珍贵，但也是无法替代的。

5. 社会公害问题严重

在现代社会，由于利益的驱使，一部分人或损人利己，或知法犯法，或造假贩假，或违法犯罪……这些都给社会的稳定繁荣带来了负面的影响，也给百姓的生活带来了心态上的负面影响。另外，利用职务谋私等腐败行为也会有较大的社会负面影响。

二、现代体育的发展趋势

体育作为一种提高生活质量、满足人类身体需要和精神享受的重要手段，是现代社会人类文明、健康、科学生活方式不可缺少的组成部分，不仅对健康的人生有着重要的意义，同时与建立幸福的家庭和社会紧密联系在一起。有社会学家预测认为，体育甚至可能上升为未来社会人类生活的第一需要。社会的进步，使得体育的发展在人类生活中的领域越来越广，内容和形式也日趋丰富多样。

1. 体育社会化

发展体育事业得到了世界各国的普遍重视，各国政府都以立法的形式保证体育的广泛开展。例如，日本于1961年制定了《体育运动振兴法》，美国于1978年推行了《业余体育法》；我国也于1995年颁布了《中华人民共和国体育法》，并在全国实施了“全民健身计划”，以示我国对体育的重视。

随着社会的发展及生活水平的提高，人们的体育意识不断增强，对体育的需求日益迫切。生命在于运动，运动是良药，已成为大众普遍接受的观点。现代人对体育的普遍需求，也促进了全社会办体育的热情。体育产业已成为国民经济的重要增长点。北京奥运会后，我国体育朝着社会化和产业化发展的趋势日益明朗，并已成为当前体育改革的主要方向。2017 年，我国体育产业总产值达 2.2 万亿元。到 2020 年，我国体育产业总规模将超过 3 万亿，从业人数将超过 600 万，产业增加值在国内生产总值中的比重超过 1%。

2. 体育的多样化

为了满足现代人的需要，体育运动的目的、内容、形式等正朝着多样化的方向迅速发展。娱乐性体育运动的内容将更加丰富，形式将更加灵活多样。体育和音乐、舞蹈等艺术结合，形成了健美、健身活动，其和谐的韵律、鲜明的节奏，给人以一种力的表现和美的享受。气功、钓鱼、下棋使人轻松悠闲，乐在其中。娱乐运动在紧张的工作之后，可以使人活动身体，调节情绪，消除精神疲劳，获得积极性的休息，使身心得到协调发展。现代社会中各种趣味性强、轻松愉快、规则简单的娱乐运动，已成为人们合理利用闲暇时间的必不可少的方式和手段，受到了人们普遍的喜爱。

3. 体育的终身化

现代社会为人类生存提供了良好的条件，延缓人体的衰老进程，保持良好的健康状况，成为人们追求的目标。体育在人的一生中对维持健康的身心状态起着极为重要的作用。以往体育在家庭、学校、社会各自分离的状况，显然已不能适应现代社会的需要。现代体育要求从幼儿、儿童、少年、青年到中老年，都应连续不断地从事体育运动，形成家庭、学校、社会连贯的终身体育体系。各年龄段对体育运动有各自独特的需求，儿童、少年要健康发育和成长，青壮年希望获得健美的体格和充沛的精力，中老年希望延缓衰老，健康长寿。体育在社会不同职业范畴、不同生活领域和人类生命的全过程都应得到充分的利用，并朝着终身化的方向发展。

4. 体育的国际化

现代通信网络和交通工具的迅速发展，使人类生活的空间距离不断缩小，创造了人类交流的客观条件。在物质极大丰富的情况下，人们更热衷于文化的交流。体育作为现代社会最受欢迎的文化现象之一，正以前所未有的速度朝着国际化的方向迈进。它不受国家、地区、种族、文化的限制，把不同国家和民族联结在一起，交流体育文化和情感，传播友谊与和平。每年国际间的体育交流频繁，运动项目、参加人数和规模不断扩大。在各种国际性体育交流中，最引人注目的首推现代奥林匹克运动会。国际体育交流丰富了体育内容，增进了国家和民族之间的相互了解和友谊。

5. 体育的科学化

现代体育的发展特征是科学化。当前体育发达的国家，都普遍重视体育科学研究。现代竞技运动水平在一定意义上可以说是科学技术的较量。美国艾利尔博士在 1976 年奥运会前，运用生物力学和计算机技术，对铁饼运动员威尔斯金的投掷技术进行了分析，并模拟出最佳技术动作指导他的训练，预测他的成绩将超过自己最好成绩 3 米。结果三天后，威尔斯金的成绩提高了 4.86 米，并打破了世界纪录。

以增强体质为目的的健身运动的兴起，促进了体育锻炼的科学研究。尽管许多人明白体育锻炼能增强体质，但对于如何进行体育锻炼、锻炼多长时间、多大负荷才能达到增强体质的目的，却很少有人能作出确切的回答。如果说传统体育给人们留下的是单纯玩耍和游戏的乐趣，那么，现代体育则是在科学指导下，为增强体质、增进健康、丰富文化生活、使人类自身得到全面发展的一种特殊的社会实践活动。

三、现代体育与健康的关系

现代人所要求的社会性格和现代体育，特别是竞技体育所提倡的观念是一致的。因此，在现代社会里，常常利用体育运动来培养社会成员或未来社会成员的现代意识和心理行为。而经常从事体育活动的人也往往更容易建立起积极的人生观和世界观。

（一）体育已成为人们追求健康的重要途径

现代社会是以遵循“知识是资源、是资本、是财富”为主体的。而知识的载体却是人，人是知识的创造主体，也是知识创造的目的，同时还是知识运行的载体。所以说，现代社会是一个以人为中心的时代。

人在知识经济化的过程中，居于核心地位，发挥着举足轻重的作用。现代社会给人类带来崭新发展机遇的同时，同样给人们带来了新的威胁。工作性质的改变，工作时间的缩短，工作方式的多样化，使人原来的生活方式发生了变化。人类社会经过工业化发展，已基本脱离了原始、直接的体力劳动时期，进入了以脑力劳动为主导的工业信息社会，并且向知识经济社会过渡。人们开始了全新的以脑力劳动为主的生产方式。长期的以劳动代替体育锻炼的观念被废除，完全通过参与体育活动达到锻炼的目的和方式得到普遍接受。健康的身体不仅需要良好的生活习惯，还需要长期坚持不懈地参加相应的体育锻炼。在现代社会中，体育不会只停留在单纯康复作用的范畴，而会表现为更多地满足人类身心健康发展的要求。体育作为人们追求健康的途径必定会得到发展和弘扬。

（二）体育帮助人获得一定的合作技巧

进入 21 世纪，世界的格局也在发生着变化。未来的世界不再是以民族为基础各占一方，全球化已经成为一个实实在在的现实，实现社会发展的唯一方式和手段就是更多地寻求社会、团体与个人之间合作。人们开始重视合作的方法和技巧。良好的合作意识在现代社会里对于知识转化为经济的作用是非常之大的，因为，在现代社会的市场竞争中，仅靠个人的力量是很难做好的，谁掌握了合作的技巧，谁就会更好地发挥自身的知识价值。只有知识而缺少合作技巧的人，只能完成知识的低价产出。因此，掌握娴熟的合作技巧就成为现代人的一种追求。

体育对于培养人的合作精神和技巧有着独特的作用。特别是竞技体育，强调人与人之间的相互配合、彼此合作、相互信任、协调一致，这一显著特性对于参与者来讲，可以成为培养合作能力的基石。体育社团、社区体育的参与，同样具有这样的功效。体育社团有较大的社会容量，是社会成员实现社会参与培养合作能力的较好形式，是培养团队意识、协作精神等社会伦理道德的方法和途径。

（三）体育能培养人的竞争意识和创造意识

社会学认为，所有的竞争都存在两种方式：一种方式是通过扬长避短或改革创新等手段来使自己得到实际的提高，从而使自己处于优势；另一种方式是通过破坏对方或贬低对方等手段，来使自己得到相对提高，从而使对方处于劣势。前者是一种积极的方法，后者却是一种消极的手段。现代社会的竞争是建立在前者基础之上的竞争。竞争的资本是知识，谁真正拥有了新的知识和信息，谁将会成为竞争过程中的优胜者。破坏性、消极性的竞争在现代社会是不会拥有市场和机会的。体育特别是竞技体育是一种追求完美结果的行动，体育竞争的过程是完全的能力竞争，能力在体育竞争中，体现得淋漓尽致，尽管失败同样会出现，但失败后的再追求常常会填充追求者的不足。竞争的过程满足培养人们积极竞争的技巧，增强参与者的竞争意识。体育中的竞争是积极的、主动的，是对不完美东西的再美化行动，追求更高、更快、更强，符合现代社会知识创造的更新、更奇、更美妙的评价尺度。

（四）体育的教育功能得到升华

体育运动中的竞争是社会学家公认的社会竞争的好形式。在体育竞争中，它不承认除身体、心理以外的任何不平等，它将所有人凝结在同一个法规之下，进行着同样的运动项目，竞争的胜利者和失败者之间的差异来源于同一起点后的努力和创造。它不讲门第，不排世系，不序尊卑。它最讲法制，不徇私情，不论资历，而最务实，人们通过体育运动竞争过程的熏陶，将受到什么是公平、什么是法制的良好社会道德教育，体育使所有参与者的民主权利得到保障。在现代社会中，任何一种社会活动都涵盖着一定的排他现象，而体育特别是大众体育，对所有人开发的程度都是均等的，人人都可平等参加，并在活动中获得与其天赋相适应的运动业绩。人们拥有最大限度的“参与和退出，选择和被选择，解释与申辩”等民主权利。

体育还可以帮助人们了解和深化民主的内涵，培育人们掌握给予他人民主的方法和手段，提高自己的民主保护意识。体育竞赛一方面要求所有参与者共同集结在一个公平的场所内进行竞争，同时要求所有的参与者遵循同一尺度的法规，在民主的环境中尽可能发挥人的个性特点。

第四节　大学体育的目标与使命

《中共中央国务院关于深化教育改革 全面推进素质教育的决定》中明确指出：“健康体魄是青少年为祖国和人民服务的基本前提，是中华民族旺盛生命力的体现，学校教育要树立‘健康第一’的指导思想，切实加强体育工作。”教育是立国之本，是提高整体国民素质的根本所在，大学体育作为高等教育的重要组成部分，在增进学生身心健康，提高整体素质方面具有不可替代的作用。因此，全面提高大学生身心健康水平是学校教育工作的基本内容，更是大学体育责无旁贷的历史使命和工作重心。

一、大学体育的价值

（一）大学体育的文化价值

体育属于文化的范畴，是大众文化的一个有机组成部分。体育一词的英文之意就表述为身体文化（physical culture），说明体育与文化的紧密联系，特别是欧美文化对体育格外重视。在意大利、英国、西班牙和德国，体育文化以无穷的活力与魅力融入人们的现代生活，成为文化、消费不可缺少的内容。同其他文化方式相比，体育文化具有覆盖范围大、渗透能力强、感染力和震撼作用大、群众喜闻乐见和雅俗共赏等特点。它还不受性别、年龄、文化程度、地域及语言等因素的限制，是最普及、最流行、最直接的文化娱乐方式。

体育是通过人们自身行为改变自己的自然属性和社会属性的一种有意识、有目的的活动。随着时代的发展，现代体育的内涵和外延发生了重大的变化，与人们的生活联系得更加紧密，成为一种十分显著而复杂的文化现象，对个体的身心成长、发展以及社会政治、经济、文化等方面产生了积极重大的影响。随着当今体育的发展以及其人文价值、教育和娱乐等多种社会功能的凸显，体育已成为人类社会共有的精神文化产品，正改变着越来越多人的生活，并融入人们的日常活动之中。体育给人们带来的影响是独特和无以替代的，它所产生的心理与精神的效应是积极向上、正面深刻的。大学体育活动可以提高大学生的精神追求和文化品位，丰富课余文化生活，调节精神，陶冶品格。大学体育的文化价值可概括为：体育文化的传承、体育情趣的熏陶、精神需求的满足和文明修养的塑造。

（二）大学体育的社会、心理价值

体育是一种复杂的社会现象，它集健身、健心于一体，是身心健康的塑造过程。大学体育是滋养身心的课堂，历练品行的场所。我国著名体育教育家、清华大学教授马约翰先生早就指出“运动场是培养学生品格的极好场所，可以批评错误、鼓励高尚、陶冶性情、激励品质”，刻苦的锻炼可以“培养青年们勇敢的精神、坚强的意志、自信心、进取心和争取胜利的决心”，“而且这种运动场上表现出来的道德品质能够迁移。”

大学体育是以身体与智力活动为基本手段，根据人体生长发育、技能形成和提高的规律，通过体育教学、课外体育锻炼等形式，达到促进身体健康发展，提高身心素质水平，提高运动能力，丰富和改善生活方式，调节心理，陶冶情操，提高和完善个性品质，提高生活质量的一种有意识、有目的、有组织的社会活动。在人类发展史上，体育作为一种积极的人类行为和特殊的社会现象，一直伴随着社会的发展、文明的发展而发展，并对人类的进化和社会的发展起到了巨大的促进作用。在 21 世纪，大学体育作为调节、培养心理品质，塑造健全的人格，形成文明健康生活方式的重要内容，对大学生的健康始终起着独特的作用，是维护学生身心健康的最有效、最有益的方法，是学生调节情绪、历练品行、培养良好人格的最有效的途径之一。体育锻炼已经成为大学生用以调节精神生活、陶冶性情、改善心态的有效途径，成为拓宽生活空间、扩大信息来源和人际交往的重要渠道。学生自主地参加适合自己的体育锻炼，可以充分体验运动的乐趣和意义，进而培养对体育运动的爱好和兴趣。同时，大学生掌握从事终身体育活动所需的体育知识与技能，可以促进大学生提高自我锻炼的能力，形成终身体育的态度和习惯，从而奠定终身体育的基础。

今天，人们日益重视在体育活动过程中心理变化的特点与过程，关心体育锻炼对人心理的作用与影响。人们普遍感觉到，在参加体育活动的过程中，人的情绪变化对机体的积极影响、对健康的作用要比生理指标重要得多，有许多研究把研究的方向瞄向体育锻炼的心理价值层面，揭示带有规律性的东西。在体育锻炼与心理健康方面，研究者主要把目光集中在体育锻炼对人的情绪改善、对自我概念的影响及与认知功能的关系等课题上，还涉及体育锻炼所产生的心理效益机制等领域。人们通过体育活动调节日常生活，扩大人际交往，缓解社会压力，调整失衡心态，体验幸福生活。

（三）大学体育的美学价值

运动竞赛是体育的重要组成部分，其竞争性、观赏性以及比赛结果的不确定性能够满足人们的审美需求，使人如醉如痴，遐想无限。运动员或运动队在赛场上所表现出来的精湛技艺，让人赏心悦目，叹为观止，拍手称绝，人们能从中得到极大的心灵震撼和美学享受。重大体育比赛能够极大地满足一个人乃至多个民族的社会需求和表现欲望，从精神、心境、情感、意志和思想等方面影响人们的生活与行为，使精神得到升华，品质得到陶治，境界得到提高。体育是以民族文化的价值观、世界观、人生观为基础的，它负载着人们的情感，包含着人们的智慧、信仰、艺术道德、法律风俗等内容。大学体育的审美价值是：奋斗进取、追求卓越、净化心灵、培养情趣。

在体育比赛的竞争中充满着合作，严谨中渗透着幽默，平民化的气氛中散发着高雅气息，有静态般的雕塑美，也有运动中的动态美，这些都带给人们深刻的心理体验。在体育比赛中，爱与恨、悲与喜、乐与忧、期望与失望、成功与失败等融为一体，带给人无限的遐想和无尽的回味。情感得到升华，痛苦得以释怀，愤怒得到宣泄，心态得到平衡，这就是体育的独特与精彩之处，这就是体育文化的神奇与魅力所在。提高大学生的体育审美品位和在体育比赛中欣赏美、创造美的能力，也是大学体育的目标之一。

二、大学体育的真谛

“健康第一”是在科学人文主义教育观的基础上提出的指导思想，是先进教育理念的体现，是顺应世界教育、体育发展潮流，符合21世纪社会发展趋势和满足人们关心健康、追求可持续发展客观需求的。体育是通过人类自身行为，改变其自身的自然属性和社会属性的一种社会运动，标志着人类对自己身体发展的审美理想。大学体育就是对学生身心健康发展进行积极维护和美化教育的实践过程，大学体育的知、情、意、行的高度统一以及实际身体活动中的即得性反馈、群体的互动与情境作用，除有助于提高学生的身体素质与技能训练之外，对培养学生的自尊自信、坚忍不拔、沉着果断、开拓进取等心理素质也具有特殊的功能。21世纪是以人为本的时代，追求健康，使受教育者全面协调地发展，达到享受乐趣、增强体质、健全人格、锤炼意志的目的，这是实现当代教育理想目标不可缺少的重要内容，是人的价值和人文精神的核心，也是大学体育的真谛所在。

三、大学体育的目标

迈入21世纪，我国大学体育的目标、内容和形式发生了深刻的变化。大学体育的目标出现了多元化的倾向：从以往片面关注体质的生物性机能改善，发展为全面关注大学生身体健康、心理健康和社会适应能力的协调发展；从以往仅仅关注大学阶段的短期效益，发展为兼顾终身体育能力培养的长远效益；大学体育的内容呈现出个性化和多样化的倾向，大学体育内容的选择，比以往更加强调大学生的主体地位；大学体育的形式比以往更加灵活多样，有着良好的发展前景。

大学体育是培养全面发展人才的重要内容，是造就一代有竞争力、创造力、高素质的有用人才的有效渠道，是提高当代大学生身心素质、健康地为祖国工作50年奠定坚实良好的身心基础的平台，塑造健康之体魄、陶冶健全之精神、提高社会适应能力、形成体育锻炼习惯是大学体育的最终目标。

这里所谈的大学体育是指各种各样的以增强体质、促进身心健康、丰富生活、调整心态、愉悦身心的体育活动方式，包括体育教学、课余体育活动中进行的实际体育锻炼，是进行身体运动的最直接、最普遍的形式，充分反映了体育的本质特点与价值。大学体育是学生日常生活的一个重要组成部分。通过参加体育活动，学生可以拓宽生活的时间与空间，不断提高身体素质。在增进健康的同时，不断地完善自己的精神能力，追求卓越，展示才华，挖掘潜能，实现理想。通过体育锻炼，还能调节自己的心理状态，陶冶性情，磨炼意志，满足不断增长的身心发展的需要，增强自信心、自尊心，进而丰富生活内容，提高生活质量。体育锻炼是人们获得身心健康最容易、最廉价、最有效和最受欢迎的方法与形式。大学体育对大学生身体、心理的教育培养以及人格、品质的陶冶塑造有着积极、独特的作用。

四、大学体育的使命

作为一种社会时尚或生活方式，体育已经渗透在人们的生活之中，成为日常生活的重要内容。通过体育实践，大学生不仅可以形成体育锻炼的正确观念，增强自我保健的意识，同时还可以逐步养成健康的行为习惯和生活方式。

联合国开发计划署在《1994 年人类发展报告》中就曾指出：人类发展是一个提高人们生存机会的过程，从总体上说，健康、长寿、接受良好的教育和生活幸福美满是人类发展的基本标志。人们在拥有物质财富的同时，开始向往精神生活的满足。现代生活的含义是多元的，在一定程度上它表现着人们生存、享受和发展的现实状态。人们所企盼的高质量生活，其实就是一种和谐、丰富、愉快的生活，其中就必须有体育的存在。有了它的存在，也就有了人生的和谐、社会的和谐，体育也就完全融入了人们的生活。人们在余暇时间，通过体育休闲及对身体的锻炼，不仅获得了身心的满足、精神的愉悦和幸福的发展，同时对社会的发展也产生了巨大的促进作用。

大学体育有助于大学生进一步理解和习惯于在一定的社会规范中生活，根据社会规范约束和调整自己的行为。大学体育的目标之一是进一步理解个人健康与群体健康的关系，培养合作精神、竞争意识和交往能力，提高对他人、集体和社会的关心程度以及培养良好的体育道德和团队精神，并能把体育活动中培养的社会适应能力迁移到日常的学习、生活和工作中。

体育锻炼是现代人生活方式的重要组成部分，特别是对都市“白领”一族，其价值与作用非同一般。当代大学生是未来的社会精英，今后的工作大多是以高科技、脑力劳动为特征的行业。大学体育的熏陶、体育素质的培养、体育锻炼习惯的养成，将使大学生终身受益。体育活动可以为正处在或将处在高节奏、高竞争、高压力社会中的学子们创造一个轻松自在的“休闲”境界，使持续积累的心理紧张与压抑的情绪在体育运动中得到化解和宣泄，使学生能享受生活的乐趣，感悟生命的意蕴，体味成功的价值，在愉快和谐的运动交往中，躯体与精神融为一体，心灵得到慰藉，身心得到满足，人格得到升华，心胸更加乐观豁达，激发出更大的、积极向上的生活热情。从某种意义上讲，人们把休闲上升到工作和生活的目的，是经济发达、社会文明的标志，与满足人们享受与发展的需要、全面提高生活质量的目标是一致的。

处在高科技、信息化、知识经济的时代，人们以前所未有的热情关注健康问题。随着人们对生活质量要求的提高和对幸福体验的深化，身体—心理—社会三位一体的健康模式已被普遍接受，健康的概念已远远超出了医学的范畴，更多地转向社会和心理层面。经济的繁荣、物质产品的丰富、生活水平的提高、余暇时间的增多，使人们的精神需求大大增加。而竞争的日趋激烈、社会压力的增大、人际关系的冷漠，往往导致人们心理失衡，从而使心理健康成为热门的话题。体育是人类对自身健康进行积极维护和美化的过程，关注健康，追求愉快、健康的生活是现代人的必然选择。大学体育的健身功能是不言而喻的，大学体育的健心功能与育人功能正逐渐被人们所认识和推崇。

人的生活方式又总是与文化密切相关的。休闲作为一种生活方式、一种文化，贯穿于人的整个生命过程中。体育锻炼与休闲能够增进人的健康，使人得到自由和谐的发展，它是人的本质需要和生活质量的重要组成部分，提高人们的生活质量应当成为社会发展的一个重要标志。

体育锻炼就是提供休闲的一种方式，是人们工作之余追求健康、愉悦身心的一种手段。大学体育的主要形式就是在空余时间不以竞赛争冠军为目的，而以健康、娱乐为主旨，追求身心健康与精神满足的各种各样的身体活动。这种活动不仅能够增强体质、提高素质，还可以消除紧张情绪、调节心理状态，成为现代人善待生命、慰藉躁动与孤寂灵魂的一部分。

思考题

1. 如何理解体育的概念？
2. 体育有哪些功能？
3. 如何理解正确的健康观以及健康教育的意义？
4. 试述现代体育与现代人健康的关系。
5. 试述大学体育的目标与使命。

第二章 体育锻炼的理论基础

第一节 体育锻炼的生理学基础

运动的主体是人体，生命在于科学地运动，因此，大学生有必要了解人体的结构、功能及其与运动的关系。人体由运动、消化、呼吸、泌尿、心血管、神经、内分泌、生殖和循环9大系统构成。在人生的不同时期与不同的环境条件下，选择不同的运动项目、不同的运动方式与不同的运动方案，对人体各器官系统产生的效应不同。了解人体各器官系统的结构与功能，了解运动对人体器官系统的正、负面影响，根据人体不同发展时期的特点，科学地从事运动是终身健康的基本前提与保障。

一、骨骼、关节、肌肉、神经与运动

（一）运动系统构成

运动系统由骨、骨连接和骨骼肌三种器官组成。骨以不同形式连接在一起，构成骨骼。形成了人体的基本形态，并由肌肉提供附着，在神经支配下，肌肉收缩，牵拉其所附着的骨，以可动的骨连接为枢纽，产生杠杆运动。

1. 骨（图2-1-1）

（1）骨的形态与结构：正常人体共有206块骨，根据形态可分为长骨、短骨、扁骨

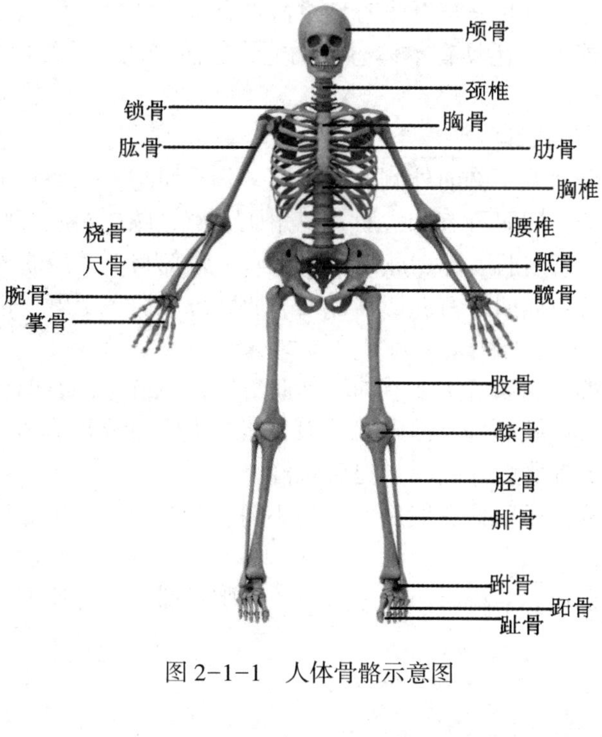

图2-1-1 人体骨骼示意图

与不规则骨。骨由骨膜、骨质与骨髓构成，并有血管和神经分布。骨膜有营养、感觉功能；骨质可分为骨密质和骨松质；骨髓可分为红骨髓与黄骨髓，红骨髓具有造血功能。

（2）骨的理化特性：

有机物：成人骨中的有机物约占骨重量的 1/3，主要成分是骨胶原纤维和黏多糖蛋白，使骨具有一定的弹性和韧性。

无机物：成人骨中的无机物约占骨重量的 2/3，主要成分是磷酸钙、碳酸钙，它们沉积在骨胶原纤维的周围，使骨具有很大的硬度。

功能：骨在运动中充当杠杆的角色，具有支持体重、保护器官、造血等功能。此外，骨也是体内最大的钙、磷储存库。

（3）骨龄：指骺及小骨骨化中心出现的年龄以及骺与骨干的愈合年龄。

测量骨龄可以预测身高，了解、评价儿童少年生长发育的情况与规律。在参加全国中小学生的某些比赛时，小运动员通常需要拍一个手骨的 X 光片，为运动会的主办单位提供判断运动员年龄的依据。

2. 关节

骨与骨之间借结缔组织相联结形成的部分称为关节。

（1）关节结构：关节包括关节面与关节软骨、关节囊与关节腔等基本结构，还包括关节内外的韧带、关节内软骨等各种辅助结构。

（2）关节类型：人体有球窝、平面、椭圆、鞍状、车轴与圆柱等各种类型的关节，不同类型的关节可以完成不同的运动。

（3）关节的运动：关节可以完成屈伸、外展内收、旋转与环转等多种运动。

3. 骨骼肌

（1）骨骼肌的结构与功能：骨骼肌由中部的肌腹（骨骼肌细胞）与两端的肌腱（排列致密胶原纤维）构成，里面有丰富的血管与运动、感觉神经分布。

骨骼肌是人体运动的动力来源，通过骨骼肌的收缩与舒张，可引起其附着的骨以关节为支点进行运动；当骨骼肌收缩与舒张时，对血具有按摩作用，可以促进血液循环；骨骼肌除具有一般感觉功能外，还具有本体感觉功能，能感受肌肉收缩时长度与力量的变化，及时调整运动动作。

（2）人体主要关节的肌群：

运动肩胛骨的肌群：位于胸前外侧的前锯肌、胸小肌与位于颈背部的斜方肌。

运动肩关节的肌群：屈肌群有胸大肌、三角肌前部、肱二头肌等胸、肩部与上臂前肌群；伸肌群有背阔肌、三角肌后部、肱三头肌等肩、背部与上臂后肌群。

运动肘关节的肌群：屈肌群有肱肌、肱二头肌、肱桡肌等上臂、前臂前肌群；伸肌群有肱三头肌和肘肌等上臂后肌群。

运动腕关节的肌群：屈肌群主要有前臂前肌群，伸肌群主要有前臂后肌群。

运动髋关节的肌群：屈肌群有髂腰肌、股直肌、缝匠肌等骨盆与大腿前肌群；伸肌群有臀大肌、股后肌群等骨盆后外侧与大腿后肌群。

运动膝关节的肌群：屈肌群有股后肌群与小腿三头肌等大、小腿后肌群；伸肌群为股四头肌。

运动足关节的肌群：屈肌群有小腿三头肌等小腿后肌群、伸肌群有胫骨前肌等小腿前肌群。

运动脊柱的肌群：屈肌群有胸锁乳突肌、腹肌等；伸肌群有斜方肌、竖脊肌、臀大肌等。

（3）肌肉的物理特性：

伸展性与弹性：伸展性是指在外力作用下，肌肉可以被伸展拉长的特性；弹性是指除去外力后可恢复原长度的特性。肌肉伸展性越好，关节运动幅度越大。肌肉弹性好，收缩时的弹性回缩力越大，肌肉的力量越大。

黏滞性：指肌肉收缩与舒张时，肌纤维内部分子间、肌纤维肌肉间因摩擦产生的阻力。肌肉的黏滞性大，工作时易拉伤，且妨碍肌肉的快速收缩与舒张。黏滞性受温度影响，温度高，黏滞性降低，肌肉的收缩速度快，且不易拉伤。因此，运动前应做好充分的准备活动，使体温升高，以降低肌肉的黏滞性。

（二）体育锻炼对骨、关节与骨骼肌的影响

1. 对骨的影响

（1）促进骨的生长发育：在运动过程中，骨承受各种运动负荷的刺激，可促使骺软骨细胞的正常增殖，有利于骨的增长；在运动过程中，血液循环加快，可保证骨的营养供给，促进新陈代谢，从而促进骨的生长发育；在进行户外运动时，由于阳光中紫外线的照射，可使人体皮肤内的部分胆固醇转化为维生素 D，有助于人体对钙的吸收，这对儿童少年骨骼的生长发育特别有帮助。

（2）使骨增粗：经常参加体育锻炼的人，骨表面的隆起更为显著，骨密质增厚，管状骨增粗，骨小梁分布更符合力学规律。

（3）提高骨的机械性能：经常参与体育运动，可使骨在形态结构方面获得良好变化，使骨的抗压、抗弯、抗折断和抗扭转等机械性能得到提高。如一般人股骨仅能承受 236~400 千克的压力，而运动员的股骨能承受 700 千克以上的压力。

（4）不良运动的负面影响：持续、过量的运动负荷，可能会使骨骼疲劳，形成疲劳性骨折；过早地从事大强度负重练习，可能会使骨过早钙化，影响骨长度的正常发育。

2. 对关节的影响

（1）增强关节的稳固性：经常运动，可使关节周围的肌肉力量增强，关节软骨和关节囊增厚，韧带增粗，关节的稳固性增强。

（2）增大关节的运动幅度和灵活性：经常参与运动锻炼，可使肌肉力量增强的同时伸展性提高，从而使关节的运动幅度增大、灵活性提高。

（3）不良运动的负面影响：冲击性过大、持续时间过长的运动，可能会造成关节软骨的损伤；运动幅度过大、准备活动不充分或动作不合理，可能会造成关节周围软组织的损伤。

3. 对骨骼肌的影响

（1）肌肉体积增大，重量增加，肌力增大，脂肪减少：经常参加体育运动者，肌肉体积显著增大，这种增大常以肢体的围度作为评定指标。线粒体是细胞中进行有氧氧化供能的结构，系统地进行有氧运动者，肌肉中线粒体数量增多，体积增大。线粒体的增加，可为肌肉收缩提供更多的能量以适应耐力项目等有氧训练的需要。有氧运动可使肌纤维中的脂肪和肌膜上的脂肪相应减少，脂肪的减少可使肌肉收缩时的黏滞阻力变小，肌肉的收缩效率相应提高。

（2）肌肉中毛细血管数量及其分支吻合增多：经常参与运动锻炼，可使肌肉中毛细

血管的数量增多，肌肉的血液供给得到改善；静力性负荷练习可使肌肉中毛细血管行程迂曲，分支吻合丰富，毛细血管吻合处出现膨胀状；动力性负荷练习可促使毛细血管分支吻合增多。

（3）肌肉的结缔组织增厚：在运动过程中，由于肌肉收缩的反复牵引，促使肌腱和韧带中的细胞增殖，肌外膜、肌束膜和肌内膜增厚，肌肉变得坚实，抗张强度提高，从而增强了肌肉的抗断（拉伸）能力。

（4）肌肉的化学成分发生变化：肌球蛋白和肌动蛋白是肌肉收缩的基本物质。经常进行运动，能增加肌肉中的肌球蛋白和肌动蛋白，提高肌肉的收缩能力；运动可使肌红蛋白增加，酶活性提高，氧化供能的能力增强；运动可使肌糖原含量增加，使肌肉中储能能力提高。

（5）不良运动的负面影响：运动幅度过大、准备活动不充分或动作不合理都可能造成肌肉拉伤；从事不适应的运动或运动中肌肉以离心收缩为主，则会出现肌肉酸痛的现象。

二、呼吸系统与运动

（一）呼吸系统的组成与功能

呼吸系统由呼吸道与肺组成。呼吸道包括鼻、咽、喉、气管、支气管，主要功能是运输气体；肺的功能是进行气体交换（图 2-1-2）。

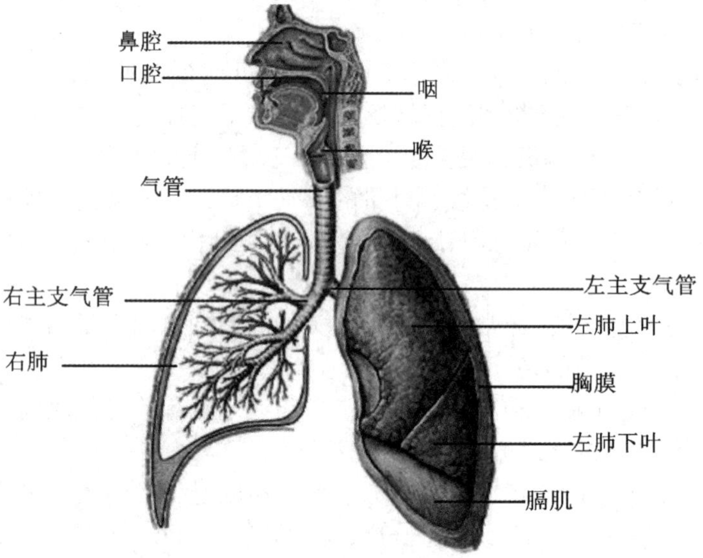

图 2-1-2　呼吸系统的组成

1. 鼻、气管与支气管等器官

这些器官内腔面由具有纤毛的上皮构成，形成呼吸的第一道屏障，具有湿润、加温和净化空气的功能。

2. 肺

肺位于胸腔内，呈圆锥形，上部是肺尖，下部是肺底。肺由 50~80 个肺小叶组成，它是肺结构、功能的基本单位。肺泡与肺泡周围毛细血管之间有气血屏障，可限制细菌、异物进入血液，成为呼吸的第二道屏障。

（二）运动对呼吸器官系统的影响

1. 长期坚持合理运动的正面影响

（1）可使呼吸肌得到发展，胸围加大，呼吸深度加大。

（2）安静时的呼吸次数减少，肺活量增大，肺通气量增大。

（3）组织利用氧的能力增大，能适应和满足运动对呼吸系统的需求。

2. 过量运动的负面影响

研究表明，随着负荷强度的增加，呼吸膜的厚度发生从正常到增厚，再到变薄，最后直到破裂的变化过程，使呼吸膜失去呼吸作用。

三、心血管系统与运动

（一）心血管系统的组成与功能

心血管系统由心脏与血管组成，在人体内构成一个封闭的管道系统，具有运输氧、营养、激素等物质到组织器官，将组织器官在代谢中产生的二氧化碳、废物排出体外的功能。

1. 心脏

心脏是血液循环的动力器官。通过心脏的舒缩推动，血液在心血管系统中周而复始地流动。

2. 动脉

动脉是运送血液离开心脏的血管。动脉自心脏发出，经反复分支，血管口径逐步变小，数目逐渐增多，最后分布到全身各组织内，成为毛细血管。

3. 静脉

静脉是引导血液回心脏的血管。静脉在其行进中逐步汇集成为大的静脉，进入心房。

4. 毛细血管

毛细血管是连接小动脉与小静脉之间的微细血管，是血液与组织之间进行物质交换的场所。

（二）血液循环

血液循环是指血液从心脏出发，经动脉及其分支到达全身各组织器官的毛细血管进行物质与气体交换后，经各级静脉返回心脏的周而复始的流动过程，包括体循环与肺循环。

1. 体循环

休循环是指心脏与全身各组织器官之间的血液循环，在组织器官中完成与毛细血管之间的物质与气体交换。

2. 肺循环

肺循环是指心脏与肺之间的血液循环，在肺部毛细血管中的CO_2与肺泡中的O_2进行交换，使静脉血变成动脉血运回心脏。

（三）运动对心血管系统的影响

经常从事体育运动的人，心血管系统会获得良好的发展，表现为心脏动员快、效率高、储备大、恢复快，血管的弹性好，缓冲血压的能力强。

1. 动员快

经常运动的人，在比赛或运动开始时，心脏能很快地通过心收缩力的增加与心跳加快，以适应运动的需要。

2. 效率高

经常运动的人，在进行相同负荷量的运动时，心脏的反应小，能以较少的心跳次数保证运动的需要，在负荷增大时，能更大限度地动用心力储备。

3. 储备大

（1）心肌收缩能力储备：经常从事力量项目训练的人，心肌纤维增粗，心肌层增厚，心肌收缩力增强；经常从事耐力项目训练的人，心腔容积扩大，心舒期回心血量增多，心缩力增强，每搏输出量较不运动的人大。

（2）心力储备：经常从事有氧运动的人，安静时的心率减少，运动时心率上升的幅度增大，心力储备大。

4. 恢复快

运动结束后，经常从事运动的人能很快恢复至安静时的水平。

5. 对血管的影响

（1）动脉：动物实验表明，运动使动脉管壁的中膜增厚，平滑肌细胞（中动脉）、弹性纤维（大动脉）增多，口径增粗。

（2）毛细血管：运动可使毛细血管数量增加，行程迂曲，分支吻合增加，有利于器官的供血。

6. 大运动负荷或超大运动负荷的影响

超大负荷的过度运动会造成心肌纤维中线粒体的供能系统损伤，供能不良；此外，还会造成肌节变长或变短，肌丝断裂，心肌收缩力下降，出现一系列不良反应。但以健康为目的的适量运动，通常不会达到损伤心血管的程度。

四、神经系统与运动

（一）神经系统的组成与功能

神经系统由中枢神经系统与周围神经系统组成。中枢神经系统包括位于颅腔的脑和位于椎管的脊髓，周围神经系统包括与脑相连的 12 对脑神经和与脊髓相连的 31 对脊神经。

神经系统的功能有以下几点：

（1）协调各器官系统的功能活动：神经系统借助感受器，接受体内、外各种刺激，引起人体产生各种相应的反应，并能协调各器官系统的活动，使人体成为完整的有机体。

（2）提高人体的适应能力：使人体适应内、外环境的变化，并能有效、最大限度地改造自然环境。

（3）语言文字与抽象思维：人类在进化过程中，随着生产劳动、语言文字和社会生活实践的进行，使得人类的大脑皮质高度发展，不仅能适应客观环境，还能主动地认识和改造客观世界，使之为人类服务。

（二）反射与反射弧

1. 反射

反射是神经系统的基本活动方式，是指在中枢神经系统的参与下，机体对内、外环境变化的刺激产生有规律的应答反应。它可分为先天由种族遗传的非条件反射和后天在个体生活中获得的条件反射两类。

2. 反射弧

反射弧是完成反射活动的结构基础，包括感受器、传入神经元、中间神经元、传出神经元和效应器等部分。

（三）运动对神经系统的影响

1. 神经元形态结构的改变

运动时，多种感受器接受刺激，使感觉中枢接收的信息增多。同时运动中枢也不断地发出大量的信息支配肌肉活动。经常参加运动，在大量传入与传出信息的作用下，导致中枢神经元发生形态结构的改变。由于血液循环改善，使神经元得到充分的营养和氧供给，这为神经元形态结构的改变提供了物质基础。

2. 提高神经系统的灵活性与均衡性

人体的各种运动动作都是在神经系统的支配下完成的。在完成短时间周期性运动项目（如短跑）的过程中，神经中枢的兴奋与抑制快速交替进行，动作的频率越快，神经系统的灵活性越高。在完成长时间周期性运动项目（如长跑）的过程中，神经中枢长时间保持兴奋与抑制交替，从而提高神经过程的均衡性。

五、能量供应系统与运动

体育锻炼时所需要的能量来自营养物质的化学能。但营养物质不能直接为细胞提供能量，它储存的能量必须经过释放转变成含有高能磷酸键的化合物，后者释放的能量才能被细胞利用。在体内只有三磷酸腺苷（ATP）可以作为肌肉收缩的直接能源。ATP 的含量很少，依靠肌肉的 ATP 做功只能维持 1 秒钟左右，因此，只有不停地合成 ATP 才能满足肌肉收缩的需要。体育锻炼时，体内代谢过程大大加强，能量消耗增加，各器官系统功能增强。为保持运动的持续性，人的机体还需要其他的供能方式。在体内有两种系统可以合成 ATP：一种是在无氧条件下产生 ATP，称为无氧供能系统；另一种需要氧的参与，称为有氧供能系统。

（一）无氧供能

无氧供能包括在无氧或氧供应不足情况下高能磷酸化合物（ATP 和磷酸肌酸）分解供能及糖酵解供能，前者称为非乳酸能，后者称为乳酸能。

非乳酸供能是指运动开始时，所有能量都由 ATP 和磷酸肌酸（CP）供给。ATP 和 CP 的分解不需要氧也不产生乳酸。磷酸肌酸是由肌酸合成的高能磷酸化合物，存在于肌质中，含量是 ATP 的数倍，CP 在酶的作用下可迅速分解，使 ADP（二磷酸腺苷）合成 ATP。非乳酸供能是短时间、大强度运动的主要供能方式。

乳酸供能是指由肌糖原或葡萄糖分解为乳酸时放出的能量，此能量由二磷酸腺苷（ADP）接受，合成 ATP。乳酸供能产生乳酸，乳酸的积累可导致疲劳。乳酸供能是速度耐力等体能的基础，人在从事时间较长、运动强度大的身体活动时，乳酸供能比例较大。

（二）有氧供能

在氧供应充足的条件下，糖类（葡萄糖或肌糖原）和脂肪被氧化成二氧化碳和水，并释放出大量的能量，这一过程称为有氧供能。有氧供能释放出大量的能量，供 ADP 再合成 ATP。除糖类和脂肪可氧化供能外，蛋白质也可氧化供能，但比例较小。运动初期，糖是主要的供能物质，随着时间的延长和脂肪供能比例的增加，蛋白质也参与供能。有氧供能是耐力运动的基础。

无氧供能和有氧供能是人体在不同运动强度下，根据需氧量的不同，所表现出的两种供能方式，两者紧密相连，不可分割，只是比例有所不同而已。如持续 10 秒以内的最大强度运动几乎完全依靠无氧供能；持续几十分钟甚至几小时的运动，有氧供能占主导地位；而在 800 米跑中，有氧供能和无氧供能的比例相差不大。

（三）能源物质的消耗与补充

人体运动时直接消耗 ATP，但最终却是消耗糖、脂肪和蛋白质。

1. 糖和脂肪的供能特点

糖和脂肪是运动中合成 ATP 的主要来源，但由于运动持续时间、强度以及糖和脂肪供能特点的不同，所消耗（能量物质）的比例也不相同。因为糖可以进行无氧酵解和有氧代谢，而脂肪仅能进行有氧代谢。正是这一特点，使不同运动中两者的供能比例不同。例如，运动初期或时间短、强度大的运动，主要是消耗糖，因为这时主要是无氧代谢过程；而时间长、强度较小的运动，脂肪的消耗（供能）比例增加（马拉松跑等长时间持续运动的后期，约有 80%的 ATP 供能来源于脂肪的氧化），蛋白质也将参与供能。因此，要消耗体内的脂肪，应进行强度不大，但持续时间较长的运动，才能达到效果。

2. 运动后能量物质的恢复

运动时，体内代谢过程加强，以不断满足运动时能源的需要，运动中及运动停止后，能量物质需要不断进行补充与恢复，能量物质的恢复过程大致可分为三个阶段。

第一阶段：在运动进行当中，恢复过程就已开始。这时机体一边进行锻炼消耗，一边进行能量物质的恢复补充，但由于锻炼中消耗多，此时的恢复跟不上消耗的量，因此能量物质储备逐渐下降。

第二阶段：运动结束后，此时体内能量物质消耗逐渐减少，而恢复过程却不断加强，锻炼中消耗的能量物质不断得到补充，直至补充到锻炼前的水平。

第三阶段：超量恢复阶段，即能量物质恢复到原水平时并未停止，而是继续恢复补充。运动后的一段时间，能量物质的恢复可超过原来储备的水平，比锻炼前能量物质的储备量还要多。超量恢复是对未来重复较大运动负荷时能源物质再次耗尽的一种预防性保护机制。一段时间后，能量物质的储备又回到原来水平。

第二节　体育锻炼的心理学基础

一、心理发展的一般规律

一个自然人从出生到成熟至衰老，他的心理状况都在发展与变化之中，这种发展变化表现为从简单到复杂的心理转化和从低级到高级的心理演进。青少年心理发展变化具有明显的阶段性特点，表现出分阶段的由数量积累到质量转化的过程。美国著名的心理学家埃里克森（E. H. Erikson）在其《人类发展的心理——社会理论》一书中，根据其丰富的临床诊断经验，按照个性发展各时期主要矛盾的出现，把人生个性发展分为 8 个阶段（表 2-2-1）。

表 2-2-1 埃里克森的心理发展阶段理论

阶段	年龄	心理—社会转变期的矛盾
一	婴儿期（0~1.5 岁）	自信感——怀疑
二	儿童期（1.5~3 岁）	自主感——羞耻、疑惑
三	学龄初期（3~5 岁）	自动感——内疚
四	学龄期（5~12 岁）	勤奋感——自卑感
五	青春期（12~18 岁）	同一性和否认——同一性的混乱
六	成年早期（18~25 岁）	亲密和团结——孤僻
七	成年期（25~65 岁）	繁殖——自我吸收
八	成熟期（65 岁以上）	完美——绝望

这 8 个心理发展阶段相互联系、相互影响、相互促进、相互制约，如果某一个发展阶段出现问题，则会影响到下一个阶段的发展变化，轻则产生心理障碍，重则出现行为偏离。埃里克森关于心理、社会发展的理论，关于人类心理发展划分为 8 个阶段的学说，是心理动力学的代表作，对中国人而言，具有较高的参考价值。这里选择两个阶段即少年期（12~18 岁）和青年期（18~25 岁）进行探讨。

（一）青春期阶段的心理特点

青春期阶段是从 12~18 岁。这个阶段的特征是个体有了统一感、个性感、差异感，即对自己和别人已经形成了一个完整统一的认识，但又有弥散性的“自我”角色和个性的不确定性；逻辑思维能力明显增强，知其然，更想知其所以然；学习动作技能侧重于对“概念”的理解。这个阶段的典型特征是“角色延缓”，他们尝试充当各种角色，但是，还没有等他们懂得这些角色的内涵时，一切又很快地过去了。这个时期，环境、人际交往、良性或不良刺激都将对人的一生产生决定性的影响。

（二）成年早期阶段的心理特点

成年早期阶段是从 18~25 岁。从学习年龄上说，这一阶段是大学学习期并开始走向社会的阶段。这个阶段的特征是心理上需要与他人建立亲密的交流，其中包括对异性的亲近感，即需要朋友的友谊，更渴望爱与被爱。他们在学有所成的基础上，开始考虑自己的婚姻恋爱问题，考虑自己毕业后的社会定位问题等。由于这一阶段会出现极其复杂的心理变化，自然会产生许多的矛盾。这一阶段常会出现烦恼和孤独感，青年经常出现两极分化现象。即有的学生性格开朗，喜交朋友，推崇团队活动，而有的学生个性孤僻，独来独往，具有明显的自卑感。这部分学生虽然知道自己和周围环境存在着适应问题，但却不知怎样去解决，或者知道解决的方法，但又不能付诸行动。因此，情绪波动较大，主动性、创造性等都处于抑制状态。

二、体育运动的心理学因素

（一）体育与智力

正常的智力水平是人们从事各种活动最基本的心理条件。学生的学习效率是由大脑高级神经系统决定的。经常从事体育活动和身体锻炼，可促进机体的新陈代谢，提高神经系统的活动能力，增强呼吸系统和循环系统的功能，使大脑供氧充分，进而使记忆力增强，思维更加敏捷灵活，提高学习效率。

（二）体育与情绪

情绪是因人的自然需要是否得到满足而产生的一种体验。情绪几乎参与人的所有活动，对人的行为活动起着很大的调节作用。良好的情绪对人的行为具有增力作用，而消极的情绪不但会影响人的正常学习工作，还会对人的身体和心理产生许多不良影响。长时期的情绪压抑、忧虑和紧张，还可导致疾病。

经常参加体育锻炼，可使机体产生极大的舒适感。在各种运动项目中感受运动的美感、力量感和韵律感，从而陶冶情操、开阔心胸，激发生活的自信心和进取心，形成豁达、乐观、开朗的良好心境。

（三）体育与人格

人格，也称个性。体育教学的功能之一，就是帮助学生形成正确的世界观和人生目标以及健康、积极、进取向上的人格。在体育竞赛中，取胜催人奋发向上，有利于个性形成；而失败也是对人格的考验，可以让学生明白“重要的是参与，而不是取胜”，让他们能挖掘失败中的有利因素，能看到成功的希望。体育运动能提高学生的心理耐挫水平，使学生能正确地面对和处理各种挫折和困难，形成高尚的人格和独特的个性。

（四）体育与意志

意志即指人们自觉地确定目的，根据目的支配和调节自己的行动，并克服各种困难，最终实现预定目的的心理过程。受意志支配的行动，称为意志行动。

人的行动主要是有意识、有目的的行为。人在从事各种实践活动时，通常是先根据自己对客观规律的认识，在头脑中确定行动目的，然后再选择实现这一目的的方法，并克服各种困难，最后达到预期目的。例如，学生认识到只有加强素质训练才更有利于掌握运动技术动作后，会自觉地确定素质训练的目的，并制订训练计划，按照计划一步一步地进行训练，最后较好地提高运动素质水平，不断提高运动技术水平。

良好的意志品质不是先天就有的，而是在后天生活实践中，在教育过程中逐渐形成的。只有经过长期磨炼，才可能逐步养成良好的意志品质。意志是人意识的能动性，是主观见之于客观的心理过程，它受立场、观点、信念的制约，也和一个人的认识水平有关，充分地表现出一个人的立场、观点、信念及认识水平。因此，培养良好的意志品质应当从世界观教育着手，还要提高认识，发展情感，加强锻炼，并把教学过程与有目的地培养意志品质的过程统一为整体，使教学、训练促进意识品质的培养。

（五）体育与心理素质

良好的心理素质主要包括自信心、勇敢精神、竞争意识、意志力、自制力及自我心理调节能力等。对于体育而言，意志坚忍顽强是十分重要的。参加体育活动既是对身体的锻炼，更是对意志的考验。锲而不舍，勇于拼搏，是体育精神的充分体现。要让学生通过参加体育活动，体验运动的乐趣，展示自己的风采，并自信地加入各项活动中，同时初步了解人类意志和精神的力量是不可战胜的。

三、体育运动动机及培养

（一）什么是体育运动动机

体育运动动机是促进一个人参与体育活动的心理动因或内部动力，它引起并维持人的活动，进而将活动导向一定的目标。动机是个体的内在过程，其作用是：引起和发动个体活动；指引个体选择活动的方向；调节功能，即维持、加强或制止、减弱某一活动。

（二）体育活动动机的产生

引起动机的条件有两个：一是内在需要，二是外部诱因。人们参与体育活动的内在需要主要包括生理、心理和社会三个方面的需要。

（1）生理方面的需要：参加体育活动是出于保持身体健康，增强体质，提高力量、速度、耐力素质，解除脑疲劳，促进和保持良好睡眠的需要。

（2）心理方面的需要：参加体育活动是为了调节和控制情绪、保持良好的精神状态、提高注意力、锻炼意志力、培养开朗的性格、养成文明健康的生活习惯等。

（3）社会方面的需要：参加体育活动是为了扩大社交范围，结交更多的朋友，增强集体凝聚力，提高竞争能力和社会适应能力。

外部诱因是指能激起参与体育活动的外部原因，它是引起体育活动、满足个体需要的外在刺激。这些刺激包括物质因素和精神因素，统称为环境因素。环境因素有很多，如优良的体育设施器材、老师的表扬或批评、同伴之间的情绪感染、考试分数、竞赛的奖励（包括精神的、物质的）等。

体育活动动机可能由需要诱发，也可能由环境因素引起，在多数情况下，体育活动动机是由内在条件和外在条件相互影响、交互作用而产生的。人出生后就有身体活动的需要，随着年龄的增长，在学校教育的影响下，儿童少年有了对某项体育活动的兴趣。这时主要是强烈的需要导致动机，为了满足需要，他们积极创造条件参与体育活动。但同时也不宜忽视环境因素的影响，如教师的优美示范、学校的传统优势项目、学校的运动竞赛等都可能诱发个体已有的需要产生体育活动动机，最终引发外显行为。由此可见，在形成体育活动动机、产生外显行为的过程中，体育活动需要是根本条件，外部环境因素是必备条件，只有两者相互作用，才能激发积极的体育行为。

（三）体育动机的培养

（1）树立正确的价值观：价值观是一个人对周围客观事物的评价和态度体系，决定着一个人对该事物的态度和行为。对学生进行体育运动价值观教育，使之树立正确的价值观是十分重要的。通过体育教育，要使学生了解体育运动可以增强体质，而身体是精力充沛地为祖国作贡献的物质基础，了解体育运动对学生全面发展的意义，提高其对体育的认识水平。

（2）目标设置：在体育教学训练过程中，要为练习者确定一定的目标，如跑、游泳的距离，体操动作的次数和质量等。当这种目标转化为练习者的内心需要时，就会使练习经常处于自己的意识控制之下，提高练习者的努力程度和动机水平，调动其积极性。

（3）积极反馈：反馈是通过对技能操作或学习结果的评定及自我知觉使学生了解自己学习的情况，并对以后的行为进行调节的过程。在技能练习过程中，反馈的无论是正确的动作信息，还是错误的动作信息，都有利于练习者坚持目标或修正目标。它是最有益的动态调节信息，十分有利于激发学生坚持目标和努力的欲望，使已有动机得到强化。

（4）情境创设：情境具有诱发动机的功能。学生在体育教师设计的情境中进行学习或锻炼，由于情境的不同，效果会有很大差异。例如，同一教材内容，如果老师组织教法丰富多变、新颖，学生就会感到有趣，愿意学。反之，学生就可能兴趣黯然，不愿意学。

所以，教师应创造问题情境，引起期待心理，满足学生的好奇心，诱发其学习和锻炼的内驱力。

第三节　科学的体育锻炼与评价

科学锻炼是指按照人体发展的基本规律，合理地进行体育锻炼。参加体育锻炼，必须遵循一定的原则，这样才能达到促进身体生长发育、改善和提高各器官系统的功能、提高身体素质、增强体质的作用。反之，不遵循体育锻炼的基本原则，不但收不到良好的锻炼效果，还有可能造成运动损伤，损害健康。

一、体育锻炼的基本原理

体育运动是一个确有实效，而又能不断提高身体能力的实践活动；体育锻炼是人们所进行的合理的、有效的身体活动。而要使这种身体活动合理和有效，就必须了解基本的体育锻炼原理。

（一）刺激与适应性的改变和增强

体育锻炼实际上就是对身体施加的一种运动刺激。在运动的刺激下，机体会产生多种反应，并且随着刺激次数的增加与时间的延续、负荷量与强度的增长，人体在形态、机能、素质、体能等方面均会产生适应性变化。

（二）运动疲劳与恢复

体育锻炼的过程就是运动疲劳和休息恢复的过程。运动中只有出现疲劳，才可能通过休息使体力得以恢复，进而提高身体对疲劳的耐受力。例如，在长跑锻炼中，一个人在开始的一段时间里跑 1 000 多米就会感到体力不支，而他通过一段时间的锻炼后，跑了两三千米仍不会感到十分疲劳。可见，人的体力及各种运动能力，必须通过运动所产生的疲劳恢复才能得以增强和提高。这种现象在运动生理学中叫作“超量恢复”。所谓超量恢复，是指通过一定量与强度的运动刺激，使机体出现疲劳，而在休息之后，机体的代谢能力与体力状况可以恢复到比运动前更高的水平。人的各种运动素质与体能，就是经过多次这种“超量恢复”之后提高起来的。

（三）能量消耗与补充

运动必然要消耗体内更多的能量物质。因此，运动后就必须注意营养物质的补充，这样才能使体内的机能代谢逐步提高到新的水平。这不仅能够加强人体对营养物质的吸收和利用，而且可使体质的增强得到充分的物质保障。

（四）体育锻炼的持续性

人的各种运动能力，人体各组织、器官、系统的生理机能，无一不遵循着“用进废退”的自然法则。人原本就有各种运动能力，如果长期不使用、不锻炼是会渐渐消退的，这些能力若能经常锻炼又能得到惊人的提高和发展。

二、科学体育锻炼相关的概念

（一）运动量

运动量是指运动的负荷量，即人体在运动中所完成练习的强度、密度和时间。

（二）运动强度

运动强度是单位时间内的运动量，通常用心率或血乳酸来衡量运动强度的大小。

（三）运动密度

运动密度是指单位时间内的练习数量，通常用练习间隔时间的长短来衡量。

（四）极点

在进行剧烈运动时，由于在运动开始阶段内脏器官的机能增强不能满足运动器官的需要，人体往往会有一种非常难受的感觉，此时会感到呼吸困难、肌肉酸痛、动作迟缓、精神低落，甚至不愿再继续下去，这种状态叫作“极点”。“极点”出现后，应该继续坚持运动，减速并加深呼吸，各种不良感觉会逐渐消失，动作就会逐渐轻松协调，运动能力又会慢慢恢复，这种现象称为“第二次呼吸”。

（五）有氧运动

人体需氧量和吸氧量达到动态平衡的运动称为有氧运动。在进行有氧运动锻炼时，体内不产生乳酸堆积，心率、心输出量和肺通气量等保持稳定状态，因此可持续运动时间较长，此过程中可以消耗较多脂肪，并能提高人的心血管机能。

（六）最大心率

最大心率是指达到最大运动强度时的心率。最大心率随年龄逐渐增大而减少，一般可以用 220 减去年龄来推算。

（七）靶心率

通常把以心率作为指标设定的强度称为心率强度，以心率强度设定的心率则称为靶心率或目标心率。靶心率是目前国际上通用的确定运动强度的最好方法之一，可以用以下方法计算靶心率：

$$\text{靶心率}=(\text{最大心率}-\text{安静心率})\times(0.6\sim0.8)+\text{安静时心率}$$

对于体质较弱的人群，如儿童、中老年人可采用：

$$\text{靶心率}=(\text{最大心率}-\text{安静心率})\times0.5+\text{安静时心率}$$

（八）极限运动

极限运动是指能够激发人体最大潜力、使人的生理和心理承受能力得到最大限度发挥的运动，如蹦极、攀岩、登山、跳伞等项目。极限运动具有挑战自我、冒险性、刺激性、创造性等无穷的魅力。参与极限运动，能够帮助人们重新认识自我，挖掘自身潜力，并唤起人们面对困难和挑战的勇气。

三、体育锻炼的基本原则

体育锻炼的原则是体育锻炼过程中客观规律的反映，是练习者从事体育锻炼实践、达到理想效果所必须遵循的原则。只有科学地理解和遵循体育锻炼的原则，有效地进行锻炼，才可使体育锻炼获得最佳效果。

（一）从实际出发原则

从实际出发原则是指锻炼身体应从个人的实际情况和外界环境条件的实际出发，确定锻炼目的，选择适宜的运动项目，合理地安排运动时间和运动负荷，这是增强身体素质及提高运动水平必须遵循的原则。它包括以下两个方面的内容：

1. 根据锻炼者的自身情况

人体生理结构虽然基本相同，但由于年龄、性别、身体功能、基本活动能力等存在差异，并且由于每个人的锻炼基础、锻炼条件不同，随着锻炼过程的发展，机体产生的影响也会不同。因此，在选择确定锻炼的内容、方法、负荷时，要想使体育锻炼收到实效，就必须依照每个人的实际情况而定。既要考虑到兴趣、爱好，又要考虑到具体情况和具体特点，在制订锻炼的任务、内容、方法以及运动量的强度时，必须因人而异，依人制订运动处方。

2. 根据外界环境的变化

进行体育锻炼时，还要根据地理环境、气候条件、季节、场地器材等外界条件，按照科学锻炼的方法，选择适合于自身锻炼的方法，这样才能收到良好的锻炼效果。如在冬季应着重发展身体的耐力和力量素质，在春、秋两季多进行技术性较强项目的练习；在炎热的夏天，游泳是比较理想的运动项目。另外，锻炼时还需注意，不要在强烈阳光下进行长时间的练习，防止中暑；在每次力量练习训练前，要认真检查运动器械，尽可能两人结合，相互保护和帮助，以防止运动伤害的发生。

（二）循序渐进原则

循序渐进原则是指体育锻炼必须根据人体身心发展规律，在锻炼的内容、方法、运动负荷等方面逐步提高，使机体功能不断得到改善。循序渐进是人体适应环境的基本规律。人体对内外环境变化的适应是一个缓慢的由量变到质变的过程，只有遵循这个规律，才能取得良好的锻炼效果。

1. 运动负荷循序渐进

进行体育锻炼时，当机体对一定运动负荷产生适应后，这种负荷对机体的刺激就会变小，此时，可以适当增加练习时间和练习次数，让机体产生新的适应。但运动负荷的增加要由小到大，逐步提高。体育锻炼的开始阶段或中断锻炼后恢复锻炼时，强度宜小，时间宜短，不要急于求成。

2. 练习内容循序渐进

练习内容要由简到繁，在动作要求上应由易到难，逐步加大难度。应首先考虑简单易行、容易收到锻炼效果的项目和内容。在每次练习时，也应先从动作简单、强度不大的内容开始练习，然后逐渐增加动作难度和运动负荷。

3. 锻炼过程循序渐进

每次锻炼前要做准备活动，锻炼后要做好整理活动，如长跑前先进行 10 分钟慢跑，长跑后也不要马上停下来。

（三）持续性原则

从生物学角度看，人体机能水平的提高，各种运动能力及素质的发展，运动技能的形成与巩固，均有赖于长时间的锻炼，这样才能使机体在身体形态、生理机能、生化过程等方面产生一系列适应性的变化。这些良好的适应性变化，不是一朝一夕或短时期锻炼就能产生的，而是长期坚持锻炼成效积累的结果。所以，强化终身体育意识，养成良好的锻炼习惯，使身体锻炼生活化是贯彻这一原则的关键。

（四）全面性原则

全面性原则是指通过各种运动形式、内容、方法和手段，对人体各组织、器官、系统和心理产生全面的良性影响，使人体得到全面协调的发展，消除薄弱环节。

（1）锻炼的部位要全面：人体是有机的整体，各组织、器官和系统之间相互联系、相互制约，身体运动的主要目的是促进机体整体协调发展，提高整体的健康水平。

（2）锻炼的项目内容要全面：大学生在体育锻炼过程中，应结合自身特点选择1~2项体育运动项目作为内容，并辅以其他锻炼内容，既保证各个运动对身体素质发展的独特性，又要避免锻炼局限于身体的某个部位。如长跑锻炼有益于发展人的心肺功能，若再结合一些徒手体操和力量训练就可发展人的灵敏、柔韧和力量素质。又如在健美运动中进行肌肉力量训练后，可增加一些发展速度的球类练习，这样既可以尽快缓解肌肉黏滞度，又可发展人的速度素质，使身体得到全面锻炼。

（五）自觉性原则

自觉性原则指身体锻炼是出自锻炼者内在的需要和自觉的行动。锻炼在于自觉，锻炼者应把锻炼的目的、动机和树立正确的人生观联系起来。这样，有助于形成或保持身体锻炼的兴趣，调动和发挥更大的主动性和积极性。贯彻自觉性原则应注意以下几点：一要做到自觉锻炼，明确锻炼目的；二要充分认识体育锻炼的特点和作用；三要使锻炼更具自觉性，还应经常检验锻炼的效果。

四、体育锻炼内容的选择

身体锻炼的项目、方法等内容是多种多样的，科学地选择体育锻炼的内容，对实现身体锻炼的目的有着极其重要的意义。

（一）体育锻炼项目的选择

1. 按自然环境条件分类

利用空气、日光、水等自然条件以及季节、气候的变化选择合适的锻炼内容，是一种促进健康、增强体质的有效的锻炼方法。这些身体锻炼内容的突出特点是与生活紧密相连的。通过自然力的锻炼，不仅可以增强机体对外界环境的适应能力，而且可以增强循环系统的功能，加快新陈代谢，改善身体各组织器官的机能，提高身体对各种疾病的抵抗力。

2. 根据身体锻炼的不同目的和要求分类

（1）健身运动：指正常人为增进健康、增强体质而进行的体育锻炼，如慢跑、太极拳、武术、游泳、骑自行车、划船、滑冰、舞蹈及各种球类活动等。

（2）健美运动：指为了人体的健美而进行的体育锻炼。健美运动不仅可以增进健康，还可以培养审美能力和身体的表现能力。如为了使肌肉发达，可采用举重和器械体操进行练习；为了形成良好的体型与姿态，可采用艺术体操、健美体操、各种舞蹈和基本体操中的一些练习等。

（3）娱乐性体育：指为了调节精神、丰富文化生活而进行的体育活动。进行这类活动可以使人身心愉快，如活动性游戏、渔猎、游园、郊游、打保龄球和野外定向活动等。

（4）格斗性体育：指掌握和运用格斗的攻防技术（包括军事技术）的体育锻炼。参与格斗性体育锻炼项目，可以达到既能强身，又能自卫的目的，如擒拿、散打、推手、拳击、刺杀和射击等。

（5）医疗体育和康复体育：也称为体育疗法。这类体育锻炼的对象是体弱多病者，其目的是祛病健身、增强体质，一般应在医生的指导下进行，其内容主要有步行、跑步、太极拳、按摩、各种保健操、矫正体操和生产操等。

（二）体育锻炼方法的选择

体育锻炼的方法是指根据人体的发展规律，运用各种身体练习和自然因素锻炼身体的途径和方式。体育锻炼方法是贯彻体育锻炼原则、达到锻炼身体目的的桥梁。

1. 重复锻炼法

重复锻炼法是按照一定的负荷要求，多次重复同一动作进行锻炼的方法。在重复刺激机体的过程中，可以起到加速新陈代谢、增强体质的作用。

重复练习法要合理掌握重复次数和时间。两次练习之间的间歇时间原则上应使机体得到较充分的恢复。强度可达极限强度的 90%~100%，使其达到锻炼负荷的有效价值范围（最有锻炼价值负荷量下的心率），并据此调节重复次数。在重复锻炼中，如何控制负荷量和重复练习以达到理想效果，应视实际情况而定。通常认为，普通大学生的负荷心率在 130~170 次 / 分的范围内是较适宜的。在这个范围内，心室血液充盈，每搏输出量以及氧气的运输量等均达到最佳状态，并可以持续地运动；心率低于 130 次 / 分时，锻炼效果不明显，应增加重复次数；而心率超过 170 次 / 分时，则需减少重复次数或安排足够的间歇时间。

2. 间歇锻炼法

间歇锻炼法是指在锻炼过程中，对安排的多组练习之间的间歇时间做出严格规定并反复进行锻炼的方法。该方法的关键是间歇时间必须严格控制，必须在机体尚处于未完全恢复的状态下即进行下一组的练习。该方法的特点是每次练习的负荷时间较长，负荷强度适中。

该方法可使锻炼者的心脏功能明显增强。通过调节负荷强度，可使机体各种机能产生与锻炼项目相匹配的适应性变化；可以提高有氧代谢供能能力，从而提高学生的体质健康水平。人们通常认为，体质增强的过程是在运动中实现的，其实体质的增强主要是在间歇中实现的，是在休息过程中取得了“超量恢复”的结果。

同重复锻炼一样，间歇的时间也要依据负荷的有效价值标准去调节。一般来说，当负荷反应（心率）指标低于有效价值标准时，应缩短间歇时间；而在高于价值标准时，则可延长间歇时间。通过适当的间歇，把负荷量调节到负荷有效价值范围可以收到良好的锻炼效果。实践证明，间歇中负荷心率达到 130 次 / 分左右时，就应再次开始锻炼。而且间歇时不应做静止休息，而应当边活动边休息，如慢速走步、放松手脚、伸伸腰或做深而慢的呼吸等。因为轻微活动可使肌肉对血管起到按摩作用，以帮助血液回流、加快体内代谢废物的排除。

3. 连续锻炼法

连续锻炼法是按一定要求，持续进行规定动作的身体锻炼方法，是指在锻炼的过程中，为了保持有价值的负荷量而不间断地连续进行运动。该方法要求负荷强度较低、负荷时间较长，不间断地连续进行运动。连续的作用在于保证持续负荷量不下降，维持在一定的水平上，使身体充分地受到运动的作用。

连续锻炼时间的长短，同样要根据负荷价值的有效范围来确定。通常认为，在 130 次 / 分左右心率下连续锻炼 20~30 分钟，可使机体的各个部位获得充分的血液和氧的供应，因而能有效地发展有氧代谢能力和耐力素质。用于连续锻炼的内容通常是那些比较容易并已为锻炼者所熟悉的运动，如跑步、游泳，也可以是做健美操或跳迪斯科等。

连续锻炼法多用于发展一般耐力，如较长时间的匀速跑。也可在非周期性项目中用于巩固某一技术动作和发展专门耐力，如篮球投篮训练中连续的原地起跳投篮练习等。

4. 循环锻炼法

循环锻炼法是指由几个不同的练习内容联合组成的练习组合。该方法要求练习者必须按照既定的练习顺序和路线依次完成每个练习站的练习任务。一般的组织形式是锻炼者在完成一个练习站的任务后，迅速转移到下一个练习站继续练习，同时下一个锻炼者依次跟上。每一个锻炼者都完成了各个练习站的练习内容时，就算完成了一次循环。其结构因素包括每站的练习内容、运动负荷、练习站点的安排顺序、练习站点之间的间歇形式和时间、每一循环之间的间歇、设置练习站点的数目与循环的组数等。

循环锻炼法对技术的要求不高，且各项目都采用比较轻度的负荷练习，因此练习起来简单有趣，可有效地提高不同层次和水平练习者的运动情绪和积极性；可以合理地增大锻炼过程的练习密度，并随时根据具体情况因人制宜地加以调整，做到区别对待；可以防止局部负担过重，延缓疲劳的产生，交替刺激不同体位，有利于综合锻炼，从而达到全面发展的效果。

运用循环锻炼法的关键是要按照全面性原则去搭配项目。就大学生而言，锻炼时既要发展四肢，也要发展躯干；既要运动胸背部，又要运动腰腹部；既要追求形态的健美，又必须注意机能、素质的全面发展。因此，必须科学地搭配项目，一般可以选择 6~12 个简单易行的项目。搭配时，注意上肢动作与下肢动作、剧烈的跑跳练习与静力憋气动作之间的合理交替。

在健身锻炼中，可根据锻炼项目安排循环练习各练习点，还可分队比赛，增加竞争性，以提高练习兴趣。

5. 变换锻炼法

变换锻炼法是指通过不断变换运动负荷、练习内容、练习形式以及练习条件等，提高锻炼者的积极性、适应性及应变能力的方法。该方法可以有效地调节锻炼者的生理负荷，提高兴奋性，强化锻炼意识，克服疲劳和厌倦情绪，最终达到提高锻炼效果的目的。

如刚参加锻炼时，可多做些诱导性和辅助性练习。随着锻炼水平的提高，应加大练习的难度，如用越野跑代替在田径场的长跑等。锻炼条件的变化，可对锻炼者的大脑皮质不断产生新异的刺激，提高兴奋性，激发锻炼兴趣，从而提高机体对负荷的承受能力，提高锻炼效果。

另外，不断对锻炼内容、时间、动作速率等提出新的要求，可有效地调节生理负荷，使机体不断产生适应性变化，从而达到更好地锻炼身体的目的。

（三）体育锻炼项目、方法选择的原则

1. 根据体育锻炼者的体质状况进行选择

（1）健康型：指身体强健者。这类人对身体锻炼一般都具有强烈的欲望和热情，并能承受较大的运动负荷。在选择锻炼内容时，可根据自己的实际情况和兴趣，选择 1~2 项运动项目作为健身的手段。一般来说，年轻人可选择球类、健美、韵律操、游泳、健身跑等项目或自己喜爱的其他体育项目。可用循环锻炼法、重复锻炼法和间歇锻炼法等进行有计划的锻炼。

（2）一般型：指身体虽不健壮但也无疾病者。这种类型的人在群体中所占比例较大，

在青少年学生中约占60%。一般型的人身体无疾病，但往往缺乏锻炼的热情和持久精神，不经常锻炼，锻炼流于形式。对这类人来说，最好选择形式灵活又对增强体质有实效的项目，从而激发锻炼的热情，培养锻炼的兴趣，逐步养成良好的锻炼习惯。年轻人可选择球类、武术、游泳、健美运动等项目，宜采用循环锻炼法和重复锻炼法。

（3）体弱型：指体弱多病或发育不良者。为了增强体质、战胜疾病、增进健康，体弱者可选择健身跑、定量步行、太极拳等内容进行锻炼，待体质得到改善后，再选择其他内容。在运动负荷上更要注意循序渐进，切不可急于求成。可先采用重复锻炼法、循环锻炼法进行力所能及的锻炼，待体质有所增强时再考虑改用其他方法锻炼。

（4）肥胖型：指体重超过正常标准者。肥胖型的人参加身体锻炼，通常希望能减肥健身，因此，在内容的选择上要有针对性。在身体无其他疾病的情况下，可选择耐力跑或长距离游泳、健美运动或按照减肥“运动处方”进行锻炼。如患有冠心病等心血管系统疾病，在锻炼时则应遵循治病为主、减肥为辅的原则，掌握好运动负荷，防止发生意外事故。这类人可多采用重复锻炼法、循环锻炼法进行锻炼。

（5）消瘦型：指体重低于正常标准者。消瘦型的人参加身体锻炼，是希望能使身体健壮、丰满。这类人宜选择举重、体操、健美运动等项目，可采用重复锻炼法、循环锻炼法进行锻炼。

2. 根据季节不同进行选择

（1）春季锻炼的内容和方法：一年之计在于春。经过寒冷的冬季，身体各器官的功能与肌肉的功能都处于较低水平，肌肉、韧带也较为僵硬，所以春季进行体育锻炼，主要以加强体内的新陈代谢为主，逐渐提高各器官的机能水平。体育锻炼应以有氧代谢供能形式为主，运动强度要逐渐增加，运动形式可选择长跑、轮滑、自行车、跳绳、爬山、球类等。在春季进行体育锻炼时，要做好准备活动，充分伸展韧带，以减少运动损伤，同时要注意增减衣物，防止感冒。

（2）夏季锻炼的内容与方法：夏季由于天气炎热，给体育活动带来很大不便，但如果停止锻炼又会破坏锻炼的连续性。所以，夏季一定要坚持锻炼，但在锻炼方法和时间的选择上要做到科学、合理。夏季最理想的锻炼方式是游泳，游泳不仅可以提高身体机能，同时还可以防暑解热。夏季较为理想的另一种锻炼方式是日光浴。此外，夏季供人们选择的体育锻炼项目还有慢跑、散步、太极拳、羽毛球、轮滑等。选择这些项目进行锻炼，最好是在清晨和傍晚，选择空气新鲜且流通较好的场所进行，同时运动后要注意补充水分，以防身体脱水和中暑。

（3）秋季锻炼的内容与方法：秋季是体育锻炼的大好季节，可选择篮球、排球、足球、长跑、轮滑、武术、自行车等项目进行锻炼。一些冬季锻炼项目，如冬泳、冷水浴、空气浴等，也应该从此时就开始准备，以便让身体有个适应的过程。秋季进行体育锻炼时，由于天气变化无常，早晚气温较低，要注意适时增减衣服，防止感冒。另外，秋天气候干燥，锻炼前后要注意适量补充水分，以保持呼吸道的湿润。

（4）冬季锻炼的内容与方法：冬季参加体育锻炼，不仅可以提高身体健康水平，还可以提高身体的抗寒和对各种疾病的防御能力。冬季锻炼的内容非常丰富，一般人可进行长跑、足球、拔河、冬泳等项目，少年儿童可选择跳绳、踢毽子、跳橡皮筋等项目，老年人可选择慢跑、太极拳、广播体操，有条件者还可选择轮滑、滑雪、滑冰等锻炼方式。冬季锻炼时，身体机能的惰性较大，肌肉组织容易受伤，所以锻炼前要做好充分的准备活动。运动时，最好采用鼻吸口呼或口鼻同时呼吸的方式，以防止冷空气直接刺激口腔黏膜而发生上呼吸道感染。

五、体育锻炼计划

工作、学习要有计划，健身锻炼也是这样。每个参加健身锻炼的人都应当根据自身条件、环境条件制订锻炼计划，以期达到预期的锻炼效果。

（一）体育锻炼计划的制订

健身锻炼计划一般可分为年度锻炼计划、学期锻炼计划和周锻炼计划。

1. 年度锻炼计划

年度锻炼计划可按照体育课教学内容以达到《国家学生体质健康标准》某个级别为长远目标，也可以以防治某些疾病、矫正某种身体畸形或提高整体健康水平为目标。具体锻炼内容可根据年度目标而定，一般可采用健身走、健身跑、武术、健美操、矫正操等内容。

2. 学期锻炼计划

学期锻炼计划的任务和要求要根据年度锻炼计划并结合学期学习任务和季节特点而定。学期锻炼计划中的锻炼内容可从长远锻炼计划中选定。

3. 周锻炼计划

周锻炼计划内容要具体明确，如学习有关跑步、球类等基本知识、技术，发展某种身体素质以及培养特定思想意志品质和心理素质等都应有所要求、有所落实。

（二）制订锻炼计划的注意事项

锻炼计划的制订要从个人的体质、学习、生活等实际条件出发，按照学校规定的作息时间和规章制度进行安排。

（1）每次锻炼内容的选择与确定很重要，必须切合实际，才能保证计划顺利进行。内容的确定除了个人体质、健康状况和兴趣爱好外，还要充分考虑到场地、器材和气候等因素。

（2）体育锻炼要长计划、短安排。进行体育锻炼要有一个总体设想和总的目标，根据这一总目标确定每学期的具体指标，这样便于总结提高。具体计划安排可以周锻炼计划为主，按实际情况随时进行调整，以适应不断发展的需要。在制订锻炼计划时，必须全面贯彻体育锻炼的基本原则，同时做到简单、具体、实用、重点突出。

（3）每次锻炼的安排应从锻炼者当时的身心状况出发，注意科学性。速度、灵巧性练习安排在前，力量练习安排在后；运动量小、强度小的练习安排在前，运动量大、强度大的练习安排在后；技术性练习要由简到繁，由易到难，同时还要注意上、下肢练习搭配安排。每次锻炼时，要先做好准备活动，然后进行主要项目的练习，最后进行整理活动。

（三）一次锻炼课的计划

一次锻炼课通常分三部分进行，即准备部分、锻炼部分和结束部分。在不同的锻炼阶段，这三部分的时间划分各不相同。在早期，准备部分时间要长些，一般为10~15分钟，锻炼部分20~25分钟，结束部分5~10分钟。在中期和后期，准备部分5~10分钟，然后进入主项运动（即锻炼部分），最后5分钟为整理活动。这样的一次课表现为“开始缓慢、中间爽快、终了微火似的运动过程”。以健身为目的者总运动时间为30~45分钟。各部分锻炼内容各有所侧重，并且运动负荷量的分配也不同。准备部分的作用是使机体组织“暖和”起来，使身体逐渐适应较大的运动，以免因心、肺等内脏器官和骨骼关节不能适应强烈运动而导致伤害的发生，一般可采用活动强度小的步行、伸展性体操或太极拳等。

锻炼部分也称基本部分，其内容是运动处方的主项运动欲达到的目标，例如，耐力运动项目要达到一定的心率水平，并要求至少维持 12 分钟以上。主项运动的运动强度一般为最大能力的 40%~60%，同时还要求达到一定活动范围的肌力训练，其训练强度为最大能力的 80%左右。

结束部分是指在训练结束后，要使高负荷活动的心肺和肢体逐渐安静下来，不要突然停止运动，因为此时血液仍大量集中于四肢，若突然停止运动，会使回心血量锐减，可能会出现“重力性休克”，即由于每搏输出量不足，引起脑贫血而发生休克症状。这时，通常可做一些放松式体操、散步或自我按摩等运动。

六、体育锻炼效果的自我评价

锻炼效果的自我评价是指锻炼者运用简单的医学方法，对自己的锻炼状况进行检查和评定。通过自我评价，可以间接地衡量运动的强度和密度安排是否合理，并根据机体的反应判断锻炼效果，以便及时调整锻炼计划，合理安排运动量。

（一）主观感觉

1. 一般感觉

一般感觉通常有感觉良好、感觉一般和感觉不良三种情况。感觉良好是指锻炼者精神饱满、心情愉快、全身无不适感觉，锻炼后能坚持长时间的学习和工作，且效率较高；感觉不良是指在体育锻炼中出现精神萎靡不振，全身有不同程度的疲劳，肌肉酸痛，四肢无力，心情烦躁，容易激动，不能坚持锻炼，严重者有头昏头痛、食欲减退、恶心呕吐、心慌气喘、失眠和多梦等症状；感觉一般是指锻炼反应和感觉平淡。在锻炼过程中，如果出现不同程度的疲劳，不要紧张，这是正常反应，一般在较短的时间内就可恢复。有一定疲劳才会有超量恢复，人的体质就是从一次次的疲劳和一次次的超量恢复中积累起来的。

自觉疲劳分级量表

2. 食欲

体育锻炼能刺激唾液和胃液的分泌，可增加食欲，提高消化系统的功能，有利于营养物质的消化和吸收。在锻炼中，要注意保持运动量三要素（即频率、强度、时间）适当，否则在一段时期内会持续出现食欲缺乏，甚至厌食的状况，这是体育锻炼运动负荷过大或健康状况不佳的反应。

3. 睡眠

睡眠是休息的深度状态，锻炼能提高睡眠的质量。人的一生有 1/3 的时间是在睡眠中度过的，睡眠的好坏直接关系到身体的健康。一个人如果锻炼后入睡快、睡得沉，睡醒后感觉身心气爽、精力旺盛，工作、学习效率高，这说明锻炼中运动量三要素安排适当。如果入睡慢、易醒、多梦、睡眠后还有疲劳感，则说明锻炼中运动量三要素安排不当。根据自我监督的原则，此时应对锻炼内容做适当的调整，必要时还可暂停一段时间，再进行适当的运动。

4. 运动心情

心情是人们对自己的需要与客观事物之间关系的反映。当客观事物能满足身体的需要时，便产生愉快、高兴等肯定的心情；反之，就会出现否定的心情。体育锻炼不仅能转移人们日常生活、工作、学习中的烦恼，而且能增强人体的活力。美国科学家研究证明，每天坚持体育锻炼，能增加身体内部内啡肽的含量，使人产生一种特殊的欣快感。当心情不佳或不想锻炼时，可对自己的锻炼计划进行适当的调整。这是因为当人体处于疲劳或过度疲劳状态时，就会影响心情，如果不及时调整，就达不到增强体质的功效。

5. 学习效率

适度的体育锻炼能使人在学习过程中思想集中、记忆清晰、思维敏捷、求知欲旺盛。反之，学习时心神不定、记忆力衰退、缺乏兴趣、信心不足、学习效果不佳等则是不健康的表现。出现这些状况时，要根据自己的身体状况对运动量作适当的调整。

（二）客观检查

客观检查是通过对身体的观察和测定并对一些机能指标进行检查，包括脉搏、呼吸、体重、排汗量及体力测验等。锻炼者应学会用这些客观指标来指导自己的体育锻炼。

1. 脉搏与锻炼

脉搏是客观检查中很重要的一项指标，是锻炼的指南。通常通过摸腕部桡动脉的跳动可以测定人体的脉搏。人体每分钟的脉搏次数称为脉搏率，正常人的脉搏率为60~100次/分，低于60次/分为心率过缓，高于100次/分为心率过速。老年人心率偏低，一般在55~80次/分。正常人的脉搏应规律、整齐、强弱一致。掌握了脉搏的基本规律就可用它来监督自己的锻炼。运动前脉搏低于50次/分、高于100次/分或每搏间隔时间不等、强弱不一时，就应当到医院检查，待恢复正常后再进行锻炼。

在有氧的情况下，脉搏是检查心肌耗量的指标。根据锻炼时每分钟的脉搏次数还可以直接推算出运动时的耗氧量和运动量。按心率计算运动量，可分为大、中、小三种，其计算公式如下：

$$\text{大运动量}=(\text{最高运动心率}-\text{静息心率})\times 60\%+\text{静息心率}$$

$$\text{中运动量}=(\text{最高运动心率}-\text{静息心率})\times 50\%+\text{静息心率}$$

$$\text{小运动量}=(\text{最高运动心率}-\text{静息心率})\times 40\%+\text{静息心率}$$

测定脉搏次数通常在锻炼前后进行，以便于比较。一般情况下，正常成年人心率恢复时间应在10分钟以内。心率恢复时间越短，表明心脏功能越好。若30分钟后还未恢复，说明心脏功能不良，有可能是运动量过大所致，也有可能因缺乏锻炼、身体机能水平降低所致。

自我心脏功能的测定方法很简单，可以不同体位时心率的变化作为评判标准。测试者卧于床上，安静休息3分钟后测1分钟脉搏次数，然后起立，站1分钟后再测1分钟脉搏次数。将两次脉搏数比较，若站立时脉搏比卧位时增快6~11次为心功能良好，快12~19次为一般，快20次以上为心功能较差。

2. 运动与呼吸频率

呼吸频率是指人体在安静时每分钟的呼吸次数，它是人体健康与否的重要标志。定期检查自己的呼吸频率，可以科学地控制体育锻炼过程。不同年龄的人，安静时呼吸的频率是不同的，一般成年人为12~18次/分，而经常锻炼者为8~12次/分。不锻炼者呼吸浅而快，有时可达32次/分之多，而呼吸量只有300毫升；经常锻炼者的呼吸深而缓慢，呼吸量可达600毫升。因此，进行体育锻炼时，可根据这些指标科学地确定运动量。

3. 运动与肌肉的客观检查

肌力是指人体肌肉收缩力的大小。人的各种运动都离不开肌力。肌力的大小取决于肌肉纤维的粗细和神经系统兴奋时支配参加运动的肌纤维数量。经常参加锻炼者，肌纤维增粗，骨骼结构的牢固度及各种肌肉群之间的协调配合能力也较高。

肌力包括握力、臂力、背力、腹肌力等。臂力可以用引体向上、双臂屈伸、俯卧撑、举重物等方式来评定；腹肌力可用仰卧起坐、悬垂收腹举腿等来评定；握力可用握力计测定，并用“握力指数”进行评定，其数值相当于自身体重的1/2；测定背力可用如下方法：被测定者俯卧在床上或桌上，脐部齐床边沿，躯干上部悬空，另一人压住被测者的小腿，被测者两手放于枕骨部，然后用力抬起躯干，记录其抬起时间。当被测定者躯干上部明显降低或近于平面时，计时停止。评定时，可参照下列标准：男子30秒以上为良好，15~20秒为中等,15秒以下为差。女子20秒以上为良好,10~20秒为中等,10秒以下为差。

4. 运动与排汗的客观评定

锻炼时，体内会消耗多余的能量，体温会迅速升高，这时主要通过排汗来降低体温，调节人体机能。人体在静止时，皮肤也有水分蒸发，但人们不会注意到，这叫作稳性汗，每天约500毫升。锻炼时，出汗可达500~1 000毫升，运动量大时可达1 500毫升，一场剧烈的足球赛，运动员的出汗量可达6 000毫升。运动中的排汗量可用下列公式计算：

排汗量 = 运动前体重 − 运动后体重 + 饮水量和进食量 − 尿量和粪量

如锻炼中未进食、未饮水，也无大小便，则排汗量可按运动前后体重差数计算。

从体育锻炼开始到开始出汗的时间一般为6~8分钟。如有大量出汗，则表明运动量过大或身体过度虚弱。气候炎热也是运动时大量出汗的原因。锻炼时，可根据汗的排出量和时间进行客观检查，以便及时调整自己的锻炼内容和运动量。

5. 运动与进食的评定

锻炼后不宜立即进食，应当有一定的时间间隔。饭前和饭后不宜进行较剧烈的运动，因为饭后体内大量血液聚于胃肠道，如果马上进行运动，会使参与胃肠道消化的血液又重新分配到全身的肌肉和骨骼中去，从而影响胃肠道的消化和吸收功能。空腹时也不宜进行运动锻炼，因为饥饿时体内营养消耗较大，血糖降低，易头昏乏力，从而影响锻炼情绪和效果。

体育锻炼最好在饭后30~60分钟开始，饭前半小时要停止运动，以使身体得到充分的休息，保证饭后食物的消化与吸收。

6. 运动与营养的评定

体育锻炼可使体内物质代谢速度加强，能源物质大量消耗并引起一系列内环境的变化。及时、合理地供给营养，有助于稳定体内环境，使代谢过程顺利进行，保证各器官功能活动正常进行。运动所需的营养主要有糖、脂肪、蛋白质、维生素、矿物质和水。

第四节　常见运动性疾病与运动损伤的预防与处理

一、常见运动性疾病的预防与处理

运动性疾病指的是由于体育运动安排不当，造成体内功能紊乱而出现的异常症状或疾病。它不仅在运动训练和体育比赛中较为常见，在体育教学中也时有发生。

（一）过度疲劳

过度疲劳是指在工作或运动之后，由于连续疲劳积累造成的病理状态，过度疲劳会导致工作能力暂时下降。过度疲劳在大学生中多见于过度脑力劳动之后，但也可以见于劳动或体育锻炼之后。

1. 症状

第一度：早期过度疲劳。这一阶段人只有轻微的自觉症状，心电图、脑电图、机能试验均无异常改变；大运动量锻炼后感觉劳累，恢复时间延长。

第二度：自觉不良症状增强，情绪比较急躁，食欲下降，无锻炼欲望，锻炼时很快出现疲劳；体格检查时发现脉搏稍快，血压比原先稍高，机能试验反应类型正常，但恢复缓慢；心电图或脑电图检查可出现轻度的改变；运动成绩下降，动作的协调能力降低。

第三度：自觉不良症状增多，而且程度较第二度深。中小运动量后就感到疲劳，第二天也不能完全恢复。脉搏、血压比平时高，不能进行正常的锻炼；体格检查时机能试验反应明显异常，心电图或脑电图出现异常，运动成绩和工作能力下降，反应迟钝。

第四度：自觉不良症状较多，症状持续时间长，而且反复出现，虽经初步治疗也无明显效果。安静时脉搏、血压增高，心血管系统机能试验反应异常，心电图和脑电图均明显的异常改变，运动后异常更为显著，恢复明显减慢，工作能力和运动成绩大大下降。

2. 原因

（1）连续参加大运动量锻炼，缺乏必要的间歇：当大运动量锻炼持续过久，缺乏必要的间歇，超过身体的机能潜力时，就容易引起身体的过度疲劳状态。

（2）运动量增加过快：锻炼者有时急于求成，违反循序渐进增加运动量的客观规律，过快过大地增加运动量。

（3）患病后身体尚未康复便急于锻炼且运动量过大。

（4）没有合理的生活规律：锻炼者在锻炼后得不到充分的休息或“开夜车”学习，破坏了正常的生活规律。

（5）其他原因：如为应付繁重的课程或考试而休息不足。

3. 预防与治疗

（1）预防：预防的关键在于根据锻炼者的性别、健康状况和训练水平等具体情况制订合理的锻炼计划。

（2）治疗：治疗基本上围绕 4 个方面进行：① 消除病因；② 调整锻炼内容、运动量或改变锻炼方法；③ 加强各种恢复措施，保证足够的休息和恢复；④ 对症治疗，如改善睡眠、服镇静剂、安眠药或营养药物等。

（二）运动中腹痛

1. 症状

运动过程中，腹部出现钝痛、胀痛或绞痛，但可坚持运动。运动中腹痛在中长跑、自行车等运动中较为常见。轻者仅觉不适，重者疼痛难忍，只好退出运动。

2. 原因

（1）肝脾淤血：肝脾淤血肿胀以致肝脾被膜紧张，被膜上的神经受到牵扯，产生疼痛。

（2）呼吸肌痉挛或活动紊乱：由于运动中未注意呼吸节奏和动作的协调，导致呼吸肌活动紊乱，呼吸肌发生痉挛。此外，准备活动不足、运动强度增加太快、心肺功能满足不了肌肉工作的需要，也会导致呼吸肌缺氧，发生呼吸肌痉挛和疼痛。

（3）胃肠道痉挛或功能紊乱：饭后过早参加运动、运动前饮食或饮水过多、空腹运动、胃酸多或冷空气对胃的刺激等都可引起胃部胀痛或痉挛。

（4）腹部慢性疾病：如病毒性肝炎患者在运动时也会引起腹痛。

3. 预防与治疗

（1）预防：锻炼时膳食安排要合理，加强全面身体训练，饭后约 1.5 小时之后再进行剧烈运动，运动前不宜过饥或过饱，也不要饮水太多。要充分做好准备活动，运动中要注意调整呼吸节律，中长跑时要合理分配速度。

（2）治疗：运动中出现腹痛应减慢运动速度并降低运动强度，调整呼吸和运动节奏，加深呼吸，用手按压疼痛部位，或弯着腰跑一段距离，在通常情况下疼痛即可减轻或消失。若无效或疼痛加重，应停止运动，口服解痉药物，如颠茄片、阿托品等。还可以针刺或掐点足三里、内关等穴位或进行腹部热敷，如仍无效，则需及时就医。

（三）延迟性肌肉酸痛

刚开始运动、间隔较长时间未运动或进行一次较大强度运动后，往往会在运动后的第二天出现肌肉酸痛，由于肌肉酸痛不是在运动结束后即刻出现的，而是发生在运动结束后 1~2 天，因此称之为延迟性肌肉酸痛。

1. 原因和症状

延迟性肌肉酸痛是由于运动时肌肉活动量大，引起局部肌纤维及结缔组织的细微损伤，或部分肌纤维痉挛所致。由于只是肌纤维细微损伤和局部肌纤维痉挛，虽有酸痛感，但肌肉仍能完成其运动功能。酸痛后，经过肌肉内局部细微损伤的修复，肌肉组织会变得更为强壮，之后进行同样负荷运动后将不易发生酸痛。

2. 处理

（1）热敷：针对酸痛的部位进行热敷，可促进血液循环和局部代谢，有助于损伤组织的修复与痉挛的缓解。

（2）拉伸练习：对酸痛肌肉进行静力性拉伸练习，保持 2 分钟，然后休息 1 分钟，重复以上步骤。每天做几次伸展练习有助于缓解疼痛，但不要轻易采用动力性拉伸，以免控制不好力度造成肌纤维再度损伤。

（3）按摩：按摩有助于肌肉放松，促进血液循环，有助于损伤的修复及痉挛的缓解。

3. 预防

根据自身健康状况合理安排运动量，避免运动量增加过快。运动时，还应避免长时间重复某一动作，以免做该动作的主要肌肉负担过重。要做好准备活动，尤其是专项准备活动要充分，对损伤有预防作用。整理活动除进行一般性的放松练习外，还可做一些静力性拉伸练习，这有助于预防局部肌纤维痉挛，从而避免酸痛的发生。

（四）肌肉痉挛

肌肉痉挛俗称抽筋，指肌肉不自主地强直收缩。运动中，最易发生痉挛的肌肉是小腿三头肌，其次是足底的屈拇肌和屈趾肌。

1. 症状与原因

痉挛肌肉僵硬或隆起，剧烈疼痛，且一时不易缓解。在寒冷的环境中运动，如准备活动做得不够，肌肉受到寒冷的刺激后，兴奋性增高很容易发生肌肉痉挛，如游泳时受到冷水刺激，会引起小腿抽筋；在热环境中进行长时间运动或剧烈运动时，由于大量排汗，体内会丢失大量电解质，使肌肉的兴奋性增高，也会导致痉挛；肌肉快速地连续收缩，放松时间太短，收缩与放松不能协调地交替，也会引起痉挛；有时因情绪过分紧张也会引起痉挛。

2. 处理

对痉挛肌肉进行牵引，几分钟后即可缓解。

3. 预防

运动前做好充分的准备活动，运动前对容易发生痉挛的肌肉进行适当按摩。在高温环境下长时间运动时，应注意补充含无机盐的运动饮料。在寒冷的环境中运动时，应注意保暖。游泳时，下水前应先冷水淋浴，且不要在水里停留时间太长。疲劳和饥饿时，不要进行剧烈运动。

（五）运动性晕厥

运动中，由于脑部突然血液供给不足而发生的一时性知觉丧失现象叫作运动性昏厥。

1. 症状

发生运动性晕厥前期会出现全身乏力、头晕、耳鸣、眼前发黑和面色苍白等症状，紧接着失去知觉，突然倒地，出现手足发凉、脉缓而弱、血压下降、呼吸缓慢、瞳孔缩小等症状。

2. 原因

（1）心输出量减少：平时缺乏锻炼者，突然参加较大运动量的锻炼，心脏机能一时无法满足运动需要，加上技术水平低、动作不协调、憋气等，造成血液回流量减少，心脏出血量也随之明显减少，因而出现暂时性脑缺血。

（2）重力性休克：如久站不动、久蹲突然起身、长跑后突然停止运动等，均可因重力作用使血流量减少而形成脑缺血。

3. 预防与治疗

（1）预防：坚持锻炼，增强体质。久站时，要经常交替活动下肢。久蹲后，不要突然起立，要缓缓站起。做力量型运动时，要注意呼吸和动作的配合，避免过度憋气。

（2）治疗：有前期症状时，应下蹲或躺下休息片刻，以避免发生晕厥。发生晕厥者应使其平卧，头低足高，解松衣领，注意保暖，下肢做向心性推揉按摩。还可指掐或针刺患者人中、百会、涌泉、合谷等穴位，或嗅氨水，一般可醒。对停止呼吸者，应及时进行心肺复苏，此时要注意防止痰液或呕吐物阻塞呼吸道。

（六）中暑

中暑是高热环境中发生的一种急性疾病，是热失神、热疲劳、热痉挛和热射病的总称，在夏季锻炼和比赛中较易出现。

1. 症状

表现为多汗、口渴、无力、头晕、眼花、耳鸣、恶心、心悸、注意力不集中、四肢发麻、动作不协调等。

2. 原因

在高温环境中运动时，由于身体大量排汗，体内的水分和盐分会大量丢失，再加上血管扩张，血容量更显不足，从而引起周围循环的衰竭，这称为中暑衰竭。

3. 预防与治疗

（1）预防：夏季天气炎热时要安排好锻炼时间，避免在一天中最热的时段锻炼。锻炼过程中要适当休息。要安排好营养和饮水，注意适当增加食物中蛋白质的供给量，额外增加维生素（维生素 B_1、维生素 B_{12}、维生素 C）的补充量，合理补充水盐饮料，补水应少量多次，避免一次暴饮。要注意运动环境的通风和降温。要加强适应性锻炼，提高适应高温的能力。

（2）治疗：使患者迅速离开热环境，到阴凉通风处休息，静卧，头稍垫高，解松衣服，扇风降温，头部可冷敷，上身用温水擦浴按摩，忌用冷水降温。对昏迷者，可先按照晕厥救法救醒，并保持呼吸道畅通，测量血压、脉搏，适量饮用冷开水或淡盐水等，严重者要及时送往医院抢救。

二、运动损伤的预防和处理

在体育锻炼过程中所发生的各种损伤统称为运动损伤。运动损伤与一般的工伤或日常生活中的损伤有所不同，它的发生与运动项目、训练安排、运动环境、运动者的自身条件以及技术动作有密切的关系。运动损伤会影响锻炼者的健康、学习和工作，也会对其心理产生不良影响，妨碍健身活动的正常进行。

（一）运动损伤产生的原因

1. 对运动损伤的认识不够充分，重视不足

对运动损伤的认识不足或者思想上麻痹大意，缺乏安全防范意识等，这些是造成运动损伤的主要原因。

2. 缺乏合理的准备活动

准备活动是指机体在进入运动状态前进行的活动。它可以增强各器官系统的功能活动，使人体从相对静止状态过渡到紧张的活动状态，让机体在兴奋状态下进入运动过程中。各个器官通过预热，可以更好地相互配合进行运动。缺乏准备活动或准备活动不合理，是造成运动损伤的主要原因。

3. 技术动作不正确

在运动过程中，由于技术动作错误，如违背人体结构的特点和运动生物力学的原理，极易造成各种损伤。例如，网球肘，就是由于技术动作不正确造成的。此外，在做前滚翻时，由于技术动作不正确易导致颈部受伤；排球传球时的手形不正确，很容易导致手指挫伤等。

4. 缺乏自我保护意识

由于人体在运动过程中处于动态，常常会出现机体功能与运动要求不相符合或因重心偏离造成的人与人、人与器械碰撞等情况，因此损伤的概率大大增加。特别是在学生参加对抗性运动时，发生碰撞的概率很大，如果缺乏自我保护能力，很容易造成运动损伤。

5. 运动量过大

安排运动负荷时，教师应考虑学生的生理特点和可能承受的运动负荷量。当前，大学生的身体素质普遍低下，如果教师忽略了这些细节，盲目加大运动量，使运动负荷超过学生可以承担的生理负荷量，就极易发生运动损伤。

6. 身体功能或者心理状态不佳

当学生睡眠或休息不好，患有先天性疾病或大病初愈时，不能科学地参加体育锻炼，都可能出现不同程度的运动损伤。

7. 气候条件的影响和场地设施不完善

在恶劣的条件下运动，很容易出现运动损伤。在夏天参加运动，极易引起疲劳和中暑；在寒冷的天气运动易因肌肉僵硬而导致肌肉拉伤和肌肉韧带的损伤，在潮湿、高热的环境下运动，易因大量出汗而引起肌肉痉挛或虚脱。锻炼时，场地不平整、器械安置不牢固或缺乏必要的保护用具，都很容易出现运动损伤。

（二）常见运动损伤的处理

1. 擦伤

皮肤表面被粗糙物摩擦所引起的表面损伤叫作擦伤。如在跑步、球类运动中摔倒时，身体表面与地面摩擦易引起皮肤擦伤。发生擦伤后，伤处皮肤会擦破或剥脱，有少量出血点和组织液渗出。

小面积擦伤时，可先用生理盐水或2%硼酸液冲洗局部，再用1%~2%红汞或1%~2%甲紫涂抹；面部擦伤宜涂抹0.11%苯扎氯铵溶液。发生大面积擦伤，应先用生理盐水冲洗伤口（无条件时可用冷开水冲洗），再用2%碘酒和75%酒精在伤口周围消毒，伤口局部用1%雷夫奴尔纱布覆盖，并用绷带包扎，感染的伤口应每日或隔日换药。

关节部位擦伤时，要在局部冲洗消毒后，用凡士林油纱布覆盖伤口或局部涂抹消炎软膏，用敷料包扎，以防干裂。如果创面中嵌入沙粒、炭渣、碎石等，应在1%普鲁卡因局部麻醉下，用消毒毛刷轻轻刷洗，清除异物后再行处理。

2. 裂伤、刺伤

（1）裂伤：指受钝物打击引起的皮肤和皮下组织撕裂，伤口边缘整齐，组织损坏较广泛。在运动中，以头脸部撕裂伤较多见，如在篮球运动中，因对方肘部碰撞易引起眉弓部撕裂。

（2）刺伤：指被尖利物体刺穿皮肤及皮下组织器官引起的损伤，例如在田径运动中被钉鞋、标枪刺伤。裂伤和刺伤伤口小、污染较轻者，可先用生理盐水冲洗伤口，在伤口周围皮肤用碘酒和酒精消毒，再贴“创可贴”或用消毒纱布覆盖。伤口较大、较深、污染较重的，应及时到医院处理。

3. 挫伤

挫伤又叫撞伤，是人体某部位遭受钝件暴力作用而引起的闭合性损伤，这类损伤多发生在篮球、足球、体操、武术、拳击及散打等项目中。单纯性挫伤指仅皮下组织挫伤，包括皮下脂肪、肌肉、关节韧带等挫伤，表现为局部疼痛、压痛、肿胀、功能障碍。严重挫伤指皮下挫伤合并某些组织器官挫伤，如大腿挫伤多合并股四头肌断裂。发生头部挫伤，轻者可发生脑震荡，严重者可有颅骨骨折或合并脑挫伤而危及生命。

对单纯性挫伤，在伤后1小时内可采取局部冷敷，加压包扎，抬高患肢，局部休息并外敷创伤药予以止痛和消肿。遭严重挫伤后有休克症状出现的，应首先进行抗休克处理，保温、止痛、止血，并将伤员置于头低脚高位，在纠正休克后立即送医院治疗。

4. 肌肉拉伤

由于肌肉主动强烈的收缩或被动过度的拉长所造成的肌肉细微损伤或部分撕裂或完全断裂称为肌肉拉伤。在体育运动中，大腿后群肌肉的拉伤较为常见。

肌肉拉伤后，表现为局部疼痛、压痛、肿胀，出现肌肉痉挛、僵硬及功能障碍。轻度拉伤时，可局部冷敷、加压包扎、抬高患肢或使肌肉处于放松状态；48小时后开始按摩或针灸理疗；伤后一周，症状基本消除，可做徒手静力牵引练习，进行功能锻炼。

5. 关节韧带扭伤

由于外力作用使关节的活动超过正常的范围会引起关节韧带扭伤，其中以踝关节、膝关节、指关节、腕关节韧带的扭伤最为常见。发生轻度扭伤时，伤部疼痛、压痛、轻度肿胀、功能无明显障碍。韧带部分断裂时，伤部疼痛较重，压痛、明显肿胀、活动受限。韧带完全断裂时，伤部剧痛、肿胀、大面积瘀斑、关节不稳定，功能明显障碍或丧失，伤部可触及韧带断裂的凹陷。

对轻度扭伤，局部可敷消炎止痛的中药（如新伤药），内服七厘散。肿痛减轻后，伤部可用推摩、按摩、揉捏、搓等手法按摩。韧带部分断裂者，早期可局部冷敷，加压包扎，抬高受伤部位，固定关节1~3周，外敷新伤药，内服中、西止痛药。48小时后作按摩、理疗、外敷活血生新剂，或继续外敷新伤药，并适当进行肌肉力量练习以避免粘连，帮助恢复关节功能。韧带完全断裂者，应尽早进行手术缝合，否则会影响愈合和关节稳定性。

（三）运动损伤的预防

产生运动损伤的原因很多，如缺乏必要的运动损伤知识，参加体育锻炼者身体素质不良，体育健身活动安排不当等。另外，参加体育锻炼者的心理状态、场地、器材、保护用具、服装不符合卫生要求以及不良气候等与运动损伤也有密切关系。因此，运动损伤的预防措施必须是综合性的。一般来说，在体育健身锻炼中，预防运动损伤应做好以下几个方面工作：

1. 思想上高度重视

要在思想上对运动损伤给予重视，遵守体育锻炼的一般原则，同时要加强身体的全面锻炼，提高机体对运动的适应能力。

2. 调节身体处于良好状态

（1）准备活动和放松活动：锻炼或比赛前的准备活动十分重要，它不但能使基础体温提高，使深部肌肉的血液循环加快，使肌肉的应激性上升，关节柔软性增强，还能调整心理状态，减轻紧张感和压力感。在剧烈运动后，通过放松活动可使体温、心率、呼吸、肌肉的应激反应恢复到安静水平，可防止在运动后出现肌肉酸痛及损伤，而且对于解除精神压力也有很大的帮助。

（2）肌力训练：肌肉力量不够、协同肌与拮抗肌力量的不平衡，常常会造成损伤。加强肌力训练，使肌群力量保持动态平衡，对于预防运动损伤有重要作用。

（3）自身保护：锻炼者还应了解和懂得初步处理运动后肌肉酸痛、关节不适的方法。运动损伤早期可作温水浴、物理治疗或自身按摩等。

3. 注意环境安全

体育器具、设备、场地等周围环境在锻炼和竞赛前都应进行严格的安全检查。钥匙、小刀、项链、耳环等锐利物品在运动时应摘下。防护器材的使用可使运动损伤的发生概率大大降低，但如果防护器材质量低劣、不合格或已残破，其防护功能会受到影响。

4. 保持正常的心理状态

锻炼者参加运动竞赛时，应保持正常的心理状态，胜不骄，败不馁，不做粗鲁和危险动作，避免猛烈冲撞，做到既保护好自己，也不致伤害别人。

5. 加强易伤部位的训练

加强易伤部位和相对较弱部位的训练，增强其功能，是预防运动损伤的积极手段。

（四）运动损伤的康复训练

康复训练是指锻炼者遭受损伤后进行有利于恢复或改善功能的身体活动。对锻炼者来说，除严重的损伤需要休息治疗外，一般损伤是不必绝对停止身体练习的。相反，通过适当的、有目的的身体练习和功能锻炼，对于损伤的治疗和功能的恢复有着积极的促进作用。

1. 康复训练的原则

（1）伤后的康复训练以不加重损伤、不影响损伤的愈合为前提，应尽量不停止全身和局部活动。

（2）在进行康复训练时，要根据自己的年龄、损伤的部位和特点来选择伤后锻炼的手段和内容，安排好局部和全身的锻炼时间和活动量。

（3）康复训练时活动量的安排，必须遵守循序渐进的原则：特别是在损伤愈合过程中进行局部锻炼时，其动作的幅度、频率、持续时间、负荷量的大小等都应逐渐增加。

（4）康复训练应注意局部专门练习与全面身体活动相结合的原则。

2. 康复训练的内容和方法

（1）主动运动：指由患者自己主动完成的训练，包括静力练习、动力练习和等动练习。

（2）被动运动：适用于伤后的各类功能障碍。通过各种被动运动，可以使痉挛的肌肉得到放松，挛缩的肌肉、韧带和关节囊得到牵伸，关节的活动度加大，关节功能得到恢复。

（3）渐进抗阻运动：该练习可以增进肌肉的力量和耐久力，增加关节的活动范围与柔韧性，对伤愈后从事正常锻炼防止损伤也有益处。

第五节　运动营养与保健

在运动中，体内的营养物质被消耗或分解，因此，必须给予补充。运动后及时补充营养，不仅能满足运动者生理恢复过程的需要，而且根据不同项目的物质代谢特点，及时补充营养还能促进体育锻炼的效果，提高身体健康水平。运动中热能代谢的水平和营养素的需求，受到运动类型和项目、运动强度、密度、持续时间以及运动者的年龄、体重、运动水平和环境等多种因素的影响。

一、体育锻炼与营养补充

食物与营养是人类生存的基本条件。人体摄入食物，目的是补充食物中的七大营养素：糖类、脂肪、蛋白质、维生素、矿物质、水和膳食纤维。这七大营养素是维持生命必不可少的物质，缺少任何一种，人都无法生存。而所谓均衡营养，就是从饮食中摄取适当的能量及各种营养素，以供人体新陈代谢及活动所需。

（一）糖类

1. 来源及功能

糖类也称碳水化合物，是一类含碳、氢、氧的物质，常见的糖类有葡萄糖、果糖、蔗糖和淀粉。糖的功用包括：

（1）提供热能：糖易于氧化，能迅速氧化分解供给人体热能，每克糖氧化可释放出4 000卡的热量，是机体热能的主要来源。

（2）帮助脂肪酸氧化，帮助肝脏解毒，促进生长发育。

（3）血糖供给脑部及身体的营养：糖原可储存于人体肌肉及肝脏中以备急时之需。

（4）构成身体组织：所有的神经组织、细胞和体液中都含有糖类。

2. 运动营养补充

运动员在大强度训练期间，要保证其膳食中有充足的糖，其含量应达到总热量供给的70%~75%，这对维持血糖水平、保证运动中糖氧化供能充分、运动训练后肝糖原和肌糖原水平快速恢复均有良好作用。长时间运动训练或比赛时，于运动前或运动中适量补糖，可以减少糖原消耗，提高血糖水平，有利于提高运动能力，延缓疲劳的发生。研究证明，不同种类的糖，其补糖功效不同，如葡萄糖、蔗糖较易引起胰岛素升高反应，而果糖的此种反应较小；低聚糖对增加糖原储备、维持血糖、减少胰岛素反应、提高运动能力等有良好作用。运动后补充碳水化合物可促进糖原储备的恢复。运动后即刻摄入果糖对恢复肝糖原的效果较好，葡萄糖与蔗糖可使肌糖原储备在24小时后保持较高水平。

当然，对参加一般体育锻炼的大学生而言，不必过多食用高糖膳食或补糖，以防热能积蓄而发胖。但从事耐力项目的高水平学生，应适当增加糖的摄入量，以满足运动训练和比赛的需要。

（二）脂肪

1. 来源及功能

脂肪是油和脂的总称。脂肪的主要来源包括动物油脂（如猪油、牛油、肥肉）、植物油脂（如菜籽油、花生油、果仁油）、蛋类和奶类。其主要生理功能是：

（1）供给人体热量：每克脂肪氧化可产生9 000卡的热量，是蛋白质和糖类产生热量的2倍多。

（2）构成体内细胞：脂肪是构成细胞的重要成分。

（3）帮助维生素溶解：维生素A、维生素D、维生素E和维生素K是脂溶性维生素，只有脂肪存在时才能被人体吸收利用。

（4）保护内脏器官，形成皮下脂肪以维持体温。

2. 运动营养补充

大学生膳食中适宜的脂肪含量应为总热量的25%~30%。高脂肪膳食氧的利用率较低，加之脂肪不易消化，在胃内停留时间长，且在运动时人的消化机能常处于抑制状态，因而不宜在运动前食用高脂肪食物。因此，大学生的日常膳食应避免过多摄入脂肪。当然，脂肪不足时，食物的质量及味觉会受影响，也会造成食物的摄取量减少，而且运动员的膳食要求量少质精、发热量高，所以也不可过多减少脂肪的供给量。

（三）蛋白质

1. 来源及功能

蛋白质是组成人体的主要成分之一，是生命的基础。除水以外，蛋白质在人体细胞中的含量比其他任何成分都高。蛋白质的主要来源有牛奶、鸡蛋、肉类、豆类和鱼。其主要的功能是：

（1）构成机体、修补组织：人体的肌肉、血液、皮肤、毛发等都是由蛋白质构成的。

（2）调节生理功能：人体内的酶、激素、抗体等，也都直接或间接地由蛋白质构成。

（3）供给能量：每克蛋白质在机体内氧化可释放出 4 000 卡的热能，供代谢所需。

2. 运动营养补充

运动员的蛋白质日供给量应高于一般人。成年运动员为 1.8~2.0 克 / 千克体重，少年运动员为 2.0~3.0 克 / 千克体重，儿童运动员为 3.0~3.4 克 / 千克体重。运动员的蛋白质供热量应为一日总热量的 12%~15%（或 15%~20%）。对参加体育锻炼的大学生来说，饮食中应适当增加摄入蛋白质。参加业余训练的高水平运动员，可参照运动员的标准供给蛋白质。

（四）矿物质

1. 来源及功能

矿物质包括不同的金属与非金属元素。矿物质（包括微量元素）的主要生理功能是：

（1）是构成机体组织的材料：如钙、磷、镁是骨骼、牙齿的重要成分。

（2）调节生理功能：一些矿物质是酶的活化剂。

（3）矿物质还参与调节体液平衡以及维持机体的酸碱平衡。

对人体较重要的矿物质有三类：钙、磷和铁。钙的主要来源是牛奶、蛋、绿叶蔬菜、豆类和硬壳果；磷的主要来源是蛋、鱼、肉类、豆和牛奶；铁的主要来源是肝、蛋黄、肉类、全谷、坚果和绿叶蔬菜。

2. 运动营养补充

在运动过程中，人体代谢机能旺盛，因而对经常参加体育活动的大学生或运动员来说，矿物质的营养状况对其健康和运动能力有重要影响。大学生较易缺乏或对运动有特殊生理意义的矿物质有钙、磷、铁、锌、铜等。

大学生应注重从富钙的食品中摄取钙以预防骨营养不良。牛奶及奶制品的钙含量高、吸收率高，每天喝 0.5 千克奶，可满足人体对钙的需求。磷广泛分布于食物中，且吸收率高于钙，一般情况下人不会缺磷。如果膳食中铁的含量不足，会造成运动性贫血和运动能力下降，预防性补铁时应采用小剂量铁。关于运动后锌需要量的研究尚不充分，但可以直接从富锌的食品中获取锌，如高蛋白食物、海洋生物以及鲜肉。有关运动对铜代谢影响的报道不一，但长时间进行大强度训练和比赛，尤其是在高温、湿度大的环境下训练的运动员应注意多摄入富含铜的食物，如甲壳类、动物肝、肾、坚果类等食物。

（五）维生素

1. 来源及功能

维生素是维持生命的元素，是人类食物中不可缺少的营养素。维生素不足会导致维生素缺乏症。维生素的来源很多，不同的维生素有不同的食物来源（表 2–5–1）。

表 2–5–1 维生素来源功能表

维生素	食物来源	功能
A	肝脏、奶类、蛋黄、蔬菜	维持眼底视网膜的正常功能；预防眼干燥症；促进钙化作用；维持表皮黏膜细胞的功能
B_1	麦胚、麦芽、瘦肉、牛奶、肝脏、豆类、酵母	促进发育；预防及治疗脚气病；促进食欲

续表

维生素	食物来源	功能
B_2	牛奶、蛋、豆类、瘦肉、内脏、麦胚	促进细胞中的氧化还原作用；维持皮肤、神经系统和细胞的正常功能
C	蔬菜、水果	预防及治疗坏血病；维持齿龈、皮肤和血管的正常功能；增强免疫系统能力；促进荷尔蒙分泌及伤口愈合；促进体内氧化
D	鱼肝油、肝脏、蛋黄	增进钙化；促成齿骨发育
E	糙米、胚芽、植物油	保护细胞膜和组织；维持红细胞及循环系统的正常功能

2. 运动营养补充

在热能营养充足和平衡膳食的情况下，大学生一般不会发生维生素缺乏症，但在大运动量训练或减体重期，热能营养不能满足需要，或添加食物的营养密度不够以及蔬菜、水果摄入较少时，应适当补充维生素制剂，因为维生素大多不能在体内合成或合成量甚微。

（六）水

1. 来源及功能

水是人体含量最多的营养素，占人体重的 60%~70%。人体器官都含有水，如血液含水约 83%，心脏含水约 79%，肝脏含水约 70%，骨骼也含有约 30% 的水分。在正常状况下，人体通过皮肤、肺及大小便不断排出水分，同时也不断地摄取水来补充。每日所进的水分与所排出的水分几乎相等，这称为“水平衡”。若体内水分损失达到 20%，便无法维持生命。水在人体内有极其重要的生理功能。

（1）水是细胞和体液的重要成分。

（2）水是很好的润滑剂：水的黏度小，可使摩擦面润滑，减少损伤。体内各关节、肌肉、呼吸道等处都能分泌润滑剂。

（3）帮助体内消化、吸收、循环及排泄等。

（4）保持和调节体温：水的比热容高，能吸收较多的热量，以保持体温不发生明显的波动。例如，人体可通过出汗带走大量热量，有效地维持正常体温。

（5）保持脏器的形态和机能：体内水与蛋白质、糖和磷脂等相结合而形成胶体，使脏器维持一定的形态和坚固性。

2. 运动营养补充

参加锻炼补水时，应少量多次，水温适宜。运动前补水为预防性补水，可以避免运动中脱水。合理的方法是采用运动前 15~20 分钟补水或饮料 400~700 毫升，要少量多次摄入，每次 100~200 毫升，分 2~4 次饮用。运动中也要适量补水，以保持水分的平衡。补液量根据出汗量的多少而定，在一般情况下，每小时补液总量不要超过 800 毫升，在运动中可以每隔 15~20 分钟补液 100~300 毫升，或每跑 2~3 千米补液 100~200 毫升。运动后也要注意补水，使进出机体的液体达到平衡。运动后补液同样要遵循少量多次的原则，切忌暴饮。运动后补液量的多少可根据体重的丢失量确定，一般是运动前后体重差的 150%，如运动前后的体重相差 0.5 千克，那么补充水量应控制在 750 毫升左右。

（七）膳食纤维

1. 来源及功能

膳食纤维指的是人体不能消化的多糖类，包括纤维素、半纤维素、果胶、树胶等。膳食纤维的主要生理功能包括：

（1）预防便秘：这是由于它们有很强的吸水性，可在肠道内吸收水分，增加粪便体积并使之变软利于排出。

（2）控制体重，防止肥胖：这是由于富含膳食纤维的食物体积较大，能量密度（单位重量所含能量）较低，有利于减少能量摄入量。

（3）降低血液中胆固醇浓度：膳食纤维可抑制胆固醇的吸收，加速其排出，从而降低其在血液中的浓度。

2. 运动营养补充

含膳食纤维较丰富的食物有谷类（特别是一些粗粮）、豆类及一些蔬菜、薯类、水果等。一般认为，每天膳食纤维总摄入量可达 40~50 克，过多摄入膳食纤维将影响维生素和微量元素的吸收，建议每天总摄入量为 20~30 克。

二、运动保健常识

（一）体育锻炼的个人卫生保健

1. 定期进行体格检查

为了了解体育锻炼对增强体质的功效，了解运动中身体健康和机能的变化状况，检查锻炼的方法是否正确、运动负荷是否适合等，应定期进行体格检查，从而进一步修订体育锻炼计划和改进锻炼方法。

2. 运动前要做好准备活动

准备活动的作用在于提高中枢神经系统的兴奋性，扩大肌肉、肌腱和关节的活动范围，克服内脏器官机能的惰性，加强心血管和呼吸系统的活动能力，使机体各方面的功能达到适应锻炼或训练的需要，预防或减少肌肉、关节和韧带的损伤。准备活动量的大小和时间的长短，可因锻炼项目、内容、强度以及季节、气候的不同而有所差异，一般达到微微出汗，身体各大肌肉、韧带和关节都得到了适量的活动，感到灵活、舒适即可。

3. 运动后要做整理活动

运动结束时，应做些使身体放松的练习，这样可以使人体更好地从紧张的运动状态逐渐过渡到相对安静的状态。整理活动是促进体力恢复的一种有效措施。因为运动引起的一系列生理变化，并不会在运动停止的同时消失。如呼吸和血液循环等机能变化，在运动停止后，还会维持在较高的水平上，它们需要有一个恢复的过程。同时，整理活动可以改善肌肉的血液循环，使肌肉中血液流畅，有利于偿还氧债，排除二氧化碳并清除代谢产物，以减轻肌肉的酸痛感，消除疲劳。

4. 饭后不宜进行剧烈运动

有些人常常在放下饭碗后便去打球或从事一些剧烈的运动，这是不符合体育卫生要求的。因为饭后胃肠已经开始了紧张的工作，毛细血管开放，大量血液流入消化器官。此时若进行剧烈的运动，大量的血液就要从胃肠流入骨骼肌，使消化机能减弱。长此以往，轻则引起消化不良，重则发生如胃炎、胃溃疡等消化道慢性疾病。同时，饭后胃内已经积累了大量的食物，进行剧烈运动时，由于食物的重力和运动的颠簸作用，会牵拉肠系膜，容易引起腹痛、呕吐等。因此，饭后应避免立即进行剧烈运动。

5. 运动饮水卫生

参加体育锻炼时，由于出汗多，需要补充水分，不然会引起机体缺水，影响正常的生理机能活动，导致全身无力、口唇发干、精神不振和疲劳现象。但在剧烈运动中或运动后，都不宜一次性大量饮水。如果在运动中大量饮水，会使胃部膨胀，妨碍膈肌的活动，影响呼吸，不利于运动。同时，大量饮水会使血液容积增加，增加心脏、肾脏的负担。运动时饮水应以少量、多次为原则，同时，最好饮用接近于血浆渗透压的淡盐水或饮料，以保持体内水盐平衡。

（二）体育运动环境卫生

在运动环境中，空气、水和各种体育设施在人与人之间起着联系和媒介作用。运动场所如果通风不良、空气质量下降，可诱发体育运动参与者患呼吸系统疾病，水质污染可传播皮肤和病毒性结膜炎（红眼病）等疾病。因此，做好运动环境的卫生工作，对于更好地利用环境条件、发挥体育运动的效能、预防疾病和增进健康，具有十分重要的意义。

1. 非正规的室外运动场所

许多非正规的室外运动场所，如公园、广场、健身走廊、人行道等，由于经济实惠、方便、环境好，吸引了越来越多的锻炼者。在非正规的室外运动场所进行锻炼时，应尽量选择绿化好、空气清新、噪声少、地面平坦干净的地点。如条件许可，可到海滨、森林、乡村、旷野等场所锻炼，这些地方空气新鲜、环境优美令人心旷神怡，收到最佳的锻炼效果。

2. 运动场馆卫生

（1）室内体育馆的卫生：人们去体育馆的目的是参加或观看比赛和表演。根据运动员和观众在比赛和表演时的生理、心理等特点，体育馆除了应具有良好、舒适的馆内环境外，还应具有完善的卫生和生活服务设施。

（2）室外运动场的卫生：田径场和球场是学校最常见的室外运动场。田径场的跑道应坚固，不怕雨水冲淋，并具有一定的弹性和湿度。跑道的表面应平坦，无凹坑、碎石、浮土和其他杂物，也不能太滑，以防止运动者滑倒摔伤。

3. 运动服装与器械卫生

运动服装应符合运动项目的要求，并具有透气性和吸湿性，既有利于身体活动，又能防止运动创伤。在夏季，运动服装应通气、质轻、宽松和色淡；在冬季，室外运动服装既要保暖，又不能妨碍动作的完成。运动后，潮湿的运动服装应立即换掉，以免受凉感冒。

运动时，使用的器械要坚固、安装得当，器械的重量和大小要符合规定和练习者的年龄和性别特点。平时应注意器械的检查和维修，防止生锈以及连接处脱落，预防运动伤害的发生。

（三）女子体育卫生

女子参加体育锻炼，除注意普通卫生外，还要讲究某些特殊卫生。

1. 女子体育锻炼的特点和内容的选择

女子肩部较窄，臂力较差，做悬垂、支撑及大幅度摆动动作较吃力。学习这些动作时，要注意循序渐进，并给予必要的保护。

女子身体重心较低，平衡能力较强，柔韧性较好，适宜进行平衡性及健美操等运动。在体育锻炼中，应注意保持和发展其柔韧性，有目的、有步骤地加强肩带肌、腹肌、腰背肌和盆底肌的锻炼。

女子不宜做过多的从高处跳下的练习，地面不可过硬，并注意落地姿势，以免身体受到过分震动而影响盆腔脏器的正常位置及骨盆的正常发育。

女子应根据自身的身体条件、体育爱好和特长积极参加体育锻炼，有效地发展力量、速度、耐力等素质，提高健康水平。

2. 女子经期的体育卫生

月经期间，人体一般不出现明显的异常变化。因此，月经正常的女子在月经期间，可以参加适当的体育运动，如做健美操、打乒乓球、羽毛球或排球等。通过这些活动，不仅可以改善盆腔的血液循环，减轻盆腔的充血现象，而且腹肌与盆底肌收缩与放松的交替对子宫所起的柔和按摩作用有助于经血的排出，使人感到舒畅。此外，丰富多彩的体育活动还可以调节大脑皮质的兴奋和抑制过程，从而减轻全身的不适反应。

（1）月经期间不宜游泳：女子经期子宫内膜脱落后，子宫内会形成较大的创面，子宫颈口略为开大，宫腔与阴道口位置对直，游泳时病菌容易侵入内生殖器官引起炎症。此外，月经期间应避免寒冷刺激，特别是下腹部不要受凉，冷水浴锻炼也应暂停。

（2）月经期间应避免做剧烈、大强度或震动大的跑跳动作，如快跑、跨跳、腾越以及使腹内压力明显增高的屏气或静力性动作，如推铅球、举重、收腹等，以免子宫受到过大的震动或由于腹内压过高而使子宫压过大，造成经血过多或引起子宫位置的改变。

（3）月经紊乱（经量过多、过少或经期不准等）、痛经或患有内生殖器炎症的女生，月经期间应暂停体育活动。

思考题

1. 科学体育锻炼的生理学、心理学基础是什么？

2. 如何进行科学的体育锻炼？根据自身的实际情况，制订一份个人体育锻炼计划。

3. 结合自己体育锻炼的效果进行自我评价。

4. 常见的运动性疾病与运动损伤有哪些？如何防治？

5. 如何根据自我锻炼的实际情况进行运动营养补充和自我保健？

第三章
体质健康的测量与评价

第一节　体质概述

一、体质的概念

体质是一个古老的名词。早在公元前400多年，古希腊医学家、哲学家希波克拉底就曾根据人体内4种体液所占优势的不同，把人的体质分为多血质、黏液质、胆汁质和抑郁质4种类型。在我国，《黄帝内经》根据个体的形态特征、肤色、功能特性、心理、行为特征及对环境适应能力的特点，运用阴阳五行理论，把人的体质归纳为木、火、土、金、水5种类型。

体质的概念涉及多个学科，其内涵甚广。从组织形态学而论，体质是指人体的形态结构特征，包括人体各组织、器官、器官系统以及人体整体各个组成部分的形态特征与正常范围。什么是体质？“体质”是指人体生命的质量，是个体在先天遗传性和后天获得性的基础上表现出来的人体形态结构、生理功能、身体素质、心理品质和适应能力等方面相对稳定的特征。体质是人的生命活动和工作与劳动的物质基础，体质在其形成、发展和消亡的过程中具有明显的阶段性，从最佳状态到严重疾病或功能障碍，可呈现出各种不同阶段的体质水平。一个体质好的人，表现为精神振奋、朝气蓬勃、斗志旺盛、精力充沛、体魄健全、筋骨强壮，对疾病有较强的抵抗力，对自然环境有较好的适应能力，并能在劳动和工作中保持高效率，在最困难的条件下也能胜任工作。一个人的体质好与坏，既依赖于先天因素，又与后天因素相关，而后天因素起着决定性作用。因此，在测定和评价体质时，必须注意体质的综合性特点并采用多项指标进行评价。

二、体质的构成

根据1982年中国体育科学学会体质研究会划定的体质范畴，体质主要包括以下几个方面：

（1）身体形态和结构的发育发达水平，即体格、体型、身体姿态、营养状况和身体组成成分。

（2）生理功能水平，即机体的新陈代谢水平和各器官、系统的效能。脉搏、血压、肺活量等是反映心肺功能水平的指标。

（3）身体素质和运动能力发展水平，即速度、力量、耐力、灵敏、柔韧等身体素质和走、跑、跳、投、攀登、爬越等身体基本活动能力。

（4）心理发育发展水平，即人体感知能力、智力、个性、意志等。

（5）适应能力，即对环境条件的适应能力、应急能力和对疾病的抵抗能力。

人体的形态结构、生理功能、身体素质和运动能力（简称体能）、心理发育以及外界环境的适应能力是构成体质不可分割的5个重要因素。身体的形态结构是体质的物质基础；生理功能、体能和心理条件是体质的主客观表现，对内外环境的适应能力是它们的综合反应。构成体质的这5个因素相互统一、密切联系。体能是各器官系统的机能能力在人体运动过程中的客观反映。发展和提高体能的过程会相应地引起机体形态结构、生理功能的一系列变化。而伴随着形态结构、生理功能的变化及体能的发展提高，又会产生一定的心理过程和个性心理特征，从而促进人的心理发展。

三、理想体质

理想体质是指良好的人体质量，它是在遗传的基础上，经过后天的努力塑造所能达到的形态、结构、生理功能、心理、智力和对外环境适应的整体良好状态。理想体质的标准主要表现在以下几个方面：

（1）身体健康，主要脏器无疾病。

（2）身体发育良好，体格健壮，体型匀称，体姿正确。

（3）心血管系统、呼吸系统与运动系统具备良好的功能。

（4）有较强的运动与劳动等身体活动能力。

（5）心理发育健全，情绪乐观，意志坚强，有较强的抗干扰、抗不良刺激的能力。

（6）对自然和社会环境有较强的适应能力。

评价理想体质必须进行多指标综合评价，原则上应以同样人群的较高水平的数据作为理想体质的评价依据。

四、体质测试与评价

体质测试是指选择能够客观地反映体质状况的各种指标和方法，对人体进行定量的测试，获得反映体质状况的资料，为更好地进行身体锻炼和促进健康成长提供科学依据。对体质测试所得的资料进行科学的统计与分析，做出某一方面或综合的健康判断称为体质评价。

体质测试的基本内容及指标：

（1）身体形态指标，主要包括身高、体重、胸围、上臀围、坐高和身体组成（皮脂厚度、体脂比重、去脂体重等），是人体生长发育的重要指标之一。

（2）生理功能指标，主要包括安静心率、血压、肺功能及心血管运动试验等。

（3）身体素质指标，包括力量指标（握力、背肌力、腹肌力等）、爆发力指标（纵跳、立定跳远）、悬垂力指标（单杠屈臂悬垂）、柔韧性（立体前屈、俯卧仰体）、灵敏和协调性（反复横跨）、平衡性（闭眼单足站立）、耐力项目。运动能力指标主要包括跑（快速跑）、跳（急行跳远、摸高）、投（投实心球、掷垒球等）。

（4）心理发展水平指标，包括智力、情感、性格、意志等方面。

（5）适应能力指标，包括对环境的适应能力和对疾病的抵抗能力等。

第二节 大学生体质健康的测量与评价

一、体质与健康的关系

健康包括生理健康、心理健康、社会适应良好和道德健康，它受人的形态结构、生理功能、心理状态和社会适应能力等因素影响。体质是人体生命的质量，通常用人体形态结构、生理机能、心理品质、身体素质和社会适应能力等指标进行测量与评价。很显然，体质与健康之间有着密切联系。

首先，体质与健康都是对人体状况的描述，都可以根据身体的、心理的和社会适应等指标来衡量。但是，两者的内涵有所不同。体质所指的是人体的本质，是健康的物质基础，而健康则是人体理想状态的标志，是体质所追求的目标体现。

其次，在日常生活中，一个人的状况通常可用“体质”或“健康”的相近水平来表达，这说明体质与健康在意义上有着一定的联系，可对人体状况作出统一的回答。

综上所述，体质和健康都涉及人体的形态结构、生理机能、运动能力和心理状况及对社会(包括人际关系)的适应能力等方面，它们之间既有所不同，又有所联系。体质是生命活动的最基本要素，也是健康的物质基础。体质侧重于体格、体型、身体素质、运动能力等，而健康则侧重于研究人体的心、肝、脾、肺、肾及血管组织结构和生理功能的疾病、异常和死亡。体质是从“外观”上研究人体，健康是从“内部”研究人体。体质是人体的质量，健康则是体质状况的反应和表现，所以在评价体质和健康状况时，有些指标很难说成是纯属检测体质的指标，另一些指标也很难说成纯属健康检查的指标。

二、影响体质与健康的因素

体质是人的生命活动和劳动工作能力的物质基础，健康水平则是体质状况的外部表现，它在形成、发展和消亡过程中具有明显的个体差异和阶段性，从而反映出最佳状态到严重疾病和功能障碍等各种不同的健康水平。

(一)先天因素对体质与健康的影响

遗传是影响人的体质与健康发展变化的先天条件，对体质状况与健康水平的变化有重要的影响。核糖核酸是储存遗传信息（遗传密码）的载体，具有相对的稳定性，能精确地自我复制，使亲代与子代间保持遗传的连续性，能够指导蛋白质合成，控制新陈代谢过程和性状发育，在特定条件下还可产生遗传的变异。人体正常性状的遗传包括性别、体表性状、生理生化特征、身体素质等20多种性状的遗传。

1. 对体表性状的影响

遗传因素与对人体出生后的体表性状有重要影响。身高的遗传率约为0.75。对于体形的遗传，若父母肥胖，其子女肥胖的概率约为一般孩子的10倍。肤色多由遗传因素决定，眼球的颜色也多由遗传因素决定。红绿色盲患者与人种有关，以男性为例，白种人为8%，黄种人(中国)为5.1%，黑种人为1%～3%。舌的形态和舌的味觉功能的个体差异与遗传有关，有的人不能尝出苦味，在我国味盲者约占10%。毛发的颜色和疏、密、曲、直都受遗传基因控制。皮纹的特点，特别是掌纹和指纹均受遗传因素的影响。

2. 对生理、生化指标的影响

高级神经活动类型可能多由基因决定，其遗传力可高达0.90，后天因素只占0.10；最高心率的遗传力为0.859；最大摄氧量遗传力为0.936；生长发育高潮开始时间的遗传率为0.75；生长发育高潮持续时间的遗传率为0.63；女子月经初潮时间的遗传率为0.90；人体骨骼肌肌纤维的数量和分类比例的遗传力为0.995；人体血红蛋白含量受单基因控制，遗传力为0.73；人体在安静状态下血乳酸含量的高低主要受遗传因素的影响，其遗传力为0.70；乳酸脱氢酶的活性遗传力为0.72。

3. 对身体素质、智力和寿命的影响

人体的身体素质和运动能力都有明显的遗传性。力量素质遗传力为0.643，而肌肉的绝对力量遗传力为0.35，后天环境影响可达0.65；一般耐力（有氧代谢能力）的遗传力为0.70~0.93，专项耐力（无氧代谢能力）遗传力为0.70~0.99；反应速度的遗传力为0.75，动作速度的遗传力为0.50。智力的遗传力为0.70。

（二）后天因素对体质与健康的影响

关于后天影响因素，保健专家将此归纳为4类：一是环境（包括自然环境和社会环境），二是生物学因素（包括机体的生物学因素和心理学因素），三是生活方式，四是保健设施。后天因素是通过营养（包括精神营养）、卫生（包括心理卫生）和运动（包括被动运动和气功）这三大因素的影响来实现的，并受年龄阶段和保健设施的制约。而生活方式是将三大因素合理安排的综合体现，中国传统的说法就叫作“养生”。

1. 营养

营养是人体生命活动的能量源泉，适宜的营养是增强体质、提高健康水平的物质基础。早期营养对智力发育有决定性的作用。脑发育的迅猛时期是胎龄18周至出生后的两周岁，而最关键的是妊娠的后3个月至出生后6个月。脑细胞的增殖具有“一次性完成”的特点，错过时机就很难补偿。胆固醇在脑细胞髓鞘形成过程中起关键作用。目前使用的最新实验技术，即通过测定胆固醇量来估计脑神经髓鞘的形成进度，可以衡量脑组织的发育程度。在脑组织的代谢中B族维生素有重要作用，如维生素B_{12}参与突触中葡萄糖的代谢，防止丝氨酸及乳酸等代谢产物积聚；维生素B_{12}与叶酸共同参与合成脱氧核糖核酸（DNA），促进大脑发育。

营养对人体免疫功能也有重要影响。胎儿发育中的胸腺淋巴系统，对多数营养素的缺乏都比较敏感。出生前营养不良造成的免疫缺陷，比出生后引起的免疫问题更严重、延续时间更长，甚至可能影响下一代。在抗体方面，营养不良儿不仅血清抗体球蛋白（Ig）降低，抗体形成能力下降，而且即使出生后受到良好的喂养，也不易再扭转，维生素B_{12}缺乏对出生免疫缺陷有直接影响。膳食的不同成分对免疫功能的作用各异，如缺锌可导致免疫功能缺陷，限制热量与蛋白质则会延迟实验小鼠的自身免疫发生。近年来又发现了Mg^{2+}在生命过程中发挥着重要作用，对脑血管疾病的发生和康复有重要影响。现在已开始注意到营养过剩（尤其是氨基酸过剩）对大脑发育的不良影响。如膳食内苯丙氨酸过量，可引起脑组织中毒，发生与遗传性氨基酸代谢缺陷相似的症状，患儿表现为智力低下。

按照身心健康的要求，精神营养也非常重要。如果说身体健康需要物质营养，则心理健康需要精神营养。通常，人们将糖类、脂肪、蛋白质、维生素、矿物质、水和膳食纤维称为物质营养的七大营养素，应有的道德观、健康的人生观和价值观是精神营养的三大营养素。实践证明，一个有道德的人，一个有健康的人生观和价值观的人，才是一个精神健康的人。道德观可以指导人们正确地选择自己的道德行为，做出道德评价，以增强人们自我教育和自我完善的能力，达到促进社会稳定、发展，从而提高社会各类人群的身心健康水平。在现实生活中，我们经常会对人为什么活着、人应当怎样生活等问题提出疑问，当我们对人生形成比较稳定的看法和态度以后，就形成了一定的人生观。只有人人都为他人献出一份爱心，都具有奉献精神，都具有为别人、为大众服务的思想，这个社会群体才能稳固地发展，人与人之间的感情才能深厚。只有人人树立为人民大众服务的人生观，才能实现个人与社会的统一。从一定意义上讲，人生价值问题是人生观的核心问题。人生价值的内容涉及许多方面：从人生价值的本质关系这一角度分析，它包含自我价值和社会价值；从人生价值的表现形式这一角度分析，它包含外在价值和内在价值；从人生价值的动态过程这一角度分析，它包含现有价值和应有价值。人生的社会价值是指个体的人生对他人和社会的意义。人只有在社会实践中才能获得社会价值，劳动、创造和贡献是人生的社会价值的主要标志。越是满足了他人和社会的需要，做出的贡献就越大，其价值也越大。反之，则越小。损害了他人和社会的需要和利益，则是一种为他人和社会所否定的负价值，会受到社会的制裁。

2. 卫生

卫生是人体进行正常生命活动的基本保证。自远古以来，人类在同自然界的长期斗争实践中，逐步积累了与疾病作斗争的丰富知识。早在 2 000 多年前，庄子就提出了“卫生”这个词，在《庄子》中提到“趎愿闻卫生之经而已矣”。“卫生”一词后人诠释为“卫生，谓卫护其生，全性命”，无疑指的是有关防治保健的卫生知识。到了 20 世纪，由于现代工业和原子能工业的迅速发展，大大扩大了能源和原料的利用范围，同时也增加了废水、废气和废渣的排放，造成环境污染，影响了人类健康。由于健康与心理因素密切相关，消极的情绪，如焦虑、怨恨、忧郁、悲伤、颓废、恐惧、惊慌、紧张、愤怒等，可以引起人体各系统机能失调，导致失眠、心动过速、血压升高、食欲减退、尿急、腹泻、月经失调、乳汁减少等。心身医学认为：这类情绪因素在一些躯体疾病，如偏头痛、原发性高血压、消化性溃疡、心律失常、甲状腺功能亢进等所谓“心身疾病”中起着重要作用。所以，积极健康的心理状态是增强体质和增进健康的必要条件。因此，精神卫生（心理卫生）也就成了增强体质和增进健康的必要条件。广义的精神卫生范畴应包括个人精神卫生和实现社会精神文明的社会精神卫生要求。

3. 运动

根据运动特征和运动目的不同，人体的运动类型大体上可分为竞技运动、健身运动（或称保健运动）和医疗运动（或称康复运动）三大类。

（1）竞技运动：其特征是具有运动项目的专一性。如足球运动员就要集中精神踢足球，长跑运动员就要集中精力练长跑。对参加某一专项技术运动的人群，不仅要体质与健康状况良好，还要具备适应本专项技术要求的专项身体素质，其目的是在全面发展身体的前提下最大限度地发挥竞技效能，即跑要跑得最快，跳要跳得最高，投要投得最远，举要举得最重，以取得最佳竞技成绩。

（2）健身运动：其特征是具有运动项目的多样性。如预防腰椎病、颈椎病就要做腰椎操、颈椎操，预防肩周炎就要做上举180° 动作练习，其关键要求是姿势正确、动作幅度到位而对运动量没有严格的要求。但是，要预防高血脂则对运动方式没有一定的要求，可以打球、长跑、骑自行车，而对运动量的要求比较严格，具体地说其效果与运动量成正比。若要锻炼心脏功能，则对运动强度有严格要求，一般以靶心率（最大心率的70%~85%）作为最适宜运动强度所对应的心率，强度过低则效果不明显，强度过大可能产生不良效果。对健身运动来说，各种不同的运动项目多具有不可替代的健身作用。参加健身运动的人群为身体健康者，其目的是：根据促进身心健康的要求，选取适宜的运动项目和运动方式，从事有益于身、心健康的运动，以达到健康长寿的目的。

（3）康复运动：其特征是运动项目和运动方式对某种疾病的治疗和康复具有很强的针对性。如医疗老慢支、肺气肿则必须练呼吸操，医疗冠心病必须练慢跑（有氧强度）；对不同骨关节病的康复医疗，必须对相应骨关节做不同幅度的运动。总之，对运动项目或运动方式的选取应服从医疗要求。参加医疗运动的人群为生长发育不良者或恢复期的伤病患者，其目的是：

根据病患者医疗康复的要求，通过主动运动、助动运动或被动运动等方式，按照运动处方的严格要求，从事定时定量的运动，以达到对某种疾病治愈和康复的目的。

人在运动过程中，机体将产生一系列具有“双向效应”的适应性变化，这一变化的结果可以健身、防病，也可能危害健康。只有在合理的营养配备和必备的卫生条件下，科学安排从事符合运动参与者生理规律的运动，才能达到保健效果。

4. 生活方式

合理的生活方式是科学安排营养、卫生、运动这三大因素的综合体现。由于人体是一个极为复杂的有机体，在与外界环境不断进行种种物理、化学和信息的交换，维持内外平衡的过程中，每个人都受一定文化、民族、经济、社会、风俗、规范，特别是家庭的影响，从而形成一系列生活行为习惯。我国最早的医书《黄帝内经》就指出：“故智者之养生也，必顺四时而适寒暑，和喜怒而安居处，节阴阳而调刚柔。如是则避邪不至，长生久视。”显然，人们早已知道生活习惯、规律意识等与健康有关。

三、《国家学生体质健康标准》

为建立健全国家学生体质健康监测评价机制，激励学生积极参加身体锻炼，引导学校深化体育教学改革，推动各地加强学校体育工作，促进青少年身心健康、体魄强健、全面发展，在认真总结各地原有实施经验的基础上，结合新时期青少年体质健康状况和学校体育工作实际，教育部组织对原有的《国家学生体质健康标准》进行了修订，并于2014年7月7日颁布了全新的《国家学生体质健康标准》（以下简称《标准》）。

《标准》是国家学校教育工作的基础性指导文件和教育质量基本标准，是评价学生综合素质、评估学校工作和衡量各地教育发展的重要依据，是《国家体育锻炼标准》在学校的具体实施，适用于全日制普通小学、初中、普通高中、中等职业学校、普通高等学校的学生。《标准》从身体形态、身体机能和身体素质等方面综合评定学生的体质健康水平，是促进学生体质健康发展、激励学生积极进行身体锻炼的教育手段，是国家学生发展核心素养体系和学业质量标准的重要组成部分，是学生体质健康的个体评价标准。

（一）《标准》的测试项目及评价指标

1. 测试项目

大学各年级有 8 个必测项目：身高、体重、肺活量、1 000 米跑（男）、800 米跑（女）、坐位体前屈、仰卧起坐（女）、引体向上（男）、50 米跑、立定跳远。

2. 评价指标

本标准从身体形态、身体机能和身体素质等方面综合评定学生的体质健康水平，是促进学生体质健康发展、激励学生积极锻炼身体的教育手段，是国家学生发展核心素养体系和学业质量标准的重要组成部分，是学生体质健康的个体评价标准。本标准对大学生分为以下组别：大学一、二年级为一组，三、四年级为一组。

本标准的学年总分由标准分与附加分之和构成，满分为 120 分。标准分由各单项指标得分与权重乘积之和组成，满分为 100 分。附加分根据实测成绩确定，即对成绩超过 100 分的加分指标进行加分，满分为 20 分。

根据学生学年总分评定等级：90.0 分及以上为优秀，80.0~89.9 分为良好，60.0~79.9 分为及格，59.9 分及以下为不及格。

每个学生每学年评定一次，记入《〈国家学生体质健康标准〉登记卡》。学生毕业时的成绩和等级，按毕业当年学年总分的 50% 与其他学年总分平均得分的 50% 之和进行评定。

学生测试成绩评定达到良好及以上者，方可参加评优与评奖；成绩达到优秀者，方可获体育奖学分。测试成绩评定不及格者，在本学年度准予补测一次，补测仍不及格，则学年成绩评定为不及格。

学生因病或残疾可向学校提交暂缓或免予执行《标准》的申请，经医疗单位证明，体育教学部门核准，可暂缓或免予执行《标准》，并填写《免予执行〈国家学生体质健康标准〉申请表》，存入学生档案。确实丧失运动能力、被免予执行《标准》的残疾学生，仍可参加评优与评奖，毕业时《标准》成绩需注明免测。

单项指标与权重		
测试对象	单项指标	权重（%）
大学各年级	体重指数（BMI）	15
	肺活量	15
	50 米跑	20
	坐位体前屈	10
	立定跳远	10
	引体向上（男）/ 1 分钟仰卧起坐（女）	10
	1 000 米跑（男）/ 800 米跑（女）	20
备注	体重指数（BMI）= 体重（千克）/ 身高^2（米^2）	

加分表				
加分	引体向上	仰卧起坐	1 000 米	800 米
10	10	13	−35"	−50"
9	9	12	−32"	−45"
8	8	11	−29"	−40"
7	7	10	−26"	−35"
6	6	9	−23"	−30"
5	5	8	−20"	−25"
4	4	7	−16"	−20"
3	3	6	−12"	−15"
2	2	4	−8"	−10"
1	1	2	−4"	−5"

注：1. 引体向上、1 分钟仰卧起坐均为高优指标，学生成绩超过单项评分 100 分后，以超过的次数所对应的分数进行加分。2. 1 000 米跑、800 米跑均为低优指标，学生成绩低于单项评分 100 分后，以减少的秒数所对应的分数进行加分。

（二）《标准》的评分标准

国家大学生体质健康标准（女子）

等级	单项得分	肺活量（毫升）		50 米		坐位体前屈		立定跳远		仰卧起坐		800 米		体重等级	体重指数
		大一大二	大三大四	大一大二	大三大四	大一大二	大三大四	大一大二	大三大四	大一大二	大三大四	大一大二	大三大四		
优秀	100	3 400	3 450	7.5	7.4	25.8	26.3	207	208	56	57	3'18"	3'16"	正常100 分	17.2~23.9
	95	3 350	3 400	7.6	7.5	24	24.4	201	202	54	55	3'24"	3'22"		
	90	3 300	3 350	7.7	7.6	22.2	22.4	195	196	52	53	3'30"	3'28"		
良好	85	3 150	3 200	8	7.9	20.6	21	188	189	49	50	3'37"	3'35"	低体重80 分	≤ 17.1
	80	3 000	3 050	8.3	8.2	19	19.5	181	182	46	47	3'44"	3'42"		
及格	78	2 900	2 950	8.5	8.4	17.7	18.2	178	179	44	45	3'49"	3'47"	超重80 分	24.0~27.9
	76	2 800	2 850	8.7	8.6	16.4	16.9	175	176	42	43	3'54"	3'52"		
	74	2 700	2 750	8.9	8.8	15.1	15.6	172	173	40	41	3'59"	3'57"	肥胖60 分	≥ 28.0
	72	2 600	2 650	9.1	9	13.8	14.3	169	170	38	39	4'04"	4'02"		
	70	2 500	2 550	9.3	9.2	12.5	13	166	167	36	37	4'09"	4'07"		
	68	2 400	2 450	9.5	9.4	11.2	11.7	163	164	34	35	4'14"	4'12"		
	66	2 300	2 350	9.7	9.6	9.9	10.4	160	161	32	33	4'19"	4'17"		
	64	2 200	2 250	9.9	9.8	8.6	9.1	157	158	30	31	4'24"	4'22"		
	62	2 100	2 150	10.1	10	7.3	7.8	154	155	28	29	4'29"	4'27"		
	60	2 000	2 050	10.3	10.2	6	6.5	151	152	26	27	4'34"	4'32"		

续表

等级	单项得分	肺活量（毫升）		50米		坐位体前屈		立定跳远		仰卧起坐		800米		体重等级	体重指数
		大一大二	大三大四	大一大二	大三大四	大一大二	大三大四	大一大二	大三大四	大一大二	大三大四	大一大二	大三大四		
不及格	50	1 960	2 010	10.5	10.4	5.2	5.7	146	147	24	25	4'44"	4'42"		
	40	1 920	1 970	10.7	10.6	4.4	4.9	141	142	22	23	4'54"	4'52"		
	30	1 880	1 930	10.9	10.8	3.6	4.1	136	137	20	21	5'04"	5'02"		
	20	1 840	1 890	11.1	11	2.8	3.3	131	132	18	19	5'14"	5'12"		
	10	1 800	1 850	11.3	11.2	2	2.5	126	127	16	17	5'24"	5'22"		

国家大学生体质健康标准（男子）

等级	单项得分	肺活量（毫升）		50米		坐位体前屈		立定跳远		引体向上		1 000米		体重等级	体重指数
		大一大二	大三大四	大一大二	大三大四	大一大二	大三大四	大一大二	大三大四	大一大二	大三大四	大一大二	大三大四		
优秀	100	5 040	5 140	6.7	6.6	24.9	25.1	273	275	19	20	3'17"	3'15"	正常100分	17.9~23.9
	95	4 920	5 020	6.8	6.7	23.1	23.3	268	270	18	19	3'22"	3'20"		
	90	4 800	4 900	6.9	6.8	21.3	21.5	263	265	17	18	3'27"	3'25"		
良好	85	4 550	4 650	7	6.9	19.5	19.9	256	258	16	17	3'34"	3'32"	低体重80分	≤17.8
	80	4 300	4 400	7.1	7	17.7	18.2	248	250	15	16	3'42"	3'40"		
及格	78	4 180	4 280	7.3	7.2	16.3	16.8	244	246			3'47"	3'45"	超重80分	24.0~27.9
	76	4 060	4 160	7.5	7.4	14.9	15.4	240	242	14	15	3'52"	3'50"		
	74	3 940	4 040	7.7	7.6	13.5	14	236	238			3'57"	3'55"	肥胖60分	≥28.0
	72	3 820	3 920	7.9	7.8	12.1	12.6	232	234	13	14	4'02"	4'00"		
	70	3 700	3 800	8.1	8	10.7	11.2	228	230			4'07"	4'05"		
	68	3 580	3 680	8.3	8.2	9.3	9.8	224	226	12	13	4'12"	4'10"		
	66	3 460	3 560	8.5	8.4	7.9	8.4	220	222			4'17"	4'15"		
	64	3 340	3 440	8.7	8.6	6.5	7	216	218	11	12	4'22"	4'20"		
	62	3 220	3 320	8.9	8.8	5.1	5.6	212	214			4'27"	4'25"		
	60	3 100	3 200	9.1	9	3.7	4.2	208	210	10	11	4'32"	4'30"		
不及格	50	2 940	3 030	9.3	9.2	2.7	3.2	203	205	9	10	4'52"	4'50"		
	40	2 780	2 860	9.5	9.4	1.7	2.2	198	200	8	9	5'12"	5'10"		
	30	2 620	2 690	9.7	9.6	0.7	1.2	193	195	7	8	5'32"	5'30"		
	20	2 460	2 520	9.9	9.8	−0.3	0.2	188	190	6	7	5'52"	5'50"		
	10	2 300	2 350	10.1	10	−1.3	−0.8	183	185	5	6	6'12"	6'10"		

思考题

1. 什么是体质？体质由哪些方面组成？
2. 理想体质的标准体现在哪些方面？
3. 影响体质与健康的因素有哪些？
4. 围绕《国家学生体质健康标准》测试，如何提高各项身体素质？

第四章
体育文化与欣赏

第一节　体育文化概述

随着社会的发展，人们开始从文化的角度去认识体育，人们越来越多地开始关注体育背后的文化意蕴，“体育文化”这一概念应运而生。

一、体育文化的概念

体育文化是一切体育现象和体育生活中展现出来的特殊的文化现象，是关于体育运动的物质、制度、精神文化的总和。它涵盖了人类的体育认识、体育情感、体育价值、体育理想、体育道德、体育制度和体育物质等方面。

不同于传统体育理论给体育运动所做的定义，体育文化的含义包括：其一，把体育运动当作一种文化现象；其二，研究体育活动的文化背景，观察体育运动与文化的关系；其三，考察体育运动的文化意义，确定体育在人类文化中的地位；其四，研究如何自觉地塑造具有独立形态价值的体育文化等。

体育是一种文化，原因在于：

第一，体育是人类创造出来的一种社会生活。人类区别于其他动物的重要特征，就在于能创造出各种文化系统。而这些系统恰恰包含体育。动物的肢体活动和嬉戏是它们的本能活动，不具备任何文化意义。

第二，体育运动具备文化的各种特征，文化的继承性、时代性、民族性、世界性和阶级性等都能在体育运动中清晰地看到。

第三，体育运动不仅有其外在的身体活动形式以及设施、器材等物态体系，而且具有内在的价值观念、意识形态和行为规范等。这些深层的意识形态方面的内容已经成为人类共同理想的一部分，如奥林匹克精神以及随之而产生的一些体育道德等。当代体育文化将随着人类社会的发展越来越繁荣，甚至成为社会文明程度的一个标志。因此，体育运动是文化中不可或缺的一部分。

二、体育文化的内涵

体育文化是人类在体育生活和体育实践中创造出来的，并通过有形的身体形态、动作技能、运动器材、物质以及无形的与社会属性相关的意志、观念和时代精神反映出来，显现了各具特色的存在方式。体育文化和其他文化一样，反映了一个时代、一个国家或一个民族的特征，并规范着人们的体育行为，影响着人们的价值观念。

体育文化是人们在体育生活和体育实践过程中，为谋求身心健康发展，通过竞技性、娱乐性、教育性等手段，以身体形态变化和动作技能所表现出来的具有运动属性的文化。

体育文化反映了以下特征：

（1）体育文化总是与人的体育生活紧密联系在一起的。

（2）反映本民族、传统的体育特征，这些传统的体育文化规范着本民族的体育行为，也影响着人们不同的体育价值观念。

（3）体育文化和一个地域或民族的社会文明、物质文明及自身发展有着紧密的联系。

（4）体育文化是人类整体文化系统中的一个分支，但有其特有的个性，其产生和发展有着自身的变化规律，具有独立性的一面。

三、体育文化的价值

（一）奥林匹克运动文化的价值

现代奥运会经过100多年的发展，已经成为世界上影响最广泛的社会文化现象。现代奥运会精神文化的设计，是对古代奥运会的简单继承和发展。古希腊的竞技运动受到社会各界的广泛支持和尊重。竞技场上的优胜者不仅会受到橄榄桂冠、棕榈花环和塑像等奖励，更重要的是他们会像英雄一样受到故乡人民的崇拜。

奥林匹克的格言是“更高、更快、更强”，它激励青年人奋发向上，超越自我，向着更高的目标迈进。运动员勇于克服各种艰难险阻，付出辛勤的汗水去争取胜利的意志和品质对所有人都是一种启迪。

奥林匹克精神是：互相理解、友谊、团结和公平竞争。

奥林匹克最终目的是：为建立一个和平美好的世界做出贡献。

现代奥运会的五环设计要比20世纪二三十年代的设计又推进了一大步。体育文化的任务由感性深入到理性，从形体美深入到心灵美。体育文化的理性任务要求锻炼者在身体健美、均衡和体态端正的基础上达到意志品质高尚、身心尽善尽美的境地，并与艺术相结合。这种深入的心灵美，是一种更高层次的体育文化的理性价值。

（二）竞技体育文化的价值

体育与人类的生存、发展紧密相连，人类创造了体育，也创造了体育文化。体育文化是一种竞技运动文化。正是人类对这一种竞技运动文化进行了改造，经济、文化才不断获得创新与发展。然而这些创新与发展，是在众人不断的实践中完成的，并经历了与西方学者社会变革的历史进程相对应的三个阶段，即宗教体育文化阶段、科学体育文化阶段和正在进行中的艺术体育文化阶段。艺术体育摆脱了人类求生存的宗教体育文化和强身健体适应环境的科学化与功利性体育文化的特征之后，正向着竞技与艺术相结合、形体美与心灵美相结合的形态发展。

（三）大众体育文化的价值

在人类文明的进程中，出于人类的共同需要，对人类自身生存、发展、享受的追求和关注一刻也没有停止过，正是这种大众体育文化在教育全球化的浪潮中的推动力最大，影响最为广泛，也最为深刻。这是因为大众体育文化给人类带来快感和美感，并给社会带来健康和活力。无论中国的大众体育，还是西方的大众体育，都是以全面发展和和谐发展为根基。

（四）中国传统体育文化的价值

中国传统文化历史悠久、博大精深，是中华民族自强不息的象征。中国传统体育文化在体育形态上强调整体观和意念感受，动作简单而内涵深刻，很少有强烈的肌肉运动，因此缺少激进和冒险行为。随着东西方文化的交往，中国传统体育文化这种整体修炼和内在和谐之美，正在和现代科学相结合，并形成新的独特风格。

四、体育文化的特性

（一）民族性

人类文化的存在和发展，不仅有共性的一面，也有其个性的一面。这种人类文化的差异性，就是民族性的表现。不同地域的人们，创造了不同类型、不同形态的文化，又塑造了具有不同文化特征的群体。任何形式的民族文化，都与本民族的形成、延续和发展密切相关，都与本民族的地理环境、人种特点、风土人情、经济条件、生产水平乃至和社会结构相适应。

（二）时代性

时代在不断演化和发展。不同的历史时期，有着不同的生产方式。人们总是生活在一个特定的环境中，这个生活环境对人类来说有着重大的影响。人们在生活实践中所创造的文化，也都离不开这个环境的影响。因此，文化具有特定的性质、内容和形态，表现出鲜明的时代性。

（三）社会性

文化的社会性，也称文化的群众性。任何文化都离不开大众，更不能离开社会。如果说人离开了文化，就不能成为真正的人。同样，社会离开了文化，就会变成一个愚昧的社会。因此，人、文化和社会三者之间是一个相互关联、相互作用的复合体。

（四）差异性

文化的差异性既表现在一个地区、一个民族的行为习惯上，也表现在价值标准和价值观念上。例如，东方体育文化重礼节、求持中、重自身完善、求个人身心平衡，表现出人的内在品质和言行相一致的东方色彩。而西方体育文化则表现出竞争、激进冒险的风格，人们常把身体健美的人视为偶像，表现了人的外在行为和言行开诚布公的西方特色。

（五）继承性

在养生学的发展中，东方人原先主张以静养生，后来有人主张以动养生，再后来主张动静结合，这是人们对体育文化延续和不断深化认识的过程。例如，中国传统体育文化以前注重于修身养性，后来泛化为强身健体，直到今天的健身娱乐与休闲文化。而中国传统体育文化中的舞龙、舞狮、气功、武术等也都已经成为风靡全球的运动项目。

第二节　校园体育文化

校园体育文化主要是指人们在学校体育教育过程中所创造和拥有的精神财富和物质财富的总和，它涵盖了校园体育意识文化、行为文化和物质文化三大类。校园是学生学习和生活的主要空间，校园文化建设的好坏，将直接影响到育人的成败。校园体育文化是校园文化的重要组成部分，校园体育文化建设，会直接影响到学校体育活动的开展，与学生的身心健康有很大的关系。良好的校园体育文化环境可以陶冶学生的情操，纠正学生的不良行为，是学生身心发展的必要条件。

一、校园体育文化的内容及特点

1. 校园体育文化的内容

校园体育文化是一种特别的文化现象，它既是校园文化的一部分，又是体育文化的一部分；它是校园文化和体育文化两者相互影响、相互渗透、相互促进而发展起来的；它是校园内对学生实施体育教育，促进学生身心的全面发展，具有时代特点的一种群体文化；它是学校在长期的教学、科研和行政管理过程中逐步形成的，更是在广大学生直接参与和精神培养下发展起来的。

校园体育文化是以学生为主体、以课外体育活动为主要内容、以校园为主要空间、以校园精神为特征的一种群体文化。它通过多种形式来体现，其主要形式有早操、课间操、课外体育活动、运动队训练、小型运动竞赛、体育讲座、专题报告会、体育技能表演、学校体育节等。

2. 校园体育文化的特点

（1）导向性：学校体育文化这种特定的文化氛围是和学校培养目标、校风校纪、生活方式等内容相联系的。它既充分体现了一所学校的教学秩序，也反映了学校管理工作的系统性，同时还可以约束各种不文明行为的发生。

（2）教育性：开展学校体育文化活动是实现学校体育教育目标的重要途径，是培养学生“终身体育”和“健康第一”思想的重要环节。因此，应把有目的、有计划、有组织的课外体育锻炼、校外活动和运动训练等纳入体育与健康课程，形成课内外相结合的课程结构。通过课外体育活动与课堂互补，从而实现课内外一体化，达到健康育人的目的。

（3）开放性：体育文化的传递模式应该是多渠道的，仅局限在校园内的文化活动，无法满足大学生的文化需求，必须从封闭式的校园走向社会，结合素质教育参加各种体育活动。譬如，组织观看或参加校外各类组织形式的体育竞赛；开展户外活动，如野外生存、定向运动、爬山、骑自行车等；通过学校与学校之间、学校与社会之间的交流与接触，增进学生对社会的了解，开阔视野；提高学生在不同的社会环境中的适应能力和交往能力，从而弥补校园文化的不足。

（4）竞争性：竞争观念是现代人应具备的重要的价值观念。竞争是现代体育的灵魂，竞技活动的社会教育作用是其他任何文化活动难以比拟的。体育中所蕴含的竞争观念不仅有振奋民族精神的现实意义，更有着造就新一代民族个性的深远价值。

（5）参与性和健身性：现代体育高度重视个体参与的积极性、主动性和创造性的内在需要。参与体育的过程是人自我完善的过程。在体育竞赛中，人的技术水平得到了提升，人的身体得到了锻炼，人的心理得到了磨炼，人的自由和个性可以得到充分释放，人的价值和尊严可以得到充分体现。体育特有的健身功能是其他文化活动所不能替代的。

二、校园体育文化的作用及价值

1. 校园体育文化的作用

（1）增进学生身心健康：增进健康，促进学生身心发展是学校体育的本质功能，也是大学体育终极目标。参加体育活动不仅可以增强学生的体质，通过参与体育活动还可以释放不良情绪，从而达到调节心情的作用，这对学生身心发展是极有利的。

（2）改变学生的不良行为：当人处在一个文化环境中，就会受到文化的熏陶，在潜意识中就会约束自己的行为。校园体育文化作为一种文化，自然也具有这种功能。服从规则是体育的重要文化价值，学生在进行体育活动的过程中，必须遵守体育规则，违反规则就会受到惩罚或谴责。多参与体育活动，可以督促学生改变自己的不良行为。

（3）激发参加体育运动的积极性：良好的校园体育文化环境提供了一个良好的体育氛围，这可以鼓舞学生积极参加体育活动。如学校宣传栏中的体育新闻、体育明星，尤其是学校体育明星，都可以从精神上鼓励学生积极参与体育活动。

（4）培养学生的竞争意识：学生参加体育竞赛和体育锻炼的过程，从本质上来说也是一种与他人竞争的过程，经常参与体育锻炼和体育竞赛，可以培养学生的竞争意识。而经常参与团体项目可以让学生懂得：只有加强与队友的合作，才能最终取得比赛的胜利。在这些项目中，团队的荣誉是第一位的。参与体育活动，可以增强学生与他人合作的意识，加强集体观念。

（5）培养学生的意志品质：体育活动不是一个简单过程，学生在从事体育活动过程中，会遇到许多困难和伤痛，只有不断克服它们，才能真正享受体育的快乐。因此，通过体育活动可以培养学生吃苦耐劳、克服困难、挑战自我、超越自我等良好的意志品质。

2. 校园体育文化的价值

（1）树立“健康第一”的指导思想：校园体育文化具有树立学生生理、心理和社会适应等全面性健康要求，注重对学生的心理健康教育和对社会的责任感及坚忍不拔的意志和艰苦奋斗的精神的培养。

（2）为推行素质教育服务：当前，在大学体育教学中应更多地关注学生的个性发展，提高学生的人文体育素养，培养学生的健康人格，增强学生的健身意识和品德修养，提高学生的人际沟通能力和合作精神。

（3）培养终身体育的观念：终身教育是法国的保尔·朗格让于1965年提出来的。他认为，接受教育应当是每个人一辈子的事情。终身教育是教育定向上的整合，终身体育是终身教育的一个重要组成部分。

（4）校园体育文化的多样性：校园体育文化的宗旨主要是培养学生的体育精神、体育意识和体育技能，提高学生的体育文化素养，增进学生的身心健康，并在此宗旨指导下开展多种多样的校园体育文化活动。

第三节 体育比赛观赛礼仪

一、观赛前准备

（1）着装整齐大方。

（2）携带好必备物品，如遮阳帽、墨镜、望远镜、雨衣、防晒霜及水等。

（3）准时到达比赛场地。

（4）驾车观赛要停放整齐。

（5）文明进场，不携带违禁物品。

二、文明观赛

（一）文明观赛注意事项

在欣赏体育比赛时，应时刻注意遵守赛场礼仪和规范。

（1）防止噪声出现，手机调至静音。

（2）观看比赛要有始有终。

（3）自觉维护环境卫生。

（二）体育比赛观赛礼仪

在欣赏比赛过程中，作为观众或者球迷，为本国或自己喜欢的运动员（球队）加油助威是无可厚非的，但呐喊助威同样要注意礼仪，特别是作为主场观众，更应该注意呐喊助威的方式方法。

1. 发自内心地投入观赏当中

在许多国际赛场上，都可以看到很多观众或球迷从还没有进入球场到比赛结束，他们的情绪一直是非常饱满的，那种发自内心的兴奋会感染周围的人。他们只需要一个眼神、一个手势就能明白彼此想表达什么情绪，整个人陶醉在比赛的过程当中。

2. 尊重客队运动员和外国观众

作为主场观众，不仅要为本土运动员、球队加油，也要尊重客队运动员，为他们的完美表现叫好喝彩，同时要对观看比赛的外国观众以礼相待。

在国际比赛中，可能会举行升旗仪式。这时，观众应当起立，面向国旗肃立致敬，可以跟着乐曲用正常音量唱国歌。不能在这个时候嬉笑打闹或随意走动，也不要接听电话。另外，在其他国家升国旗、奏国歌时，观众也应当本着相互平等、相互尊重的原则，给予应有的尊重和礼遇。

3. 观赏比赛如同欣赏艺术

欣赏体育比赛时，如果能够抱着欣赏艺术的心情，也许会得到更好的享受。

第一，必须了解项目的规则和特点，否则会觉得索然无味。

第二，比赛中应具有良好的观赛心态。看体育比赛时，没有倾向性便不能完全体会到其中的刺激，但如果倾向性太过激烈，又会让人忽略体育本身的美感。如何掌握好其中的度，是欣赏比赛的关键。

第三，努力做到淡看结果重视过程。奥林匹克的精神是“重在参与”，能够领悟其中的精髓对文明观赛也是有好处的。只要是尽力拼搏的运动员，我们都应该给予鼓励，而不是只把掌声献给胜利者，这样的态度跟体育的精神才是相匹配的。

4. 比赛结束时鼓掌致意

比赛结束时，观众应起立，向双方运动员鼓掌致意，这既是对运动员的尊重，也是对运动员场上表现的一种肯定。无论自己支持的球队或运动员是否发挥出正常水平、比赛是否取胜，都要鼓励。观众只有给予更多的支持和鼓励，运动员才有更多的训练和比赛激情，才能更好地发挥出水平。

思考题

1. 什么是体育文化?
2. 体育文化的特征有哪些?
3. 体育文化的价值有哪些?
4. 什么是校园体育文化? 其内容及特点是什么?
5. 校园体育文化的作用及价值是什么?
6. 现场观赛礼仪有哪些?

第五章 田径运动

田径运动是人类以走、跑、跳、投这些自然运动发展起来的体育运动和竞技项目。田径运动在体育世界中具有举足轻重的地位，被人们誉为“运动之母”。田径运动不仅具有全面锻炼身体的功能，同时每一个单项又具有明显指向性，可以有效地发展速度、力量、耐力等身体素质。田径运动的很多项目及其采用的主要练习手段也经常被其他体育项目选作发展身体能力的重要训练手段，并可作为评价训练效果的测试内容和评定指标。

田径运动大致可以分为 8 大类：竞走、平跑、自然条件下的跑、障碍跑、接力跑、跳跃、投掷、全能运动。其中，全能运动有男子五项全能、十项全能、女子五项全能和七项全能等。

田径运动是一种结合了速度与能力，力量与技巧的综合性体育运动。“更高、更快、更强”的奥林匹克运动精神在很多方面都能够通过田径运动得到集中体现。在 1984 年洛杉矶奥运会上，我国选手朱建华获得了男子跳高铜牌，实现了中国田径奥运奖牌零的突破；在 1992 年巴塞罗那奥运会上，陈跃玲获得了女子 10 公里竞走金牌，这是我国的第一枚奥运田径金牌；在 2004 年雅典奥运会上，刘翔获得了男子 110 米栏的金牌，打破了欧美垄断短跑项目的神话；在 2008 年北京奥运会上，我国田径运动员取得了女子马拉松和女子链球的两枚铜牌。

第一节 走、跑、跳、投基本技能

一、竞走

（一）竞走的基本技术

竞走项目是单腿支撑和双腿支撑交替进行，支撑腿在通过垂直瞬间膝关节伸直的周期性运动。可将技术动作分为以下几个阶段：

（1）后摆阶段：这个阶段是从右脚趾离地时开始至右脚摆动到支撑腿垂直部位时结束。

（2）前摆阶段：这个阶段开始于摆动脚的踝关节与支撑脚的踝关节重合之时，至前摆右脚蹬触地时止。

（3）前支撑阶段：这个阶段是从脚掌触地开始，到支撑腿处于垂直位置，与重心垂直投影点相吻合时结束。

（4）后支撑阶段：这个阶段开始于支撑腿的垂直位置，结束于脚尖将要离地。

竞走技术动作示范

（5）双支撑阶段：指一条腿后支撑阶段结束，另一条腿前支撑开始，双脚同时接触地面的瞬间。

（6）垂直支撑阶段：前支撑结束瞬间，身体重心投影点与支撑腿重合，称为垂直支撑阶段。

（二）学练提示和方法

1. 学练提示

走时应以脚跟着地，然后滚动到全脚掌。提示学生在支撑脚着地前瞬间积极伸直腿；摆动腿不能过早屈膝折叠小腿，否则就变成了“后摆式”走，容易变为跑。

2. 练习方法

▸ 原地摆臂模仿练习。

▸ 两臂放在背后的竞走；直臂走；两臂和肩积极参与的竞走。

▸ 在练习中不能有横向动作，动作应该放松、协调。提示学生两肩积极协同两腿动作的重要性。两臂动作要大而放松。上述练习距离为 50~100 米。

二、短跑

1896 年，首届现代奥林匹克运动会设有男子 100 米和 400 米比赛，美国运动员布克分别以 12 秒 0 和 54 秒 2 获得两项冠军。在第 2 届奥运会上增设了 200 米比赛项目。女子 100 米、200 米、400 米比赛项目则是在 1928 年、1949 年、1964 年奥运会上依次设立的。

学习短跑，掌握短跑的基本技术和练习方法，可以达到健身和发展速度、力量、灵敏素质的目的。

（一）短跑的基本技术

短跑的全程技术可分为起跑、起跑后的加速跑、途中跑和终点跑 4 个部分。

（1）起跑：起跑的任务是获得向前冲力，使身体摆脱静止状态，为起跑后的加速跑创造有利条件。听到发令员的口令后，迅速做好“各就位”“预备”动作，并高度集中注意力听枪声。听到枪声的瞬间，两手迅速推离地面，双臂屈肘做快速有力的前后摆动，两脚同时用力蹬离起跑器，后腿以膝领先迅速向前摆动，将身体向前上方有力地送出（图 5-1-1）。

图 5-1-1　起跑

（2）起跑后的加速跑：身体保持适当的前倾，后蹬充分有力，前摆积极，两臂摆动有力，幅度大，步频加快。随着跑速加快，上体逐渐抬起，步长也逐渐加大。

（3）途中跑：途中跑的每一单步结构均由着地缓冲、后蹬、前摆三个动作阶段组成。途中跑时，上体稍前倾或正直，两臂前后摆动，两臂屈肘成 90°，手指自然成半握拳或自然伸掌（图 5-1-2）。

图 5-1-2　途中跑

短跑技术
动作示范

（4）终点跑：终点跑的任务是尽力保持途中跑的高速度跑过终点。终点跑包括终点跑技术和撞线技术。在离终点 10~20 米，躯干稍有前倾，加快两臂摆动速度和力量。在离终点线前约一步距离时，上体急速前压，以胸部或肩部撞终点线。短跑时应发挥个人的特长，反应速度快、加速能力强的运动员，争取前半程领先对手，后半程尽力保持高速度。绝对速度好的运动员应发挥自己的最高速度能力和持久力。

（二）学练方法

1. 原地练习

► 原地做弓箭步摆臂练习。

► 原地做屈臂前摆、大腿下压扒地练习。

2. 直道途中跑的学练要求

► 在直道上以中等匀速反复跑 30 米、50 米、60 米、80 米，动作协调、步子开阔，注意蹬地和摆腿的正确技术。

► 50~60 米、60~70 米、70~80 米不同距离的加速跑。

► 80~100 米放松跑，步幅放开，动作自然有力，注意蹬摆结合技术。

► 80~120 米重复跑，在技术动作正确的基础上加快速度。

► 采用多种跑的专门性练习，如小步跑、高抬腿跑、后蹬跑、车轮跑等。

3. 弯道途中跑的学练要求

► 直道进入弯道，有意识加大右腿的蹬地力量和摆动幅度。

► 弯道进入直道，出弯道的前几步，身体逐渐正直，体会顺惯性的自然跑。

► 40~60 米弯道跑：体会随着速度的增加，身体内倾的速度也不断加大。

► 100~150 米弯道跑：体会进入弯道、弯道跑、出弯道跑的衔接技术。

4. 蹲踞式起跑的学练要求

► 反复练习“各就位”“预备”动作，体会“预备”动作的提臀与探肩的空间感觉。

► 练习起跑后的 20~30 米加速跑。

► 快跑上台阶 10~15 级，快跑下台阶 10~15 级；快速上坡跑 15~20 米，中速下坡跑。

5. 终点跑的学练要求

► 先快速跑 20~30 米并直接跑过终点，再用快速跑在接近终点 1 米处，做胸部撞线动作，迅速跑过终点。

► 原地摆臂，上体迅速前倾做撞线动作；慢跑中撞线；中速跑 15~20 米撞线；快速跑 20~25 米撞线。

三、中长跑

（一）中长跑的基本技术

中长跑是中距离跑和长距离跑的统称。中长跑是发展耐久力的项目，要求具备合理的技术，即在保持高频率跑的情况下，尽可能少消耗能量，这样才能在途中跑的任何段落中具有加速跑的能力。在跑的过程中，掌握正确的技术和合理分配体力是非常重要的。

（1）起跑和起跑后的加速跑：起跑一般采用站立式起跑。听到枪声时，两腿用力蹬地，后腿蹬地后迅速前摆，使身体快速向前冲击。起跑后加速跑时，上体前倾稍大。无论是在直道上起跑或在弯道上起跑，运动员都应接着弯道的切线方向和朝着自己有利的位置跑去，然后进入匀速而有节奏的途中跑。

（2）途中跑：途中跑时，一腿进行后蹬，另一腿进行前摆，蹬摆必须结合好，后蹬产生的支撑反作用力是向前上方的，前摆的惯性又加大了这个推动人体前进的力量。后蹬腿髋、膝、踝三个关节要伸展，摆动腿屈膝前摆，并带动髋部前送。两肩放松，做前后自然摆动，肘关节的角度在垂直部位可大一些，以利两臂肌肉的放松。弯道跑时，身体应稍向左倾斜，右臂摆动的幅度较大，与短跑基本相同，只是动作的幅度与用力的程度较小。

（3）终点跑：终点的冲刺距离要根据比赛项目、个人特点和战术需要来确定。一般情况下，800 米跑在最后 200~250 米开始加速，而在此之前的直道上要占据有利位置。1 500 米跑可在最后 300~400 米进行冲刺跑。5 000~10 000 米跑时，在最后 600~1 000 米开始加速跑。加速跑时要选择良好的时机，动员全部力量以顽强的毅力跑过终点。冲刺时，应加大摆臂，加快步频和增加躯干的前倾角度。

（4）中长跑的呼吸原理：中长跑时，人体消耗能量较大，有机体需要更多的氧来维持运动中需氧量和供氧量的平衡。当供氧量不能满足需要时，组织内能量物质的分解与合成过程进行缓慢，使能量供应不能满足跑的需要，因而使跑速下降，步长缩短，步频减慢。可见呼吸对发挥正确的跑的技术起重要作用。

（二）中长跑的学练方法

▶ 匀速跑 60~80 米：体会惯性跑和自然放松的技术；用均匀的速度，2/3 的力量进行 5 分钟定时跑，体会呼吸方法和呼吸节奏，合理分配体力。

▶ 跑走交替：随着耐力的提高，逐步增加跑的距离。

▶ 用 1/2 或 2/3 的力量重复跑 400~600 米，间歇 3~5 分钟，体会跑的节奏。

▶ 弯道跑 50~100 米：体会弯道跑技术。

▶ 越野跑：力求自然放松，发展一般耐力。

▶ 定时跑：以均匀的速度跑一定时间，根据跑的时间分配体力及掌握跑的速度。

▶ 变速跑：快跑与慢跑交替进行，快跑速度以 1/2 的力量跑进，快跑段与慢跑段的距离应视自身情况而定。

▶ 间歇跑训练方法：间歇跑训练方法其效果取决于跑的段落长度、跑的速度、重复次数、间歇时间、休息的性质（消极、慢跑、走）等。一般采用跑 200~400 米段落，间歇 60~90 秒，段落跑的速度以跑程终点的脉搏一分钟不超过 180 次，休息的间歇以一分钟低于 130 次。采用这种方法，要严格控制跑的强度与恢复时间。

▶ 重复跑训练方法：可采用 500~600 米，1 000~1 200 米，2 000 米或更长的距离，练习时心率为 170~190 次 / 分，休息的时间取决于跑的速度，并根据心率恢复到 130 次 / 分以下进行下一次快跑，一般为 3～12 分钟。

四、接力跑

（一）接力跑的基本技术

1. 持棒起跑

第一棒运动员采用蹲踞式起跑，以右手持棒，接力棒不得触及起跑线和起跑线前的地面，持棒起跑技术和短跑的起跑基本上相同（图 5–1–3）。

2. 接棒队员的起跑

图 5–1–3　持棒起跑手势

第二、三、四棒的运动员用站立式或一手撑地的半蹲踞式起跑姿势，站在选定预跑段的起跑线前面，两脚前后开立，两膝弯曲，上体前倾，第二、四棒运动员因站在跑道外侧，所以左腿放在前面，右手撑地面。身体重心稍向右偏，头转向左后方，目视跑来的同队队员和自己的起动标志线或标志区。第三棒运动员是站在跑道内侧，应以右腿在前，用左手支撑地面，身体重心稍向左偏，头转向右后方，目视跑来的同队队员和自己的起动标记或标志区。

传接棒的方法很多，常用的方法有上挑式和下压式两种。

（1）上挑式：接棒人的手臂自然向后伸出，手臂与躯干成 140° ～145° ，掌心向后，拇指与其他四指自然张开，虎口朝下，传棒人将棒向前上方送入接棒人的手中（图 5–1–4 之 1）。

（2）下压式：也有人叫“向前推送”的传接方法，手腕内旋，掌心向上，拇指与其余四指自然张开，虎口朝后，传棒人将棒的前端由上向下传给接棒人的手中（图 5–1–4 之 2）。

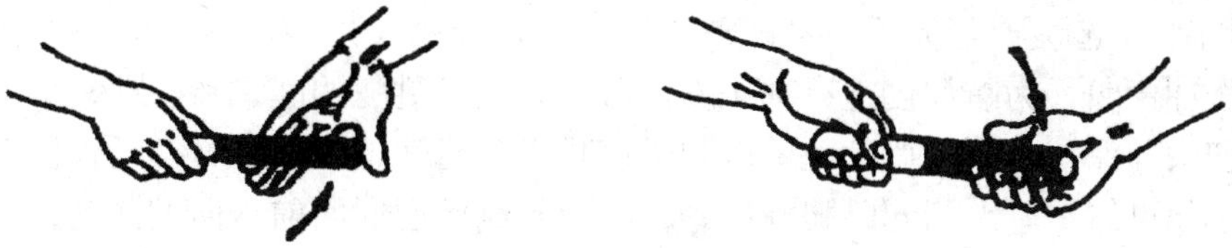

1　　　　2

图 5–1–4　传接棒方法

（二）接力跑的学练方法

- 了解持、接棒技术和有关规则，做上挑式和下压式的传棒练习。
- 徒手和持棒摆臂，集体按口令做上挑式和下压式的接棒练习。
- 两人一组在行进中按口令做上挑式和下压式传、接棒练习，要求同上。
- 两人一组在慢跑和中等速度跑中反复做上述练习，要求同上。

五、跳远

跳远是一个古老的田径项目，早在希腊古代奥运会上，就有跳远比赛。从事跳远练习能有效地发展速度、灵敏、力量等素质，特别是发展腿部力量，提高跳跃能力。跳远也可以培养大学生坚强的意志品质和勇于进取的精神。

（一）跳远的基本技术

跳远是克服水平障碍的跳跃项目，完整的跳远技术由助跑、起跳、腾空和落地 4 个部分组成（图 5-1-5）。下面以挺身式跳远技术为例介绍跳远的基本技术。

挺身式跳远技术动作示范

图 5-1-5　挺身式跳远技术

（1）助跑：助跑的任务是为获得更快的水平速度，并为准确踏板和快而有力的起跳做准备。从静止状态开始，一般采用“半蹲式”或“站立式”起动姿势开始加速。采用平稳加速的方式，跑法与加速跑基本相同，开始步频较慢，然后逐渐加大步长，提高步频，跑的动作轻松、自然。助跑开始几步的步长较短，步频较快，主体前倾也较大。助跑距离的长短应根据运动员发挥速度快慢的能力而定。男子助跑距离一般为 45 米左右，跑 18~24 步；女子一般为 35 米左右，跑 16~18 步。

（2）起跳：起跳的任务是充分利用助跑获得的速度，创造尽可能大的腾起初速度和适宜的腾起角。在助跑最后一步，起跳腿积极前摆，然后快速有力地下压，着地时以脚跟先触板，然后用全脚掌迅速蹬地。

（3）腾空：起跳脚着板后，身体重心继续积极前移，迫使起跳腿的髋、膝、踝三个关节退让缓冲弯曲，为蹬伸创造有利条件。蹬伸时，起跳腿的髋、膝、踝三个关节充分伸展，上体和头部保持正直，摆动腿要以腿带髋积极、迅速地向前上方摆动，摆动腿大腿接近水平，小腿自然下垂。当起跳腿开始蹬伸时，同侧臂屈肘向前、向上摆动，异侧臂后引或侧引向体侧或体后摆动。当肘关节屈肘摆到与肩接近平行时，摆臂动作突然停止，以维持身体平衡。

（4）落地：落地技术要求尽可能推迟脚落地的时间，加大着地点和身体重心投影点之间的距离，保证身体移过着地点，安全落地。

落地技术包括以下几个动作：着地前两腿屈膝高抬或团身，膝关节主动向胸部靠拢；着地时，膝关节伸直，小腿前伸，以脚跟先接触沙面；着地后屈膝骨盆前移，两臂前摆。使身体迅速移过落点，避免后坐。

（二）跳远的学练方法

1. 建立正确的跳远技术概念

2. 学习助跑与起跳相结合技术

▸ 原地起跳模仿练习。

▸ 走步中做起跳练习。

▶ 助跑 3~5 步或 4~6 步结合起跳。

▶ 助跑 4~6 步起跳后成“腾空步”。

▶ 助跑 6~8 步起跳后成“腾空步”，然后摆动腿下落沙坑，继续向前跑出。

3. 助跑技术学练方法

▶ 各种距离的加速跑练习。

▶ 用加速跑测定助跑后的第 20、25、30、35、40 米处的成绩，以测定个人发挥最高速度时的距离。确定距离后，反复进行加速跑练习，最后确定步数和全程跑距离，再移到助跑道上，进一步加以调整。在起跳线上设一个标志，在起跳板前 8 步处设一个标志。

4. 腾空姿势和落地学练方法

▶ 原地挺身式跳远的模仿练习。

▶ 从高处跳下，完成挺身式空中模仿动作。

▶ 4~6 步助跑起跳成“腾空步”后，摆动腿放下，并向后摆，滚动前移，挺胸展体成挺身姿势，双脚落于沙坑。

▶ 半程、全程助跑挺身式跳远练习。

六、跳高

跳高是一项由节奏性助跑、单脚起跳、越过横杆落地等动作组成，以越过横杆上缘的高度来计算成绩的田径比赛项目，又称“急行跳高”。跳高起源于古代人类在生活和劳动中越过垂直障碍的活动。现代跳高始于欧洲。18 世纪末苏格兰已有跳高比赛，19 世纪 60 年代开始流行于欧美国家。跳高有跨越式、剪式、俯卧式、背越式等过杆技术，现绝大多数运动员都采用背越式。男、女跳高分别于 1896 年、1928 年被列为奥运会比赛项目。

（一）背越式跳高的基本技术

背越式跳高技术是指人体通过助跑、起跳、腾空转体后以背对横杆的姿势越过横杆的跳高技术（图 5–1–6）。

图 5–1–6　背越式跳高技术

背越式跳高技术动作示范

1. 助跑的技术要点

背越式跳高是用距横杆较远的脚起跳，一般是前段跑直线，后段跑弧线，呈不等半径的抛物线形。要使全程助跑轻松、自然、快速，需要有一个准确的助跑步点。

2. 起跳的技术要点

起跳动作可分为起跳腿的着地、缓冲和蹬伸三个阶段及摆动腿与双臂的配合。

（1）起跳腿的着地、缓冲和蹬伸技术：为加快起跳的速度，起跳腿应大幅度、平稳地以脚掌外侧着地，并迅速从脚跟向前脚掌滚动。这时由于迈步放脚时髋关节的积极快速前送和迅速的弧线助跑而形成了身体向后、向内的倾斜姿势。在起跳的缓冲阶段，为了提高起跳的速度，还应减小屈膝的幅度，以利于保持水平速度。在这个阶段，当身体由倾斜转为垂直至身体重心移至起跳腿的上方时，迅速有力地充分蹬直起跳腿的髋、膝、踝三个关节，躯干在离地前瞬间几乎垂直地立于起跳脚之上。这时起跳腿的蹬伸方向应在身体重心的外侧，从而产生了过杆所必需的旋转冲力。

（2）起跳时摆动腿与双臂的协调配合技术：起跳时离横杆较远的一臂用力地向上摆动，并且较早地制动，另一臂不要充分摆出，这样有利于肩轴倾向横杆。摆动腿的摆动应从屈膝的起跳腿旁开始，以膝盖领先，先屈膝折叠，用跳高架的远端支柱上方用力摆出。当摆动腿摆到起跳腿前方之后应向里转，而小腿和脚要稍许外展。这样的积极动作，有助于使骨盆保持在起跳力量的作用线上，围绕纵轴产生转身动作。此时，头应补偿性地转向横杆。

3. 过杆和落地的技术要点

过杆就是充分利用起跳获得的腾空时间改变身体姿势，缩短身体重心与横杆之间的距离，并利用身体的屈伸、旋转越过横杆。过杆时，立即屈髋收腹，下颚迅速引向前胸，同时双腿补偿性地高举，两小腿积极向上甩起。应注意，落地前的收腹举腿，以背先着地或团身以肩先着地，然后再做一个后滚翻。为了控制腾越方向，头部不能后仰，要注意在落垫过程的“视力监督”，眼睛始终要注视着横杆方向。

（二）跳高的学练方法

1. 学习背越式过杆落地技术

▶ 背对海绵包站立，然后提脚跟，挺身、向后引肩，落地。

▶ 背对皮筋站立，两腿屈膝，而后蹬伸向上跳起并与皮筋后引肩，做背越式过杆的动作。开始不放横杆“空跳”——皮筋，最后再跳过杆。

2. 学习起跳与起跳衔接过杆的技术

▶ 迈步摆腿练习：起跳腿向前迈步放脚时，身体稍向起跳腿一侧倾斜，随着屈腿向前摆动，上体由倾斜转为垂直。同时提肩，拨腰，摆臂，并蹬伸起跳腿。

▶ 沿直径为 15~20 米的圆圈走动，每隔一步做一次摆腿和摆臂练习。

▶ 自然跑 2~4 步起跳后做背越式过杆动作。

3. 学习助跑与起跳相结合技术

▶ 沿直径 15 米左右的圆圈加速跑，改进弯道跑的技术。

▶ 5~7 步弧线助跑起跳反手触高物。

▶ 在圈上跑进时，每跑 3~5 步做一次起跳动作。

▶ 在海绵包前，面对横杆做弧线助跑起跳练习，此练习在跳高架前做。

4. 学习完整背越式跳高技术

- 丈量全程助跑步点。
- 全程助跑背越式跳高练习。

七、推铅球

（一）推铅球的基本技术

目前主要采用背向滑步推铅球和旋转式推铅球，这里主要分析背向滑步推铅球技术。完整的背向滑步推铅球分为握持球、滑步、蹬转、最后用力、维持身体平衡 5 个部分（图 5-1-7）。

图 5-1-7　完整的推铅球技术

背向滑步推铅球技术动作示范

1. 握持球的技术要点

握球手五指分开，将球放在食指、中指、无名指的指根处，拇指和小指贴在球的两侧。握好球后，把铅球放在持球手同侧肩上方锁骨窝处，紧贴颈部。

2. 滑步的技术要点

完整的滑步技术包括预备姿势、团身、滑步及最后用力 4 个部分（以右侧为例）。

（1）预备姿势：背对投掷方向，两脚前后站立，身体重心落在右腿上，左脚置于右脚跟后 20~30 厘米处，以脚尖或前脚掌着地，上体与头部正直，集中注意做准备滑步。

（2）团身的技术要点：向前屈体，屈膝下蹲，同时左腿和头部向右腿靠拢，完成团身动作。

（3）滑步：当团身臀部后移时，左大腿带髋，以左脚跟为前导快速向抵趾板中间略偏左方向摆出；右腿积极蹬伸，使摆蹬动作协调配合，以摆动腿的力量带动支撑腿，同时以蹬地的力量推送摆动腿，做到摆腿与蹬地互相结合，推动身体向投掷方向移动。

3. 最后用力的技术要点

最后用力是推铅球技术的主要环节，直接影响出手速度、出手角度。最后用力分为准备和加速两个部分。

4. 维持身体平衡的技术要点

推铅球出手时，由于身体充分伸展，重心较高并移向左脚，再加向前的冲力较大，铅球出手后，为防止犯规，这时应迅速交换两腿，以全脚掌着地，屈膝降低身体重心来减缓冲力，以维持身体平衡。

（二）推铅球的学练方法

1. 学习原地推铅球技术

▸ 练习握球、持球、推球的方法。

▸ 原地向上推铅球，两脚左右开立与肩同宽，下蹲时右肩下沉，然后迅速蹬起将球向上推出，体会推球用力顺序。

▸ 原地侧向推铅球。

▸ 原地背向推铅球。

2. 学习滑步技术

▸ 徒手团身模仿练习。

▸ 摆动腿的后摆与右腿的蹬伸练习。

▸ 收拉右腿结合左脚主动快落地练习。

▸ 徒手滑步练习。

▸ 持轻球进行完整滑步练习。

3. 学习背向滑步推铅球完整技术

▸ 徒手模仿背向滑步推铅球技术。

▸ 背向滑步推轻铅球。

▸ 圈内背向滑步推轻铅球或标准重量的铅球，注意滑步与最后用力的连贯性，完成动作的加速节奏。

八、标枪

（一）标枪的基本技术（图 5–1–8）

1. 出枪技术要点

最后用力是学习的重点。因为掷标枪成绩的好坏，主要取决于最后用力技术的好坏。

出枪时投掷臂处于身后，约与肩高，与躯干几乎成直角。（右手为例）弯曲的左腿做迅速有弹性的蹬伸，同时胸部尽量前送，并带动小臂向前做爆发性“鞭打”动作，使全身的力量通过手臂和手指作用于标枪纵轴。枪离手一刹那，手腕和手指的积极鞭打动作，能使标枪沿着纵轴按顺时针方向自转，这可以保持标枪在空中飞行的稳定性，提高标枪的滑翔效果。

2. 助跑的技术要点

正确的投掷步技术，特别是交叉步技术，是助跑技术的主要环节，它起着承上启下的

图 5–1–8　掷标枪完整动作

作用，是助跑和最后用力结合的关键。助跑教学，应注意引枪和下肢动作协调配合，各步的步长和动作节奏，都要稳定。

（二）掷标枪技术的学练方法

▸ 练习掷枪前的姿势：身体左侧对投掷方向，两脚左右开立，右腿弯曲，重心落于右腿，右臂伸直，持枪于右肩后方，手稍高于肩，左臂前伸稍内旋，左肩稍高于右肩，标枪位于眉和额之间，并贴近面部，眼看投掷方向。

▸ 练习“满弓”动作：呈掷枪前姿势，在左腿稳固支撑的情况下，完成右腿前转送肩、转肩、挺胸、翻肘成“满弓”姿势。

▸ 练习最后用力动作：从掷枪前姿势到标枪离手刹那间的身体姿势。

第二节　田径竞赛规则简介

一、径赛项目

所有400米或以下的径赛项目，必须采用蹲踞式起跑及使用起跑器。在“各就位”及“预备”口令之后，参赛者应马上完成有关动作，不能在合理时间内完成有关动作，则属起跑犯规。除此以外，在“各就位”后，以声音或动作扰乱他人，应判其起跑犯规。400米以上的径赛项目，口令只有“各就位”，当所有参赛者均准备完成及静止后，便可鸣枪开始比赛。

在划分线道进行的径赛项目或其部分中，参赛者不得越出其指定之赛道，否则取消参赛资格。在任何径赛项目中，若冲撞、突然切入或阻碍其他参赛者，亦会被取消参赛资格。

跨栏项目参赛者必须在自己的线道内完成比赛，而且当参赛者跨越栏架时，若其腿或足从低于栏架项的水平线跨越或跨越并非自己赛道上的栏架，均应被取消参赛资格。若裁判员认为参赛者故意以手或足撞倒任何栏架，亦应取消其参赛资格。

4×100米接力跑是分道进行，接棒者可以在接棒区前10米内起跑。在4×400米接力跑中，第一棒全程及第二棒的第一弯道是分道跑，第二棒运动员要跑至抢道线后方可自由抢道。第一棒的传接必须在参赛者指定的线道内进行，其余各棒的传接，裁判员会根据第二及第三棒运动员通过200米起点处之先后，按次序让其第三及第四棒的队友在接棒范围内，由内至外排列等候接棒。所有接棒者均不可以在接棒区外起跑。接力棒必须拿在手中，直到比赛结束为止。

二、田赛项目

田赛项目又可分为掷类和跳类。除跳高外，若参赛人数超过8名，每人应有3次试掷（跳）机会，试掷（跳）成绩最好的8名参赛者可获得另外3次试掷（跳）的机会。若超过一名参赛者同时获得相同于第八名的成绩，则每位成绩相同于第八名的参赛者，均可再获3次试掷（跳）的机会。若参赛的总人数是8人或以下，则每位参赛者应给予6次试掷（跳）的机会。若参赛者同时参加了田赛和径赛项目或一项以上的田赛项目，而在比赛时间上有所冲突时，田赛项目裁判可让参赛者在每一轮中更改赛前预定的试掷（跳）次序，但每一位参赛者在任何一轮的比赛中，不得有多于一次试掷（跳）的机会（跳高除外）。用距离决定胜负的田赛项目，以参赛者全部试掷（跳）中之最佳成绩计算名次。遇上最佳成绩相同时，应以次佳成绩定胜负，依此类推。若仍无法定出胜负而又涉及竞逐第一名时，则成绩相同者需依原来顺序进行比赛，直至分出胜负为止。用高度决定胜负的田赛项目，遇上最佳成绩相同时，以最少试跳次数成功越过最后高度的参赛者应获排较前的位置。如仍未分胜负，则全场比赛中试跳失败次数最少（包括最后跳过的高度）的参赛者应获排较前的位置。若仍无法分别胜负而涉及竞逐第一名，虽然有关的参赛者有可能曾经在不同高度作试跳而相继失败，裁判应以其中最低的高度上，再给予一次试跳机会。如仍无法分别高下，则每次升高或降低 2 厘米让有关参赛者加跳一次，直至能定出胜负为止，而且在此情况下，有关参赛者必须试跳，以便判定名次。

铅球参赛者必须在推掷圈内，由静止状态开始，将铅球以单手由肩上推出。在整个推铅球的过程中，铅球应接触或接近参赛者的下颌，并且不得低于此位置，也不得移至肩线之后。推掷时，参赛者可以触碰推掷圈及抵趾板的内缘，但身体的任何部位若触到推掷圈或抵趾板上缘或推掷圈外面的地面，均视作试推失败。铅球未着地前，参赛者不得离开推掷圈。离开推掷圈时，亦必须从其后半圆离开。在推掷的过程中，参赛者可以中途停顿，甚至把铅球放下以及离开推掷圈（但仍要合乎上述规定），然后重新由静止位置开始推掷。铅球必须完全落在扇形着地区角度线范围以内方为有效。丈量时应从铅球着地痕迹之最近端拉向推掷圈的圆心，以推掷圈内缘至铅球着地痕迹近缘的距离计算成绩。距离的计算以 0.01 米为最小单位，不足 0.01 米者应以较低的读数计算成绩。

铁饼除了投掷方式上的不同外，所有推铅球的规则通用于掷铁饼项目，丈量时以 0.02 米为最小单位，不足 0.02 米者应以较低的读数计算成绩。

标枪参赛者应握着标枪的握把处，自肩上或投掷手臂上方将枪掷出，投掷时不得将枪抛出或甩出。参赛者不得转身完全背向投掷弧。标枪着地前，参赛者不得离开助跑道，离开时也要在助跑道两边平行线的直角方向及投掷弧的两端延长线后面走出。标枪着地时，枪尖必须先着地，并落在扇形着地区的内方算有效。丈量时应由枪尖着地的最近点，通过投掷弧线的圆心，量至投掷弧线的内缘作为该掷的成绩。距离的计算以 0.02 米为最小单位，不足 0.02 米者应以较低的读数计算成绩。

跳高比赛开始前，裁判员必须向参赛者宣布起跳的高度及每次晋升的高度，直至只剩下一位参赛者为止。除非只余下冠军参赛者，否则横杆的升幅不得少于 2 厘米，而且横杆的升幅不得增加。在只剩下冠军参赛者的情况下，横杆的升幅可按其意愿而作出决定。参赛者必须单脚起跳。若起跳后，横杆不停留在支架上或在尚未越过横杆前，身体的任何部位触及两支架间或两支架外的地面（包括其着地区），则以试跳失败论。如果参赛者在试跳时，其脚部触及着地区，而裁判员认为并未因此而获得利益，则该跳仍算有效。参赛者可以在任何一个高度开始起跳，往后亦可以自由选择高度试跳，但不管高度为何，连续 3 次试跳失败，便会丧失继续比赛的资格。若参赛者曾放弃某一高度的第一次试跳，其后便不得在同一高度上再次要求试跳机会（成绩相同时的额外试跳除外）。

跳远参赛者触犯下列任何情况，均作试跳失败论：

不论起跳与否，身体的任何部位触及起跳线前方的地面。着地时，身体的任何部分触及着地区以外的地面，而该点较其落在着地区的位置近。完成试跳后，在着地区向后行。使用任何翻腾动作试跳。丈量试跳成绩时，距离的计算以 0.01 米为最小单位，不足 0.01 米者应以较低的读数计算成绩。三级跳远必须顺序由单足跳、跨步跳及跳跃三个部分组成。第一步起跳后，须以同足着地进行第二次起跳；第二步起跳后，则要以另一足着地，然后再做第三次（最后一次）起跳。除场地外，跳远的所有规则，均适用于跳远项目上。

思考题

1. 田赛、径赛各包括哪些项目？
2. 试述短跑的技术特点与锻炼策略。
3. 试述中长跑的技术特点与锻炼策略。
4. 试述跳远的技术要点与锻炼策略。
5. 试述跳高的技术特点与锻炼策略。
6. 试述掷铅球的技术要点与锻炼策略。

第六章 球类运动

第一节 篮球运动

一、篮球运动概述

（一）篮球运动的起源与发展

现代篮球运动是由美国马萨诸塞州斯普林菲尔德市体育教师詹姆士·奈史密斯于1891年发明的。他从工人和儿童用球向桃子筐内做投准的游戏中受到启发，故将这项运动称为“篮球”。在最初的篮球比赛中，场地大小、上场人数的多少以及比赛的时间均无严格的限制，比赛规则也比较简单。1892年，奈史密斯博士制定出了最原始的13条篮球竞赛规则。1893年，在比赛器材上，形成了近似现代篮板、篮筐和篮网。此后，篮球运动以其独特的吸引力迅速向欧、亚、非、大洋四大洲传播，其技战术水平不断提高，竞赛规则不断完善。在1936年第11届奥运会上，男子篮球被列为正式比赛项目。1950年和1953年，分别在阿根廷和智利举行了首届世界男、女篮球锦标赛。在1976年第21届奥运会篮球比赛上，女子篮球被列为奥运会正式比赛项目。

随着场上队员身高的不断增长和高空技术的不断发展，世界篮球比赛呈现出高技巧、高速度、高强度、多变化、高比分、高空优势突出、高空技术出众等特点。美国、俄罗斯（苏联）、塞尔维亚和克罗地亚（南斯拉夫）长期称雄于世界篮坛。尤其是美国队，在1992年巴塞罗那奥运会上，以乔丹、约翰逊、马龙、皮蓬等一代世界超级明星组成的美国“梦之队”以平均胜出对手44分的绝对优势获得了冠军，全世界的篮球观众都被美国职业篮球明星无与伦比的技艺所震撼。1993年，现场直播NBA（美国篮球职业联赛）赛事的国家和地区就超过了160个。进入21世纪以来，美国NBA继续引领世界篮球发展潮流，与此同时，欧洲篮球全面崛起，南美劲旅咄咄逼人，各种打法、技战术特点不断交织融合以及规则的不断修改极大地推动了世界篮球运动向更高的水平迈进。

（二）中国篮球运动发展概况

篮球运动于1895年传入我国天津，最初在一些大城市的学校中开展，发展十分缓慢。1910年，在南京举行的第一届全国运动会上，男子篮球被列为表演项目。1913年，在由中国、日本、菲律宾三个国家组织的远东运动会上，篮球被列为正式比赛项目，这也是我国篮球队首次参加国际性篮球比赛。1921年，我国在第5届远东运动会上获得男子篮球比赛冠军，这是旧中国篮球史上唯一一次在国际运动会上取得冠军。在1930年第4届全国运动会上，女子篮球被列为正式比赛项目。

中华人民共和国成立后，篮球运动技术水平在普及的基础上得到了迅速提高。“积极、主动、快速、灵活、准确”是各专业队训练的指导思想。到了20世纪60年代中期，我国的篮球运动水平接近世界先进水平。进入 20 世纪 90 年代，随着中国篮球与世界交往的进一步加强，我国的篮球运动水平有了新的提高。国家男篮在 1994 年第 12 届世锦赛和 1996 年第 26 届奥运会上获得第 8 名；国家女篮在 1992 年第 25 届奥运会和 1994 年第 12 届世锦赛上夺得亚军。1995 年，我国举行了首届中国职业篮球甲级联赛（CBA 联赛）。1998 年，以“发展高校篮球，培养篮球人才”为目标的首届中国大学生篮球联赛（CUBA 联赛）也如期举行。随着我国篮球运动与世界篮球运动的进一步接轨，以及越来越多的青少年投身于篮球运动，我国篮球事业必将得到更加快速和健康的发展。

（三）篮球运动的特点和锻炼价值

1. 篮球运动的特点

篮球运动是一项身体对抗十分激烈的运动，场上双方各 5 名队员，按照一定的规则，利用各种技战术，在 28 米 ×15 米的场地上围绕着把球投进对方球篮和阻止对方把球投进本方球篮而展开一系列攻守对抗与激烈争夺。每名队员在场上不仅需要通过大量的奔跑、移动、跳跃、投掷等身体运动来完成各种攻防技术动作，还要按照教练员的指挥与部署，对场上瞬息万变的复杂情况做出及时合理的分析判断，与同伴进行有效的攻防战术配合，从而使全队的整体战斗力达到最佳化。因此，篮球运动具有集体性、对抗性、多变性、游戏性、趣味性和观赏性等特点，集健身性、益智性、娱乐性、教育性等作用于一体，是最适合在高校开展的体育项目之一。

2. 篮球运动的锻炼价值

（1）培养团队精神：篮球运动的集体性能培养团结、协作的团队精神和集体荣誉感，增强球员的组织纪律性，这种团队精神无论对个人的发展或社会都具有十分积极的意义。

（2）增进身心健康：通过篮球运动，对力量、速度、耐力、灵敏等素质的全面发展，分配和集中注意能力的提高，神经中枢的灵活性、协调支配各器官能力的提高，内脏器官的生理机能的改善；良好的心理素质、坚强的意志品质的形成具有十分积极的作用。

（3）促进人际交往：通过篮球运动，不仅可以相互切磋球艺，也可以为广大青少年之间相互了解、增进友谊、友好交往提供有效的途径，对于青少年正确认识与处理人与人之间的关系，更好地融入社会，促进青少年健康人格的发展具有积极的作用。

二、篮球基本技战术的学习与运用

（一）篮球基本技术

篮球技术是在篮球比赛中所运用的各种专门动作方法的总称，它是篮球比赛的基础，分为进攻与防守两大部分，每一部分又由若干技术构成（图 6-1-1）。

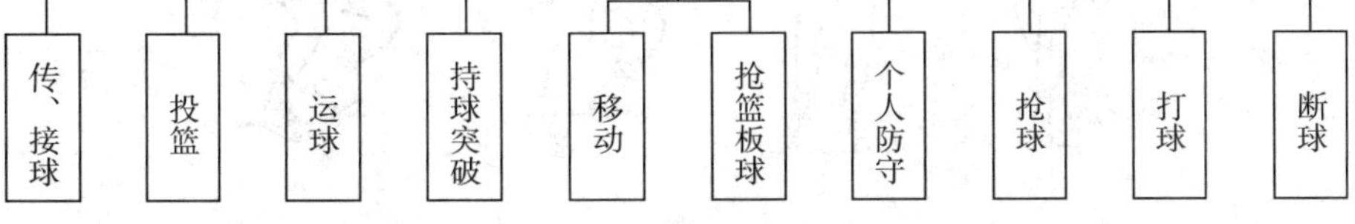

图 6-1-1 篮球技术分类

1. 移动

移动是篮球技术的基础，是比赛中运用最多的基本动作。进攻中为了摆脱对手、切入接球或合理运用传、运、投、突，防守中为了抢占位置、堵截对手或抢断球，都离不开移动技术。

（1）基本站立姿势：两脚前后或左右开立，略比肩宽，两膝微屈，重心落在两脚之间，上体稍前倾，脚跟微微提起，两臂弯曲自然放于体侧，抬头含胸，目视前方。

（2）起动：起动时，以后脚或异侧脚的前脚掌短促有力地蹬地，上体迅速前倾或侧转，向跑动方向移动重心，手臂协调摆动，脚快速向跑动方向迈出。起动后的前两三步，要短促而快速，力求在最短的距离内把速度充分发挥出来。

（3）跑：

① 侧身跑：跑动中，头和上体自然地向有球方向扭转，脚尖朝向跑的方向。侧身跑时，既要保持跑速，又要观察场上情况。

② 变速跑：加速时，用前脚掌短促有力地蹬地，上体稍前倾。减速时，上体稍直立，前脚掌用力抵住地面，以降低跑速。

③ 变向跑：从右向左变向时，右脚尖稍内扣，同时右脚前脚掌内侧用力蹬地，随之腰部扭转，上体向左前倾，左脚向左前方跨出一小步，右脚迅速向左腿的侧前方跨出一大步，继续跑动。

④ 后退跑：用两脚的前脚掌交替蹬地向后跑动，同时提踵，身体稍前倾，抬头观察场上情况，两臂协调摆动，以保持身体平衡。

（4）跳：

① 双脚起跳：起跳前，两膝弯曲，重心下降，上体稍前倾，两臂弯曲，肘外张。起跳时，两脚用力蹬地，并用提踵、提腰、摆臂的力量，使身体向上腾起。落地时，前脚掌先着地，屈膝缓冲，保持平衡，以便衔接下一个动作。

② 单脚起跳：起跳时，最后一步步幅要小，起跳脚用全脚掌着地，屈膝降重心，用力蹬地。另一腿屈膝上抬，同时摆臂、提腰帮助起跳，落地时，屈膝保持平衡。

（5）急停：

① 跨步急停（两步急停）：急停时，先向前跨出一大步，第二步落地的同时，两膝深屈，腰胯用力，重心下降，身体稍向侧转，用前脚掌内侧蹬地，重心在两脚之间（图 6–1–2）。

② 跳步急停（一步急停）：急停时，用单脚或双脚起跳，身体稍后仰，两脚同时平行或前后落地，两膝弯曲，重心下降，保持身体平衡（图 6–1–3）。

1 2 3 4

图 6–1–2 跨步急停

跨步急停
动作示范

图 6-1-3　跳步急停

跳步急停动作示范

（6）转身：

① 前转身：向左做前转身时，以左脚为中枢脚，左脚提踵，前脚掌用力碾地，右脚前脚掌内侧蹬地，上体平稳左转，右脚蹬地后迅速跨步落地。

② 后转身：向右做后转身时，以左脚为中枢脚，左脚提踵，前脚掌用力碾地；右脚前脚掌内侧蹬地，同时用力向右后方转胯、转身，右脚蹬地后迅速落地，身体平稳。

侧滑步动作示范

（7）滑步：向左滑步时，左脚向左跨出，落地的同时，右脚滑动跟随左脚移动，左脚继续跨出。

（8）交叉步：交叉步向右时，左脚用力蹬地，迅速从右脚前向右交叉迈出，上体稍右转，左脚落地，右脚迅速向右侧跨步，控制重心。

（9）后撤步：后撤步时，两膝弯曲，重心降低，前脚掌内侧着地，同时腰部用力向后转胯。后撤前脚，后脚碾地，然后用力蹬地紧接着滑步，保持防守位置。

（10）攻击步：做攻击步时，后脚猛力蹬地，前脚突然迅速向前跨出，逼近对手。落地时，重心偏在前脚上，前脚同侧的手向前伸，做干扰或抢截性防守动作。

练习方法：

▸ 由基本站立姿势开始，按信号做迅速起动练习。

▸ 原地徒手或持球做转身跨步练习。

▸ 利用标志杆做徒手起动、急停、转身、变向跑练习。

▸ 原地背向站立，听信号后做转身起动、急停、转身综合练习，或按要求做变速变向跑练习。

▸ 利用篮球场上的罚球圈、中圈和三分线，做变向跑、变速跑、侧身跑练习。

▸ 原地双脚起跳，向前、左、右跨一步或向后撤一步做双脚起跳练习。

▸ 跑动中做单脚起跳摸篮板、篮圈练习。

▸ 全场一对一做徒手攻防脚步动作练习。

2. 传、接球

传球是篮球比赛中进攻队员之间有目的地转移球的方法，是场上队员之间相互联系和组织进攻的纽带，是实现战术配合的具体手段。

接球是持球进攻的基础，只有接好球，才能传球、运球、投篮和突破等。接球与传球是紧密联系的，接球技术好，可以弥补传球的不足，减少传球失误。接球也是抢篮板球和断球的基础。

（1）传球：

① 双手胸前传球：两手五指自然分开，拇指相对成“八”字形，用指根以上部位持

球的侧后方，手心空出，两肘自然弯曲于体侧，将球置于胸前。肩、臂、腕部肌肉放松，两眼注视传球目标，身体成基本姿势。传球时，后脚蹬地，身体重心前移，同时两臂前伸，手腕由下向上翻转，同时拇指用力下压，食、中指用力弹拨，将球传出。出球后，手心和拇指向下，其余手指向前（图 6–1–4）。

双手胸前传球动作示范

1　　2　　3

图 6–1–4　双手胸前传球

② 双手头上传球：双手持球于头上，两肘向前。近距离传球时，小臂前摆，手腕前扣并外翻，同时拇、食、中指用力向前拨球。传球距离较远时，要用蹬地和腰腹力量带动上臂发力，小臂前甩，腕、指用力前扣，将球传出。

③ 双手低手传球：双手持球于腹前或腹侧。传球时，手腕由下而上翻转，同时小指、无名指和中指用力拨球，将球柔和地传出。

④ 单手肩上传球：右手传球时，左脚向传球方向跨出半步，同时双手将球引到右肩侧上方，肘关节外展，手腕后屈，右手持球的后下方，左肩对着传球方向，重心落在右脚上。出球时，右脚蹬地的同时转体带动上臂，肘领先，前臂迅速前甩，手腕前扣，最后通过食、中、无名指的弹拨下压动作将球传出（图 6–1–5）。

单手肩上传球动作示范

1　　2　　3　　4　　5　　6

图 6–1–5　单手肩上传球

⑤ 反弹传球：反弹传球时，手臂向前下方用力，击地点根据防守者的位置决定，一般应在传球者距接球者 2/3 的地方。球弹起的高度一般以在接球人的腹部为宜。

（2）接球：

① 双手接球：接球时要伸臂迎球，五指自然分开，肩、臂、腕、指放松。当手指触到球时，手臂顺势后引缓冲来球的力量，两手持球于胸腹之间（图 6–1–6）。

② 单手接球：右手接球，右脚向来球方向迈出，手臂伸出，五指自然分开，掌心正对来球，腕、指放松。当手指触球时，手臂顺势将球后引，收臂，置球于身前或体侧，另一手迅速扶球。

图 6-1-6　双手接球

双手接球动作示范

练习方法：

- 徒手做双手传、接球模仿性练习。
- 两人一球原地体会持球和传球的手腕动作，两人相互纠错，轮流练习。
- 两人直线跑动传接球。
- 半场四角跑动传接球。
- 两三人行进间做全场传接球练习。
- 两人一组一球，做单手肩上传接球快攻练习。

3. 运球

（1）高运球：抬头，目视前方，上体稍前倾，以肘关节为轴，用手按拍球的后侧上方，球的落点在身体侧前方，球反弹的高度在腰、胸之间（图 6-1-7）。

（2）低运球：抬头，目视前方，两腿迅速弯曲，降低重心，上体前倾，以身体和靠近防守队员一侧的腿来保护球，同时用手短促地按拍球，控制球从地面反弹的高度在膝关节以下，以便摆脱防守继续前进（图 6-1-8）。

图 6-1-7　高运球

高运球动作示范

图 6-1-8　低运球

低运球动作示范

（3）运球急起、急停：运球急起时，后脚用力蹬地，同时按拍球的后侧上方，向前运球，以超越对手。运球急停时，手按拍球的前上方，同时两脚做跨步急停，并转入低运球，用臂、身体和腿保护球。

（4）体前变向换手运球：从对手右侧突破时，先向对手左侧运球，当对手向左侧移动时，运球队员突然改变方向。变向时，右手拍按球右上方，并靠近身体向左侧送拍球，使球的落点靠近左脚，同时右脚向左前方跨步，上体左转侧肩，以臂、腿、上体保护球，换左手按拍球左侧上方，左脚迅速蹬跨，从对手右侧运球突破。

体前变向换手运球动作示范

练习方法：

- 原地运球练习。每人一球，听信号做高低运球、横向运球、拉球、推球、体侧前拉后推球、体前左右换手运球等练习。

▶ 看信号行进间做高、低、变速、急起急停运球练习。

▶ 沿球场内中圈和罚球圈做曲线运球和变向运球练习。

▶ 绕障碍做变向换手和运球后转身练习。

▶ 全场进行传、运、投技术综合练习。

4. 投篮

原地双手胸前投篮动作示范

（1）原地双手胸前投篮：双手持球于胸前，两肘自然下垂，两脚前后或左右开立，重心落在两脚掌上，目视瞄准点。投篮时，两脚蹬地的同时，腰腹伸展，两臂向前上方伸出，两手腕同时外翻，拇指稍用力压球，使球通过拇指、食指、中指指端投出。投球出手后，脚跟提起，腰、臂随出球方向自然伸展。

原地单手肩上投篮动作示范

（2）原地单手肩上投篮：以右手投篮为例。右手持球于肩上，左手扶球的左侧，右臂屈肘，前臂与地面接近垂直，两腿微屈，右脚在前，重心落在两脚掌上。投篮时，右臂随腿的蹬伸和腰腹的伸展，抬肘向前上方充分伸直，用手腕前压的动作，使球从食指、中指指端投出。球离手时，手臂要随球自然跟送，脚跟提起（图 6–1–9）。

图 6–1–9 原地单手肩上投篮

行进间单手肩上高手投篮动作示范

（3）行进间单手肩上低手投篮：以右手投篮为例。右脚向前跨出时接球，第二步继续加速，向前上方跳起，腾空时间要短。投篮时，球移到右手上举，五指自然分开，托球的下部，手心朝上，手臂向上伸展。接近球篮时，用手指上挑的动作，使球向前旋转投向球篮。

（4）行进间单手肩上高手投篮：以右手投篮为例。右脚向前跨出时接球，接着迅速上左脚起跳，右腿屈膝上抬，同时举球至肩上，左脚蹬地腾空后上体稍后仰。当身体达到最高点时，右手臂伸直，用手腕前屈和手指力量将球投出（图 6–1–10）。

图 6–1–10 行进间单手肩上投篮

（5）运球急停跳起投篮：快速运球中，最后两步稍减速，利用跨步或跳步急停接球起跳，同时双手持球迅速上举，两脚用力蹬地，身体腾空接近最高点时，伸臂，用腕、指的力量将球投出。

运球急停跳起投篮动作示范

练习方法：

- 徒手做各种投篮的模仿练习。
- 两人一组一球，相距4~5米相对站立，原地做单、双手投篮模仿练习。
- 各种角度、距离的投篮练习。
- 在移动中接球后做各种投篮练习。
- 5点连续投篮练习。
- 运球行进间投篮练习。

5. 持球突破

持球突破是持球队员结合脚步与运球技术快速超越对手的一项攻击性很强的进攻技术。持球突破由蹬转、转体探肩、放球、加速几个技术环节组成。

（1）交叉步突破：两脚左右开立，两膝微屈，降低重心，持球于胸腹之间。突破时，左脚先向左跨出一小步（假动作），当对手重心向右移动时，左脚前脚掌内侧迅速蹬地，同时上体向左侧转，左肩向前下压，左脚向右侧前方跨出，将球引向右侧并运球，中枢脚蹬地向前跨出超越对手（图6-1-11）。

交叉步突破动作示范

图6-1-11　交叉步突破

（2）同侧步持球突破：以防守队员左侧突破为例。突破时，用左脚掌内侧用力蹬地，右脚迅速向右前方跨出一大步，同时上体稍右转，左肩下压，用右手放球于右脚侧前方，左脚迅速跨步抢位，用右手推拍球，加速超越对手。

同侧步突破动作示范

（3）跨步急停持球突破：当同伴传球时，迅速伸臂迎球，合理急停并接住球。球落地后，两腿屈膝，重心降低，保持平衡，保护好球，然后再根据防守队员的位置和情况做交叉步或同侧步突破防守。

练习方法：

- 原地持球做瞄篮动作后做交叉步、同侧步突破的蹬地、侧肩、放球加速动作。
- 自抛自接急停后做交叉步、同侧步突破练习，主要明确中枢脚和放球的时机。
- 接球急停突破投篮练习。

6. 抢篮板球

抢篮板球是投篮不中时，双方争夺控球权的一项技术。抢篮板球技术是一项联合技术动作，由抢占位置、起跳动作、空中抢球动作和获球后的动作组成。

（1）双手抢篮板球：起跳后，身体在空中充分伸展，尽量扩大制空范围，两臂同时伸向球的落点方向。当身体和手至最高点时，双手将球握住，腰腹用力，迅速收臂将球持于胸前。

（2）单手抢篮板球：起跳后，身体和手臂充分向球的落点方向伸展。在最高点指端触及球时，用力屈腕、屈指迅速抓握球，随之屈臂拉球于胸前，另一手护球。

练习方法：

▶ 自抛自抢篮板球练习。

▶ 抢占位置练习。

▶ 全队连续助跑起跳托球碰板练习。

▶ 抢篮板球结合一传练习。

7. 防守对手

防守对手是防守队员合理地运用脚步移动和手臂动作，积极主动地抢占有利位置，阻挠和破坏对手进攻的行动。

（1）防守无球队员：在防守无球队员时，要根据球和对手所处的位置确定和调整自己的防守位置。当对手处在强侧（有球侧）时，应采取错位防守，即站在球与对手的传球路线的内侧位置，以面向人、侧向球的站法，逼近对手。当对手处于弱侧（无球侧）时，应向球和球篮方向靠拢，采用侧向人、面向球的站法，松动防守。移动的同时，借助手臂的动作，扩大防守面。

（2）防守有球的对手：在防守过程中，一旦自己所防的对手接到球，防守者要及时调整与对手的位置和距离，做到球到手、人到位。在占据对手与球篮之间的有利位置的基础上，与对手保持适当距离。离篮远则远，离篮近则近，根据有球对手的意图及与球篮的距离，采用平步或斜步防守，并合理运用抢球、打球、断球等技术。

练习方法：

▶ 两人一组一球，原地做打、抢球的手法练习。

▶ 断球练习：三人一组，一人防守，另两人相距5~6米传球，防守者做断球练习。三人轮换练习。

▶ 全场一对一防无球队员练习：两人相距一米，一攻一守。攻方做变速变向突破等，摆脱防守者。守方练习撤步堵截，然后交换练习。

▶ 全场一对一防有球队员练习：一人运球突破，另一人练习防守，然后交换练习。

▶ 三对三半场防守练习：进攻者在外围做原地传球练习，防守队员采用人盯人防守，随球转移及时调整防守位置，尽量做到以盯人为主，人球兼顾。

8. 篮球技术的学习与运用

篮球技术是篮球战术的基础。学习、掌握和运用篮球技术的过程是一个培养兴趣、提高运动素养、增进人际交往的过程。不断地学会并掌握一定的篮球基本技术，能不断提高篮球活动的质量，并使这两者相互促进，形成良性互动。

（1）学习与运用篮球技术应遵循的原则

① 从实际水平出发原则：无论现阶段的技术水平如何，学习篮球技术都应从自己的实际水平出发，在此基础上逐渐提高自己才是最有效率的学习。

② 掌握主要基本技术带动其他原则：要全面地掌握篮球技术确非易事，但如果初步学会了投篮、传球、运球和防守等基本技术，就可以参加课余比赛了。在掌握这些基本技术的基础上，再逐渐带动其他技术的学习和运用。

③ 循序渐进原则：在参加篮球运动的每个时期，都应先练基本技术，再练高难度技

术；在学习每项技术时，都应先徒手练习，再结合球练习；先原地练习，再行进间练习；先单个练习，再综合练习；先独自练习，再对抗练习。

④ 练习与游戏相结合原则：将练习与游戏相结合，可以提高练习的兴趣和效果。

⑤ 练习与比赛相结合原则：通过篮球比赛，在提高篮球活动趣味的同时，可以将所学的基本技术予以应用，进而促进技术的掌握。

（2）学习与运用篮球基本技术的常用方法

① 单个练习法：对学习的某项技术动作反复练习的方法。这种练习方法有利于集中注意力，较快地掌握技术动作。

② 综合练习法：学习若干单个技术后，并在对其有所掌握的情况下，可以把几个不同的技术动作串联起来练习。这种练习方法有利于提高技术的实用性和应用能力，发展协调性和灵活性。

③ 对抗练习法：在有攻守对抗的条件下练习和掌握技术动作的练习方法。这种练习方法有利于提高技术的运用能力和熟练程度。

④ 游戏练习法：以篮球技术动作为内容，以游戏的活动形式进行练习的方法。这种方法具有趣味性和竞赛性，将学习技术与娱乐相结合，可收到事半功倍的效果。

⑤ 竞赛练习法：指初步掌握正确的动作方法之后，通过竞赛形式比速度、比准确性、比成功率等以复习、巩固技术，提高技术运用能力的一种练习方法。

（二）篮球基本战术

1. 进攻战术基础配合

（1）传切配合：指进攻队员之间用传球和切入技术组成的简单配合。如图 6–1–12 所示：⑤传球给④时，⑤乘其对手不备之机，突然横切或从底线切入篮下接④的传球投篮。

（2）掩护配合：是掩护队员采用合理的行动，以自己身体挡住同伴的防守者的移动线路，使同伴借以摆脱防守的一种配合方法。根据掩护队员的掩护位置，可分为前掩护、侧掩护、后掩护。如图 6–1–13 所示：⑤传球给④后跑到④的侧面做掩护，④接球后做投篮或突破的动作，吸引 ❹ 的防守，当掩护到位时，④持球从防守的左侧突破投篮。⑤掩护后，及时移动到有利的位置去接球或抢篮板球。

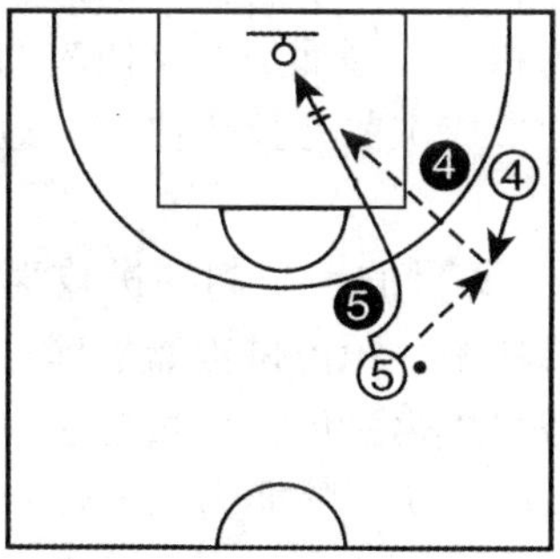

图 6–1–12 传切配合

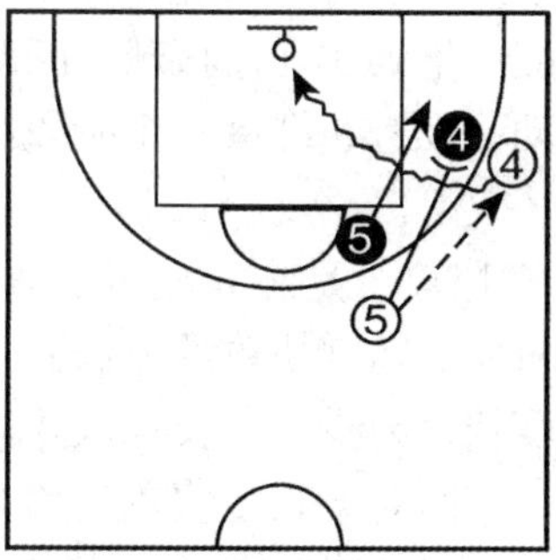

图 6–1–13 掩护配合

（3）策应配合：指进攻队员背对或侧对篮筐接球，以他作枢纽，与同伴空切相配合而形成的一种里应外合的方法。如图 6–1–14 所示：④摆脱防守插到罚球线作策应，⑤将球传给④，并立即空切篮下，接④的策应传球投篮。

（4）突分配合：是有球队员突破后，主动地或应变地利用传球与同伴配合的方法。

如图 6-1-15 所示：⑤从防守者的左侧突破，④协助防守，封堵⑤向篮下突破的路线，此时④及时跑到有利的进攻位置，接⑤的球投篮，或做其他进攻配合。

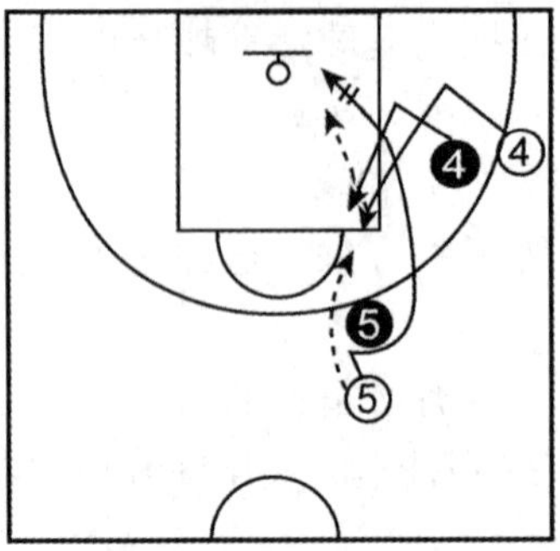

图 6-1-14　策应配合

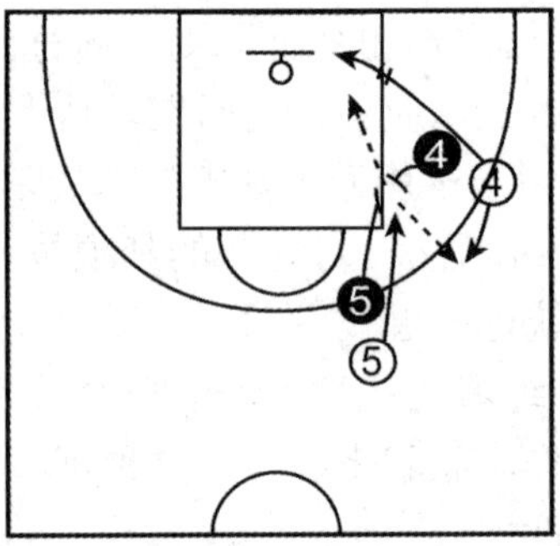

图 6-1-15　突分配合

2. 防守战术基础配合

（1）交换防守：是为了破坏进攻队员的掩护配合，防守队员之间彼此及时交换自己所防守的对手的配合方法。当对方队员进行掩护时，防守队员相互呼应，并紧跟自己的对手。当进攻队员摆脱切入时，及时换防。

（2）关门防守：是临近的两个防守队员协同防守突破的配合方法。当进攻队员运球向篮下突破时，防守突破的队员应挡住其通往篮下的路线，这时临近突破一侧的防守队员，应及时向防守突破的队员靠拢，像两扇门一样关起来，堵住突破者的路线。

（3）夹击防守：是两个防守队员积极防守一个进攻队员的配合方法。它要求夹击时行动要积极、果断、突然，出其不意，攻其不备。

（4）补防：是两三个防守队员之间的一种协同防守的配合。当同伴被进攻者突破而有直接得分的可能时，临近的防守队员要立即放弃自己的防守对手去补防。

3. 快攻与防守快攻

（1）快攻：是由防守转入进攻时，积极、主动、勇猛顽强地以最快的速度、最短的时间造成人数上以多打少的优势，是在对方尚未部署好防守之前，果断而快速地发起攻击的一种速决战。抢到防守篮板球、断球、掷界外球和跳球等都是发动快攻的有利时机。快攻战术由发动、推进、结束三个阶段组成。快攻的形式主要有长传快攻、短传快攻和结合运球突破的快攻等。

（2）防守快攻：是防守战术的重要组成部分，其目的在于制约进攻速度，为本队积极防守争取时间。防守快攻的方法有：提高进攻成功率；积极拼抢篮板球；攻防变换时头脑冷静，速度快，减少对方发动快攻的机会，堵截快攻第一传，尽量控制对方的推进，卡住快下队员，切断对方长传快攻的路线，同时提高以少防多的能力。

4. 半场人盯人防守与进攻半场人盯人防守

（1）半场人盯人防守：是由攻转守时，全队迅速退回后场，每个队员在盯住自己对手的同时，进行集体防守的战术。其特点是分工明确、针对性强、机动灵活、能有效控制对方进攻重点，但它容易被进攻队员局部击破。

（2）进攻半场人盯人防守：是由各种掩护、策应、传切和突破分球等基础配合组成的全队战术。这种防守要求合理组织进攻队形，充分利用基础配合组成全队战术，有目的地穿插换位，内外线结合，正面与侧面进攻相结合，扩大攻击面，注重速度，讲究节奏，快慢、动静结合，注意攻守平衡。

5. 区域联防与进攻区域联防

（1）区域联防：是一种半场防守的全队战术，由防守队员退回半场后，每人负责一定的区域，严密防守进入该区的球和队员，并与同伴协同防守而构成的一种集体防守战术。

区域联防的站位队形有 2—1—2 联防、2—3 联防、3—2 联防和 1—3—1 联防等几种。2—1—2 联防是区域联防的基本形式，这种站位队形队员分布均匀，易于联系协作，同时也便于控制后场篮板球发动快攻。但这种防守的薄弱环节是队员的防区衔接处，即图 6-1-16 的阴影区。

（2）进攻区域联防：进攻区域联防，应根据联防的特点和规律，针对其薄弱环节，占据有利的进攻位置，并结合本队的具体情况，确定进攻重点，组织有针对性的进攻战术。

进攻队 1—3—1 站位（图 6-1-17）是攻 2—1—2 联防的基本阵式。这种阵型，队员分布面广、攻击点多、便于内外联系、左右配合，有利于组织抢篮板球和保持攻守平衡。

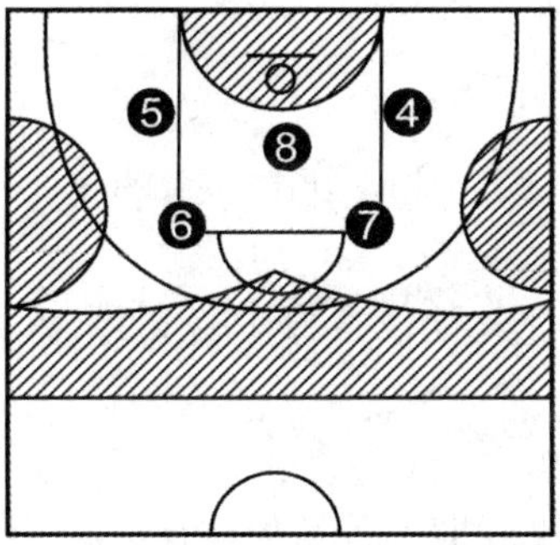

图 6-1-16　2—1—2 区域联防的薄弱处

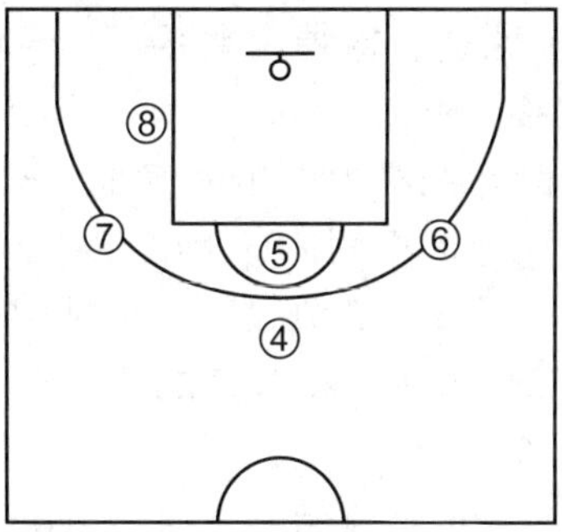

图 6-1-17　进攻队 1—3—1 站位

6. 篮球战术的学习与运用

篮球战术的形成及其水平与篮球技术、篮球战术意识及同伴相互间的配合密切相关。篮球技术是基，战术意识是前提，而配合默契则是保证。

（1）学习和运用篮球战术的基本要求

① 以我为主：根据本队或本单位的技术基础和技术特点，扬长避短，形成自己的风格。

② 简单实用：能达到攻防目的的战术就是好的战术。

③ 攻守平衡：进攻和防守的战术都要练。

④ 团队精神：篮球战术总是由两人以上的集体完成的，团结协作、配合默契是基本保证。

⑤ 灵活机动：篮球比赛千变万化，在战术的实施过程中，不能生搬硬套，要随时变化。

（2）学习和运用篮球战术的程序

① 学习和掌握篮球攻守战术的基础配合。

② 明确所要练习战术的方法，包括战术指导思想、战术时机、战术路线、配合要点及战术的变化等。

③ 无对抗条件下的战术演练。

④ 在攻守对抗中进行战术演练。

⑤ 实际运用和检验战术。

三、篮球比赛规则简介

（一）比赛场地与设备

1. 球场

标准篮球场是一块长 28 米、宽 15 米的长方形场地，球场的丈量从界线内沿量起。球场内有三分投篮区、限制区和罚球区。

2. 设备

篮板的尺寸为横宽 1.80 米，竖高 1.05 米，篮板下沿距地面 2.90 米。它的中心垂直落在场上，距离端线内沿 1.20 米，篮圈水平面距地面 3.05 米。

球为圆形，内装橡皮球胆，外壳用皮、橡皮或合成材料制成。球的圆周为 0.749~0.78 米，重量为 567~650 克。

（二）比赛、暂停、替换

1. 比赛

每场篮球比赛由两个队参加，每队出场 5 名队员。比赛分上、下两个半时，每半时 20 分钟，两半时中间休息 10 分钟。

比赛中，除在 3 分投篮区投球中篮得 3 分外，在其他位置投中得 2 分，罚球中篮得 1 分。在比赛时间内，得分多的队为胜。

2. 暂停

每队每半时准许暂停 2 次，每次 1 分钟，每一决胜期准许暂停 1 次。未用过的暂停不准挪到下半时或决胜期内使用。

请求暂停的时机：

（1）球成死球并停止比赛计时时。

（2）对方投篮得分，也可给予一次暂停，但必须在投篮队员球离手前提出。

3. 替换

替补队员进场前应向记录员报告，并须立即做好比赛的准备。

请求替换的时机：

（1）球成死球并停止比赛计时时。

（2）违例后，只有掷界外球的非违例队可要求替换。被允许后，对方也可要求替换。

（三）违例及罚则

违例是违反规则的行为。

罚则：判该队失去控球权，由对方队员在违例地点就近的边线外掷界外球。

比赛中常见的违例有：带球跑、非法运球、脚踢球、拳击球、掷界外球违例、3 秒违例、5 秒违例、10 秒违例、30 秒违例、球回后场违例、干扰球等。

（四）犯规及罚则

犯规是违反规则的行为，含有身体接触和不道德的举止。

1. 侵人犯规

侵人犯规是在球进入比赛状态、活球或死球时的队员犯规，含有与对方队员的接触。

罚则：登记犯规队员一次侵人犯规。如被侵犯的队员未做投篮动作，由被侵犯队的队员在犯规地点就近的边线掷界外球继续比赛。如被侵犯的队员在做投篮动作，若投中则得分有效，再判给一次罚球；如投篮未中，就判给投篮队员两次或三次罚球。

2. 故意犯规

裁判员认为队员蓄意地对持球或不持球的对方队员造成侵人犯规称为故意犯规（违反体育道德的犯规）。

罚则：登记犯规队员一次故意犯规。应判给非犯规队罚球和在记录台对面边线的中点处掷界外球的控球权。如对未做投篮动作的队员犯规，则判给两次罚球。如对在做投篮动作的队员犯规，投中有效，再判给一次罚球；如投球未中，则根据投篮的地点判给两次或三次罚球。无论罚球成功与否，均由罚球队的任一队员在记录台对面边线的中点处掷界外球。

3. 队员技术犯规

有意的、不道德的或给违反规定者带来不正当利益的技术性犯规，判罚技术犯规。

罚则：宣判技术犯规后，每次均应登记，并由对方队长指定罚球队员罚球两次。对行为十分恶劣或屡次违反此条规定的队员，应取消其比赛资格并令其退出比赛。

4. 双方犯规

双方队员同时互相犯规为双方犯规。

罚则：登记每个犯规队员一次侵人犯规。由双方犯规队员在就近的圆圈内跳球继续比赛。

5. 队员 5 次犯规

一个队员不论侵人犯规或技术犯规共达 5 次，必须自动退出比赛。

6. 全队 7 次犯规

比赛的每半时，一个队的队员侵人犯规和技术犯规已达 7 次，此后发生的所有队员犯规，均执行两次罚球，除非含有更为严重的罚则。

（五）决胜期

下半时终了得分相等时，应延长 5 分钟作为决胜期继续比赛。必要时可延长几个这样的 5 分钟，直到分出胜负为止。每次决胜期前，给予 2 分钟的休息时间和一次暂停。每次决胜期开始时，应在中圈跳球继续比赛，若下半时某队全队犯规已满 7 次，若再犯规，则由对方执行两次罚球的权力，一直延续到决胜期。

第二节 排球运动

一、排球运动概述

（一）排球运动起源与发展

排球运动是用双手做发球、垫球、传球、扣球和拦网等动作来组织进攻和防守的球类运动项目之一。排球英文“volleyball”的原意是击空中球或“空中飞球”。

排球运动于19世纪末始于美国。1895年，美国马萨诸塞州霍利奥克城青年会干事威廉·摩根发明了排球。19世纪末，美国的排球运动通过传教、战争等活动传播到世界各国。排球传入亚洲，演变成12人制、9人制。1912年，排球场的规格发生了改变，改为35英尺宽，60英尺长。排球的尺寸和重量统一：周长26英寸，重量在7盎司至9盎司之间。规则重要的改革：上场参赛球员的人数被确定为每队6人，采用每球得分制和全身均可接触球击球。1917年，6人制排球传入苏联，并得到迅速而较为广泛的开展。1947年国际排球联合会成立后，排球运动成为一项世界性的体育项目。1949年，举办了第一届世界男子排球锦标赛。1952年，举行了第一届世界女子排球锦标赛。1964年，排球被列为奥运会正式竞赛项目。1965年和1973年，国际排联又先后举办了第一届男子和女子世界杯排球赛。1989年，国际排联首创世界男子排球联赛。1990年，开始又举办了女子排球大奖赛。1993年，在国际奥委会第101次代表大会上，沙滩排球被确定为奥运会的正式比赛项目，在1996年亚特兰大奥运会上举行了首届比赛。

为了进一步推动排球运动的发展，1988年，国际排联制定了“世界排球发展计划”——在世界各个地区建立20多个排球发展中心；发展娱乐性和健身性排球；向发展中国家赠送排球器材；向各国提供技术教材和录像资料等。1995年，国际排联推出了“世界排球2001计划”，在各大洲各国树立排球运动为顶尖运动的形象，使排球成为观众最喜爱的运动之一，让排球引起电视网和各节目赞助商的兴趣，使排球管理机构成为现代高职业化的机构，使拥有高水平球队的国家数量不断增加。

1905年，排球传入中国的广州和香港，1908年传到上海，1911年第一次在上海举行了排球表演赛。1913年在马尼拉举行首次的远东运动会上，中国临时组队参加了排球比赛。1924年，排球列入旧中国第二届全国运动会的比赛项目。

中华人民共和国成立后，排球运动和其他运动项目一样，有了较快的发展。新中国排球运动的发展分以下几个阶段：1950—1957年，推广6人制排球；1958—1962年，在普及与提高方面有了较大发展；1963—1966年，是我国排球史上的重要阶段，通过学习日本女排和大松博文教练的严格训练、严格管理，在训练作风和技、战术创新方面有了较大发展，具备了自己的技、战术特点，成为世界一流强队；1966—1976年，因“文化大革命”排球运动水平降到最低点；1977年开始，我国排球运动进入复兴和全面发展阶段，1981年中国女排在世界杯比赛中以七战全胜的战绩获得冠军，中国男排获得第五名，揭开了中国排球运动的新篇章。从1982年到1986年，中国女排获得4次世界冠军，实现了“五连冠”。17年后的2003年11月，中国女排获得了世界杯女排赛冠军。2004年8月，中国女排获得第28届雅典奥运会冠军。在2016年里约奥运会上，中国女排再次获得奥运会桂冠。

（二）排球运动的特点与锻炼价值

1. 排球运动的特点

排球运动是可以凭借身体的任何部分击球，使球既不落地，又不在身体任何触球部位停顿。排球运动具有以下几个特点：

（1）形式的多样性和广泛的群众性：排球运动的场地设备比较简单，室内、室外、木板地、沙地、草地、雪地上等都可以作球场；运动形式多样，既可以用正式排球，也可以用软式排球、气排球，小排球等，既可以隔网对抗，又可以围成圆圈托来托去；人员组成、性别、年龄不限，可以是家庭成员娱乐，可以是年轻人对抗，又可以是男女混合一起活动；比赛规则易掌握、好变通，运动量可大可小，不会出现强烈的身体接触对抗，因此具有广泛的群众性。

（2）技术的全面性：由于排球比赛轮转的特点，这就要求参加排球运动的每一个队员必须全面掌握各项攻防基本技术，做到能攻善守，以适应项目的特点和要求。

（3）激烈的对抗性：排球比赛虽隔网相争，但也具有激烈的对抗性。水平越高的比赛，对抗越激烈精彩。攻防不断转化，扣球与拦网、发球与接发球都体现出限制与反限制的关系，扣杀、拦网、鱼跃救球，这些对于提高人的中枢系统和内脏系统的功能，促进健康发展，增强弹跳、力量、速度、灵敏等身体素质，培养勇猛果断、机智灵活、顽强拼搏的良好品质和竞争意识，都有很大的作用。

（4）技巧性：由于排球比赛规则规定球不得落地，又不能在手中停留时间过长，三次击球必须过网（拦网除外），这就要求队员的技术动作必须精确，并有较高技巧性。排球比赛各项技术既能得分，又能失分，攻中有防，防中有攻，攻防相互转化，相互制约，因此，要求运动员技术既有准确性又有攻击性。

（5）集体性：排球比赛是一项集体配合的项目，每个技术环节都体现出团结协作的精神，每个环节的失误都会造成集体的被动和全队的失败。好的进攻配合便于撕破对方防线，好的拦防配合又打下了反击进攻的基础。高水平的球队，必然有着默契的配合，体现出集体性和协作性。因此，排球运动能培养人们的团结协作的团队精神。这是现代生活中极其需要的心理素质之一。

2. 排球运动的锻炼价值

（1）增进健康、强健体魄：排球运动具有竞技与娱乐并存的特点，不同年龄、不同性别、不同技术水平的人都能参与，或活动，或比赛。经常参加排球运动，不仅能改善人体中枢神经系统和内脏器官的功能状况，同时又能提高人的力量、速度、弹跳、灵敏、耐力等专项身体素质和运动能力。总之，经常参加排球运动会使人们在兴奋与愉快中增进健康，强健体魄。

（2）培养与锻炼良好的心理素质：经常参加排球训练或比赛，会学到很多控制自己情绪和调节自身心理的手段和方法，如连续失误时，如何使自己尽快冷静下来而且不灰心；比分落后时的沉着和不气馁；关键比分时进攻不手软的自信心等，都是对自己形成良好心理品质的培养和锻炼。

（3）培养勤奋、助人、拼搏的优秀品质：在排球比赛中，球不能落地而且击球至多3次必须过网的特有规定，使参加排球比赛的人总要随时准备弥补同伴因判断错误而无法接，或因其他原因没接到位的球，为了发挥本方的进攻力量而不惜奔跑扑救，给下一次击球人创造方便条件。因此经常参加排球运动，可以培养人的优良体育道德作风和团结协作的集体主义精神。

（4）培养人的信息意识、提高配合及应变能力：排球运动在某种意义上是一项依靠判断的运动，尤其在现代的排球比赛中，准确的判断已成为制胜因素之一。判断的基础是眼观六路、耳听八方，通过观察对方和同伴的动作、击球的声音、场上的布局等，预测将要发生的情况而迅速做出决策。排球比赛也是一项靠集体配合取胜的球类竞赛，个人特长的发挥往往是在同伴发挥特长的前提下取得的。因此，运动员在场上要相互协调，并不断观察同伴的意图，才能默契地与之合作。

二、排球基本技战术的学习与运用

（一）排球基本技术

排球技术可分为准备姿势和移动、发球、垫球、传球、扣球和拦网 6 大基本技术。

1. 准备姿势和移动

准备姿势与移动是完成发球、垫球、传球、扣球和拦网等各项有球技术的前提和基础，对各项有球技术的运用起着串联和纽带的作用。准备姿势主要是为了移动，而要快速移动，必须先做好准备姿势。

（1）准备姿势：按照身体重心的高低，准备姿势可分为半蹲准备姿势、稍蹲准备姿势和低蹲准备姿势三种。其中半蹲姿势运用较多。

① 半蹲准备姿势：两脚左右开立，稍比肩宽，一脚稍前，两脚尖内收，脚跟稍提起。膝关节保持一定的弯曲，其投影点在脚尖的前面。上体前倾，重心靠前，两臂放松，自然弯曲，双手置于腹前。两眼注视来球，两腿始终保持微动（图 6-2-1）。半蹲准备姿势一般多用于接发球、拦网和各种传球。

② 稍蹲准备姿势：比半蹲准备姿势重心稍高，动作方法相同（图 6-2-2），一般用于扣球助跑之前、不需要快速反应起动的时候。

③ 低蹲准备姿势：比半蹲准备姿势的身体重心更低（图 6-2-3），一般在防守和做各种保护动作时使用。

图 6-2-1 半蹲准备姿势

图 6-2-2 稍蹲准备姿势

图 6-2-3 低蹲准备姿势

（2）移动：移动的目的主要是及时接近球，保持好人与球的位置关系，以便击球。常用的移动步法有以下几种：

① 并步与滑步：并步时，前脚向来球方向跨出一步，后腿迅速跟上做好击球准备。连续并步就是滑步。并步主要用于传球、垫球和拦网。

② 跨步：如向前移动，则后腿用力蹬地，前脚向来球方向跨出一大步，膝部弯曲，上体前倾，身体重心移至前腿上（图 6-2-4）。跨步一般在来球较低、离身体 1 米左右垫击时使用。

图 6-2-4 跨步

排球基本步法

③ 交叉步：以向右交叉步为例。上体稍向右转，左脚从右脚前面向右交叉迈出一步，然后右脚再向右跨出一大步，同时身体转向来球方向，保持击球前的姿势。当来球距离 3 米左右时，可采用交叉步。交叉步主要用于二传、拦网和防守。

④ 跑步：跑步时，应随时注意球的飞行方向，两臂要配合摆动。如球在侧方或后方时，应边转身边跑。跑步一般在当球距离身体更远时采用。

练习方法：

▶ 两人一组，一人做准备姿势，另一人纠正其错误动作，交换进行。

▶ 两人一组相对站立，一人做同方向的移动，另一人跟随。

▶ 两人一组，相距 6 米，各持一球，两人同时把球滚向对方体侧 3 米左右处，移动接住后再滚给对方，如此反复进行。

▶ 结合其他技术的练习。

2. 发球

发球是比赛中每个回合争夺的开始，也是进攻的开始。发球可以直接得分，可以破坏对方的战术组成，可以起到先发制人的作用。发球的方法很多，有正面下手发球、侧面下手发球、正面上手发球、勾手发球、正面上手发飘球、勾手发飘球和跳发球等。

（1）正面下手发球：这种发球动作简单易学，发球的失误率较小，但速度慢、力量小、攻击性差，适用于初学者。发球前，面对球网，两脚前后开立，左脚在前，右脚在后，两膝微屈，上体前倾，左手持球置于腹前，右臂自然下垂，两眼注视球。发球时，左手将球在体前右侧抛起，离手 20~30 厘米。在抛球的同时要做好右臂后摆动作。击球时，右脚蹬地，身体重心前移，右臂伸直，以肩为轴，向前摆动到腹前，用虎口、掌根或手拳击球的后下部。随着击球动作重心前移，迅速入场（图 6–2–5）。

图 6–2–5　正面下手发球

排球发球基本动作示范

（2）正面上手发球：这种发球便于观察对方，容易控制球的落点。发球时，可以利用屈体动作，使发出的球力量大、速度快、弧度平。如使球旋转，就更具攻击性。身材高大、手臂爆发力强的队员，采用这种发球更有威胁性。面对球网，左脚在前，左手于体前将球平稳地抛于右肩的前上方，同时右臂抬起，屈肘后引，肘与肩平，上体稍向右侧转动，抬头、挺胸、展腹，手掌自然张开。利用蹬地使上体向左转动，同时收腹，带动手臂向前上方快速挥动。在右肩前上方伸直手臂的最高点，用全掌击球的后中下部。击球时，手指（掌）张开与球吻合，手腕迅速做推压动作，使击出的球呈上旋飞行。击球后，随着重心前移，顺势入场（图 6–2–6）。

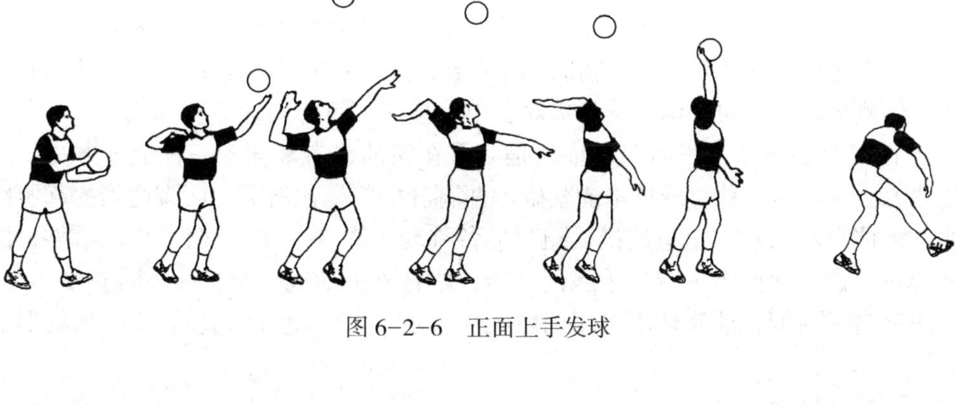

图 6–2–6　正面上手发球

（3）侧面下手发球：这种发球能够利用身体的转动，便于用力，初学者较易掌握，但攻击性差。发球前，左肩对网站立，两脚左右开立，约同肩宽，两膝微屈，上体前倾，左手持球置于小腹前。发球时，将球在身体的正前方抛起，离手高度约 30 厘米，离身体约一臂之远。在抛球的同时，右臂摆至右侧后下方，利用右脚蹬地向左转体的力量，右臂同时向前摆动，用虎口或全掌在腹前击球的后下方。击球后，重心顺势前移，转体向着球网，随即入场（图 6–2–7）。

图 6–2–7 侧面下手发球

（4）勾手发球：这种发球速度快、力量大、弧度低，并能发出具有各种旋转性能的球，会给对方心理上造成很大威胁。适合于体力好、力量大、爆发力和协调性强的队员采用。以右手发球为例。左肩对网，两脚左右开立，与肩同宽，左脚稍前，重心稍偏于右脚上，左手持球于腹前，将球垂直、平稳地向左侧前上方抛起，高度在最高击球点上空约 30 厘米。在抛球的同时，身体重心下降并迅速向右脚移动，以带动放松的手臂向侧后方摆动，同时做挺胸动作。击球时，右脚用力蹬地，重心移至左脚上，同时利用向左转体的协调力量迅速挥臂于最高点，用手掌对准球的后下部带有推压动作将球击出。在击球的一刹那，迅速收腹压体，并继续挥臂，加大击球力量。击球后，迅速进场，准备防守。

练习方法：

- 近距离对墙发球练习，将抛球、挥臂、击球、用力等环节有机地衔接起来。
- 两人一组间距 9 米左右相对发球。
- 近距离进行隔网发球练习。
- 站在端线向对方区域发球。
- 站在端线左、中、右三个不同的位置向对方区域发球。
- 向指定区域内发球。

3. 垫球

垫球主要用于接发球、接扣球和接拦回球，是组织进攻的基础。垫球是比赛中多得分、少失分，由被动转主动的重要技术，是稳定队员情绪、鼓舞队员士气的重要手段。垫球还可在无法运用传球技术进行二传时用来组织进攻或处理球。常用的垫球技术有正面双手垫球、体侧垫球、背向垫球、跨步垫球、单手垫球、鱼跃垫球等。

（1）正面双手垫球：正面双手垫球是双手在腹前垫击来球的一种垫球方法，是最基本的垫球方法，也是各种垫球技术的基础。两脚开立，稍比肩宽。两脚适当提起脚跟，双膝弯曲，上体自然前倾，全身放松，随时准备移动（图 6–2–8）。两手掌根紧靠，两手手指重叠合掌互握，两拇指平行，手腕稍下压，两臂外翻形成一个平面（图 6–2–9）。对准来球，两臂夹紧前伸，插到球下，用前臂腕关节上方两臂桡骨内侧约 10 厘米处形成的一个近似的平面击球的下部（图 6–2–10），向前上方蹬地抬臂，迎击来球。

图 6–2–8　正面双手垫球

图 6–2–9

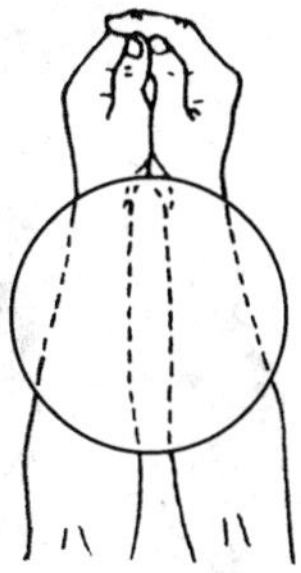

图 6–2–10

垫球基本动作示范

（2）体侧垫球：来球飞向体侧，当来不及移动对正来球时，可采用体侧垫球技术。如球从左侧飞来，则左脚往外跨出一步，右脚前脚掌内侧蹬地，重心随即移至左脚上，左膝弯曲。同时两臂向侧伸出，右肩微向下倾斜，使两臂击球面截住球飞行的弧线，两前臂并拢成一平面。一定注意使该平面对准来球，异侧的前臂触球偏底部。用力时，腰部发力，重心内转，两肩向前用力，稍有迎击动作，将球垫出。

（3）跨步垫球：跨步垫球时，要看准来球落点，向前跨出一大步，屈膝深蹲，重心落在跨出的腿上，上体前倾，塌腰塌肩，胸部几乎贴近大腿，臀部下降，后腿自然伸直或随重心前移而跟着上步。接近球的落点时，两臂前伸插入球下，等球下落接近地面时，用前臂和手腕部位击球的底部，可伴有翘腕动作，将球向上垫起。如果来球在体侧时，与球同侧脚向侧跨出一大步，重心落在跨出腿上，成弓箭步，两臂插到球下，用前臂击球，对准出球的方向，将球垫起。

练习方法：

- 两人一组，相距 4~5 米，一抛一垫。
- 两人一组，相距 4~5 米，连续对垫。
- 2~4 人一组，一人发球，其余人轮流接发球。
- 半场接发球练习：三人一组，一人发、两人垫，将球垫到 2 号位、3 号位之间。
- 结合场上位置练习：站好接发球位置，加强配合，接好各种发球。

4. 传球

传球是排球的基本技术之一。传球技术主要用于二传，为进攻创造条件，在比赛中起着组织进攻的作用。传球技术也可用来接发球或接对方的处理球、吊球和被拦回的高球。传球还可用来吊球和处理球，可起到进攻的作用。常用的传球技术可分为正面传球、背传球、侧传球和跳传等。

（1）正面双手传球：正面双手传球控制球的面积大，手和全身动作容易协调配合，稳定性高。向前传球是传球的基础动作。传球前，必须及时移动到适当位置，保持好人与球的合适距离。发球时，采用稍蹲姿势，上体稍挺起，仰头看球，两手自然抬起，屈肘，放松置于脸前。当来球接近额前时，开始蹬地、伸膝、伸臂，手指微张，从脸前向前上方迎出。当手和球即将接触前，手腕和手指要有前屈迎球的动作，在脸额前上方约一球距离处手与球接触，十指自然张开使两手成半球状，手腕稍后仰，以拇指内侧、食指全部、中指的二、三指节触球的后下部，无名指和小指在球两侧辅助控制球的方向。两拇指相对近“一”字形。触球后各关节继续伸展，用手指手腕的弹力将球击出。全身各部位动作应协调一致（图 6-2-11）。

传球基本动作示范

图 6-2-11 正面双手传球

（2）背传球：背传球时，上体比正传时更直。迎球时，抬上臂，身体重心稳定在两脚之间，上体后仰，不偏前，双手自然抬起，手腕后仰，掌心向上，击球的下部，击球点应保持在额上方。背传用力靠蹬腿、展腹、抬臂、伸肘，通过手指弹力把球向后上方传出。其中拇指用力更大些，以利于向后上方传出。手腕也要始终保持后仰，不得用主动屈指、屈腕的动作传球，传球后应立即转身去接应保护或做其他动作。

（3）侧传球：侧面传球动作基本上与正面双手传球动作要领相同，只是用力时双臂要向传出方向一侧伸展，传球方向的异侧手臂要更大地伸展和用力，同时伴随上体向传出方向侧屈。

练习方法：

- 连续自传，传球高度不低于 50 厘米。
- 距墙 50 厘米，对墙连续传球。
- 两人一组，相距 3~4 米，传对方抛到额前的球。
- 两人一组，相距 3~4 米，对传。
- 在 3 号位向 4 号位、2 号位传顺网球。

5. 扣球

扣球是排球比赛中得分和获得发球权的主要手段，在比赛中占有重要的地位，是完成全队战术配合的最后一击，也是能否取胜的关键。扣球技术有很多种，可分为正面扣球、调整扣球、勾手扣球、扣快球和自我掩护扣球等。这里着重介绍正面扣球技术。

正面扣球是一种面对球网最基本的扣球动作。

扣球基本动作示范

稍蹲姿势，站在距离球网 3 米左右处，面对来球方向，观察来球。助跑时，左脚先向前迈出一步，紧接着右脚再快速跨出一大步，左脚及时并上，踏在右脚之前，两脚尖稍向右转。同时，两臂自后积极向前摆动，随着双腿蹬地向上起跳，两臂配合起跳有力地向上摆动。起跳后，挺胸展腹，上体稍向右转，右臂向后上方抬起，身体成反弓形。挥臂时，迅速转体、收腹动作发力，依次带动肩、肘、腕各部位关节向前上方成鞭甩动作挥动。击球时，五指微张，以掌心为主，全掌包满球，在手臂伸直的最高点的前上方击球的后中部，同时主动用力屈腕、屈指向前推压，使扣出的球呈上旋状。落地时，以两脚前脚掌先着地再迅速过渡到全脚掌着地，同时顺势屈膝、收腹，以缓冲下落的力量，随即做好下一个动作的准备（图 6-2-12）。

图 6-2-12 正面扣球

练习方法：

- 两人一组，一人手持球高举做固定球，另一人扣该固定球。
- 距墙 3~4 米，连续对墙扣反弹球。
- 在 4 号位助跑起跳，把由 3 号位抛来的球在高点轻拍过网。
- 在 4 号位、2 号位助跑起跳，扣顺网传来的球。
- 在 4 号位、2 号位助跑起跳，扣调整传来的球。

6. 拦网

拦网是排球的基本技术之一。拦网是防守的第一道防线，是反攻的重要环节。拦网具有强烈的攻击性，可以直接拦死、拦回对方的扣球，能够削弱对方的锐气，动摇对方的信心，给对方造成心理压力。常用的拦网技术有单人拦网、双人拦网和三人拦网。

拦网基本动作示范

（1）单人拦网：面对球网，两脚左右开立，约与肩宽，距网 30~40 厘米。两膝微屈，两臂屈肘置于胸前。注视来球，迅速移动。起跳时，两腿屈膝，重心降低，随即用力蹬地，两臂以肩发力，在体侧近身处做划弧前后摆动，帮助身体迅速跳起。两手从额前沿球网向上方伸出，两臂伸直并保持平行，两肩上提。两臂应尽力伸过网去接近球。两手自然张开，屈指屈腕成半球状。当手触球时，两手要突然紧张，手腕下压盖在球的前上方。拦球后，要做含胸动作，以保持身体平衡。手臂要先后摆或上提，从网上收回至本方上空，再屈肘向下收臂，以免触网。与此同时屈膝缓冲，双脚落地，随即转身面向后场，准备下一个动作（图 6-2-13）。

（2）双人拦网：双人拦网是排球比赛中最常见的一种拦网方式，指由前排两个队员互相靠近，同时起跳组成的拦网。双人拦网主要在对方大力扣球时采用。双人拦网时，

图 6-2-13 单人拦网

应以一人为主拦队员，另一人为配合队员。但主拦队员不是固定的，在一般情况下，距对方扣球点近的队员应为主拦队员。主拦队员必须抢先移动到对正扣球点的位置，做好起跳准备，配合队员则迅速移动，靠近主拦队员准备同时起跳。两队员之间的距离要合适。双人拦网起跳时，两人的手臂应该在体前划小弧向上摆伸，都要尽量垂直向上起跳，要防止互相碰撞或干扰。手臂在空中既不能重叠，造成拦击面缩小，又不能间隔太宽，造成中间漏球。扣球靠近边线时，靠边线近的拦网队员外侧的手应适当内转，以防打手出界。

练习方法：

- 原地做拦网的徒手动作练习。
- 由 3 号位向 2 号位、4 号位移动拦网徒手练习。
- 两人一组，一人站在高台上持球，另一人跳起拦固定球。
- 低网扣拦练习：两人一组，原地一扣一拦。
- 结合扣球练习拦网。

7. 排球技术的学习与运用（技术练习顺序）

（1）排球游戏和熟悉球性。

（2）基本的准备姿势（后排、前排）和移动步法（前、后、左、右）。

（3）双手垫球、单手垫球、下手发球。

（4）上手传球、2 人传球、扣球、接发球、更高级的发球。

（5）接扣球、拦网以及处理网上球。

（二）排球基本战术

排球战术主要分为个人战术和集体战术两大部分，其中集体战术又分为进攻战术和防守战术。本节着重介绍进攻战术和防守战术中最基本的战术配合。

1. 进攻战术方法

（1）“中一二”进攻战术：接发球时，把球传给前排中间的 3 号位队员，由他传给 2 号位、4 号位队员扣球，这种进攻配合叫“中一二”进攻战术（图 6–2–14）。

①“中一二”战术的关键环节：后排队员接到一传球后，球一定要传到位，使 3 号位队员能组织进攻，否则，形成不了“中一二”进攻战术。

②“中一二”战术配合要求：

• 这种战术配合是最基本、最简单的，要求场上 6 名队员各守其责，3 号位队员作为二传，2 号位、4 号位队员作为扣球手，1 号位、6 号位、5 号位队员主要任务是接一传。

• 1 号位、6 号位、5 号位队员要求把球尽可能传到 3 号位队员手里。

• 3 号位队员作为二传，要机智、灵活、视野开阔，根据场上情况分配扣球，尽可能组织起有效进攻。

• 2 号位、4 号位队员根据一传、二传情况，注意选择起跳时机和起跳点。

（2）“边一二”进攻战术：接发球时，把球传给前排 2 号位队员，由他传给 3 号位、4 号位队员扣球，这种进攻配合叫“边一二”进攻战术（图 6–2–15）。

这种战术的优点是两个扣球队员可以互相配合，能起到一定的掩护作用，而且有较多的战术配合变化，它在攻击程度上比“中一二”进攻战术高。

根据“边一二”进攻战术的站位，可以变化出几种战术配合，如“快球掩护”“围绕”“梯次”等。

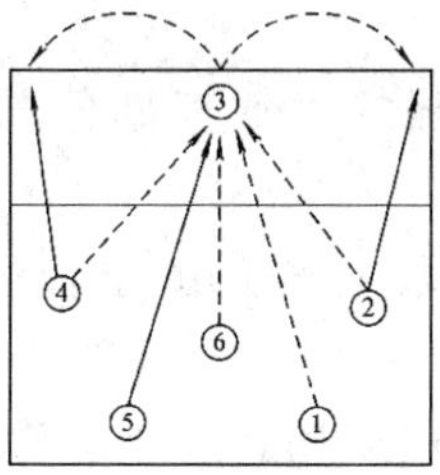

图 6-2-14 “中一二”进攻战术

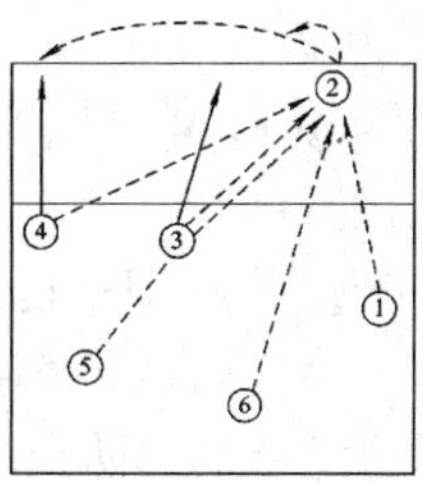

图 6-2-15 “边一二”进攻战术

（图例：①~⑥表示队员位置号码；--➤表示球的飞行路线；—➤表示队员跑动路线，以下类同）

①“边一二”战术的关键环节：后排队员接到一传球后，球一定要传到 2 号位，使 2 号位队员能组织起“边一二”进攻战术，形成两个进攻点。

②“边一二”进攻战术配合要求：

● 这种战术配合要求场上 6 名队员各守其责，2 号位队员作为二传，4 号位、3 号位队员作为扣球手，1 号位、6 号位、5 号位队员的主要任务是将一传球接好，传至 2 号位。

● 1 号位、6 号位、5 号位队员要尽可能将一传球传至 2 号位二传队员手里。

● 2 号位队员：作为二传，要视野开阔、灵活多变，根据场上实际情况，合理分配扣球，尽可能组织战术进攻。

● 3 号位队员：如一传到位，应尽可能扣快球。

● 4 号位队员：扣拉开球时，应注意选择好起跳时机和起跳点。

● 采用“边一二”进攻战术时，二传队员应站在 2 号位、3 号位之间，不要站得太靠近边线，以便运用快变战术。

③“边一二”进攻战术的变化战术配合：

● “快球掩护”：3 号位队员假做扣快球，牵制对方 3 号拦网队员，而二传队员则传球给 4 号位队员进攻，这时对方 3 号位队员往往来不及移动到网边组织集体拦网（图 6-2-16）。

● “前交叉”：4 号位队员到 3 号位去扣球（一般是扣快球、半快球）。二传队员把球传向 4 号位，由 3 号位队员到 4 号位去扣球，以造成对手拦网困难（图 6-2-17）。

● “围绕”：在二传队员与 3 号位队员默契配合的情况下，可将球突然传到 2 号位，此时，3 号位队员绕过二传队员到 2 号位去扣球（图 6-2-18）。

● “梯次”：前排任何一个扣球队员扣快球作掩护，二传队员将球传得稍高一些，而另一个扣球队员紧跟上去扣球，以造成对方拦网困难（图 6-2-19）。

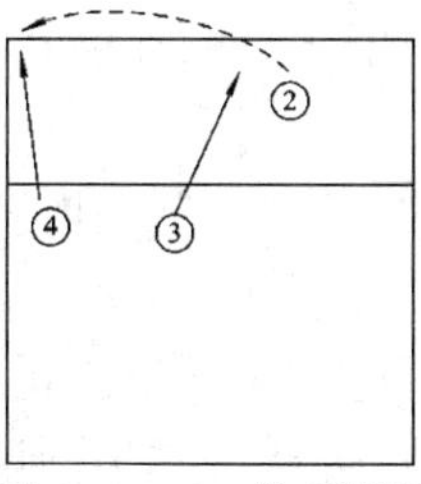

图 6-2-16　快球掩护

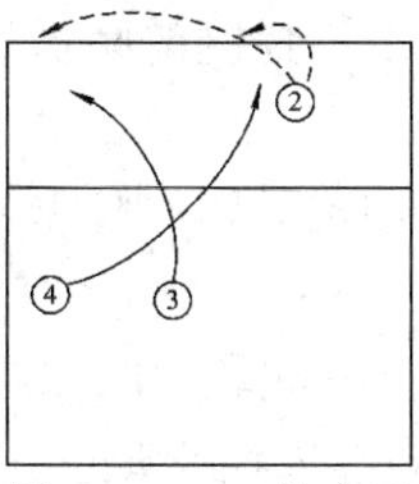

图 6-2-17　前交叉

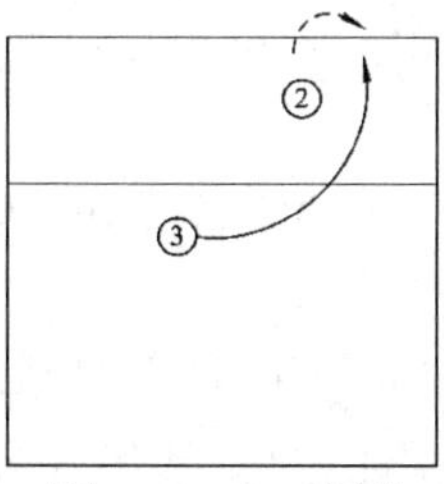

图 6-2-18　围绕

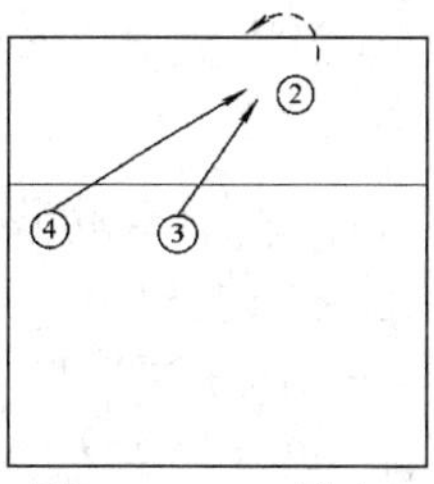

图 6-2-19　梯次

2. 防守战术方法

（1）接发球站位阵型：接发球站位阵型是按照接发球的人数来划分的。通常采用5人接发球和4人接发球。

① 5人接发球站位阵型：这是最基本的阵型。除由一名二传队员站在网前或从后排插上不接发球外，其余5名队员都担负一传任务。

5人接发球的优点是：队员均衡分布，每人接发球的范围相对减小。接发球时，已站成了基本的进攻阵型，组织进攻比较方便。缺点是：3号位队员接球时，不便组成快攻战术，不利于有进攻特长的队员及时换位；站位时，队员之间的交界点相应增多，队员之间配合不默契时，容易出现互相干扰、互换或互让现象。另外，二传队员在后排时，从5号位插上距离较长，难度大。

② 4人接发球站位阵型：为了插上方便，插上队员与同列的前排队员都站在网前不接发球，其他4人站成弧形接发球。其优点是便于后排插上和不接发球的前排队员及时换位；其缺点是4人接全场球要求判断和移动能力较强。

（2）接发球站位的基本要求：

① 合理取位：5人接发球的基本位置是前三后二。4号位队员应站在距中线4~5米、距边线约1米处，2号位队员应站在距中线4米左右、距边线1~1.5米处。由于发射角的关系，一般较平的发球，很少发到两边阴影区内。后排队员的位置，要以前排队员为基准，取前排队员两人之间的位置，避免重叠和影响视线，距端线约3米为宜。此外，还要根据对方发球的性能、特点随时调整位置。

② 明确范围：接发球时，每个接发球队员都应明确自己的控制范围，做到分工明确，既不互争互抢，也不互让。特别要重视两人之间的“中间地带”和三人之间的“三角地带”的接球配合。

③ 注意接应：不接发球的队员应注意随时接应同伴的一传球。尤其是当后排队员接球时，前排队员应转身注视接球队员，随时准备快速移动接应垫不到位的球。

（3）接扣球防守阵型：接扣球防守阵型是前排拦网与后排防守的整体配合阵型。运用防守阵型时，首先要考虑对方进攻的具体情况；其次要考虑充分发挥本队队员的特长；再次要适当考虑防守后的进攻战术打法。

① 不拦网的防守阵型：根据对方进攻的情况，当没有必要进行拦网时，可以采用不拦网的防守阵型。与5人接发球站位阵型相似，前排进攻队员要撤到进攻线后，既要准备防守，又要便于进攻。后排队员后退，准备防后场球。二传队员留在网前，既可接吊到网前的球，又便于组织进攻。

② 单人拦网的防守阵型：跟水平较低的队比赛时，由于对方进攻力量不强，扣球线路变化少，可以主动采用单人拦网的防守阵型，由不拦网的队员后撤防前区，后排队员防后场。

③ 双人拦网的防守阵型：水平较高的队多采用这种防守阵型，分为“边跟进”和“心跟进”两种阵型。

- “边跟进”防守阵型：多在对方进攻较强、吊球较少时采用。当对方4号位队员进攻时，我方2号位3号队员拦网，其他4名队员组成半圆弧形防守。如遇到对方吊前区，则由边上1号位队员跟进防守。这种阵型的优点是加强了拦网，缺点是边上的队员既要防直线，又要跟进防前区，比较困难。

• “心跟进”防守阵型：即后排中心 6 号位队员在本方拦网时跟上去保护，这种阵型适合于本方拦网能力强，对方采取打吊结合时采用。其优点是加强了前场区的防守，缺点是后排防守的空当较大。

④ 三人拦网时的防守阵型：一般在对方强攻威力很大时采用。

3. 排球战术的学习与运用

（1）基本要求

① 明确目的：个人和集体的配合行动在运用时要有目的性和针对性，战术运用恰当。

② 灵活运用：根据比赛双方的具体情况和临场的发展变化，在竞赛规则的范围内，灵活运用各种技战术配合。

（2）方法与步骤

① 徒手试做：按战术要求，进行各轮次的徒手模仿战术跑位，明确各位置站位、跑动等职责要求。

② 在简化的条件下结合球练习：如进行“中一二”进攻战术的练习时，先练习二传抛球组织进攻，再接发球组织进攻。

③ 在复杂的情况下练习战术，逐步增加练习的难度，以提高速度，对抗性、连续性等要求。

④ 通过各种守攻战术的对抗、教学比赛、正式比赛等改进提高战术水平。

知识链接

场地与位置

排球比赛场地长 18 米、宽 9 米，由一条中线分为两个均等的场区，中线架有一定高度的球网。比赛双方站在两边，每队上场队员 6 人，分前后排站立。在发球队员击球时，双方队员（发球队员除外）必须在本场区内站成两排，前排三名队员的位置为 4 号位（左边）、3 号位（中间）和 2 号位（右边）。后排队三名队员位置必须比其相应的前排队员离网更远，其位置为 5 号位（左边）、6 号位（中间）和 1 号位（右边）。

三、排球比赛规则简介

（一）场地、器材与设备

1. 场地

排球比赛场区为长 18 米、宽 9 米的长方形。比赛场区四周至少有 3 米宽的无障碍区，从地面量起向上至少有 7 米的无障碍区。正式大型比赛的无障碍区，边线外至少有 5 米，端线外至少有 8 米的无障碍区，从地面量起向上至少有 12.5 米的无障碍区。

2. 球网

（1）球网：球网为黑色，长 9.50 米，宽 1 米，网孔 10 厘米 ×10 厘米。球网应安置在中心线的垂直面上空。在正式比赛中，成年男子网高为 2.43 米，女子网高为 2.24 米；少年比赛，男子网高一般为 2.35 米，女子网高为 2.15 米；基层或儿童比赛的网高，可根据具体情况自行确定。

（2）标志带：标志带长 1 米，宽 5 厘米，颜色为白色，安置在球网两端，垂直于边线。两条标志带被认为是球网的一部分，其作用相当于网上的界线。

（3）标志杆：标志杆长 1.80 米，直径 10 毫米，分别设置在标志带外沿球网的不同侧，并高出球网 80 厘米。标志杆被认为是球网的一部分，被视为过网区的边界。

3. 比赛用球

正式比赛用球应为一色的浅色或多色。球的圆周为 65~67 厘米，重量为 260~280 克，气压为 0.30~0.325 千克 / 厘米 ^{2}。

（二）比赛方法

1. 胜一场

正式比赛采用五局三胜制。即最多打五局，胜三局的队即胜一场。

2. 胜一局

前四局先得 25 分，同时超出对方 2 分的队胜一局。当比分为 24：24 时，比赛继续进行至某队领先 2 分（如 26：24 或 27：25）为止。

（三）发球和发球时犯规

1. 发球犯规

（1）发球次序错误。

（2）发球队员在击球时或击球跳起时，踏及场区（包括端线）或发球区以外地面。

（3）球未被抛起或未使持球手清楚撤离就击球。

（4）发球时 8 秒违例。

（5）球被抛起准备发球却未击球。

（6）球触及发球队队员或没有通过球网的垂直面。

（7）双手击球或单手将球抛出、推出。

（8）球触网后落入对方场区外。

（9）球越过发球掩护的个人或集体。

2. 位置错误犯规

当发球队员击球时，如果队员不在其正确位置上，则构成位置错误犯规。

队员场上位置为：靠近球网的三名队员为前排队员，其位置为 4 号位（左）、3 号位（中）和 2 号位（右）。另外三名队员为后排队员，其位置为 5 号位（左）、6 号位（中）和 1 号位（右）。

两名队员之间的位置：第一名后排队员的位置必须比其相应的前排队员距离球网更远。前后排队员左右之间位置按队员场上位置的规定站位。

3. 发球次序错误

获得发球一方，在发球前，场上 6 名队员必须按顺时针方向轮转一个号位。如果不按位置表次序轮转发球，即判发球次序错误犯规。

（四）击球和击球犯规

比赛队必须在其本场内及其空间进行比赛，但允许队员跃出无障碍区进行救球。合理的击球是指球可以触及身体任何部位。

1. 4 次击球犯规

一个队连续触球 4 次（拦网一次除外）为 4 次击球犯规。判断时注意：不论队员是主动击球还是被动触及，均算作该队员击球一次。当同队的两名（或三名）队员同时触到球时，被计作两次（或三次）击球（拦网除外）。如两人同时去击球，但只有一名队员触球，则只计一次击球。

2. 持球

球必须击出，不得接住或抛出，击出的球可以向任何方向弹出。如果一个队员在击球时没有清晰地将球击出，或让球在身体上作短暂的停留，则判“持球”犯规。所以，凡未清晰地将球击出或捞球、捧球、推球和携带球等，都判“持球犯规”。

3. 连击

一名队员（拦网队员除外）连续击球两次或连续触及身体的不同部位为连击犯规（第一次击球时，队员在同一击球动作中，允许球连续触及身体）。第一次击球指的是：① 接发球；② 接所有从对方击过来的球；③ 接对方拦回的球，接触本方拦网队员后的球。

（五）队员在球网附近的犯规

1. 过网击球

对方进行进攻性击球前或击球时，在对方空间触及球或对方队员为过网击球犯规。判断过网击球犯规的依据是击球点是否在对方场区空间。如果击球点尚在本方场区上空，击球后手随球过网则不判犯规。

2. 过中线

比赛进行中，队员整个脚、整个手或身体其他任何部分越过中线并接触对方场区时，均为过中线犯规。判断时必须注意区分以下情况：如果队员一只或两只脚，一只手或双手越过中线触及对方场区的同时，其余部分还接触中线或置于中线上空是允许的。

3. 触网

比赛进行中，任何队员触及 9.50 米以内的球网、标志杆、标志带为触网犯规。但队员在未试图击球的情况下偶尔触网，不判犯规。判断触网犯规时，应注意区别主动触网与被动触网，由于球被击入球网而造成球网触及队员，属被动触网，不应判为触网犯规。

4. 过网拦网

在对方进攻性击球前或击球时，在对方空间拦网触球为过网拦网犯规。所谓进攻性击球是指除发球和拦网以外，所有直接向对方的击球，包括扣球、吊球、第三次击球以及本队队员之间进行的有过网趋势的传球，并在球网附近没有同队队员准备击球或不可能击球时。

5. 后排队员拦网

后排队员靠近球网，将手伸向高于球网处阻拦对方来球，并触及球，为后排队员拦网犯规。判断后排队员拦网犯规必须同时具备三个条件：第一，后排队员在靠近球网处；第二，手在高于球网上沿处阻拦对方来球；第三，触及了球。

（六）进攻性击球犯规

（1）后排队员在前场区内，或踏及进攻线（或其延长线），击整体高于球网上沿水平面的球，并使球的整队由过网区通过球网垂直面或触及对方拦网队员，则为后排队员进攻性击球犯规。

（2）在前场区对发过来的并且整体高于球网的球，完成进攻性击球（如扣发球、吊发球等）为犯规。但在后场区起跳，击球后仍在后场区落地则不判犯规。

（七）关于自由防守队员的规定

（1）队中可选择一名队员为自由防守队员。比赛中，自由防守队员必须穿与其他队员不同颜色或不同式样的上衣。

（2）自由防守队员不得发球、拦网和试图拦网，同时不得在任何地区将高过球网的球直接击入对方场区，完成进攻性击球。

（3）自由防守队员在比赛中断和裁判员鸣哨发球之前，在进攻线和端线之间的边线处可以自由进出，可换下任一后排队员。自由防守队员上下次数不限，但两次之间须经过一次发球比赛过程。

（4）自由防守队员受伤，经裁判员允许可由登记表上的任一队员替换。替换人在这场比赛中仅限于以自由防守队员的身份参加比赛。

（八）换人

（1）队员的替换，指在裁判员的准许下，一名队员离开比赛场地，而由另一名已在记分表上登记过的队员占据其位置的行为。

（2）每一局每队最多可替换 6 人次，可以同时替换一人或多人。

（3）每局开始上场阵容的队员在同一局中可以退出比赛和再次上场各一次，而且只能回到原阵容位置上。

（4）换上场的队员只能由被他替换下场的队员来替换。替补队员一局只有一次上场机会。

（九）暂停和技术暂停

（1）每局比赛中，每队最多请求两次暂停，每次暂停时间限制为 30 秒钟。

（2）世界性比赛第一局至第四局，每局另外有两次时间为 60 秒的技术暂停，每当领先队达到 8 分和 16 分时自动执行。决胜局（第五局）没有技术暂停。

（3）在所有暂停时，比赛队员必须离开比赛场区到球队席附近的无障碍区。

第三节 足球运动

一、足球运动概述

（一）足球运动的起源与发展

古代足球运动起源于中国。早在战国时期，我国就出现了类似于足球的游戏，当时把这种游戏称为“蹴鞠”或“蹋鞠”。“蹴”和“蹋”都是踢的意思，“鞠”是用皮革作外壳、中间塞满毛发的球状物。2004 年 7 月 15 日，国际足联主席布拉特宣布：中国是足球的故乡，足球最早起源于山东省淄博市的临淄。2005 年 5 月 21 日，布拉特在国际足联总部向淄博临淄颁发了足球起源地认定证。

>>> **知识链接**

蹴　鞠

蹴鞠是流行于我国古代历朝的足球游戏。据史料记载，战国时期，我国就有了蹴鞠活动，是人们娱乐的手段之一。到了汉代，蹴鞠除了娱乐功能外，还增加了竞技性，出现了有场地和规则的蹴鞠竞赛，场地叫鞠城，球门叫鞠室。到了唐代，随着生产力和技术的进步，蹴鞠活动又有了创新，出现了充气的球和类似于现代足球运动的球门，活动形式也有了变化：不用球门的个人比赛叫白打；有球门的成队比赛叫筑球。到了宋代，出现了以表演踢球为职业的艺人，他们还组织成立了蹴鞠的活动组织——齐云社和圆社。宋人还撰写了《蹴鞠图谱》《蹴鞠谱》等专业书籍，从书中的诗文可知，当时的人们已经认识到了踢球有健身、娱乐和品德教育等作用。

现代足球运动发端于英国。1857 年，英国成立了世界上第一个足球俱乐部——谢菲尔德足球俱乐部。此后，各地区相继效仿。1863 年 10 月 26 日，为了适应俱乐部之间日趋频繁的比赛需要，英国伦敦周围地区的 12 家俱乐部在伦敦召开会议，讨论有必要建立一个有权威性的组织，把全国的足球运动开展起来，于是成立了英格兰足球协会。会上还制定并通过了世界上第一部较统一的足球竞赛规则。后来，这一天也被视为现代足球运动的诞生日。在英国的影响和带动下，到 19 世纪末，荷兰、丹麦、新西兰、阿根廷、智利、比利时和意大利等国先后成立了足球协会。1904 年 5 月 21 日，法国、比利时、西班牙、荷兰、丹麦、瑞典、瑞士 7 个国家的足球协会的代表在巴黎召开会议，会上成立了足球国际性组织——国际足球联合会（简称国际足联，英文缩写为 FIFA）。随着 1905 年英格兰、苏格兰、威尔士和爱尔兰的足球官方机构的加入，国际足联不断发展壮大，目前已成为拥有 200 多个会员协会的世界最大的国际单项体育联合会之一。

（二）足球运动的特点与锻炼价值

1. 足球运动的特点

（1）群众性：除了正规的足球比赛外，只要有一个足球、一块场地，人们一年四季都可以进行足球活动。如果要比赛，也可以用其他器材代替球门，简单方便。

（2）观赏性：足球比赛，特别是高水平的足球比赛，激烈、精彩、变化莫测，胜负难以预料，扣人心弦、引人入胜，具有极高的观赏性。

（3）竞技性：足球运动的竞技性主要表现在同场的直接对抗中。

（4）文化性：足球运动具有丰富的文化内涵，是一种满足人们生理、心理需要，表现人们行为举止、思想感情甚至民族特性、风格的身体文化运动。例如，巴西、阿根廷、意大利、德国、英国等足球强国的技战术风格，都鲜明地渗透着各自国家的民族风格和文化特点。

2. 足球运动的锻炼价值

（1）增进健康，增强体质：经常参加足球运动，能够发展力量、速度、耐力、灵敏及柔韧等素质，提高心血管系统、呼吸系统、肌肉及神经系统的工作能力。

（2）培养品德，陶冶情操：经常参与足球运动，可以培养人们积极向上、顽强拼搏、团结合作、勇往直前的良好品德和情操。

（3）增进友谊，振奋精神：足球比赛可以促进国家和地区间的交往，加深人民之间的友情。而取得一场国际足球比赛的胜利，往往可以振奋民族精神，增强民族自豪感，弘扬爱国主义精神，人们可以从中得到快乐、认同、信心和荣誉。

（4）促进发展，创造财富：在现代市场经济下，足球运动具有良好的商业价值。通过发展足球产业，可以从彩票、门票、广告费、电视转播费、球迷产品中获得丰厚的利润，并可以带动运动器材、服装、饮食、旅游等相关行业的发展。

二、足球基本技战术的学习与运用

（一）足球技术

足球技术是运动员在比赛中运用身体的合理部位所完成的动作方法的总称。它是在比赛实践过程中逐步形成、发展和完善起来的。

技术是完成战术配合的基础。现代足球运动正朝着全攻全守总体型打法发展，这对攻守技术提出了很高的要求，从而也促使足球技术不仅在内容上，而且在难度上不断提高。现代足球技术正向着全面、快速、准确、实用的方向发展，其技术可以分为无球技术、锋卫队员有球技术和守门员有球技术。无球技术是每名运动员必须具备的比赛能力，而根据场上队员的位置，锋卫队员和守门员也有各自专项的结合球的技术动作。

足球技术分为踢球、停球、顶球、运球与运球过人、抢截球、掷界外球、射门、守门员技术等。

1. 踢球

踢球的方法主要有脚内侧踢球、脚背正面踢球、脚背内侧踢球和脚背外侧踢球等。

（1）脚内侧踢球：踢定位球时，正面直线助跑，最后一步稍大，支撑脚踏在球的侧方 10~15 厘米处，足尖正对出球方向，膝关节微屈。与此同时，摆动腿以髋关节为轴，大腿带动小腿由后向前摆动，在前摆过程中，髋关节、膝关节外展，足尖翘起，脚掌与地面平行，用脚内侧（足弓部位）击球的后中部。击球的刹那，身体稍前倾，踝关节紧张，足跟前送，两臂协调摆动，将球击向预定目标（图 6-3-1）。

脚内侧踢球动作示范

1 2 3 4 5

图 6-3-1 脚内侧踢球

（2）脚背正面踢球：踢定位球时，直线助跑，最后一步稍大，支撑脚积极地以脚跟着地，踏在球的侧后方 10~15 厘米处，膝关节微屈，足尖正对出球方向，摆动腿以膝关节为轴。大腿带动小腿屈腿积极向前摆动，当膝盖摆至接近球的垂直上方时，小腿做爆发式的前摆，当膝盖处在球的正上方时，用脚背正面击球的后中部。击球时，脚面绷直，踝关节紧张，上体稍前倾，两臂配合，协调摆动（图 6-3-2）。

脚背正面踢球动作示范

5 4 3 2 1

图 6-3-2 脚背正面踢球

（3）脚背内侧踢球：踢定位球时，斜线助跑，助跑方向与出球方向约成 45° 角。支撑脚外侧积极着地，踏在球的侧后方 25～30 厘米处，膝关节微屈，足尖指向出球方向，身体稍向支撑脚一侧倾斜并转向出球方向。摆动腿大腿带动小腿积极前摆，当膝盖摆到接近球内侧垂直方向时，小腿加速前摆，同时足尖稍外转，脚面绷直，脚趾扣紧，脚尖指向斜下方，以脚背内侧击球的后中部。踢球后，踢球腿随球继续前摆，两臂随踢球动作自然摆动（图 6–3–3）。

图 6–3–3 脚背内侧踢球

脚背内侧踢球动作示范

（4）脚背外侧踢球：踢定位球时，正面直线助跑，最后一步稍大，支撑脚积极而迅速地以脚跟着地，踏在球的侧后方 10~15 厘米处，膝关节微屈，脚尖正对出球方向。摆动腿以髋关节为轴，大腿带动小腿屈膝积极向前摆动，当膝盖摆到接近球的垂直上方时，小腿加速前摆，同时脚尖内转，脚面绷直，脚趾扣紧，脚尖指向斜下方，用脚背外侧击球的后中部。踢球后，踢球腿随球向前继续摆动，两臂配合踢球动作协调摆动（图 6–3–4）。

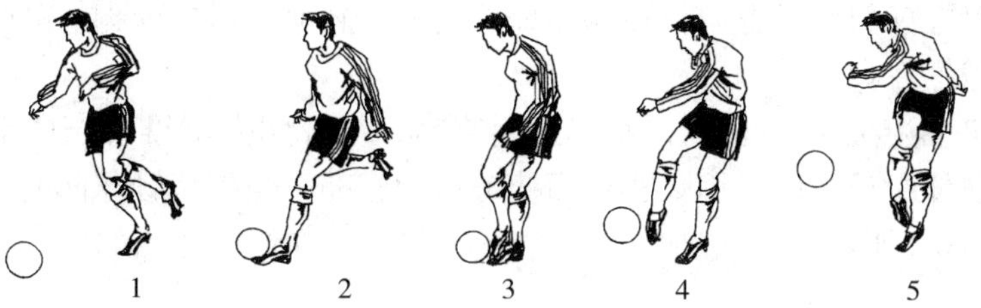

图 6–3–4 脚背外侧踢球

脚背外侧踢球动作示范

练习方法：

▸ 进行各种踢球技术动作的模仿练习。

▸ 一人用脚底挡球，另一人上步做踢球练习。

▸ 各种脚法的两人练习：两人相距 15 米左右，用脚的各个部位相互练习踢定位球，然后过渡到踢移动中的球或空中球。

▸ 利用足球墙和标杆做踢旋转球的练习：可将标杆插在踢球者与墙之间，标杆与人及墙的距离视需要而定，开始可大些，当技术掌握后再逐步缩小。

▸ 一人传球，一人射门练习：一人从侧前方、侧方、侧后方传地滚球或抛高球，另一人迎球踢地滚球、反弹球或凌空球射门。

▸ 两人一组进行有对抗的传射练习。

2. 接球

常用的接球方法有脚内侧接球、脚掌接球、脚背正面接球、脚背外侧接球和胸部接

脚内侧接地滚球动作示范

球等。

（1）脚内侧接球：接地滚球时，身体正对来球方向，支撑脚的脚尖与来球方向一致，膝微屈。接球腿提起，屈膝外转并前迎，脚尖稍翘起，使脚内侧对准来球，当脚与球接触前的刹那间开始后撤，以缓冲来球的力量，把球停留在便于衔接下一个动作的控制范围内（图 6–3–5）。接反弹球时，支撑脚跨步踏在球落点的侧前方，膝关节微屈，上体稍前倾并转向接球方向。接球脚提起，踝关节放松，脚内侧对准球反弹方向，当球刚弹离地面时，用脚内侧推压球的中上部，将球停在便于衔接下一个动作的控制范围内。

脚内侧接反弹球动作示范

图 6–3–5 脚内侧接球

脚掌接球动作示范

（2）脚掌接球：接地滚球时，身体面对来球方向，当球接近体前，支撑脚踏在球的侧后方，脚尖正对来球，膝关节微屈。接球腿抬起，膝弯曲，脚跟离地低于球，脚尖翘起高于球，当球刚刚接触脚掌时，脚掌轻轻下压球的中上部，将球停于脚下。接反弹球时，支撑脚跨步踏在球落点的侧后方，膝关节微屈，维持身体平衡。接球腿膝关节弯曲，脚尖翘起，前脚掌对准球的反弹方向，在球弹离地面的一刹那，用接球脚的前脚掌触球的后上部并下压，将球停在脚下。

（3）脚背正面接球：接球前，身体面对来球，支撑腿微屈维持身体平衡。接球腿屈膝抬起，小腿前伸主动迎球，用脚背正面接触球的底部，当脚背触球前的一刹那，小腿下撤以缓冲来球力量，同时膝关节和踝关节放松，将球停在体前适当的位置（图 6–3–6）。

脚背正面接球动作示范

图 6–3–6 脚背正面接球

脚背外侧接球动作示范

（4）脚背外侧接球：接地滚球时，接球脚稍提起，膝关节和脚内转，用脚背外侧对正来球，在支撑脚的前侧方接触球的侧后方（偏支撑脚一侧），脚与球接触的一刹那向外侧轻拨，将球停在侧方或侧前方。接反弹球时，面对来球，支撑腿的膝关节微屈，接球脚在支撑脚前方稍提起，脚内翻，使小腿与地面成一定角度，踝关节放松，当球刚反弹离地时，用脚背外侧触球的侧上部，将球停在体侧。

（5）胸部接球：挺胸接球时，身体正对来球，两脚前后开立，两膝弯曲，上体后仰，重心落在两脚之间，两臂自然张开，微收下颌，当球运行至与胸部接触的刹那间，两脚蹬地，胸部上挺、憋气，使球触胸后向前上方弹起，改变运行方向后落于体前（图 6–3–7）。收胸接球时，身体正对来球，两脚前后开立，两臂自然张开，重心前移，挺胸迎球，当球运行至与胸部接触前的一刹那，重心迅速后移，收胸、收腹以缓冲来球力量，将球停于体前（图 6–3–8）。

图 6–3–7　挺胸式接球

图 6–3–8　收胸式接球

胸部接球动作示范

练习方法：

（1）接地滚球练习

▶ 两人距离约 10 米，一人用手抛地滚球，另一人迎球用脚内侧把球停在体前或向左、右侧接球，接球后将球拾起再用手抛球给对方。两人依次反复练习。

▶ 两人相距 10~15 米，甲向乙两侧传球，乙接球后再回传给甲。

▶ 三人站成一条直线，每人相距约 10 米，甲传球给乙，乙用脚内侧向两侧或转身接球，然后传给丙，丙再回传给乙。三人可互换位置。

（2）接反弹球练习

▶ 自己向空中抛（踢）球，练习接反弹球。

▶ 两人相距约 10 米，一人踢或抛有一定弧度的下落球，一人接反弹球。

（3）接空中球练习

▶ 用各种接空中球的方法自抛自接空中球。

▶ 两人互抛互接空中球，逐渐改变球的飞行弧度和落点进行接球。

▶ 两人相互传高球，练习接空中球。

3. 头顶球

正确运用头顶球技术，可以争取时间，抢占空间，取得空中优势。在发动和组织进攻时，头顶球可直接传递、摆渡或抢点射门；在防守时，头顶球又可以阻截、抢断或门前排险，转守为攻。头顶球的准确性取决于头触球的部位和用力方向，而出球力量的大小，则取决于来球的力量、顶球的时间、头触球的部位以及全身的协调用力。

（1）原地正额顶球：身体正对来球，两脚前后开立，膝关节微屈，上体稍后仰，重心放在后脚上，两臂自然张开，当球运行至身体垂直部位前的一刹那，后脚用力蹬地，上体迅速前摆，身体重心移向前脚，同时收下颌，颈部紧张，用前额正面顶球的后中部，上体随球继续前摆，两眼注视出球方向（图 6–3–9）。

图 6–3–9　原地正额顶球

原地正额顶球动作示范

跳起正额顶球动作示范

（2）跳起正额顶球：原地双脚起跳时，两腿先屈膝，重心下降，然后，两脚用力蹬地跳起，同时两臂屈肘上摆。在跳起上升的过程中，挺胸展腹，两臂自然张开，眼睛注视来球。当跳至接近最高点时，身体成反弓形，待球运行至身体垂直部位前的一刹那，迅速收腹，上体前屈，用前额正面将球顶出后，两腿屈膝落地。

助跑单脚起跳时，可做三五步助跑，最后一步的步幅稍大，有力脚迅速蹬地；另一脚屈膝上摆，两臂屈肘上提，使身体向上腾起，并挺胸展腹，两臂自然张开，身体成反弓形。眼睛注视来球，待球运行至身体垂直部位前的一刹那，迅速收腹屈体，用前额正面将球顶出后，两腿屈膝落地。

练习方法：

▸ 进行徒手模仿顶球动作练习。

▸ 两人一球，一人抛球，另一人头顶球，或一人一球，自抛自顶，或用吊球做练习，体会头顶球的部位和动作。

▸ 两人一球，相距 5 米，自抛自顶给对方，或一人一球对墙练习。

▸ 两人一球，一抛一顶，连续对顶或一进一退顶球。

▸ 三人一球，进行三角顶球练习。也可在规定时间内进行顶球比赛，连续顶球次数多者为胜者。

4. 运球与运球过人

运球是运动员个人控制球能力和个人进攻能力的体现，也是集体战术实力的基础之一。运球过人技术增添了比赛的魅力，丰富了战术的内容，发挥了个人的技能。

（1）运球：

脚背内侧运球动作示范

① 脚背内侧运球：运球时，支撑脚向前跨，踏在球的侧前方，膝关节稍弯曲，上体前倾向里转。随着身体向前移动，运球脚提起，在落地之前，用脚内侧推球的后中部。在改变方向运球时，经常是用两只脚交替拨球（图 6–3–10）。

② 脚背外侧运球：运球时，支撑脚保持在球的侧后方，运球脚抬起时，脚跟提起，脚尖稍内转，迈步前伸落地，用脚背外侧推拨球。向前跑动时，身体自然放松，上体稍前倾，两臂自然摆动（图 6–3–11）。

脚背外侧运球动作示范

1 2 3

图 6–3–10 脚背内侧运球

1 2 3

图 6–3–11 脚背外侧运球

脚背正面运球动作示范

③ 脚背正面运球：运球时，身体正对运球方向，运球脚提起时，膝弯曲，脚跟提起。脚尖下指，迈步前伸落地，用脚背正面推拨球的后中部。向前跑动时，身体自然放松，上体稍前倾，两臂自然摆动。

（2）运球过人：

① 拨球过人：以脚背内侧或外侧触球，使球向侧方或侧前方移动。比赛中，当对手从正面来抢时，可先运球逼近对手，诱使对手伸腿抢截或重心随之移动，然后运球者运用

拨球动作从对手的一侧越过。

② 推球过人：先运球逼近对手，诱使对手伸腿抢球，或当对手积极后退阻截站位失去身体平衡的一刹那，快速推球并加快起动，在球从对手胯下或体侧越过的同时，人也跟着越过。

拨球过人动作示范

③ 扣球过人：扣球过人是运用转身、膝关节的摆动及脚踝急转压扣的动作，以脚背内侧或外侧触球，将球迅速停住或改变方向，然后运球过人。用脚背内侧扣球称“里扣”，用脚背外侧扣球称“外扣”。一般在正面遇到对手抢截时，可先用向两侧拨球的方法，诱使对手身体随之移动，当其重心移至一侧，迅速扣球变向从异侧超过。当侧面遇到对手抢截时，可采用向里扣或向外侧回扣的方法过人。用扣球动作改变方向后，应突然加快拨球动作越过对手。

扣球过人动作示范

④ 拉球过人：拉球过人一般在对手伸腿抢球时运用。先运球逼近对手，待球向前滚动、速度逐渐减慢或已处于停止状态，诱使对手伸腿抢球。当对手伸腿、重心前移的一刹那，迅速用脚掌向后拉球闪开对手抢截，紧接着用脚内侧向外侧前方推球越过对手。

拉球过人动作示范

练习方法：

- 在走与慢跑中做无球模仿练习。
- 在走与慢跑中进行先单脚后双脚、先直线后曲线运球。
- 在人丛中运球和小间距绕杆运球。
- 运球过人练习。

5. 抢截球

抢截是运用身体的不同部位和所做的合理动作，减慢对方推进速度，把对手控制的球夺过来或者破坏掉的一项基本技术。抢截球包括抢球和截球两个方面。

正面跨步抢截球动作示范

（1）正面跨步抢球：抢球前迅速靠近对方，做好抢球的准备。两脚前后开立，两膝微屈，重心下降，体稍前倾，面向对手。在对手运球脚触球后即将着地或刚着地时，支撑脚立即用力后蹬，抢球脚疾步跨出，膝关节弯曲，踝关节保持紧张，脚内侧正对球，触球后用力提拉，使球从对方脚背滚过。同时身体重心迅速跟上，把球控制好，若离球稍远抢不到球时，可用脚尖捅抢（图 6-3-12）。

（2）侧面抢球：与运球者平行跑动，待对方远离自己身体一侧的脚落地时，利用合理冲撞动作，使其失去平衡而离开球，乘机将球控制住。在冲撞时要降低身体重心，靠近对方一侧的手臂要紧贴身体（图 6-3-13）。

1　　2　　3

图 6-3-12　正面跨步抢球

1　　2

图 6-3-13　侧面抢球

（3）正面倒地铲球：两脚前后开立，两膝弯曲，身体重心下降并放在两脚间，面向对手，在对方运球脚触球后即将着地或刚着地时，一脚立即用力后蹬，另一脚沿地面向前滑铲，同时上体侧转后仰倒地，蹬地面成弧形扫踢球，将球留下或破坏掉，铲球后屈肘用手扶地或接着侧滚。

（4）侧后铲球：同侧脚铲球时，在运球者侧后跑动，当对方拨出球的一刹那，后脚用力后蹬成跨步，上体后仰，前脚（同侧脚）以脚外侧沿地面向外侧滑出，用脚背或脚尖将球踢出或捅出。异侧脚铲球时，当运球者拨出球的一刹那，抢球者同侧脚（后脚）用力后蹬成跨步，上体后仰，异侧脚前伸，以脚外侧沿地面向前内侧滑出，用脚掌蹬球，接着小腿、大腿、臀部依次着地（图6-3-14）。

图 6-3-14 侧后铲球

（5）截球：指比赛中两名队员传球时，对方队员使用踢球、顶球、铲球或停球等技术动作，把球断下来或破坏掉。对于对方的传球、射门等截球，需要用踢球、顶球或铲球等动作来完成；而对于使球处于自己控制之下的截球，则需要用停球动作来完成。

练习方法：

▶ 无球模仿练习。

▶ 两人一球，原地做跨步练习。

▶ 模拟对抗抢球：一人慢运球，另一人做正面抢截球。

▶ 两人在同向慢跑或快跑中进行冲撞练习。

6. 掷界外球

掷界外球动作示范

掷界外球是指按照规则的规定和要求，有目的地用双手将球从场外掷入场内，使比赛继续进行的动作技术。掷界外球又是一次很好的组织进攻的机会，尤其在对方罚球区附近掷界外球，其威胁更大。

（1）原地掷界外球：面对出球方向，两脚前后或左右开立，两膝微屈，上体后仰成背弓，重心移到后脚上（左右开立时，重心在两脚间），两手指自然张开，拇指相对，持球侧后部，屈肘将球举至头后。掷球时，后脚（或两脚）用力蹬地，迅速摆体、收腹、挥臂，当球摆至头上时用力甩腕，将球掷入场内。在掷球过程中，后脚可沿地面滑动，但两脚均不得离地。

（2）助跑掷界外球：助跑要自然协调，速度快慢由掷球远近而定。助跑时，两手持球于胸前，在迈出最后一步时，上体后仰成背弓，同时将球举至头后。掷球时，用力蹬地，迅速摆体、收腹、挥臂。当球摆至头上方时，用力屈腕，用甩腕和手指的力量将球掷出。

练习方法：

▶ 根据规则和动作要点，进行徒手模仿练习。

▶ 两人一球互掷，距离由近至远，要求在练习中球不落地或结合其他技战术进行练习。如要增加臂力，可以用实心球代替。

▶ 界外球掷准、掷远比赛。

7. 射门

射门是指进攻到对方门前时，运用不同的脚法（或头顶球）将球踢（或顶）向对方的大门。射门是得分的主要手段，而破门则是比赛的最终目的。但是，射门常常是在与对手激烈的竞争中进行的，需要摆脱对方的阻截、冲撞甚至一些不符合规则的粗野动作，这就要求进攻者技术全面、动作迅速、真假结合、起脚突然、准确有力，有良好的射门意识和高尚的道德修养，这样才能抓住战机、破门得分。

8. 守门员技术

守门员技术是守门员在比赛中所采取的有效防御动作技术和在接球后所做的有助于本队进攻的动作技术。守门员是全队的最后一道防线，其主要任务是不让球射入本方球门。守门员除要求沉着冷静，具有顽强的意志、快速敏捷的反应能力和全面熟练的守门技术外，还要善于观察全局，及时注意攻守发展情况，扩大自己在罚球区的活动范围，尽量截获来球，起到协助指挥全队防守和进攻的作用。

（1）位置选择：位置的选择应根据射门地点和射门角度来决定。一般应站在射门时球与两门柱所形成的分角线上。为了扩大防守面，可根据射门距离适当前移。

（2）准备姿势：两脚左右开立与肩同宽，两腿自然弯曲，膝稍内扣，脚跟提起，重心落在前脚掌上，上体稍前倾，两臂自然弯曲，手指张开，掌心向下，两眼注视来球。

（3）移动：侧滑步移动时，先用左（右）脚用力蹬地，右（左）脚稍离地并向右（左）滑步，左（右）脚快速跟上，使身体正对来球。

交叉步移动时，身体先向右（左）倾斜，同时左（右）脚用力蹬地并快速向右（左）前方跨出一步成交叉步，然后右（左）脚向右（左）侧移动，左（右）脚和右（左）脚依次快速移动，并蹬地跃起。

（4）接球：

守门员接地滚球动作示范

① 接地滚球：直腿式接球时，两腿左右分开约一拳，足尖正对来球，上体前屈，两臂并肘前迎，两手小指靠近，手掌对着球。当手触球的一刹那，随球后引并屈肘、屈腕，两臂靠近，将球抱于胸前。单腿跪撑式接球时，身体正对来球，两脚稍前后开立，一腿弯曲支撑身体重心，另一腿内转跪撑，小腿内侧接近地面，膝盖靠近前脚脚踵，上体前屈，两臂下垂，两手小指相对，手掌对准来球前迎。当手触球的一刹那，两臂靠近随球后引，屈肘、屈腕，将球抱于胸前。

守门员接高远球动作示范

② 接平直球：身体正对来球，两脚左右开立，两臂微屈前伸，手指张开，拇指相对。手掌对准来球，当手触球时，两臂顺势后引，转腕将球抱于胸前。

③ 接高球：两臂上伸迎球，手指张开，拇指相对成“八”字形，当球触手时，两臂顺势屈肘后引，转腕将球抱于胸前。

守门员侧扑球动作示范

（5）扑球：倒地扑侧面低球时，右（左）脚迅速蹬地，左（右）腿屈膝向左（右）跨出一步，身体左（右）侧着地后，接着以小腿、大腿、臀部、上体和手臂的侧面依次着地，同时两臂向前伸出，左（右）手掌正对来球，另一只手在其上方，两手腕稍向内屈，触球后把球收回胸前，然后站起。鱼跃扑侧面地滚球时，两膝弯曲，重心下降，在身体向扑球方向侧倒的同时，同侧脚用力蹬地跃出，挺胸使身体展开，两臂快速伸出，两手指展开，手掌对球，向球扑去，两手按球，前臂、肘、肩部、上体、臀部、大腿、小腿依次着地，并以屈肘、扣腕的连续动作将球抱于胸前，同时屈膝团身，站起。

（6）拳击球和托球：当遇到迅疾而有力的高球，球门附近又比较混乱的情况时，守门员有时会被对方猛烈地冲撞，没有把握将球接稳。为了避免接球脱手，守门员常采用拳击球和托球的方法，把球处理掉。

单拳击球时，屈肘握拳于肩前，身体跳起接近来球，在击球前的一刹那，快速冲拳，以拳面将球击向预定目标。

双拳击球时，两臂屈肘握拳于胸前，两拳靠拢，拳心相对，当跳起接近最高点至触球的一刹那，两拳同时快速冲击，以拳面将球击向预定目标。

托球时，跳起后全身伸展成背弓，一臂快速上伸，掌心向上，用手掌前部或手指用力将球向后上方托起，使球越过横梁。

（7）掷球：单手肩上掷球时，两脚前后开立，两膝弯曲，单手持球屈臂于肩上，持球手臂后引，同时身体侧转，重心移到后脚上，利用后脚蹬地、转身和挥臂甩腕的力量将球掷向预定目标。

单手低手掷球时，两脚前后开立，两膝弯曲，单手持球于体侧，持球手臂后引，手腕前屈，同时身体侧转成侧前屈，重心移到后脚上，利用后脚蹬地、向前摆臂、展腕和手指拨球的力量，将球掷向预定目标。

勾手掷球时，两脚前后开立，身体侧对出球方向，单手持球后引，臂微屈，同时重心移到后脚上，接着后脚用力蹬地、转体，重心移向前脚，持球手臂由后经体侧沿弧线摆至肩上时，手指和手腕用力将球掷向预定目标。

（8）抛踢球：抛踢球是守门员将所获得的球，直接踢自抛下落的球或踢自抛的反弹球传给同队队员的踢球方法。这两种踢球技术与脚背正面踢球基本相同，但由于要求踢得远，故脚触球的部位一般为球的后下部。

练习方法：

▶ 守门员按教练员的手势做左、右、前、后的移动练习。在进行移动练习时，要保持随时出击的准备姿势，身体重心不能有较大起伏。

▶ 接同伴抛来或踢来的地滚球、平直球或高空球。

▶ 守门员接自己对墙掷出或踢出的各种反弹回来的球。

（二）足球战术

足球战术是指在足球比赛中，为了战胜对方，根据主客观情况所采取的个人行动和集体配合的方法。实践证明，合理而巧妙地运用战术是夺取比赛胜利的重要因素。足球战术可分为进攻和防守两大战术体系，各体系又包括个人战术、局部战术和整体战术。

1. 进攻战术

进攻战术是指在比赛中为了战胜对方所采取的个人进攻行动和集体配合的方法。

（1）个人进攻战术：指在比赛中为了战胜对方所采取的符合整体进攻目的的个人行动。

① 传球：是队员在比赛中有目的地将球踢向预定的目标。传球是整体战术配合的基础，是组织进攻、变换战术和创造射门机会的重要手段，也是迅速逼近对方球门最有效的方法。

② 射门：有目的、有意识地将球击向球门，是一切进攻战术配合的最终目的。

③ 运球突破：是运动员运用各种身体动作和运球技术超越防守队员的行动，是制造更好的射门和传球机会的有效手段。

④ 跑位：是指在比赛中队员在无球情况下，通过有意识的跑动，为自己或同伴创造进攻机会的行动。跑位是整体进攻战术的基础，是进攻队员为获得球的准备行动，也是拉开对方防线、创造传球空当的重要手段。敏锐的观察、明确的目的、合理的时机和多变的行动是跑位的战术内容。

根据跑位目的和开始跑位状态可分为：摆脱跑位或接应跑位；切入或插上；扯动牵制或制造空当。

（2）局部进攻战术：指进攻中两个或几个队员之间的配合方法。它是集体配合的基础。

① 交叉掩护配合：在局部地区两名进攻队员在运球交叉换位时，以自己身体掩护同伴越过防守队员的配合方法。

② 传切配合：控球队员将球传给切入的进攻队员的配合方法。传切配合的形式有局部一传一切和长传转移切入。

③ 二过一配合：在局部地区两名进攻队员通过两次连续传球配合越过一名防守队员的配合方法。二过一配合的形式根据传球和跑位的路线有斜传直插传二过一、直传斜插直传二过一、踢墙式二过一和回传反切直传二过一等。

（3）整体进攻战术：指为了完成进攻战术任务所采用的全局性的进攻配合方法。一次完整的进攻由发动、发展和结束三个阶段组成。依据进攻的区域，整体进攻战术可分为边路进攻、中路进攻和转移进攻；依据进攻的速度，整体进攻战术可分为快速反击、层次进攻和破密集防守进攻。

知识链接

全攻全守

全队除守门员之外的10名队员都有进攻和防守的职责，称为“全攻全守”。根据比赛中攻与守的需要，每个队员都可到任何一个位置上发挥作用。如后卫、前卫队员的插上、前锋队员的反抢和回防，都是全攻全守的表现形式。它打破了阵型对队员的束缚，能充分调动和发挥队员的积极性。同时，全攻全守对队员身体素质、技术、战术、意志品质、战斗作风诸方面也提出了更高的要求。在1974年第10届世界足球锦标赛上，出现了这种打法。

2. 防守战术

防守战术是在比赛中为了阻止对方的进攻和重新获得球权所采取的个人防守行动和集体配合的方法。防守战术包括：

（1）个人防守战术：

① 选位：指防守队员在防守时根据位置职责和临场情况选择占据合理防守位置的行动。选位是防守的基础，合理的选位不仅能控制防守面和有效地运用防守动作，而且也决定整体防守布局的合理程度，对防线的稳固性具有重要作用。选位的基本原则是本方失球后快速回位，并处在对手与本方球门柱所构成的夹角的分角线上，与对手的距离要根据场区以及球所处的位置决定。

② 盯人：指防守队员对防守的对手实施监控或严密控制其行动而采取的行动。盯人是现代足球比赛中广泛采用的防守方法，有效地盯人防守是遏制与瓦解对方进攻，重新控球的重要手段。盯人分为紧逼盯人和松动盯人两种。紧逼盯人是贴近对手（也叫贴身紧逼），不给对手从容活动的机会，一般运用于罚球区附近地区和有球的局部地区以及对对方进攻的核心队员的防守。松动盯人是与对手保持一定距离，既能盯住对手，又能保护同伴，一般运用于防守离球远的进攻队员。

③ 断球：指将对方的传球从途中截下来或破坏掉的战术行为。断球的要素包括正确

的判断、合理的位置和恰当的时机。

④ 抢球：指将对方的控球抢过来或破坏掉的战术行动。抢球的要素包括正确的站位、合理的距离和准确的时机。

（2）局部防守战术：指两个或几个防守队员之间的配合方法。它是集体配合的基础。基本配合形式有保护、补位和围抢。

① 保护：指同伴紧逼控球对手时，自己选择有利位置来保护同伴，防止对手突破的配合。在防守中，积极主动地逼抢控球队员是十分重要的，但是一对一拼抢一旦失败，很容易被对方突破。因此，防守队员之间必须进行互相保护，当距离较近的同伴逼抢控球的对手时，离球较远的队员应撤到同伴身后进行保护，控球队员一旦越过同伴，可以及时补位，防止突破。

② 补位：指防守队员弥补同伴在防守中出现漏洞时所采取的互相协助的战术配合。在比赛中，通过同伴间的相互补位，可以有效地遏制和破坏对方的进攻行动，变被动为主动。补位分为补空位和相互补位。补空位用于当卫线队员插上进攻退守不及时，其他同伴暂时补他的位置，以防对方利用这一空当进行快速反击。相互补位用于当同伴被对手运球突破或对手突然快速插入同伴背后接球，同伴来不及盯抢时，邻近队员进行补位防守。

③ 围抢：指两个以上的防守队员从多方位夹击对方的控球队员，把球抢过来或破坏掉的战术配合。

（3）整体防守战术：指全队所采取的防守配合。整体防守战术按形式分为人盯人防守、区域盯人防守和综合防守三种。常用的防守打法有向前逼压式打法、层次回撤式打法和快速密集式防守。

3. 定位球战术

定位球战术是指比赛开始或比赛成死球后恢复比赛时所采用的攻守战术配合方法。

（1）任意球进攻战术：在中后场的任意球，一般要求传球队员快速准确地传球，以便迅速将攻势推进至前场。在前场，尤其在罚球区附近的任意球，能直接威胁对方球门，是得分的重要手段。因此，一定要珍惜和组织好罚球区附近的任意球。采取的方法有：

① 直接射门：当守方尚未组织好人墙，或人墙有漏洞，或守门员的位置不当，或攻方某队员又善于踢弧线球时，可直接射门。如果守方已组织好人墙，可采用穿插跑位、阻挡守门员的视线等行动干扰守方队员并直接射门。

② 配合射门：不能或不适合直接射门时，可采用配合射门。

（2）任意球防守战术：防守中后场任意球时，防守队员要迅速回防。罚球区附近的任意球，直接威胁本方球门，因此，全队一定要迅速回防，严密防守。采用的战术方法有：

① 干扰对方罚球，以争取时间回防和组成人墙，避免攻方队员突然袭击。

② 迅速组织好人墙，封堵对方射门角度。

③ 为了防止对方配合射门，除组墙人员外，还要有人防守人墙两侧的空当。

（3）角球进攻战术：

① 直接长传至门前，同伴包抄射门或配合射门：主要形式有传中后点同伴直接包抄抢点射门、传前点配合射门。

② 短传配合射门：一般在对方身材高大、争顶头球能力强、本方队员身材较矮、头球较差或碰到较大逆风时运用。

（4）角球防守战术：当对方发角球时，前锋、前卫要快速回防（前锋可留一人在中圈附近，准备反击），迅速组织防守。一般头球好的队员可守住门前危险区，其他队员进行人盯人防守，守门员站在稍靠远端门柱处，其他队员要抢占近端门柱内侧、远端门柱内侧、球门区前沿、禁区前沿等重要位置。

4. 比赛阵型和队形

（1）比赛阵型：指比赛场上队员的位置排列、攻守力量搭配和职责分工的形式。阵型的人数排列一般是从后卫排向前锋，根据队员排列的层次分成后卫线、前卫线和前锋线。阵型明确了每个球员的活动区域和职责。现代足球比赛阵型在演变过程中出现了三次重大变革：

①“WM”阵型：此阵型是由英国人赫伯特·契普曼创造的。该阵型攻守平衡、分工明确，促进了比赛战术与阵型的改革，进攻时主要采用中锋突破，内锋组织进攻，边锋外线传中；防守时采用紧逼盯人。这一阵型使英国称雄世界足坛20多年，并在很长一段时间内为各国所用（图6-3-15）。

②“四前锋”阵型：是匈牙利人在20世纪50年代初针对“WM”阵型而创造的。该阵型利用4名前锋的人数优势攻击防守方3名后卫，在锋线的每一个局部区域，利用准确的传球和积极的跑位，有效地突破对方的防线。1953年和1954年，匈牙利利用该阵型连续两次击败采用“WM”式的英格兰队，并取得了32场国际比赛28胜4平的显赫战绩。该阵型被誉为世界足球的第一次重大变革（图6-3-16）。

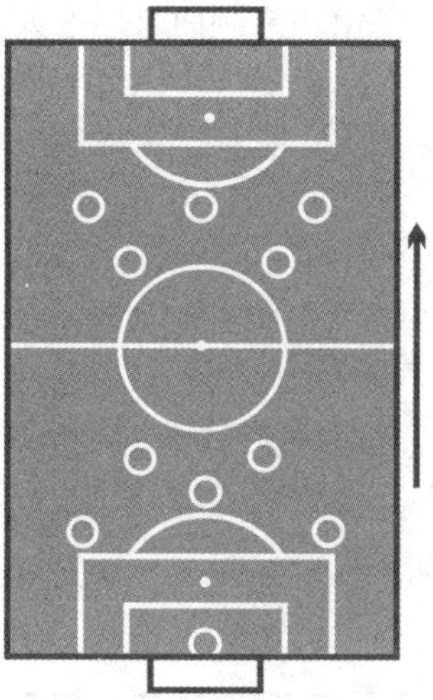

图6-3-15　“WM”式阵型

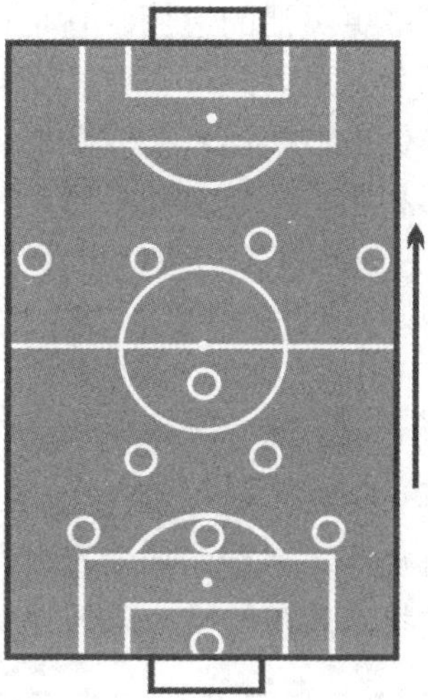

图6-3-16　“四前锋”阵型

③“四二四”阵型：1958年，巴西人在吸取“四前锋”打法成功经验的基础上，针对四前锋攻守不平衡的状态，更加强调边锋和边后卫协助控制中场，从而使边卫线衔接更加紧密，攻防转换更加快速流畅。“四二四”阵型曾在世界足坛广为流行，被誉为世界足球的第二次重大变革（图6-3-17）。

④“一三三三”阵型：是以荷兰、德国为首的整体性全攻全守的打法。该阵型充分发挥了集体和个人的积极性和创造性。进攻时，全线出击，前锋不停地交叉换位，前卫大胆插上，后卫积极参与进攻，防守时全队形成一个有层次的防守整体，前锋封堵，前卫、后卫相互保护和逼抢。该阵型确立了全面型足球的比赛观，要求运动员能攻善守、全

面多能，大大促进了世界足球竞技水平的提高，被誉为世界足球的第三次重大变革（图6-3-18）。

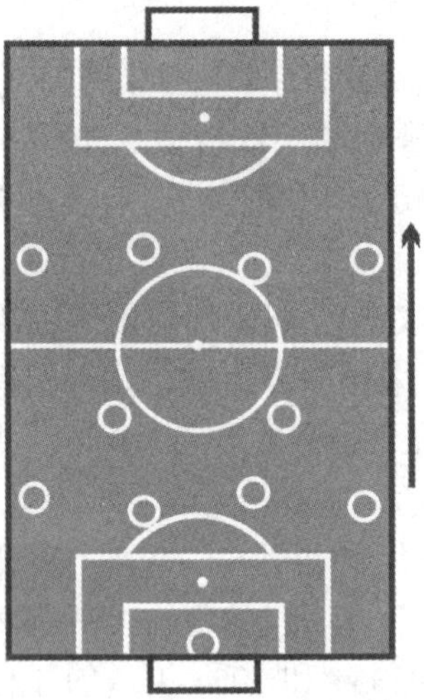

图 6-3-17 “四二四”阵型

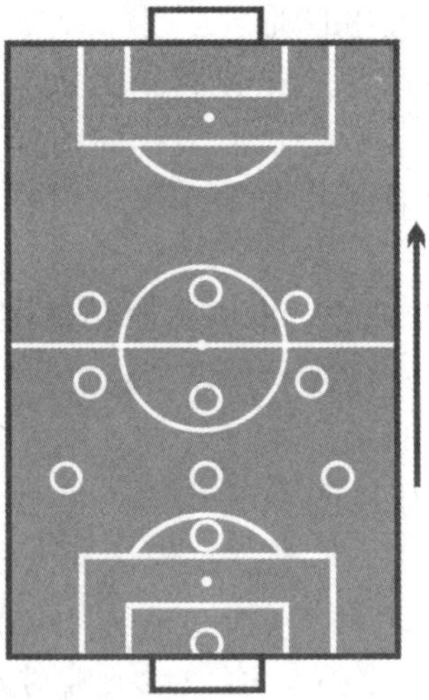

图 6-3-18 “一三三三”阵型

（2）比赛队形：队形是攻守战术的基础，是阵型在不同比赛场区（前、中、后）更具体、更严谨、更灵活的运用，它是根据赛势随机变化和协调而有序的人员组合，是战术中最生动的部分。进攻队形主要有横向拉开队形、纵向交错进攻队形、局部进攻以多打少队形和交叉换位进攻队形；防守队形主要有由攻转守防守队形、纵横收缩防守队形、保护补位防守队形和制造越位防守队形。

>>> 知识链接

足球比赛中的位置关系

足球运动中的位置关系是指人与球、人与人（包括与同伴和对手）之间的空间关系。运动员在比赛中如果不能保持适宜的位置关系，那么技术运用在时间、速度、节奏以及距离、方位、角度等时间和空间动态方向所做的努力都是徒劳的，位置关系处理得是否妥当是比赛过程中技术运用时空效果的最终表达，也是技术训练的实质。

三、足球比赛规则简介

（一）比赛场地

足球比赛场地为长方形，其长度不得多于 120 米或少于 90 米，宽度不得多于 90 米或少于 45 米（国际比赛的场地长度不得多于 110 米或少于 100 米，宽度不得多于 75 米或少于 64 米）。在任何情况下，长度必须超过宽度。

（二）比赛用球

球体要圆，球的圆周为 68~71 厘米，重 396~453 克，充气后的压力等于 0.6~11 个大气压。

（三）比赛通则

比赛时，每队上场人数不得多于 11 人，其中 1 人为守门员。每场比赛时间为 90 分钟，分上、下两个半时，每个半时 45 分钟，中场休息不得超过 15 分钟。射门时，球的整体从两根门柱间及横梁下越过球门线外沿的垂直面，即为胜一球。

1. 越位

进攻球员在没有球的状态下，站于防守一方的球门线与该进攻球员之间，当只有一名防守球员时，进攻的球员便处于越位位置。

判罚越位犯规必须具备以下 4 个条件：① 进攻队员处在对方半场；② 进攻队员处在球的前面；③ 进攻队员与对方球门线之间，对方队员不足两人；④ 接同伴的球或干扰比赛，获得利益。

队员遇下列情况，不属于越位犯规：① 直接接球门球；② 直接接界外球；③ 直接接角球。

2. 直接任意球（可以直接射入对方球门得分的球）

以下情形判直接任意球：① 踢或企图踢对方队员；② 绊摔或企图绊摔对方队员；③ 跳向对方队员；④ 冲撞对方队员；⑤ 打或企图打对方队员；⑥ 推对方队员；⑦ 在抢截对方队员控制的球时，于触球前触及对方队员；⑧ 拉扯对方队员；⑨ 向对方队员吐唾沫；⑩ 故意手球。

3. 间接任意球（球在进对方球门之前必须触及除主罚队员外的其他任一队员才有效）

以下情形判间接任意球：① 守门员违例：持球超过 6 秒仍未发出球，二次触球；用手接回传球（头球回传球除外）；用手触及队员直接掷入的界外球。② 危险动作。③ 阻挡对方队员。④ 阻挡对方守门员发球。⑤ 连踢犯规（角球、开球、点球、球门球、任意球、掷界外球时连踢）。⑥ 擅自进、退场。⑦ 越位犯规。

4. 黄牌警告

以下情形判黄牌警告：① 犯有非体育道德行为；② 以语言或行动表示异议；③ 持续违反规则；④ 延误比赛重新开始；⑤ 当以角球或任意球重新开始比赛时，不退出规定距离；⑥ 未得到裁判员许可进入或重新进入比赛场地；⑦ 未得到裁判员许可故意离开比赛场地。

5. 红牌罚下

以下情形判红牌罚下：① 严重犯规；② 暴力行为；③ 向对方或其他任何人吐唾沫；④ 故意手球破坏对方进球或明显的进球得分机会；⑤ 用犯规破坏对方明显的进球机会；⑥ 使用无礼、侮辱性或辱骂性的语言及动作；⑦ 在同一场比赛中被第二次黄牌警告。

6. 罚球

（1）球员在己方罚球区内触犯直接任意球的 10 条规则，由对方在罚球点判罚。

（2）罚球区的位置在球门前长 16.50 米、宽 40.32 米的长方形范围内。

7. 界外球

（1）整个球体在空中或地面全部越出边线时判界外球。在越出边线地点，由最后触球球员的对方掷球入场，重新开始比赛。

（2）掷界外球的球员必须面向球场，两脚均应有一部分站在边线上或边线外，不得全部离地，并用双手掷球。

（3）掷界外球直接进入对方球门，不算得分。

8. 球门球

（1）直接进入对方球门，算得分。

（2）球由攻方球员触及，整个球体在空中或地面全部越出球门线时，则判球门球。

（3）由守方球员在球门区内任何一点踢球门球。

9. 角球

（1）直接进入对方球门，算得分。

（2）球由守方球员触及，整个球体在空中或地面全部越出球门线时，判角球。

第四节 乒乓球运动

一、乒乓球运动概述

（一）乒乓球运动的起源与发展

乒乓球运动起源于19世纪后期网球盛行的英国，它是体育运动中唯一一个以声音命名的运动项目（ping-pong）。乒乓球也称为桌上网球，英文名为“Table Tennis”。1902年，留学英国的日本人坪井玄道将乒乓球整套用具带回日本。此后，这项运动又传入中欧的维也纳、布达佩斯及北非的埃及等地。

1. 世界乒乓球运动发展概况

20世纪初，乒乓球运动逐渐在世界各国开展起来。1926年12月，在英国伦敦正式成立了国际乒乓球联合会（International Table Tennis Federation，简称国际乒联，英文缩写ITTF）。会上讨论了规则，推选英国乒协负责人蒙塔古为国际乒联第一任主席。

乒乓球运动的发展历史大致可分为以下几个阶段：

（1）欧洲乒乓球运动全盛时期（1928—1951）：这一时期，英国人库特用胶水把粒状凸点胶皮贴到去掉软木层的球拍上，从而改变了木拍时代单调的打法，进入了使球产生旋转的时代；出现了欧洲各国均用横拍、左右开弓或以削球为主及削攻结合等较为先进的打法。在这期间，共举行了18届世界乒乓球锦标赛，除美国选手获得8个冠军外，其余都由欧洲选手获得。

（2）日本称雄世界乒坛时期（1952—1959）：1951年，奥地利人发明的海绵拍悄悄地被日本引进、吸收。从此，乒乓球拍摆脱了单层胶皮的框框，采用了海绵胶皮球拍，提高了击球的速度和力量。20世纪50年代，日本同时创造了直拍单面中台全攻型的独特打法，采用海绵拍和以攻为主的打法，结束了欧洲在世界乒坛长达25年的统治地位，扭转了削球占主导、横拍一统天下的历史。

（3）中国乒乓球运动的兴起时期（1961—1969）：20世纪50年代末，正当日本队处于巅峰状态的时候，中国队异军突起，容国团以其独特的直拍近台快攻打法，在第25届世乒赛上为中国夺得第一个世界冠军。1961—1969年，共举行了5届世乒赛，中国参加了其中的三届比赛，从当时的技术分析看，具有“快、准、狠、变”独特风格的中国近台快攻和以“稳、低、转、攻”为指导思想的削球打法，把世界乒乓球运动推向了新的发展阶段。

（4）欧洲乒乓球运动的复兴和欧亚的激烈争夺时期（1971—2000）：20 世纪 60 年代初，日本大学生中西义治发明了弧圈球，从此，乒乓球运动进入速度与旋转的较量。70 年代，在中日两国快攻打法占有巨大优势的情况下，欧洲横拍打法选手发展了日本的弧圈球技术，吸收了中国近台快攻的长处，将中国的快攻和日本弧圈球技术融于一体，并结合横拍削球的传统，创造了速度与旋转相结合的横拍全攻型新打法，走上了复兴之路。从第 35 届至第 39 届世界乒乓球锦标赛，欧洲选手囊括了全部男子比赛项目的冠军，出现了第二次欧洲全盛时期。面对欧洲强有力的挑战，中国乒乓球队也在不断探索技术发展的新路子，如速度结合旋转和旋转结合速度的中国式“凶狠型”打法、“直拍横打”技术等。

（5）乒乓球运动的重大改革时期（2000 年至今）：在这一时期，中国乒乓球运动再度崛起。2000 年第 27 届悉尼奥运会，是我国乒乓球运动发展的一个转折点。此后，世界乒乓球运动也有了重大改革。如在器材上，球的直径由 38 毫米改为 40 毫米；在赛制上，每局由 21 分改为 11 分；在规则上，实施了“无遮挡发球”。这些变革，对各国乒乓球运动的发展带来了新的机遇，也带来了挑战。

2. 我国乒乓球运动发展概况

1904 年，乒乓球运动由日本传入中国上海。1916 年，上海基督教青年会设有乒乓球活动室，一些学生开始参加乒乓球活动。随后，这项活动逐渐在京、津、沪、穗等几个城市开展起来。1927 年 8 月，第 8 届远东运动会在上海举行。在这届运动会上，乒乓球被列为表演项目。1935 年，在上海成立了中华全国乒乓球协会。

1952 年，中华全国体育总会乒乓球部加入了国际乒联。1953—1957 年，我国先后参加了第 20 届、第 22 届、第 24 届世界乒乓球锦标赛。1959 年，中国队参加了第 25 届世界乒乓球锦标赛，容国团为我国夺得了第一个世界冠军。1961 年，在北京举行的第 26 届世界乒乓球锦标赛上，中国队第一次获得男子团体冠军和女子单打冠军（邱钟惠），并再一次夺得男单冠军（庄则栋），形成了近台快攻的独特风格。1971—1979 年，我国坚持发展直拍快攻型打法并成功地创新了两面不同性能球拍的打法。1981 年，我国乒乓健儿在第 36 届世界乒乓球锦标赛上囊括全部 7 项冠军，成为世界乒乓球锦标赛 55 年历史中第一个夺得全部 7 项冠军的国家，在世界上引起了震动，被誉为“世界头号乒乓球国家”。中国也为推动世界乒乓球运动的发展起到了巨大的作用。

3. 中国大学生乒乓球运动

进入 20 世纪 80 年代，中国大学生乒乓球运动发展迅速。1988 年，第 3 届全国大学生运动会乒乓球比赛在东南大学举行，期间就开始酝酿成立全国大学生乒乓球协会。1990 年，中国大学生乒乓球学会在上海成立，这是我国最早成立的大学生体育组织之一。大学生乒乓球协会每年组织全国性的大学生比赛活动，从 20 世纪 90 年代开始至今已举办了 20 余届比赛，比赛的水平越来越高，参赛院校也越来越多。目前拥有会员高校 70 余所，每年举行一次全国大学生乒乓球锦标赛、全国高校大学生阳光体育乒乓球联赛和全国高校校长杯乒乓球比赛，从而推动了高校乒乓球运动的发展。

（二）乒乓球运动的特点与锻炼价值

1. 乒乓球运动的特点

（1）易于开展和普及：乒乓球运动技术简单易学，比赛规则容易掌握，器材设备简单经济，室内室外均可进行，运动量可根据各自技术水平的高低来调节，不受年龄、性别和身体条件的限制，具有广泛的适用性和群众性。

（2）易于激发兴趣：乒乓球具有开放性、多样性、精细性三大特征，同时也是智能、技能、体能三者兼容、斗智斗勇的项目，速度快、变化多、击球技巧性强、易于激发兴趣是其运动特征。

2. 乒乓球运动的锻炼价值

（1）乒乓球运动与身体健康：乒乓球运动集健身性、竞技性、娱乐性于一体，具有良好的健身价值。

① 健脑益智：人的一切活动都是在大脑的指挥、支配、调节下进行的。打乒乓球时，眼要看，耳要听，每秒可以击球 2~3 次，正手攻球只需 0.15 秒就可以到达对方台面，平均球速达到每秒 20 米。在高速运动中，练习者需对变化多端的来球位置、方向、旋转、力量、战术意图等作出判断，并采取相应的步法、手法、旋转、力量及战术方法。在击球的过程中，练习者需要在很短的时间内，对来自眼睛、耳朵的报告进行思考、分析与综合，调动视觉、听觉、各感觉器官、运动中枢及全身肌肉快速工作，选准击球点进行恰如其分的回击。经常从事乒乓球锻炼，可以提高人们对外部刺激的反应速度，同时也可以调节并改善神经系统，使人心情舒畅，活跃和提高大脑的工作效率，增强大脑的指挥功能。

知识链接

提高分析器的感知能力

乒乓球运动员时间知觉是由视觉、听觉、触觉等分析器联合产生的，时间知觉水平的提高与各个分析器的感受性有关。据研究，听觉可分辨 1/100 秒，触觉可分辨 1/40 秒，视觉可分辨 1/10 秒。在来球的不同阶段，各分析器所起的作用不同。球在空间运行的阶段，视觉起主要作用；触台瞬间，听觉起主要作用；拍触球时，触觉起主要作用。通过技术练习，人的各个分析器不断得到强化，有助于提高感知能力。

② 多方位的健身效果：乒乓球是一项能使人得到全面锻炼的运动。有关专家曾做过一项统计，一场紧张的比赛，运动员手臂挥动击球距离可达 1 000 米以上，两脚不停地移动可达 3 000 米左右，心率可从 60 次 / 分钟上升到 140 次 / 分钟。这既有助于改善心血管系统的结构和机能，使心肌变得发达有力、心容量增大、每搏输出量增多、心搏趋缓、血压降低，又能使呼吸肌得到锻炼，使胸部发达、肺活量增大。

③ 增强运动系统的功能：长期参加乒乓球锻炼，人体各运动器官都能得到发展，不仅能有效地发展灵敏、反应、速度和力量，而且可以使肌肉发达、结实，使人的反应加快，身手敏捷，四肢灵活、柔韧，人体更健美。

（2）乒乓球运动与心理健康：乒乓球运动是智力、心境和意志的综合，既有娱乐健身的功能，又有竞赛、竞争的功能。经常参加乒乓球活动，有利于增强人的自信心、荣誉感和集体主义精神，培养坚韧性、果断性和自控能力等个性品质，使人性格开朗、乐观，情绪振奋，充满生气，有助于人际关系的改善，使人形成一种与人亲近、合作的习惯，有助于消除心理障碍，使消极情绪得到宣泄。

（3）乒乓球运动与社会适应能力：社会适应能力是指人们对外界环境尤其是社会环境的适应能力。独立生活能力、人际交往能力、应对挫折能力是社会适应能力的重要组成部分。人的交往活动能反映出人的健康状态。人与人之间的友好交往是维持心理健康的必要条件和获得心理健康的方法。乒乓球运动对于提高人的社会适应能力具有很好的作用。参加乒乓球活动，可以享受节奏的韵律，尽情发挥个人的特点，使人洒脱奔放、心胸开阔，而更重要的是可以协调人际关系。乒乓球运动在健身、娱乐、竞赛中给人提供了交往的机会，有助于消除文化差异，排除孤独心理，冲破“闭关自守”的生活方式。在乒乓球运动中，战术与体力的较量，意志力和情绪控制能力的较量均能培养人坚持不懈、勇于拼搏的顽强意志。在公平、公正的原则下，可以充分显示出一个人的个性和优良品质，从而提高自身的价值与独立性。热衷于乒乓球运动的人普遍具有竞争心理，在生活中积极探索进取，主动调整自己的情绪，适应社会的变化，从而促进了健康人格的形成和完善。

二、乒乓球基本技战术的学习与运用

（一）乒乓球基本技术

乒乓球基本技术包括以下 4 项内容：握拍、站位与身体姿势、单项技术（发球、推挡、攻球、弧圈球、削球、搓球）和步法（图 6-4-1）。

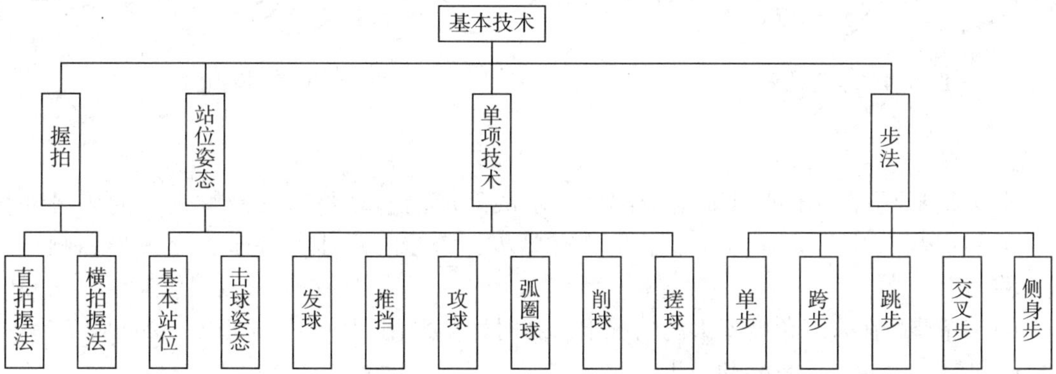

图 6-4-1　乒乓球基本技术分类图

1. 握拍法

（1）直拍握法：

特点：出手较快，攻斜线、直线球时拍形变化不大，对手不易判断，便于从速度、球路和力量上取得主动；手腕动作灵活，发球可做较多变化。但反手攻球时，因受身体阻碍较难掌握，不易起重板。

>>> 知识链接

两面不同性能的球拍与胶皮颜色

20 世纪 70 年代，我国优秀乒乓球运动员梁戈亮等使用两面不同性能的球拍，在比赛中采用“倒板”技术，利用两面颜色近似，灵活交替使用，击出各种不同类型的旋转球。其后，蔡振华使用一面反胶海绵、一面防弧海绵拍的两面不同性能和弧圈结合快攻打法取得了优异成绩。为此，欧洲乒协不断向国际乒联提议，要在规则上对这种打法进行限制，其理由是，比赛中看不清用此拍的哪一面在击球，像“猜谜语”一样。对此，在 1983 年第 37 届国际乒联代表大会上做出决定：自 1984 年 7 月 1 日起，将球拍两面的颜色规定为红色和黑色。

直拍的基本握法：用拇指和食指握住球拍拍柄与拍面的结合部位，即以拇指第一指节与食指第二指节扣住拍柄，虎口贴于拍柄后面，其余三指自然弯曲、重叠，以中指第一指节侧面贴于拍的1/3的上端处，用中指、虎口、食指、拇指调节拍形（图6-4-2）。

（2）横拍握法：

特点：照顾的面积比直拍大，反手攻球不受身体阻碍，便于发力，但在还击左右两面来球时需要转动拍面，动作小，影响摆臂速度，台内正手攻球较难掌握。

横拍的基本握法：用中指、无名指和小指自然握住拍柄，虎口贴住拍肩，拇指略弯曲捏拍，在球拍的正面贴于中指旁，食指斜伸在拍的另一面（图6-4-3）。横拍握法在正手攻球时食指用力，可将食指稍向上移动。反手攻球或快拨时用拇指发力，也可将拇指稍向上移动。正、反手削球时，手指基本不动。

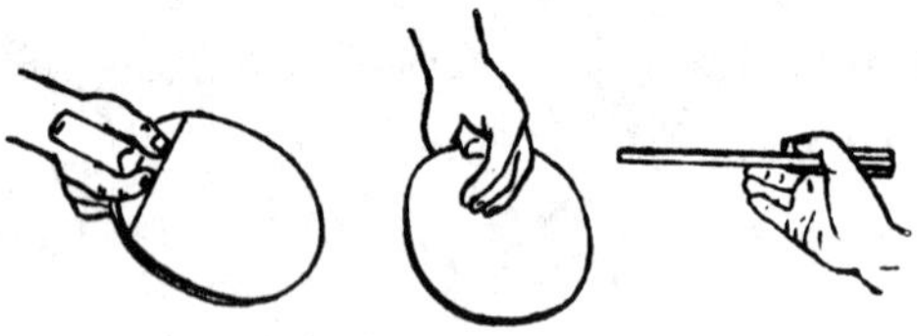

图6-4-2 直拍握法

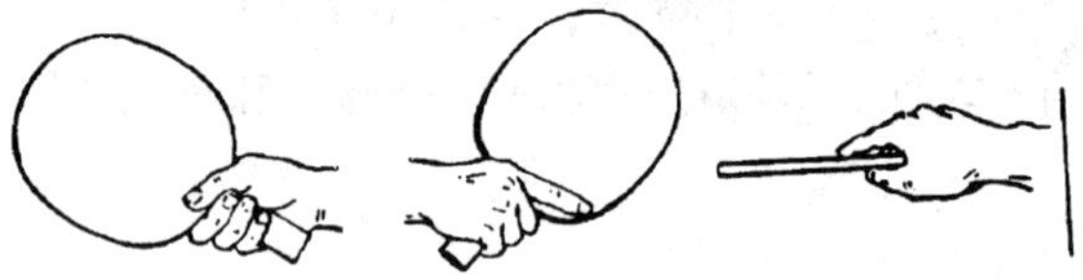

图6-4-3 横拍握法

2. 步法

步法是乒乓球技术的重要组成部分。步法的灵活与否将直接影响击球的质量和技术水平的提高。乒乓球运动的基本步法有单步、跨步、跳步、并步、交叉步和侧身步等6种。

单步动作示范

（1）单步：在来球角度不大的情况下击球时，多采用“单步”，即以一脚前脚掌为轴，另一脚向前、后或左、右移动一步。

（2）跨步：在来球急、角度大的情况下击球时，多采用“跨步”，即先以来球同方向的脚向侧跨一大步，另一脚再跟着移动。

跨步动作示范

（3）跳步：在来球较快、角度较大的情况下击球时，多采用“跳步”，即用一脚用力蹬地，使两脚几乎同时离地，向左右前后跳动。

（4）并步：两面攻运动员从基本站位向左右移动时多采用“并步”，即一脚向来球方向移动，另一脚随即跟着移动一步。

并步动作示范

（5）交叉步：在来球远离身体的情况下击球时，多采用“交叉步”，即先以来球反方向的脚向来球方向移动，并超过另一脚，然后另一脚随即向来球方向移动。

（6）侧身步：在来球紧逼身体的情况下击球时，多采用“侧身步”，即左脚先向左跨出一步，然后右脚随即向左后方移动。另一种方法可以用左脚先向前插上，右脚向左后移动。

交叉步动作示范

练习方法：

- 站在台后结合挥拍动作做步法练习。
- 两人面对面站立做步法练习，互相观察纠正错误动作。
- 按各种发球（长、短球）做步法练习。
- 安排有规律到无规律的回击各种来球进行步法练习。
- 在连续击球中，练习各种步法的组合，如推挡—侧身攻—扑右等。

3. 发球与接发球

发球与接发球是乒乓球运动中攻、防矛盾的两个方面。发球是利用主动以达到先发制人、破坏对方的接球为目的；而接发球则是力避被动，达到以争取转化矛盾、变防为攻的目的。两者既矛盾又统一。

（1）发球：

发球的种类很多，主要有发平击球、发侧上（侧下）旋球、高抛发球、下蹲发球等。

① 发平击球：正手发平击球时，右脚稍后，身体稍右转，左手掌心托球，置于体前偏右侧，右手持拍，置于身体右侧。当球被向上抛起时，右臂稍向后引拍，接着从身体右后方向前挥，在球下降至近于网高时击球，拍面稍前倾，击球的中上部。反手发平击球时，两脚开立，左脚稍后，身体稍左转，左手掌心托球，置于体前偏左侧，右手引拍于身体左侧。当球向上抛起时，挥拍手从身体的左后方向前挥拍，当球下降高度近于网高时，拍面稍前倾，用小臂和手腕发力，击球的中上部。

正手发平击球动作示范

特点：速度慢、力量轻、容易掌握，是入门技术和发展基础。

② 发急球（长球）：正手发急球时，右脚稍后，身体稍向右转，右手持拍于身体的右侧。当球向上抛起时，挥拍手向右后方引拍，待球下落时前臂迅速由后向左前方挥拍，拇指压拍，拍面稍向左偏斜，稍前倾。判断当球下降高度近于网高时，球拍沿球的各侧中部向中上部摩擦。击球后，前臂和手腕随势向前挥动（图 6-4-4）。

反手发平击球动作示范

图 6-4-4　正手发急球

反手发急球时，右脚稍前，身体稍向左转，左手掌心托球于腹前左侧，右手持拍于身体左侧。抛球后，待球下落时前臂迅速向前挥动。击球点应与网同高或稍低于网高，拍面稍前倾，击球的中上部。击球后，前臂和手腕随势向前挥动（图 6-4-5）。

图 6-4-5　反手发急球

正手发左侧上旋球动作示范

特点：速度快、前冲力量大、弧线低。

③ 正手发左侧上（下）旋球：发上旋球时，右脚在后，身体略向右偏斜，左手掌托球于身体右前方。抛球时，持拍手向右上方引拍，当球下落至网高时，手臂迅速向左下方挥动，触球瞬间手腕快速向左上方转动，使拍从球的中部向左侧上方摩擦。发左侧下旋球时，手腕快速向左下方转动，使球拍从球的中下部向左下方摩擦。

正手发左侧下旋球动作示范

特点：侧上（下）旋转力较强，对方挡球时，向其右侧上（下）方反弹，一般站在中线偏左或侧身发球。

反手发右侧上旋球动作示范

④ 反手发右侧上（下）旋球：右脚在前，身体稍左转，持拍手向左上方引拍，拍柄略向下。当手抛起的球下落时，持拍手前臂和手腕同时发力，向右下方挥拍。当球下落至网高时，触球瞬间手腕快速向右上方转动，使拍从球的中部略偏下向右上方摩擦。发右侧下旋球时，手腕快速向右下方转动，使球拍从球的中下部向右下方摩擦（图 6–4–6）。

反手发右侧下旋球动作示范

图 6–4–6 反手发右侧上（下）旋球

特点：右侧上（下）旋球力强，对方挡住后，向其左侧上（下）反弹。发球落点以左方斜线长球配合中右近网短球为佳。

⑤ 正手发转与不转的球：发转球时，左脚在前，右脚在后，前臂向后上方引拍，拍面略后仰。抛球后，待球下落时前臂迅速向前下方挥动略外旋，手腕用力转动使拍面后仰角度稍大些，约与网同高时击球，摩擦球的中下部（图 6–4–7）。发不转球时，手臂向前下方挥摆，前臂外旋与手腕的转动要慢，触球瞬间略有内旋，使拍面后仰角度要小些，用球拍下部偏右处向前撞击球，减小向下的摩擦力（图 6–4–8）。

正手发转球动作示范

图 6–4–7 正手发转球

正手发不转球动作示范

图 6–4–8 正手发不转球

特点：球速较慢，前冲力小，可用相似的发球动作，制造旋转变化去迷惑对方，造成对方接发球失误或为自己抢攻创造机会。

（2）接发球：接发球的站位应根据发球方的位置适当调整自己的基本站位。常用的接发球方法有推、搓、削、拉、攻等，应根据自己的打法特点和来球的性能决定回接的方法，并要与自己的打法特点结合起来，这样才能充分把握比赛的主动权。

练习方法：

▶ 徒手做抛球及发球的模仿动作。

▶ 一人发球，一人接发球，发球要求定点线。

▶ 结合规则对发球的要求进行练习。

▶ 用推挡或攻球回接平击球，急球，左、右侧上旋球。先定点定线，后不定点不定线。

▶ 用搓球回接下旋球左、右侧下旋球。

▶ 用攻或搓球回接各种不同性能的来球。

4. 推挡球和搓球技术

（1）推挡球：推挡具有站位近、动作小、速度快、变化多的特点。在对攻中运用快速推压技术，结合力量、落点和旋转的变化，可以牵制对方，为进攻取胜创造条件。被动时也可起到积极防御的作用。

① 挡球：两脚平行站立或右脚稍后，身体靠近球台。击球前，两膝微屈，稍含胸收腹。击球时，前臂向前伸球拍由后向前，拍触球时，拍面与台面近乎垂直，在上升期击球的中部，借助对方来球的反弹力将球挡回。击球后，迅速还原，准备下一次击球（图 6–4–9，图 6–4–10）。

直拍推挡动作示范

1　2

图 6–4–9　挡球 1

1　2

图 6–4–10　挡球 2

特点：球速慢、力量轻、动作较简单，初学者容易掌握。挡球可以帮助初学者熟悉球性，认识乒乓球的击球规律，提高控制球的能力。

② 快推：站位近台，右脚稍后或两脚平行开立，上臂和肘关节靠近右侧身旁。击球前，前臂稍后引。击球时，前臂向前推出，食指压拍，拇指放松，拍面前倾，在来球上升期击球的中上部。击球后，手臂顺势前送（图 6–4–11）。

1　2　3　4

图 6–4–11　快推

快推动作示范

特点：站位近、动作小、借力还击、速度快、线路变化多，适用于回击一般的拉球、推挡球和中等力量的攻球；在相持中能发挥回球速度快的优势，推压两大角或袭击对方空当，为自己的进攻创造条件。

练习方法：

▶ 进行台上中路挡球练习。

▶ 进行左半台反手斜线挡球练习。

▶ 进行正、反手两点对一点挡球练习。

▶ 挡球与快推结合练习。

▶ 推挡与攻球结合练习，如一攻一推或一方推挡变线，另一方左推右攻。

（2）搓球：

① 慢搓：

直拍反手慢搓动作示范

• 反手慢搓：两脚开立，身体离台稍远，手臂自然弯曲，向左上方引拍。击球时，前臂内旋配合转腕动作，向前下方用力，拍面后仰，在来球下降期摩擦球的中下部（图 6–4–12）。

横拍反手慢搓动作示范

1 2 3 4

图 6–4–12 反手慢搓

直拍正手慢搓动作示范

• 正手慢搓：两脚开立，右脚稍后，两膝微屈，身体稍向右转，离台稍远。击球前，向右上方引拍，拍面后仰。击球时，前臂和手腕向左前下方挥动，在来球下降期摩擦球的中下部（图 6–4–13）。

横拍正手慢搓动作示范

1 2 3 4

图 6–4–13 正手慢搓

② 快搓：

• 反手快搓：两脚开立，两膝微屈，身体靠近球台。击球时拍面后仰，前臂配合手腕转动，动作向前下方切动，在来球上升期摩擦球的中下部，将球快速搓出（图 6–4–14）。

1 2 3 4

图 6–4–14 反手快搓

• 正手快搓：两脚平行站立或右脚稍前，两膝微屈，身体靠近球台。击球前，右手向右上方引拍，拍面稍后仰。击球时，前臂和手腕向左前下方切动，在来球上升期摩擦球的中下部，将球搓出（图 6–4–15）。

图 6-4-15　正手快搓

练习方法：

- 自己抛球在台上，待球弹起后，将球搓过网。
- 一人发下旋不太转的球，一人搓回。
- 对搓斜线球，再搓直线球（从固定路线到不固定路线）。
- 慢搓与快搓结合练习（从固定路线到不固定路线）。
- 搓转与不转球结合练习。
- 搓球与拉球、攻球结合练习。

5. 削球

削球是一项重要的防守技术。现在的削球打法融合了更多进攻性技术，创造了削攻结合的新打法。它能通过旋转和落点的改变，直接得分或在调动对方的情况下伺机反攻。

（1）远削：远削是以削为主打法的选手必须掌握的基本技术之一。其特点是击球动作大、球速慢、弧线长，有利于削转球与不转球，并以落点变化来牵制对方。常适用于对付对方的扣杀球、弧圈球和提拉球。

① 正手远削：两脚开立，右脚在后，身体离台较远，两膝弯曲，上体稍向右转，重心放在右脚上，手臂自然弯曲，引拍至右肩侧。击球时，手臂向左前下方挥动，拍面后仰，在拍与球接触时，前臂加速削击，手腕配合转动，在来球下降期摩擦球的中下部。击球后，迅速还原，准备下一次击球（图 6-4-16，图 6-4-17）。

图 6-4-16　正手远削 1

图 6-4-17　正手远削 2

② 反手远削：两脚开立，右脚在前，两膝微屈，上体略向左转，重心放在左脚上，引拍至左肩侧。击球时，上臂带动前臂向右前下方挥动，拍面后仰，手腕跟着前臂的用力方向转动，在来球下降期摩擦球的中下部，将球削出，重心移至右脚。击球后，迅速还原，准备下一次击球（图 6-4-18，图 6-4-19）。

图 6-4-18 反手远削 1

图 6-4-19 反手远削 2

（2）近削：近削一般用来对付轻拉球和一般的上旋球。其特点是动作幅度小、回球速度快、前进力较强，多用于近削逼角，有一定的威胁，往往能获得主动或直接得分。

① 正手近削：右脚稍后，身体离台稍近，稍向右转，手臂自然弯曲，引拍约与肩平，拍面稍后仰。击球时，前臂用力向左下方切削，手腕配合下压，一般在来球高点期或刚下降时摩擦球的中部或中下部（图 6-4-20）。

图 6-4-20 正手近削

② 反手近削：两脚开立，右脚稍前，两膝微屈，身体离台稍近，并略向左转，手臂自然弯曲，向左上方引拍约与肩平，拍面稍后仰。击球时，手臂迅速向右前下方挥动，以前臂和手腕用力为主，在来球高点或刚下降期摩擦球的中部或中下部，将球削出（图 6-4-21）。

图 6-4-21　反手近削

练习方法：

- 在接平击球或急球时，用正手或反手将球削回。
- 削斜线球，然后再练习削直线球。
- 正、反手结合进行削球（从有规律到无规律）。
- 远削与近削结合练习。
- 削转与不转结合练习。

6. 攻球

攻球是最具有威慑力的得分手段，也是最重要的一项基本技术。攻球分为正手攻球和反手攻球，按站位分为近、中、远台攻球，按击球点和击球时间分为拉、抽、拨、扣、杀等方法。

（1）正手近台攻球：正手近台攻球是近台快攻打法的主要技术之一。常用于还击正手位的发球、推挡球、一般的上旋球等，往往使对方措手不及。在对攻中如结合线路和落点的变化，则可调动对方，伺机扣杀。

直拍正手近台攻球时，身体靠近球台，右脚稍后，两膝微屈，上体略前倾。击球时，引拍至身体右侧成横状，上臂和身体约成 35°，与前臂约成 120°。当球从台面弹起时，手臂由右侧向左前上方迅速挥动，以前臂发力为主。击球时，食指放松，拇指压拍，使拍面前倾，并结合手腕内转动作，在来球的上升期击球的中上部（图 6-4-22）。

图 6-4-22　正手近台攻球（直拍）

正手近台攻球动作示范

（2）横拍正手近台攻球时，前臂与手腕成直线并与台面接近平行，拍柄略朝下。击球的时间、部位，拍面角度及手臂挥动方向基本上与直拍相似（图 6-4-23）。

图 6-4-23　正手近台攻球（横拍）

横拍正手近台攻球示范动作

（3）反手攻球：反手攻球根据握拍法可分为直拍反手攻球和横拍反手攻球，具有动作小、出手快、能抢先上手等特点，可以为正手大力扣杀争得主动机会。以直拍反手近台攻球为例，身体靠近球台，两脚平行开立。击球前，引拍在腹前左侧，肘关节略向前出，上臂和前臂约成 180°，拍柄稍向下。击球时，上臂贴近身体，前臂外旋向右前方挥动，配合转腕动作，使拍面略前倾，在上升期击球的中上部。击球后，随势将拍挥至右肩前（图 6–4–24）。

图 6–4–24 反手攻球

练习方法：

▸ 一人发平击球，另一人练习攻球，打一板后再重新发球。

▸ 一人挡球，另一人练习攻球，要求先轻打，再用中等力量打。

▸ 一人快推，一人练习攻球，定点定线。

▸ 对攻练习：右半台正手对攻斜线；正手对攻直线；左半台侧身正手对攻斜线；两直对两斜对攻等。

▸ 搓攻练习：对搓斜线，搓中一方（或双方）侧身抢攻；一方一点搓两点，另一方左搓右攻；两点对两点对搓，搓中一方（或双方）抢攻。

▸ 拉攻练习：先定点定线的拉攻练习；在走动中拉球；拉中突击；拉中突击结合放短球。

7. 乒乓球技术的学习与运用

在平常的乒乓球练习中，应注意以下几点：

（1）由易到难、由表及里、由有规律到无规律。

（2）由台下到台上，由单个技术到结合技术，由单线到复线，先上旋、后下旋。

（3）养成眼睛盯球、耳朵听声、手法正确、步法灵活、手法与步法相结合的练习习惯。

（二）乒乓球基本战术

乒乓球各类型打法的战术是多种多样的。归纳起来，大致可分为以下几类：发球抢攻战术、对攻战术、搓攻战术、削中反攻战术和接发球战术。由于类型打法和个人技术风格以及作战对象不同，因而在运用战术的具体方法上也各不相同。

1. 发球抢攻战术

（1）快攻类：

① 对付快攻打法的战术：反手发侧上、下旋球至对方中路偏右近网处，配合发大角度长球，伺机抢攻。

② 对付弧圈球打法的战术：正手发转与不转的球至对方右角或中路近网处，配合发长球至对方左方，伺机抢攻。

③ 对付削球打法的战术：正手发右侧上旋急球至对方右大角或中路，配合发直线近

网短球或长球，伺机抢攻。

（2）弧圈类：

① 对付快攻打法的战术：反手发右侧上、下旋短球至对方正手中路，结合发强烈上、下旋长球至两角后抢位或抢冲。

② 对付弧圈打法的战术：侧向或正手发高、低抛左侧上、下旋球至对方正手近网处，配合底线侧上旋球，伺机抢攻。

③ 对付削球打法的战术：正手或侧身发转与不转球至对方正手中路近网处，配合发侧上、下旋底线长球后抢位或抢冲。

（3）削攻类

① 对付快攻打法的战术：正手或侧身发高、低抛左侧上、下旋球至对方反手短路或刚出台处，然后抢攻或抢冲其中路或反手。

② 对付弧圈打法的战术：正手发转与不转球至对方正手中路近网处，然后抢攻或抢冲其中路或反手。

③ 对付削球打法的战术：正手发下蹲或左、右侧上、下旋转至对方中路，然后抢攻。

2. 对攻和拉攻战术

（1）快攻类：

① 对付快攻打法的战术：紧压反手，结合变线，伺机抢攻。

② 对付弧圈打法的战术：加、减力推压对方中路或反手，伺机抢攻。

③ 对付削球打法的战术：连续拉对方反手后，突击中路或直线，然后扣杀两大角。

（2）弧圈类：

① 对付快攻打法的战术：运用高吊弧圈，拉住对方反手后，找机会抢冲对方正手位。

② 对付弧圈打法的战术：用近台快拨、快推压对方中路或反手后，伺机反拉或冲、扣。

③ 对付削球打法的战术：拉不同旋转和长、短落点的弧圈球后，伺机冲、扣中路或反手。

3. 搓攻战术

（1）快攻类：

① 对付快攻打法的战术：以快搓加转长球为主，结合拦转与不转短球至对方反手，伺机突击或抢先拉起。

② 对付弧圈打法的战术：以快搓转与不转短球为主，结合突然搓对方反手底线长球，找机会“快点”或抢攻。

③ 对付削球打法的战术：快搓转与不转球至不同落点，伺机突击中路或两大角。

（2）弧圈类：

① 对付快攻打法的战术：搓加转短球结合搓加转底线两角长球后，伺机拉高吊或前冲弧圈至对方中路或正手位。

② 对付弧圈打法的战术：搓转与不转短球结合快搓加转底线反手长球后，伺机拉高吊或前冲弧圈至对方中路或反手位。

③ 对付削球打法的战术：以搓对方反手、中路为主，结合搓正手台内短球后，伺机拉高吊或前冲弧圈球至对方中路或反手位。

（3）削攻类：

① 对付快攻打法的战术：搓加转球至对方反手大角后，攻对方中路、正手。配合搓变对方正手后，攻对方的反手、中路。

② 对付弧圈打法的战术：快搓不同旋转和落点后，突然搓加转长球至对方反手底线，伺机突击或拉弧圈球。

③ 对付削球打法的战术：轮换发球法战术。

4. 接发球战术

（1）快攻类：

① 对付快攻打法的战术：用手削一板或“快点”击对方反手位，配合突然变正手与中路。

② 对付弧圈打法的战术：以快搓短球为主结合快搓底线长球进行控制，然后抢先拉起或突击。

③ 对付削球打法的战术：用连续摆短球至对方中路或正手，再突然拉起变对方中路。

（2）弧圈类：

① 对付快攻打法的战术：以快搓加转近网短球为主，结合搓两大角长球。

② 对付弧圈打法的战术：以先拉高吊弧圈至对方反手为主，形成主动拉、冲的局面。

③ 对付削球打法的战术：接发球抢位或抢冲。

（3）削攻类：

① 对付快攻打法的战术：用加转搓球至对方反手大角，配合送转与不转长球至对方正手。

② 对付弧圈打法的战术：用快搓或攻球控制对方两角后，伺机进攻或后退削球。

③ 对付削球打法的战术：用快攻或接发球抢拉后，再退后削球，形成相持局面。

5. 乒乓球战术的学习与运用

（1）知己知彼，有的放矢：即要在摸清对手球拍的性能、基本打法、技术、战术运用特点和特长技术等情况的基础上，制订出切实可行的战术方案。

（2）主动灵活，随机应变：自己的某种打法或某种战术一旦被对方适应后，就需要采用旋转、节奏、落点等变化，给对方制造新的困难，以达到取胜的目的。

（3）以己之长，制彼之短：每个人都有自己的打法和风格，如有的发球好，有的善于快攻等。在比赛时，要充分发挥自己的长处，抓住对方弱点，力争比赛的主动，争取胜利。

（4）勤于观察，善于分析：乒乓球比赛时，随着场上战局的变化，应注意分析对方的心态，及时调整和改变自己的战术，破坏对方的作战意图，从心理上给对方施加一定的压力。

三、乒乓球比赛规则简介

（一）场地和器材

1. 球

球为黄色（或白色），直径为40毫米，重2.7克，由赛璐珞或类似的塑料制成。

2. 球拍

球拍的大小、形状或重量不限，底板至少应有80%的天然木料。

3. 球台

球台应为与水平面平行的长方形，长 2.74 米，宽 1.525 米，离地面高 76 厘米。球台四边应有一条 2 厘米宽的白线。双打时，各台区应由一条 3 毫米宽的白色中线划分为两个相等的“半区”。

（二）乒乓球竞赛通则

1. 定义

（1）回合：球处于比赛状态的一段时间。

（2）球处于比赛状态：从发球时，球被有意向上抛起前，静止在不执拍手掌上的一瞬间，到该回合被判得分或重发球。

（3）重发球：不予判分的回合。

（4）一分：判分的回合。

（5）执拍手：正握着球拍的手。

（6）不执拍手：未握着球拍的手。

（7）击球：用握在手中的球拍或执拍手手腕以下部分触球。

（8）阻挡：对方击球后，处于比赛状态的球尚未触及本方台区也未超过比赛台面或其端线，即触及本方运动员或其穿戴的任何物品。

（9）发球员：在一个回合中，首先击球的运动员。

（10）接发球员：在一个回合中，第二个击球的运动员。

（11）裁判员：被指定管理一场比赛的人。

（12）裁判助理：被指定在某些方面协助裁判员工作的人。

（13）运动员“穿或戴”的任何物品，包括他在一个回合开始时穿或戴的任何物品。

（14）球从突出台外的球网装置之下或之外经过，或回击的球越过球网后又回弹过网，均应视为已“超过或绕过”球网装置。

（15）球台的“端线”包括端线两端的无限延长线。

2. 合法发球

（1）发球时，球应放在不执拍手的手掌上，手掌张开和伸平。球应是静止的，在发球方的端线之后和比赛台面的水平面之上。

（2）发球员须用手把球几乎垂直地向上抛起，不得使球旋转，并使球在离开不执拍手的手掌之后上升不少于 16 厘米。

（3）当球从抛起的最高点下降时，发球员方可击球，使球首先触及本方台区，然后越过或绕过球网装置，再触及接发球员的台区。在双打中，球应先后触及发球员和接发球员的右半区。

（4）从抛球前球静止的最后一瞬间到击球时，球和球拍应在比赛台面的水平面之上。

（5）击球时，球应在发球方的端线之后，但不能超过发球员身体（手臂、头或腿除外）离端线最远的部分。

（6）运动员发球时，有责任让裁判员或副裁判员看清他是否按照合法发球的规定发球。

（7）如果裁判员怀疑发球员某个发球动作的正确性，并且他或者副裁判员都不能确信该发球动作不合法，一场比赛中此现象第一次出现时，裁判员可以警告发球员而不予判分。

（8）在同一场比赛中，如果运动员发球动作的正确性再次受到怀疑，不管是否出于同样的原因，不再警告而判失一分。

（9）无论是否第一次或任何时候，只要发球员明显没有按照合法发球的规定发球，他将被判失一分，无须警告。

（10）运动员因身体伤病而不能严格遵守合法发球的某些规定时，可由裁判员做出决定免予执行，但须在赛前向裁判员说明。

3. 合法还击

对方发球或还击后，本方运动员必须击球，使球直接越过或绕过球网装置，或触及球网装置后，再触及对方台区。

4. 比赛次序

（1）在单打中，首先由发球员合法发球，再由接发球员合法还击，然后两者交替合法还击。

（2）在双打中，首先由发球员合法发球，再由接发球员合法还击，然后由发球员的同伴合法还击，再由接发球员的同伴合法还击，此后，运动员按此次序轮流合法还击。

>>> 知识链接

比 赛 限 时

20 世纪三四十年代，当时乒乓球的主要技术是削球，故出现了很多“马拉松”式的比赛，如 1936 年第 10 届世界乒乓球锦标赛男子团体赛，比赛共进行了 31 个小时，用了 3 个晚上才赛完。为此，在这届世乒赛期间举行的国际乒联代表大会上，对乒乓球运动的原有规则进行了修改，限制了比赛时间，即一场三局两胜的比赛不得超过 1 小时，五局三胜的比赛不得超过 1 小时 45 分。在 1961 年第 26 届世乒赛后，又规定一局比赛开始 15 分钟后仍未结束，该局剩余部分和以后比赛剩下的各局，执行轮换发球法，发球方必须在 13 板内打败对方，否则判失一分。

5. 重发球

回合出现下列情况应判重发球：

（1）如果发球员发出的球，在越过或绕过球网装置时，触及球网装置，此后成为合法发球或被接发球员或其同伴阻挡。

（2）如果接发球员或同伴未准备好时，球已发出，而且接发球员或其同伴均没有企图击球。

（3）由于发生了运动员无法控制的干扰，而使运动员未能合法发球、合法还击或遵守规则。

（4）裁判员或副裁判员暂停比赛。

（5）在双打时，运动员错发、错接。

可以在下列情况下暂停比赛：

（1）由于要纠正发球、接发球次序或方位错误。

（2）由于要实行轮换发球法。

（3）由于警告或处罚运动员。

（4）由于比赛环境受到干扰，以致该回合结果有可能受到影响。

6. 一分

除被判重发球的回合，下列情况运动员得一分：

（1）对方运动员未能合法发球。

（2）对方运动员未能合法还击。

（3）运动员在发球或还击后，对方运动员在击球前，球触及了除球网装置以外的任何东西。

（4）对方击球后，该球越过本方端线而没有触及本方台区。

（5）对方阻挡。

（6）对方连击。

（7）对方用不符合要求的拍面击球。

（8）对方运动员或他穿戴的任何东西使球台移动。

（9）对方运动员或他穿戴的任何东西触及球网装置。

（10）对方运动员不执拍，手触及比赛台面。

（11）双打时，对方运动员击球次序错误。

（12）执行轮换发球法时，接发球运动员或其双打同伴，包括接发球一击，完成了13次合法还击。

7. 一局比赛

在一局比赛中，先得11分的一方为胜方，10平后，先多得2分的一方为胜方。

8. 一场比赛

（1）一场比赛一般采用五局三胜制或七局四胜制。

（2）一场比赛应连续进行。但在局与局之间，任何一名运动员都有权要求不超过2分钟的休息时间。

第五节　网球运动

一、网球运动概述

（一）网球运动的起源与发展

网球运动起源于法国，成熟于英国。12—13世纪，在法国传教士中流行一种用手掌击球的游戏，方法是在空地上两人隔一条绳子，用手掌将布包着头发制成的球打来打去。当时，这种游戏叫“jeu de paume”（法语，用手掌击球的意思）。

后来，这种运动渐渐从修道院传到了法国宫廷。1358—1360年，这种供贵族玩的古式网球又从法国传入英国，当时这种球的表皮是用埃及坦尼斯镇所产的著名绒布——斜纹法兰绒制作的，英国人就将这种球取名为“tennis”。

近代网球的历史是从1873年开始的。当时，会打古式网球的英国少校M.温菲尔德，改进了古式网球的打法，把场地移到了室外草坪上，设计了一种适用于户外、男女都可以从事的网球运动。1875年，出现了较详细的竞赛规则。1877年，在英国伦敦郊外的温布尔顿举办了首届全英草地网球锦标赛，当时仅设男子单打一个项目。1879年，增设了男子双打。1884年起，开始设女子单打。又过了29年，女子双打和混合双打才走进温布尔顿公开赛。

紧随英国之后开展网球运动的国家是美国。1881年，世界上第一个全国性网球协会——全美草地网球协会诞生，并在罗德岛新港举行了首届比赛，还开始设有男子双打。1887年，增加了女子单打，1890年又增加了女子双打，1892年举行了混合双打比赛。

1878年以后，草地网球相继传入加拿大、斯里兰卡、瑞典、印度、日本、澳大利亚、南非等国。

世界网球运动重大赛事

1913年3月1日，在法国巴黎成立了世界网球的最高组织——国际网球联合会。它的成立，为网球运动的进一步发展开辟了一条更加广阔的道路。至此，现代网球运动逐渐在全球盛行起来，成为一项深受广大群众喜爱的球类运动。

我国网球运动起步也不算晚。约在1885年，现代网球运动传入上海、广州、天津等几个大城市，但仅在教会及教会学校中开展，参加人数较少，运动水平也较低。

中华人民共和国成立后，网球运动和其他体育项目一样，得到了迅速发展。1956年10月23日，中国网球协会正式成立。近十年来，我国女子网球进步神速。2004年，郑洁首次晋级法网16强，李婷、孙甜甜获得雅典奥运会双打金牌。2006年，郑洁 / 晏紫先后拿下澳网、温网两项大满贯双打冠军。值得一提的是，李娜勇夺2011年法网女单冠军，这一成就足以载入世界网球史册。

（二）网球运动的特点与锻炼价值

1. 网球运动的特点

（1）空中击球快速有力：网球比赛要求，接对手击过网的球时，必须用拍子击空中球或地面反弹球，发球时要求先将球抛起，然后才将球击到对方发球区内。由于在空中击球，所以球速快而有力。

（2）发球方法独具一格：网球规则规定，在一局比赛中，一人连续发球直至该局结束，此局被称为发球局。每次发球，发球者均有两次机会，即一发失误，还有二发的机会。这种独特的发球方式使得网球的发球威力巨大，也正因为如此，在双方实力均衡的比赛过程中，发球方总能占据一定的优势。

（3）记分方式与众不同：网球比赛采用15、20、40平分的记分方法，每盘比赛采用6局形式。以15分为单元的记分法始于中世纪。比赛中球员每胜一球即得1分，记分15，胜第二分记分30，胜第三分记分40，先胜4分者为胜一局。如遇到双方各得3分时，则为“平分”。“平分”后，某一方先得1分，为“该球员占先”，“占先”后再得1分，才算胜一局。如一方“占先”后，对方又得1分，则仍未“平分”。依此类推，直到一方在“平分”后净胜2分才为胜该局。

（4）比赛时间难以控制：正式的网球比赛为男子五盘三胜、女子为三盘两胜，比赛时间往往长达3~5小时，有的比赛甚至达到6~7个小时。由于比赛时间太长，在当天不得不中止比赛，在第二天继续进行的情况也屡见不鲜，这种比赛时间的不确定性，也增添了网球的魅力。

（5）比赛强度大：网球比赛对于双方运动员的体力要求很高。有人做过统计，一场双方势均力敌、高水平的网球比赛，男子的跑动距离接近6 000米，女子也要达到5 000

米，运动员的挥拍次数达到上千次。如此高的比赛强度在其他竞技比赛中是很少见的。所以，网球运动对于运动员的体力、意志力和心理都是极大的考验。

（6）心理素质要求高：网球除团体比赛在交换场地时教练可以进行场外指导外，其他任何时候比赛中都不允许有教练进行指导，哪怕是手势也不行。整个比赛全程都是个人独立作战，没有良好的心理素质，要想取得比赛的胜利是非常困难的。

2. 网球运动的锻炼价值

（1）增强体质，促进健康：网球运动是一项男女老少皆宜的运动，运动量可大可小，可以自行调节。长期参与网球锻炼，可以使人动作敏捷，判断准确，反应迅速，提高速度、力量、柔韧、灵敏等身体素质，对改善人体运动系统、循环系统、呼吸系统、神经系统以及抵抗各种疾病、适应外界的能力都有重要的作用，从而可以有效地增强人们的体质和健康。

（2）培养良好的意志和作风：在网球运动中，特别是在比赛中，人们通过进攻与防守，控制与反控制，既斗智，又斗勇，有利于培养拼搏进取的作风和胜不骄、败不馁的意志品质，有利于提高克服各种困难的勇气。

（3）团结协作，增进友谊：习练网球需要一个对手或球友。通过网球运动可以交流球艺，增进友谊。特别是参加双打比赛，可以培养人们相互信赖、团结协作、密切配合的合作意识。网球运动还是一项良好的社交活动，可以促进彼此的沟通和理解。

（4）愉悦身心，陶冶情操：网球比赛具有较强的观赏性。在网球比赛中，场上热烈的气氛，激烈的争夺，往往使观众如痴如醉。运动员在比赛中所表现的顽强斗志、潇洒的作风和精湛的技艺，都令人赏心悦目，久久难以忘怀，从中可以得到一种精神享受。

二、网球基本技战术的学习与运用

（一）网球基本技术

1. 握拍方法

握拍是所有击球的基础，它间接形成球员的打法特点。在当今网坛中，基本握拍法大致分为 4 类：大陆式、东方式、西方式和半西方式。

握拍时，手掌小鱼际肌要与拍柄底部齐平，掌心和手指应与拍柄最大面积地贴合在一起，拇指环绕拍柄紧贴中指，食指略与中指分开并自然与拍柄贴在一起。整个手型有点像开枪时扣扳机的样子。握拍不宜过紧，只在挥拍击球的瞬间握紧拍就行了。握拍法也不是一成不变的，初学者往往采用东方式握拍，但随着技术的提高，慢慢就转为西方式了。总之，感觉最舒适的握法就是最适合的握拍方式。

（1）大陆式握拍：食指和拇指形成的“V”形虎口对准 1 的位置（图 6–5–1）。采用这种握拍方法，打截击球时无须换握。此外，发球、高压球、切削球也都可用此握拍法。

（2）东方式正手握拍：将“V”形虎口对准 2 的位置（图 6–5–1）。它与握手的姿势十分相似。此种握拍法较适合初学者，尤其适合女生初学者使用。

（3）东方式反手握拍：将“V”形虎口对准 8 的位置（图 6–5–1）。这种握拍方法可给手腕提供良好的稳定性。有些优秀选手可通过使拇指伸直来打较高的落地球。

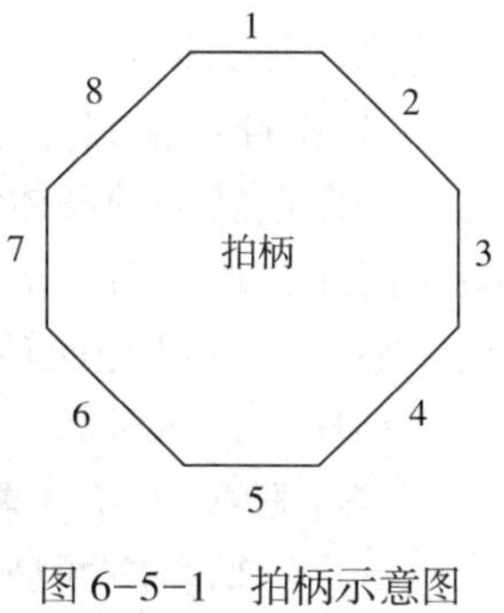

图 6–5–1　拍柄示意图

握拍法技术动作示范

（4）半西方式握拍：将“V”形虎口对准3的位置（图6-5-1）。用此种握拍法，易于击打腰部以上高度的球。它具备西方式握拍的旋转和东方式握拍的力量，倾向于正手主动进攻。这种握拍法不仅适合初学者，更被当代顶尖网球选手广泛运用。建议有一定运动基础的男生采用此握拍法击球。

（5）西方式握拍：将“V”形虎口对准4的位置（图6-5-1）。西方式握拍最显著的特点是正、反手击球使用同一个拍面。喜欢打强烈上旋球的土场选手多采用这种握拍法。

（6）双手反手握拍：一般右手（以右手击球为例）采用大陆式握拍，左手采用东方式正手握拍。与单手反手击球相比，双手反手击球更具稳定性，击球也更有力量，接发球成功率较高。在当今世界网坛职业选手中，有70%以上的选手采用双手反拍击球。

2. 发球

发球是网球基本技术之一，也是网球比赛中唯一由自己掌握、不受对方影响的重要技术。发球的好坏直接关系到分数的得失。因此，必须掌握好发球技术。发球一般分为准备姿势、抛球、拉拍、击球和随挥5个阶段。

（1）握拍：一般采用大陆式握拍。

（2）准备姿势：侧身位于端线后中点标记近旁，左肩对着左边网柱（右手握拍），重心在左脚上。左手持球，轻托球拍在腰部，拍头指向前方。呼吸均匀，全身放松，精神集中，看一下对方，想好要将球发向哪里，最好养成发球前拍几下球的习惯。

（3）抛球：抛球是发好球的关键。

① 抛球的方法：在准备动作的基础上，持球手臂渐渐下落靠近同侧大腿，然后自下而上将球抛起。在整个抛球过程中，手臂保持伸直状态，其走势与地面垂直，掌心向上，以拇指、食指、中指三指将球平稳托起，球在空中的旋转越少越好。在球脱手时，托球的三个手指已最大限度地展开，感觉球被轻放到空中。

发球技术动作示范

② 球离手后在空中的位置：根据不同需要，球在空中相对于身体的前后位置也不尽相同。一般来说，平击发球强调出球的速度与攻击力，击球点较靠前，因此球也抛得较靠前。上旋发球强调球的旋转和稳定，击球点也就相应后移，因此球自然要抛得靠后一些。抛球的位置也可参照球落地后相对于前脚的位置来确定。一般来说，平击发球，球应落于前脚前一个拍头的位置上。

③ 抛球的高度：应在击球点之上，一般来说，发球动作幅度大的球员应将球抛得高些，反之则低些。

（4）挥拍击球：挥拍和抛球是同时开始的。挥拍击球的环节包括：

① 后摆球拍：从准备姿势开始，持拍手贴近身体像钟摆一样将球拍摆至身后。接着当球拍从身后向头上方做大弧度摆动时，身体做转体、屈膝、展肩动作，右肘向后外展约同肩高，拍头指向天空，左侧腰、胯成弓状，肩与球网约成直角。

② 击球：在屈膝、背弓动作的基础上，球拍继续向上摆起，这时握拍手的肘关节放松，使向前转动的身体和右肩超越手臂和球拍，自然使手臂和球拍形成“搔背”动作。当球下降至击球点时，迅速向上挥拍击球，左脚蹬地，使手臂和身体充分伸展。在挥拍击球时，肩、手臂已经回转，双肩与球网平行。同时，持拍手腕带动小臂有一个旋内的“鞭打”动作，拍面对球，将重心前移，蹬地、转体、挥拍等的力量集聚到一点上。

（5）随挥：击中球时，虽然挥拍击球动作已完成，但整个发球过程仍在继续。到达击球点后，球员应顺身体及挥拍的惯性做收腹、转肩和收拍动作，将球拍挥到持拍手臂的异侧，重心移向前方，做到自然跟进并保持平衡。

（6）常用的发球方法：

① 平击发球：平击发球不但力量大，球速快，而且反弹低。如果身材高大就可借助高点击球的空中优势直接攻击对方；如果身材较矮就不宜过多使用平击发球，因为这种发球弧线平，对过网点要求高，命中率较低。

平击发球的击球点应在身体的右眼前上方，以拍面中心平直对准球，击球的后中上部。身体充分向前上伸展，以获得最高击球点，提高发球命中率（图 6-5-2）。

图 6-5-2　平击发球

② 切削发球：这是一种以右侧旋转（略带上旋）为主的发球。切削发球球的飞行轨迹及弹跳方法很独特，这种发球不但容易提高命中率，还能将对手逼至场外。若和平击发球交替运用，效果更好。

切削发球时，把球抛到右侧斜上方，球拍成一侧角向击球点挥击，击球的中后部偏右，使球产生右侧旋转。

③ 上旋发球：这是一种以上旋为主、侧旋为辅的发球。由于球充分上旋，过网时弧度高，落地后反弹更高，可迫使对方后退接球或抢点接球，因此，接发球的失误率较高。一般优秀男选手的二发都采用上旋发球。

上旋发球时，应把球抛到头后偏左的位置，击球时，身体尽量后仰成弓形，利用杠杆力量对球施加旋转。击球时，球拍快速从左下向右上方挥动，从下向上擦击球的背面，并向右带出，使球产生右侧上旋。

练习方法：

▸ 抛球练习：双脚前后开立，侧身对墙壁或挡网，抛球手臂沿着墙壁或挡网由低向高抬起进行抛球练习。体会蹬腿伸膝将球托向空中的感觉，使抛出的球沿墙壁或挡网垂直落下。

▸ 对墙发球练习：在墙上画一条与网同高的线，并在墙网上画 1 米见方的框，发球时尽量瞄准此框，开始可离墙距离近些，待动作熟练、准确性提高后，逐步拉开与墙的距离。

▸ 朝目标发球。

▸ 击打空中高物挥拍练习。

3. 接发球

发球与接发球是一对针锋相对的技术，二者对球员赢得比赛具有同等重要的意义。接发球者在一定程度上受发球员的支配，必须在瞬间精准、迅速、到位地把“判断”和“回击”一气呵成地完成。

（1）接发球站位：球员应根据发球员所站的位置来调整自己的站位。在一般情况下，取位于单打边线附近，底线后半米至一米的地方。如果偏离单打边线太远（太偏左或太偏右站位），那么就会给自己造成防守上的空虚。

接发球技术动作示范

（2）准备姿势：保持两脚平行站立，比肩略宽，两膝微屈，上体稍前倾。重心位于前脚掌，将球拍置于体前，保持待动状态，并将注意力集中在发球员的抛球动作上，力求在接发球时向前移动击球。

（3）击球动作：根据对方的发球好坏、速度快慢而定，动作一般介于底线正、反拍击球和截击击球动作之间。面对发球差的选手，可用自己的底线正、反拍动作来接对方的发球；而面对发球好、速度快的选手时，可用网前截击的动作顶接对方的发球，这样接出的球近乎平击，很有威胁。

练习方法：

- 起动—上步—垫步—接发球模拟练习。
- 两人一组，一发一接。
- 接发球反手切削练习。
- 接发球—深度游戏（高出球网 30 厘米拉一条线）。
- 接发球正手回直线、斜线练习。

4. 底线正拍击球

（1）动作方法：

① 准备姿势：面对球网，两脚向前自然分开，与肩同宽，双膝微屈，身体略向前倾，重心落在双脚前脚掌上，右手握拍，左手轻托拍颈，双肘微屈，舒适地将球拍放在身前，拍面垂直，拍头指向对方，两眼注视对方来球，做好击球准备。

② 后摆引拍（拉拍）：当判断来球需用正拍回击时，转动双脚，左脚跟抬起并向右侧前方上步，右脚向右转 90° 与底线平行，同时转肩，转髋带动右手向后摆动引拍（此为关闭式步法，适用于初学者转体；另一为开放式步法，左脚不必上步，两脚平站但需更多地向右转体动作），引拍时，肘部弯曲，自然下垂，拍头低于膝盖，左手伸向前方，保持身体平衡。后摆引拍时，身体重心移向右脚，左肩对着右侧网柱，手腕固定，挥拍转动约 180°，拍头指向后挡网。

③ 击球动作（前挥击球）：从后摆进而向前，挥动时紧握球拍，手腕后伸、固定，脚用力蹬地，转动身体和挥拍，正拍的击球点在身体的右侧前方不超过腰的高度，击球时的挥拍速度最快，将球打在拍面中心，击球时拍头自下而上地挥动使球稍带上旋。

正拍击球技术动作示范

④ 随挥：球触拍后，使拍面平行于网的时间尽量长些，挥拍沿着球飞行的方向前送，重心前移落在左脚，身体也随着转向球网，挥拍动作在左肩上方结束，使拍头指向后方高出头部，随挥跟进动作要比后摆动作大而充分，保证击球的稳定性，随挥跟进结束，立即恢复成准备姿势，准备下一次击球。

（2）底线正拍击球方法：

① 底线正拍平击球：正拍平击球具有飞行线路平直、落地弹跳低、冲力大、进攻性强的特点。在底线对拉相持或对攻中，如果平击球技术运用得好，不仅可以为进攻创造条件，而且有时还能直接得分。但由于平击球的飞行线路平直而缺少弧线，所以，该击球的命中率和准确性较低。

采用东方式正拍握拍或半西方式握拍法。充分利用腰部回转和腿部力量，整个手臂挥动要快，用力要集中，球拍击球中后部直接将球击出。击斜线时，应击球的中后偏右部。

挥拍动作不应向上太多，近乎平行地向前挥拍击球，这样便于压住球，并控制好过网的高度（图 6-5-3）。

② 底线正拍击上旋球：正拍击上旋球是球拍自后下方向前上方挥动摩擦整个球体产生球由后下方朝前上方转动。这种打法是在击球时，加大球拍向上提拉挥动的幅度，使球

图 6-5-3 底线正拍平击球

产生较为急剧的上旋。上旋球的特点是球飞行幅度高、下降快、落地弹起的反射角度较小、前冲力较大。打上旋球最大的优点是便于加力控制，是正拍击球中既能发力，又能控制进入场区、减少失误的击球方法。由于在快速跑动中调整精确的击球点很难，而击上旋球有较大的把握性，其他击球法容易失误。另外，正拍上旋球的飞行路线呈彩虹状，过网后有急剧下降的特点，可以打出短的斜线球，可把对方拉出场外回击以取得主动。上旋球还是破坏对方上网的有力武器。较低的上旋球落在对方上网人的脚下，使其难于还击。

正手击上旋球一般采用半西方式或西方式握拍。左脚向来球方向迈进半步至一步，并将重心移至右脚，同时向右转体带动手臂后摆球拍。在后摆动作的基础上，重心由右脚移至左脚，同时蹬地、转体并带动手臂自下而上挥拍迎击来球。到达击球点之前，拍头应低于击球点，然后依靠自下而上向前上方挥拍的力量将球提拉呈上旋出手，持拍手应带动球拍顺着后摆的弧线继续划弧，击球点在身体侧前方，相当于腰部高或略低于腰部的位置上。击球时，拍面稍向地面倾斜。此时，身体重心已移至左脚，身体也已转向出球方向，击球的力量源于转动身体而非手臂。

击球之后，要顺此惯性引导手臂及球拍沿出球方向继续送出，最后在其势末收住球拍，结束击球。尽可能地多送一程，可对出手后的球起到“保护”作用，使球飞行得更加平稳。

练习方法：

- ▸ 徒手挥拍练习。
- ▸ 垫步 + 上步击打定点球练习。
- ▸ 垫步 + 滑步击打定点球练习。
- ▸ 垫步 + 碎步击打抛球练习。
- ▸ 两人小场地斜线正手练习。
- ▸ 底线正手斜线练习。

5. 底线反拍击球

反拍击球和正拍击球一样，也是网球的基础技术之一。

（1）单手反拍击上旋球：单手反拍击上旋球是对球施加上旋，球过网后下落速度较快，球落地后前冲力较大，给对方造成一定威胁的一种打法。

动作方法：当来球飞向反手方向时，应立即转换球拍的握法，正拍若使用东方式或西方式握法，在打反拍时应变化为相应的反拍握拍法。移动到位的最后一步要保持右脚在前，向左转体，使右肩和胯侧对向来球，球拍向左后挥摆，持拍手臂的肘部保持适当翘起，球拍自左后方向前上方挥击，其他同正拍击上旋球（图 6-5-4）。

图 6-5-4 底线反拍击上旋球

单手反拍击球技术动作示范

（2）单手反拍击下旋球：单手反拍击下旋球即反拍切削球。这种击球法由于球的强烈下旋，使球落地后弹起很低并伴有回弹或前冲现象。下旋球在空中逗留的时间也相对较长，是上网截击前一拍的不错选择。

动作方法：握拍一般用大陆式握法。击球时，拍面略打开，挥拍时由后上方至前下方击打球的后下部产生向下的旋转。击球点相对上旋球稍后些。击球动作结束时，球拍与腰平或稍高于腰的位置。

（3）双手反拍击球：双手反拍击球是许多运动员在底线附近抽击反手球时常用的方法。双手反拍多靠转体配合，拍面的稳定性强，击球的力量也比单手要大，易拉出强烈的上旋球。只是其击球点比单手反拍更近身一些，并且要多跑动一步才能选好合适的击球位置。

动作方法：握拍右手（后手）采用大陆式握法，左手（前手）一般采用东方式正手握拍。当来球飞向反手方向时，移动到位的最后一步保持右脚在前，身体右侧朝向来球方向。双手握拍向左挥摆至腰侧，右臂伸展较大，左臂弯曲，重心在左脚上，眼睛从右肩上方注视来球。在迎球过程中，挥臂与转体动作配合，使球拍由低向高挥动，击球点较单反略靠侧后稍近处。双手握紧球拍，拍面垂直或稍后仰，用拍面中心击球的中后部。击球后，双手随势挥至右侧头部高度或屈肘挥至右肩后上方（图 6-5-5）。

图 6-5-5 双手反拍击球

双手反拍击球技术动作示范

练习方法：
- ▶ 徒手挥拍练习。
- ▶ 垫步 + 上步击打定点球练习。
- ▶ 垫步 + 滑步击打定点球练习。
- ▶ 垫步 + 碎步击打抛球练习。

▶ 两人小场地斜线双反练习。

▶ 底线双反斜线练习。

▶ 隔网送球单反直线、斜线练习。

6. 挑高球

挑高球是将还击的球挑过网前对手的头顶落入对方后场区。挑高球分进攻性挑高球（上旋高球）和防守性挑高球（下旋高球）两种。当对方上网时，可采用上旋高球进攻对方，使对手既够不到又追不上来球；当自己处于被动时，可利用下旋高球赢得回位时间。

挑高球动作，前半部分与底线上、下旋球相同，只是在击球后的随挥动作，要突然有向上送球的动作（图 6–5–6，图 6–5–7）。

图 6–5–6　正手挑高球

图 6–5–7　反手挑高球

7. 高压球

高压球可分为凌空高压球、落地高压球等几种。凌空高压球是指不等球落地，在空中就将其扣杀回去，此种球杀伤力极大，但击球者需具备良好的空中定向、判断能力及熟练而精准的脚步移动能力。落地高压球一般是在来球虽高但飘忽不定或很难取到最佳点将其凌空击回的情况下，让球落地反弹后再寻高点扣杀，初学者可以此为练习高压球的手段之一。前场高压，因为位置靠近网前，所以基本上是应该得分的。后场高压一般是在上网后被对方反击一个过头高球情况下的抢救性措施，虽看起来有些被动，但发挥好了仍可以重创对手，甚至得分。

高压球技术动作示范

高压球的动作与发球动作相似，握拍也与发球握拍相同。当对方挑高球时，应立即侧身转体并用短促的垫步向后退，同时以最快捷的动作将球拍摆至肩上，非持拍手应指向空中的来球，这样有助于测寻击球点的位置，对保持身体的平衡也有积极的作用。击球与发球时击球一样，击球点在右眼前上方。整个击球过程要做到眼不离球，击球时要果断，不能犹豫。随挥动作与发球类似，击球过后顺势将球拍收于异侧大腿外侧（图 6–5–8）。

图 6–5–8　高压球

练习方法：

▶ 徒手挥拍练习。

▶ 多球练习。

▸ 对墙练习。

▸ 一底一中场、后场高压球练习。

▸ 多球高压直线、斜线练习。

8. 截击球

拦击在空中飞行的球，称为截击或拦网。在网球击球中，截击是一项很重要的技术。截击球分中场截击、近网截击和近身截击。

正手截击技术动作示范

反手截击技术动作示范

（1）中场截击：握拍采用大陆式。面对球网站立，两脚与肩同宽，屈膝，重心放在前脚掌上。当判断来球在正手侧时，立即转体转肩，左脚向右前方做45°跨步，以肩带动球拍后摆，动作不过肩，肘微屈，手腕成45°背屈，拍面略开，拍头高于手腕。截击时手腕紧固，击球点在左脚尖的延长线上，以切削的方法击球的中下部，动作跟进要短促有力。

中场反拍截击与正拍截击动作基本相同，只是右脚向左前方跨步击球（图6–5–9，图6–5–10）。

图6–5–9 正手截击

图6–5–10 反手截击

（2）近网截击：近网截击的站位比中场截击靠前，位于发球线前1~1.5米，是网前得分的主要手段。

动作方法：后引动作很小，拍面垂直，击球的中部或中下部，肘关节与身体不应太远，动作短促且小。

（3）近身截击：当对手朝两侧破网不成功时，往往会朝中路进攻，此时如果准备不充分就会措手不及，造成失误。因此，近身截击的难度就在于反应和步伐移动要快。

动作方法：两膝微屈，面对球网，重心在前脚掌上。拍子放在身前，注视来球；当球朝着偏正拍中路来时，左脚向左侧迅速横移一步，重心在左脚上，右脚跟进同时转体侧身，球拍始终保持在身体前面。击球时，手腕要固定并握紧球拍，根据来球高低向前或向下撞击球。

练习方法：

▸ 徒手挥拍练习。

▸ 多球截击直线、斜线练习。

▸ 多球截击练习放短。

▸ 对墙练习。

（二）网球基本战术

1. 单打战术

（1）发球战术：

① 右区发球：站在右区发球时，应站在靠近中点发球，第一发球一般采用平击大力发球，发向对手右发球区中线附近，迫使对手用反拍接发球。第一发球发向对手反拍有以下好处：对手用反拍回球较困难，也减少了自己封网的角度，绝大多数选手反拍接发球时打直线，如果自己是用右手握拍，也应当做好反拍截击的准备。如果第一发球失误，则第二发球一般采用侧旋发球，发球速度相对慢些，以避免失误，可发向对手右发球区边线附近，利用侧旋球迫使对手离开场区接球，使对手不能打出快速有力的回球，发球上网的选手就很容易上网截击。如果发球不上网，也可以占据场中有利位置等待对手回击。

② 左区发球：站在左区发球时，应站在离中点 1~1.5 米处发球；第一发球一般应发向对手的左边线附近，即对手的反手边，让对手用反拍来接球。

（2）接发球战术：接发球的站位很重要，一般来说，在右区接发球时，右脚靠近单打边线；在左区接发球时，可以离单打边线远些，因为右手握拍的选手在左区发球时不可能把球拉出很远。接第一发球时，集中精力使它过网，尽量做到少失误；接第二发球时，可以不时地避开反拍而以正拍进攻，把球击向对手端线两角，随即上网截击或留在端线附近接对手的回球。

当对手发球上网时，最有效的方法是在对手上网跑动过程中把球击向他的脚部，即把球击向发球线附近。如果对手上网速度快、已占据了网前有利位置，则有三种破网方法：一是把球斜线击向对手的发球区边线附近；二是直线击向另一发球区边线附近；三是挑高球击向对手左底角附近。

（3）底线对抽战术：在网球比赛中，双方有大部分时间都处于底线对抽局面，这时要不断变换击球方法，如采用上旋和下旋结合，使对手不适应而造成失误；斜线直线结合，用大角度调动对手，使对手左右跑动。不要让对手有规律地移动，有些球交替打两个角，有些则打回头重复落点，使对手总是在猜测，判断。一旦对手打出一个浅球，就向前打随击球上网。

（4）改变不利打法战术：有些选手习惯在端线上很耐心地一拍一拍地将球打过来，对付这样的对手时，应注意改变打法。如处理浅球时，不要总是打随击球，应回打一个浅球或放一个小球，迫使对手上网，如果他的截击技术不是很好，就可以使其失误。放小球会使他感到意外，即使命中率不高，也可以试一下。放小球后，要像打随击球一样，继续向前上网，准备截击得分。

2. 双打战术

双打与单打的区别首先在于场地扩大了、人员增多了，其次在于击球的线路和落点不同，因此，双打时，应注意以下几点：

（1）互相鼓励，协作配合：双打时，要求两个队员配合得像一个人，这样才能把两个人的长处结合起来，打出比任何一个人单打水平都高的比赛。由于双打战术机动灵活，其变化比单打复杂得多。双打战术成功与取胜的关键在于两个队员默契配合。默契配合是建立在双方互相信任的基础上，并通过长期合作锻炼出来的。两个队员要紧密合作，互相鼓励，如同伴打出一个好球就要祝贺他。战术不对头时多商量，切记不要埋怨。因此，双打的根本是两个人如同一个整体，无论如何都要并肩战斗，移动要一致，相互间的距离不能拉开 3.5 米以上。

（2）双打站位：

① 发球、接发球时的双打站位：双打比赛时，一般是能够控制网前的队容易得分。

如图 6-5-11 所示，发球员 A 应站在中点和单打线的中间，发球后直接上网。发球员的同伴 B 站在发球线和球网之间稍偏向单打线，应做到只向两侧各移动一步，就能封住单打与双打的狭道以及球场中央的斜线球。接球员 C 在接右区发球时，应站在端线靠近单打线处（以右手为例）；在接左区发球时，则应稍靠中间站一些。接球员的首要任务是将球打过去，然后考虑上网。接球员的同伴 D 应站在发球线前，偏近中线，目的是警戒对方网前选手 B 打来的中路球。当接球员击球后向前时，接球员的同伴应移动到自己那半场的中间靠近球网的位置。

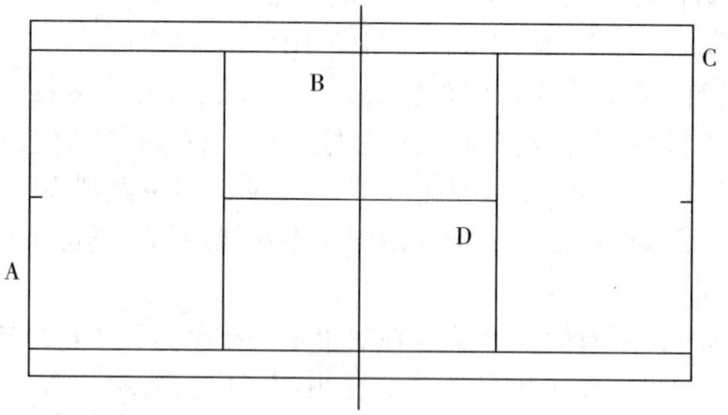

图 6-5-11 双打发球、接发球时的站位

② 不同水平选手的双打站位：双打比赛讲究的是默契配合。一般来说，正拍较好的选手应站在右区，反拍较好的选手宜站在左区。击球技术更凶狠和更有决断的选手应站在左区，而较稳健和不易失误的选手则应站在右区。事先，还要商量好由谁打中间的来球。在通常情况下，正拍选手打中路球，或者站在对方击球者斜对面的选手准备接中路球。虽然双打的关键是控制网前（特别是发球方），但也不要闷着头往前冲，要注意始终盯着球。

三、网球比赛规则简介

（一）场地规则

网球球场为长 78 英尺（23.77 米），宽 27 英尺（8.23 米）的长方形场地。中间由一条挂在最大直径为 1/3 英寸（0.8 厘米）粗的钢丝绳上的球网分开（图 6-5-12）。

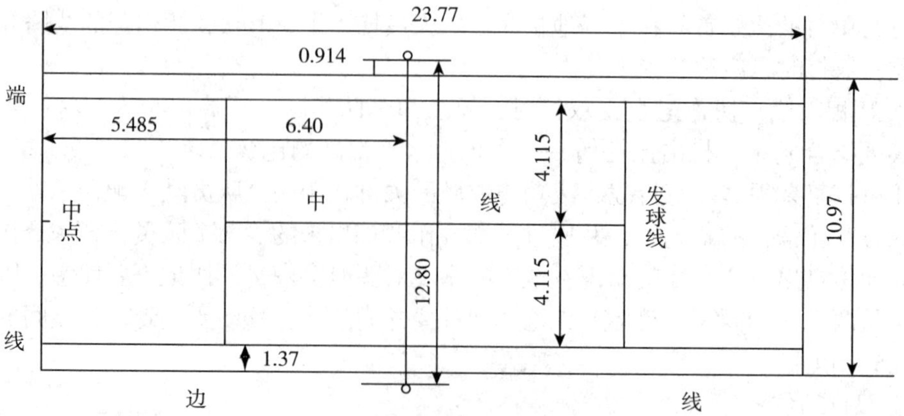

图 6-5-12 网球比赛场地

（1）全场除端线可宽至 10 厘米外，其他各线宽在 2.5~5 厘米之间。

（2）各区的丈量都从各线的外沿计算。中点线长 10 厘米，宽 5 厘米。

（3）网柱高为 1.07 米，球网中央为 0.914 米。

（二）竞赛规则

1. 发球

（1）发球前的规定：发球者在发球前应站在端线后、中点和边线的假定延长线之间的区域里，用手将球抛向空中任何方向，在球接触地面之前，用球拍击球。球拍与球接触时，完成球的发送。

（2）发球时的规定：发球员在整个发球动作中，不得通过行走或跑动来改变位置。两脚只准站在规定位置，不得触及其他区域。

（3）发球者的位置：

① 每局开始，先从右区端线后发球，得或失一分后，应换到左区发球。

② 发出的球应从网上越过，落到对角的对方发球区内或周围的线上。

（4）发球失误：以下情形判发球失误：未击中球；发出的球，在落地前触及固定物（球网、中心带和网边白布除外）；违反发球站位的规定。发球者第一次发球失误后，应在原发球位置进行第二次发球。

（5）发球无效：发球触网后仍落到对方发球区内或接球者未做好接球准备均应重发球，此时判定发球无效。

（6）交换发球：第一局比赛终了，接球者成为发球者，发球者成为接球者。以后每局终了，均互相交换，直至比赛结束。

2. 通则

（1）交换场地：双方应在每盘的第一、三、五等单数局结束后，以及每盘结束双方局数之和为单数时，交换场地。

（2）失分：发生下列任何一种情况，均判失分：

① 在球第二次着地前，未能还击过网。

② 还击的球触及对方场区界线以外的地面、固定物或其他物件。

③ 还击空中球失败。

④ 故意用球拍触球超过一次。

⑤ 运动员的身体、球拍在活球期间触及球网。

⑥ 过网击球。

⑦ 抛拍击球。

（3）压线球：落在线上的球都算界内球。

3. 双打

（1）双打发球次序：每盘第一局开始时，由发球方决定由何人首先发球，对方则同样地在第二局开始时，决定由何人首先发球。第三局由第一局发球方的另一球员发球。第四局由第二局发球方的另一球员发球。以下各局均按此次序发球。

（2）双打接发球：先接球的一方，应在第一局开始，决定何人先接发球，并在这盘单数局，继续先接发球。对方同样应在第二局开始时决定由何人先接发球，并在这盘双数局继续先接发球。他们和同伴应在每局中轮流接发球。

（3）双打还击：接发球后，双方应轮流由其中任何一名队员还击。如球员在其同队队员击球后再触球，则判对方得分。

4. 计分方法

（1）胜一局：

① 每胜一球得 1 分，先胜 4 分者胜一局。

② 双方各得 3 分时为“平分”，平分后，净胜两分为胜一局。

（2）胜一盘：

① 一方先胜 6 局为胜一盘。

② 双方各胜 5 局，一方净胜两局为胜一盘。

（3）决胜局计分制：为了控制比赛时间，近些年普遍采用平局决胜制，即当局数为 6∶6 时，只再打一局来决胜负。在这一局中，谁先赢得 7 分者即胜一盘。如果在此局中打成 5∶5 平分，一方仍须净胜对方两分才算胜此局，即胜此盘。

① 首先发球员只发第一分球，对方发第二、三分球，然后轮流发两分球，直至比赛结束。

② 第一分球在右区发，第二分球在左区发，第三分球在右区发，以下各分均按此序发球。

③ 每 6 分球都要交换场地。

第六节 羽毛球运动

一、羽毛球运动概述

（一）羽毛球运动的起源

相传羽毛球最早出现在 14—15 世纪时的日本，当时的球拍是木制的，球用樱桃核插上羽毛制成。这种球由于球托是樱桃核，太重，球飞行速度太快，使得球的羽毛极易损坏，加之球的造价太高，所以该项活动时兴了一阵就慢慢消失了。大约至 18 世纪时，印度的普那（Poona）出现了一种与早期日本的羽毛球相似的游戏（球用圆形硬质板插上羽毛制成，板是木质的，两人相对站着，手执木板来回击球的一种游戏）。19 世纪 60 年代，一批退役的英国军官把印度孟买的“普那”游戏带回英国。19 世纪中叶，在英国出现了用羽毛和软木制成的球和用弦穿的球拍击球的活动。1873 年，在英国格拉斯哥附近的鲍费特公爵的伯明顿庄园举办了一次游园活动，由于下起了大雨，便改在室内进行的一种游戏，场地呈“葫芦型”，中间狭窄处挂着网。由于这项游戏的趣味性强，参与者个个尽兴而归，于是这项游戏活动便逐渐风行起来，并以“伯明顿”（badminton）命名。

（二）羽毛球运动的发展

1. 现代羽毛球运动的发展

1875 年，世界上第一部羽毛球规则在印度的普那拟定。1878 年，英国制定了渐趋完善和统一的羽毛球比赛规则。1893 年，英国 14 家羽毛球俱乐部倡议并组成了世界上第一个羽毛球协会，进一步修订规则和规定了统一的场地标准，确定羽毛球用 14～16 根羽毛粘在软木上，重量为 4.6～5.5 克，场地为长方形。1899 年，英国羽毛球协会举办了首届全英羽毛球锦标赛。至此，现代羽毛球竞赛活动诞生了。1934 年，由英国、加拿大、丹麦、爱尔兰、法国、荷兰、苏格兰、威尔士等国家发起并成立了国际羽毛球联合会，总部在英国伦敦。1948 年开始了“汤姆斯杯”赛。1956 年首届“尤伯杯”赛举行。1978 年 2 月，一些不满当时国际羽联状况的国家和地区的代表在中国香港成立世界羽毛球联合会。在泰国举行了第一届世界羽毛球锦标赛。1979 年，在我国杭州举办了第一届世界杯羽毛球赛。1981 年 5 月 25 日，国际羽联和世界羽联正式合并，并对竞赛做了系统改革，逐步完善竞赛制度、改革记分办法，建立健全裁判制度。1992 年，羽毛球正式被列为夏季奥运会比赛项目。

世界羽毛球运动重大赛事

现在，国际羽联建立了由奥运会羽毛球比赛、世界男女团体锦标赛、世界锦标赛、世界团体锦标赛、世界系列大奖赛、世界青少年团体赛和洲际赛组成的世界羽毛球竞赛体制。

2. 我国羽毛球运动的发展

20 世纪 20 年代初，羽毛球运动传入我国，最初只是在一些城市的教会学校开展。新中国成立初期，只有东南沿海的少数城市，少数人打羽毛球，技术水平也较差。20 世纪 50 年代末、60 年代初，以侯加昌、汤仙虎、陈玉娘、梁子枚为代表的归侨青年学生，确定了“快、狠、准、活”的技术风格，宣告了我国羽毛球技术发展时代的开始。

1982 年，我国男子首次参加第十二届“汤姆斯杯”并获冠军，此后多次获汤姆斯冠军。1984 年，女子首次参加第十届尤伯杯并获冠军，此后也多次获尤伯杯冠军。在 2008 年北京奥运会上，中国羽毛球队获男子单打、女子单打、女子双打冠军。

20 世纪 90 年代，我国羽毛球竞赛根据大众羽毛球活动的规律，推出了“荣誉赛”“积分联赛”“轮空抽签定位赛”等新的竞赛方法和赛制，促进了群众羽毛球运动的发展。

（三）羽毛球运动的特点与锻炼价值

1. 羽毛球运动的特点

（1）是一项全身运动项目：无论是进行有规则的羽毛球比赛还是作为一般性的健身活动，都要在场地上不停地进行脚步移动、跳跃、转体、挥拍，合理地运用各种击球技术和步法将球在场上往返对击，增大了上肢、下肢和腰部肌肉的力量，加快了血液循环，增强了心血管系统和呼吸系统的功能。大强度羽毛球运动者的心率可达到每分钟 160～180 次，中强度心率可达到每分钟 140～150 次，低强度运动心率也可达到每分钟 100～130 次。长期进行羽毛球锻炼，可使心跳强而有力，肺活量加大，耐久力提高。此外，羽毛球运动要求练习者在短时间对瞬息万变的球路做出判断，果断地进行反击，提高人体神经系统的灵敏性和协调性。

（2）不受场地的限制：羽毛球活动对场地设备的基本要求比较简单，只需两个球拍、一个球和一条绳索即可。在户外只要有平整的空地就可以进行羽毛球活动了。

（3）集体、个人皆宜：羽毛球运动既可单兵作战（两人对练），又可集体会战（双打练习或三人对三人对练）。单人对练时，练习者可以随心所欲地打出任何弧线、任何远度、任何力量、速度、任何落点的球来；集体会战则可以使练习者养成协调配合的习惯，培养集体主义精神。

（4）不受年龄、性别的限制：羽毛球运动游戏性较强，运动量可大可小。年轻人可以将球打得又重又刁，拼尽全力扑救任何来球；年老练习者可以把球轻轻地击来打去，根据自己的身体情况变换击球节奏，从而达到锻炼身体、延年益寿的功效，既活动了身体，又娱乐了心情。

2. 羽毛球运动的锻炼价值

（1）增进身体健康：羽毛球运动可以全面增强人的体质。前后场的快速移动击球、中后场的大力扣杀球、被动时的扑救球、双打的换位击球等，都需要练习者有较好的力量、速度、耐力、灵敏、柔韧以及快速的反应能力。扣杀需要力量；在双方对拉回合的过程中，为了取得主动需要有较好的速度、耐力和速度耐力；在扑救球时（多半是被动情况）又需要有很好的灵敏和柔韧；双打中又需要极快的反应与判断能力。因此，经常从事羽毛球练习的人可以发展其灵活性、协调性，提高上下肢及躯干的活动能力，改善呼吸系统和心血管系统的功能，提高有氧供能和无氧供能的能力，调节神经系统并提高其抗乳酸的能力，达到增进健康、抗病防衰和调节精神的作用。

（2）调节心理状态：羽毛球活动包括对对方战术意图的揣摩，对各种战机的把握，对自己运用什么战术的选择等智力因素，因此经常从事该项运动可以使人思维敏捷。由于比赛的紧张、竞争的激烈，使练习者的心理素质得到很好的锻炼，在竞争中，强化进取精神，使人的智、勇、技在竞争与对抗中得到升华。经此磨炼，能够做到临危不乱，泰然处之，既增长了智慧又陶冶了情操，不仅能在羽毛球活动中应付自如，而且能以良好的形态，正确的人生观去面对事业、家庭、荣辱等。

二、羽毛球基本技战术的学习与运用

（一）基本技术

羽毛球运动是一项技术动作复杂，技术性很强的运动项目。在比赛中，运动员不仅需要有良好的击球方法，而且还要具备灵活的移动步法。因此，羽毛球运动的基本技术大致可以分为手法和步法两大类（图 6-6-1）。

- 羽毛球基本技术
  - 手法
    - 握拍法
      - 正手握拍
      - 反手握拍
    - 发球法
      - 正手发球：高远球、平高球、平快球、网前短球
      - 反手发球：网前短球、平快球
    - 击球法
      - 高手击球：击高球、吊球、扣杀球
      - 网前击球：搓球、推球、扑球、钩球、放网前球
      - 低手击球：挑高球、抽球、接杀球
  - 步法
    - 上网步法：跨步或交叉步上网、垫步上网、蹬跳步上网
    - 后退步法：正手后退步法、头顶后退步法、反手后退步法
    - 两侧移动步法：向右侧移动步法、向左侧移动步法
    - 起跳腾空步法：向右（左）侧移动起跳腾空步法、上网（后退）

图 6-6-1 羽毛球技术分类图

1. 握拍法

握拍法是羽毛球运动最基本、最重要的技术。握拍正确与否，会直接影响击球的准确性，还会影响技术的全面发挥和提高。羽毛球拍的握拍方法有两种：正手握拍法和反手握

拍法。以下技术均以右手握拍为例。

（1）正手握拍法：正手握拍法又称“握手”式握拍法。握拍时，先用左手拿住球拍杆，使拍面与地面垂直，再张开右手，使虎口对着球拍拍框的内侧，手掌小鱼际肌靠在球拍柄端，小指、无名指、中指自然并拢，食指和中指稍分开，大拇指的内侧和食指贴在拍柄的两个宽面上将球拍柄握住。握拍时，要使掌心与拍柄保持一定的空隙（图 6–6–2）。正手发球、身体右侧的放网前球、击肩下球和肩上球以及头顶击球等一般都采用正手握拍法。

握拍法动作示范

（2）反手握拍法：反手握拍法是在正手握拍的基础上，将大拇指伸直，用其第一指节内侧顶贴在拍柄内侧的宽面上，食指收回，与拇指同（或略）高，用大拇指和食指将球拍稍向外转，中指、无名指、小指紧握拍柄，拍柄端靠近小指根部。握拍手与拍柄之间留有空隙，以便能充分利用手腕力量和大拇指的内侧压力击球（图 6–6–3）。

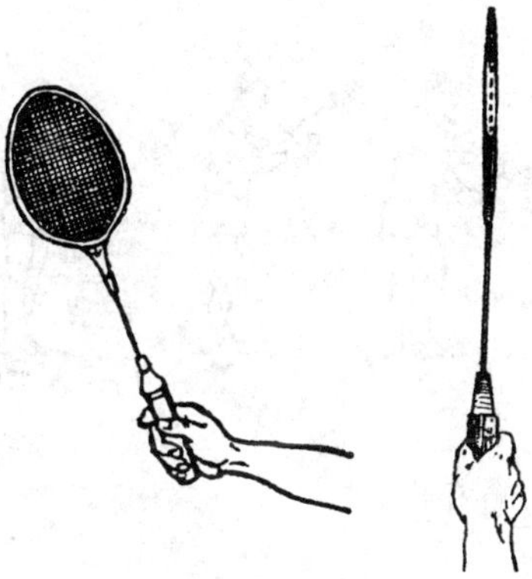

图 6–6–2　正手握拍法

图 6–6–3　反手握拍法

练习方法：

▶ 通过看技术录像，观摩优秀运动员的比赛、技术示范，进行模仿练习。

▶ 体会握拍的部位是否准确。正手握拍法如同与人握手的方式。常见错误是虎口不是对着拍柄窄面内侧斜棱上，而是对着拍柄宽面上；拇指掌面过于紧贴在拍柄内侧宽面上；拳式握拍，各手指相互紧靠并与拍柄棱呈垂直状态。

▶ 体验握拍的松紧度。握拍太紧动作必然僵硬，握拍太松击球无力，且动作可能变形。

2. 发球与接发球

（1）发球：发球是羽毛球运动一项非常重要的基本技术。发球质量的好与坏，直接关系到比赛的主动与被动，甚至直接关系到比赛的胜与负。羽毛球的发球技术，按其动作可分为正手发球和反手发球；按球在空中飞行的弧线，可分为发高远球、平高球、平快球和网前短球（图 6–6–4）；按比赛项目划分，则可分为单打发球和双打发球。

① 正手发球：正手发球一般用于单打比赛中的发高远球、平高球、平快球，同时也可用于发网前短球。

• 正手发高远球：发高远球主要是把球发得又高又远，使球飞行到对方底线上空时几乎垂直下落，球的落点在对方场内端线附近。

正手发后场高远球动作示范

发球时，左肩侧对球网，左脚在前，右脚在后，脚尖稍向右侧，身体重心在右脚上。

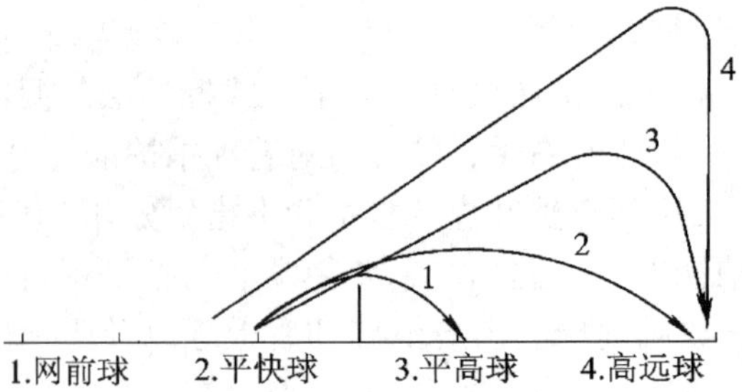

图 6-6-4 羽毛球的几种发球

右手的上臂和前臂同时向右肩后侧上方举起，肘部微屈，左手持球举在腹部右前方，发球时左手放球下落的同时，球拍由下而上快速挥动，拍击下落球的底部。这时，球借臂力、腕力和球拍的弹力向前飞出（图 6-6-5）。

图 6-6-5 正手发高远球

发高远球时，要注意使身体重心转移的力量和手臂挥动力量以及手腕、手指的爆发力量有机地结合起来，以使发球动作自然协调，出球有力准确。

• 正手发平高球：平高球在空中的飞行弧度稍低于高远球，而飞行速度稍快于高远球，球较快地越过对方身体落在对方场内端线附近。发平高球是发球抢攻的手段之一。

发球时，站位与准备姿势同发高远球。挥拍击球时，不要紧握拍柄，利用小臂挥动力量带动手腕、手指向前上方击球。拍面稍向前推送，使出球仰角小于 45°，球运行到至高点后逐渐下落至对方场内端线附近。

• 正手发平快球：发平快球又称发平球，是把球发得又平又快，使球快速落在对方场内端线附近。平快球突袭性强，往往能使对手措手不及而造成被动或失误。发平快球往往是发球抢攻的重要手段。

准备姿势同发高远球，站位稍靠后些。击球瞬间紧握球拍柄，利用小臂挥动力量带动手腕、手指力量快速向前击球，拍面仰角小于 30°，使球越网而过直落后场，向对方反手部位或空当飞行。

• 正手发网前短球：发网前短球是把球发至对方发球区内前发球线附近。球的飞行速度较慢，飞行弧度较低，使球“贴网”而过。它是双打比赛中最常用的发球方法。在单打比赛中，常用于对付接网前球较差的对手，有时也可以作为过渡性的发球或发球抢攻战术的手段。

准备姿势同发高球。只是在发球时，挥拍幅度较小，击球瞬间不需紧握拍柄，而是利用手腕和手指的力量从右向左横切推送，将球轻轻发出，使球贴网而过（图 6-6-6）。

1　2　3　4　5

图 6-6-6　正手发网前短球

② 反手发球：反手发球一般用于发平快球和发网前短球。这种发球，主要是用大拇指发力，以大拇指及其他手指力量来控制球速和落点。所以，有动作小、速度快、一致性强等特点，易迷惑对手。在一般情况下，双打比赛多采用反手发球法。

• 反手发网前短球：反手发球站在发球线后 10~15 厘米及中线附近，也可站在前发球线后及边线附近，面向球网，两脚开立，上体稍前倾，重心在前脚上，右手臂屈肘，用反手握拍横举腰间，拍面在身体左侧腰下。准备击球时，手腕内屈，击球瞬间利用小臂带动手腕、手指力量向前横切推送，将球击出。发球时，挥拍较慢，力量较轻，当球“贴”网而过后即往下坠落在对方发球区内前发球线附近（图 6-6-7）。

5　4　3　2　1

图 6-6-7　反手发网前短球

反手发网前球动作示范

• 反手发平快球：站位与准备姿势同反手发网前短球。击球时手紧握拍柄，掌握好拍面角度，加快挥拍速度，注意“甩”腕与手指动作的配合，使之产生爆发力将球向前或前上方击出。

发球注意事项：

• 不论发高远球、平高球、平快球，还是发网前短球，都应注意发球姿势和发球动作的一致性，使对手不易发现或看出自己的发球意图，以便取得比赛的主动。

• 正手发球时，应注意使身体重心转移力量、手臂挥动力量和手腕手指力量有机结合，使发球动作自然、协调、放松、优美。

• 发球结束后，应迅速站好位置或调整站位，积极做好回击对方来球的思想准备和准备姿势，以免措手不及或被动还击造成失误。

练习方法：

▸ 原地挥拍做模仿练习。

▸ 对墙发球练习。

▸ 定点定位，多球发球练习。

▶ 发球、接发球对抗性练习。

（2）接发球：接发球是羽毛球运动一项重要的基本技术。接发球的质量往往直接影响到一个回合开始的主动与被动。

① 站位与姿势：

接发球准备姿势动作示范

• 单打站位：站位于前发球线 1.5 米处。在右发球区要站在靠近中线的位置；在左发球区则站在中间位置。这样可以防备对手直接进攻反手部位。一般左脚在前，右脚在后，双膝微屈，收腹含胸，身体重心放在前脚上，后脚脚跟稍抬起，身体半侧向球网，球拍举在身前，两眼注视对方（图 6-6-8）。

图 6-6-8 接发球姿势

• 双打站位：由于双打发球区比单打发球区短 0.76 米，发高远球易被对方扣杀。所以，双打发球以多发网前球为主。接发球时，要站在靠近前发球线的地方，姿势与单打的接发球姿势基本相同，只是身体稍前倾，重心可放在任意一脚，举拍稍高，在来球到网上最高点时击球。

② 接发各种来球：对方发来高远球或平高球时，可用平高球、吊球或杀球还击；对方发来网前球时，可用平高球、高远球、放网前球、平推球还击，如对方发球质量不好，也可用扑球还击；对方发来平高球时，可用平推球、平高球还击，以快制快，亦可以用高远球还击，以逸待劳；如果要发球抢攻，而自己的防守能力又不强，就可以放网前球或平推球还击，落点要远离对方的站位，控制住球，不让对方进攻；当对方连续发球抢攻时，接发球一定要冷静、沉着，若疏忽麻痹，回球质量稍差，就可能让对方抢攻得手。

3. 击球法

击球是羽毛球运动最重要的基本技术之一。要想打好羽毛球，必须掌握正确的击球方法。根据球与人体的不同位置，击球方法可分为正手击球和反手击球；根据击球点与人体的不同位置，击球方法可分为高手（上手）击球、低手（下手）击球和网前击球。高手击球有击高远球、平高球、吊球、扣杀球；低手击球有挑（拉）球、抽球、接杀球；网前击球有放网前球、搓球、平推球及扑球等。

（1）高手击球：高手击球又称上手击球，是指击球点高于头部的击球。高手击球具有击球点高、速度快、力量大、主动性强、进攻威力大的特点，是快攻打法的最基本技术。在双打比赛中，为了发挥力量和速度，高手击球更具有特殊的作用。

① 击高球：击高球分为正手、反手和头顶三种手法。

• 正手击高球：判断来球路线和高度，迅速移位使球下落于右肩稍前上空，侧身对网，左脚在前右脚在后，重心在右脚；右手屈臂将球拍举在右肩上，拍面对网，左手屈肘自然举起准备击球；当球下落至接近击球点高度时，胸部舒展，握拍手小臂向后移动，肘部自然抬起使球拍挥至头后，自然伸腕；击球时，右腿蹬地，转体收腹协调用力，大臂带动小臂送肘上举，小臂向前“甩”出（带有内旋动作），击球瞬间，手臂几乎伸直，“闪”动手腕，用手臂、手腕和手指力量将球击出。若拍面向前上方则击高远球，若拍面稍向前上方则击平高球。击球后，手臂顺惯性向右前下方挥摆收拍于上体前，重心由右脚移至左脚（图 6-6-9）。

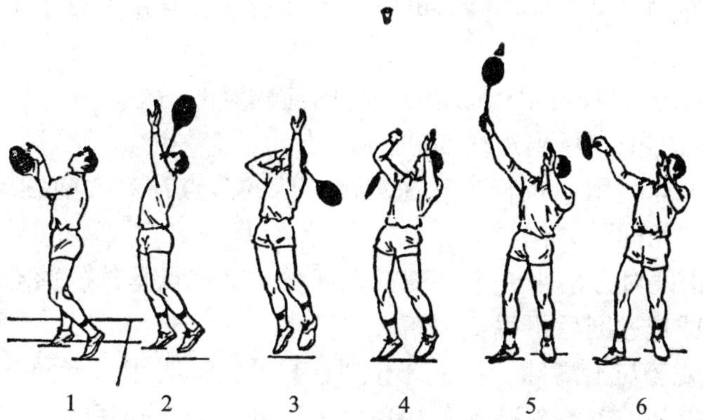

图 6-6-9　正手击高球

正手击后场高远球动作示范

• 反手击高球：判断来球路线和高度，迅速移位，最后一步右脚前交叉向左侧底线跨出，背部向网，重心在右脚，举拍于左胸前，双膝微屈准备击球；击球时，下肢由屈到伸用力，持拍手肘关节举高用大臂支撑，当球在右侧上空下落时，大臂带动小臂把肘关节上举与肩同高，以肘关节为轴，小臂伸直并外旋，以小臂带动手腕、手指力量“闪”动，在右侧上方向后击球，击球后迅速转体面向网（图 6-6-10）。

图 6-6-10　反手击高球

• 头顶击高球：准备姿势与正手击高球相同。击球时，步法移动要快，击球点选择在左肩上方或偏后的位置，身体侧身偏左稍后仰；球拍从右后侧绕过头顶后，由左肩上方向前挥动小臂带动手腕、手指力量，快速“闪”动击球。有一定水平者在主动情况下，多数运用起跳击球法。击球后，左脚在身后落地并立即回蹬，重心移至右脚，迅速回中心位置。

头顶击高球动作示范

练习方法：

▸ 原地做击高远球挥拍动作练习。

▸ 用细绳把球悬挂在适当的高度上做击球练习。

▸ 一人发球，一人击高远球练习。

▸ 定点定位进行多球击球练习。

② 吊球：吊球是指自后场打到对方前场向下坠落的球。吊球在比赛中运用较多，它与高远球、扣杀球结合运用，常能造成对方判断上的困难。吊球具有较大的威胁性，是调

动对方、打乱对方阵脚、组织战术配合的一种击球技术。其技术有正手、反手的劈吊、轻吊和拦截吊几种。

● 劈吊：是指对方来球较高时采用的一种向前快劈的吊球动作。劈吊球速较快，离网较高，球的落点在对方前半场离边线 50 厘米左右。

● 轻吊：是指吊球时用力较轻，球速较慢，球的落点在对方前发球线以内 50 厘米左右。轻吊技术带有“切削”动作。

● 拦截吊：是指把对方击来的平高球拦截回去。其优点是球的落点离球网较近，但球速比劈吊球速慢，球越过网后可垂直下落。

吊球动作示范

吊球时，准备姿势与击高球、扣杀球相似，只是击球时用力不同。在挥动球拍时，拍面成半弧形，击球瞬间前臂突然减速，快速“闪”动手腕击球托的偏右侧（头顶吊球及反手吊球击球托的偏左侧）。打对角吊球时，当对方来球较高，手腕向下切削的角度要大些，力量稍大些；当对方来球较平时，手腕向前推的动作要大些，向下切削的力量要小一些（图 6-6-11）。

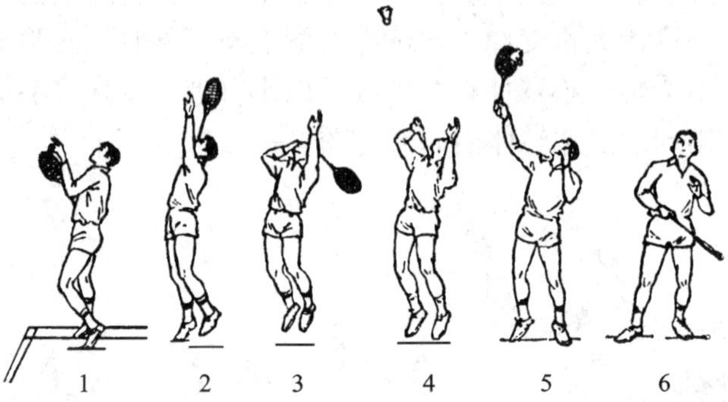

头顶吊球动作示范

图 6-6-11 吊球

练习方法：

▸ 挥拍练习吊球动作。

▸ 一人发高球，一人连续吊对角练习。

▸ 一人挑高球，一人连续吊球练习。

▸ 吊球熟练后可做高、吊、杀的综合练习。

③ 杀球：杀球是指把对方击来的高球，在尽量高的击球点上，用力快速地往对方场区斜压下去。杀球的飞行弧线直、下落速度快、力量大，能给对方造成很大的威胁，是羽毛球比赛重要的得分手段。

● 正手杀球：准备姿势、击球动作与正手击高球大致相同，不同的是在击球瞬间需用全力，充分利用右腿的蹬力、腰腹力、手腕力及重心的转移，迅速将球向前下方击出。球拍触球时，拍面前倾，向前下方用力，手握紧球拍，击球点在右肩稍前上方。击球后，球拍随惯性向左下方摆，身体重心由右脚移至左脚（图 6-6-12）。

● 反手杀球：准确判断对方来球，迅速移动步法到合适的击球位置，最后一步右脚向左后侧跨出，背对球网，反手握拍，持拍手屈臂将球拍举至左肩上方准备击球。当球落到右肩上方适当高度时，肘关节向上举高，以肘关节为轴，用左脚蹬力、腰腹力、肩力及大臂带动小臂，手腕、手指快速用力向后击球。击球瞬间握紧球拍，手腕快速用力向前下方

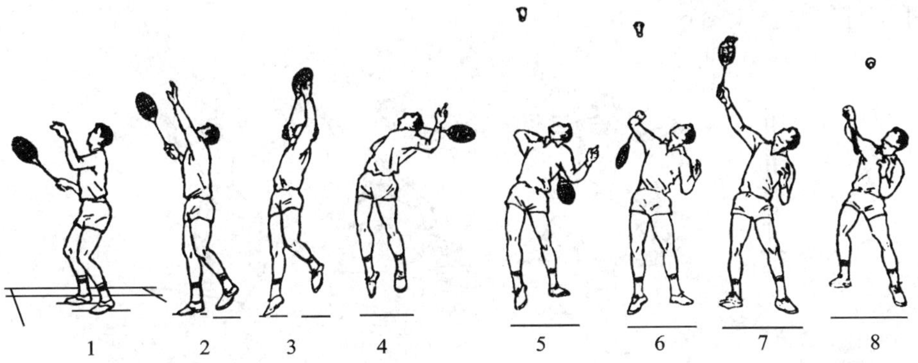

图 6-6-12 正手杀球

正手杀球动作示范

扣压。

● 头顶扣杀球：准备姿势、击球动作与头顶击高球相似。当球恰好落在头顶上空或左肩上空适当高度时，持拍手臂向上举拍并绕头由左肩上，突然加快小臂、手腕的“闪”动并下压，同时右脚向左后方蹬地跳起，左脚后撤，身体成背弓形，利用腰腹力和手部力量协调地向前下方用力将球击出。左脚着地时，要快速蹬地起步回位，准备回击下一个来球。

头顶扣杀球动作示范

练习方法：

▸ 手持羽毛球站在半场区，模仿杀球的方法向对方区下压掷球。

▸ 陪练者发半场高球，练习者做杀球练习。

▸ 一攻一防练习。

（2）网前击球：网前击球技术是一项可以调动对方，使战术多变的击球方法。它是羽毛球基本技术中比较细腻的技术之一。在当今羽毛球运动防守力量加强、步法灵活的情况下，网前击球技术往往能成为取胜的有力武器。尤其在双打比赛中，网前击球技术的好坏，不仅关系到前半场的主动权，更关系到战局的成败。

① 搓球：搓球是用球拍搓击球的左侧或右侧下部与球托底部，使球向右侧或左侧旋转与翻滚过网。

● 正手搓球：侧身对右边网前，正手握拍。球拍随前臂伸向右前上方斜举。举拍在最高点时，前臂向外旋转，手腕由后伸至稍内闪动。握拍手的食指和拇指夹住拍，中指、无名指和小指轻握拍柄，使球拍在手腕和手指的挥摆用力下，搓击球的右下底部，使球旋转翻滚过网（图 6-6-13）。

正手搓球动作示范

● 反手搓球：侧身背对网，重心在右脚，握拍手臂向前伸出，出手要快，手腕、手指自然放松，前臂稍上举，手腕前屈，握拍手部高于拍面，反拍迎球。击球时，主要靠前臂的前伸外旋和手腕由内收至展腕的弹力，带动手指离网“提拉”，搓击球托的侧底部，使球呈上旋翻滚过网。

反手搓球动作示范

② 推球：推球是把对方击来的网前球击到对方的后场左底角或右底角。

● 正手推球：准备姿势与网前搓球相似。击球前，肘关节微屈回收，小臂稍外旋，手腕后伸，球拍向后摆。此时，小指、无名指稍松开，使拍柄稍离鱼际肌。击球时，身体稍前移，小臂向前伸并带内旋，手腕、手指控制拍面角度，手腕由后伸直闪动，食指前压，小指、无名指突然握紧拍柄。球拍急速推击球，球沿边线飞向对方后场底角。击球瞬间，拍面几乎与球网平行（图 6-6-14）。

图 6-6-13 正手搓球

图 6-6-14 正手推球

• 反手推球：准备姿势与反手网前搓球相似。准备击球时，小臂向左胸前收引，屈肘屈腕。击球时，小臂前伸略带外旋，手腕由屈到伸闪动，中指、无名指和小指突然握紧拍柄，大拇指顶压，向前挥拍，推击球托侧底部，将球推击到对方后场底线。

③ 钩球：钩球是把右（左）边的网前球击到对方左（右）边网前去的技术动作。

正手钩对角线小球动作示范

• 正手钩球：看准来球快速上网，侧身对网，重心在右脚。握拍小臂前伸稍有外旋，手腕稍后伸，手腕、手指自然放松。拍柄稍向外捻动，拇指贴在拍柄宽面，食指第二指节贴在拍柄背面宽面，拍柄不触掌心。击球时，小臂稍内旋，手腕由稍后伸至内收闪腕，肘部略回收，拍面朝对方右网前拨击球托侧底部，球沿网的对角线飞越过网（图 6-6-15）。

反手钩对角线小球动作示范

• 反手钩球：看准来球，手臂前伸，平举球拍。准备击球时，肘部突然下沉，同时小臂略有外旋。击球瞬间，手腕由屈腕到伸腕闪动，拇指内侧和中指将拍柄向右侧一拉，其余手指突然握紧拍柄，球拍背面朝对方左网前拨击球托侧底部，球沿网对角线飞越过网。

④ 扑球：在对方发网前球或回击网前球时，球刚越过网顶即迅速上网向斜下扑压。

• 正手扑球：准确判断来球路线和高度，快速蹬步上网，身体右侧扑向网，球拍随手

图 6-6-15　正手钩球

臂向右前伸斜上举，正拍朝前。准备击球时，小臂外旋，手腕关节后伸，小指、无名指稍松开，使拍柄离开鱼际肌。击球时，手腕由后伸到屈腕闪动，利用小臂、手腕和手指力量向前下方“闪”击球，球拍触球后立即收回。或靠手腕由右前向左前“滑动”式挥拍扑球，以免球拍触网违例。扑球后，球拍随手臂向右侧前下方回收（图 6-6-16）。

正手扑球动作示范

图 6-6-16　正手扑球

• 反手扑球：反手握拍于左侧前，当身体向左侧前方跃起时，持拍手小臂前伸上举，手腕外展，拍面正对来球。击球时，手臂伸直，手腕由外展到内收闪动，手握紧拍柄，拇指顶压，加速挥拍扑击球。击球后即刻屈肘，球拍回收，以免球拍触网违例。

反手扑球动作示范

练习方法：

- 用多球进行正、反手两个部位的搓、钩、扑、推球练习。
- 一对一站在网前，进行对搓、对钩练习。
- 结合上网步法进行网前球练习。

（3）低手击球：低手击球又称下手击球。其特点是击球点低，一般是在被动或防守时采用的击球技术。

① 抽球：将低于头部的球用抽击的方法还击，称为抽球。

• 正手抽球：准确判断来球，快速移动步法，左脚蹬地，右脚向正手底角跨出，侧身向网，上体向右后倒，重心在右脚。正手握拍，手臂向右举拍，大臂与小臂约成 120° 。

准备击球时，小臂外旋伸腕，后引球拍，拍面稍后仰。击球时，主要靠小臂带动手腕、手指“抽鞭”式向前挥拍，小臂由外旋到内旋，腕部由伸到屈“闪”动击球（图 6–6–17）。

图 6–6–17 正手抽球

• 反手抽球：准确判断来球，快速移动步法，左脚蹬地，右脚向反手底角跨出，上体前倾背对网，重心在右脚。反手握拍将球拍举于左肩上方。击球时，大臂带动小臂、手腕和手指沿水平方向快速向后挥拍，在手臂基本伸直时，小臂外旋，手腕后伸用力“闪”动击球。

② 挑球：将对方击来的网前球挑高回击到对方后场去，称为挑球。

正手挑球动作示范

• 正手挑球：判断来球，快速上网，左脚积极蹬地，右脚跨步向前成弓箭步，侧身对网，重心在右脚。正手握拍，手臂自然向右前方伸出，小臂外旋伸腕，左臂自然后伸起平衡作用。击球时，以肘关节为轴，小臂带动手腕、手指快速由右下方向前上方成半圆形挥拍击球（图 6–6–18）。

图 6–6–18 正手挑球

反手挑球动作示范

• 反手挑球：判断来球，快速上网，左脚积极蹬地，右脚跨步向前成弓箭步，重心在右脚，侧身背对网。反手握拍，手臂向左前方伸出，小臂内旋屈肘屈腕，左臂自然后伸起平衡作用。击球时，以肘关节为轴，小臂带动手腕、手指快速由左下方向前上方成半圆形挥拍击球。

③ 接杀球：把对方扣杀过来的球还击回去，称为接杀球。接杀球一般较多采用挡球、抽球和推球的技术。

• 挡球的方法：两腿屈膝平行站立，两眼注视杀过来的球。身体右侧的来球用正手挡球，身体重心移向右脚（如果球离身体较远，右脚可先向右跨出一步，重心移向右脚），右臂向右侧伸出，放松握拍，拍面略后仰对准来球，将球挡回对方网前区（图 6–6–19）。身体左侧的来球用反手挡球，身体重心移向左脚（如果球离身体较远，左脚可向左移一步，重心移到左脚上；如果球离身体更远，可以左脚为轴，右脚经左脚前向左方跨出一步，成背对网姿势），右臂向左侧伸出，放松握拍，反拍面略后仰对准来球，将球挡回对方网前区。如果接杀自己身边的球，叫接杀近身球。如果是右侧近身球，只需身体向左略躲闪用正手将球挡回（图 6-6-20）。如果是左侧或正对身体的球，一般都用反手将球挡回。

图 6-6-19　挡球

图 6-6-20　挡右侧近身球

一经判定对方杀球的路线和落点，就要快速起动（稍有迟缓，就会接杀失误）。由于杀球力量大、球速快，一般只需将球拍挡住球（或在拍触球的一刹那稍加提拉或稍向下切）即可，主要借来球的力量反弹回去。运用手指控制拍面角度，将拍面对准出球方向（挡直线球），拍面正对网。若挡对角线球，则拍面斜对网（图 6-6-21）。

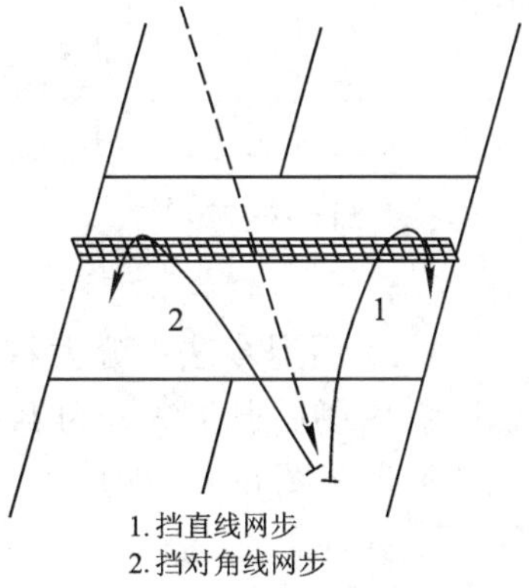

图 6-6-21　挡球路线

● 抽球的方法：根据比赛的实际情况，可以采用抽平球，也可以抽高远球。抽平球是一种比较积极的接杀球方法，由于它速度快，只要回球路线掌握好，就会有相当大的反攻威力。有时也用抽高远球的方法接杀球，其目的是把对方牵制在后场，待杀球质量较差时予以反击。

用于接杀球的抽球方法与挡球的方法相似，区别在于：抽球时，先有一个向后引拍（后引的幅度要小）的预摆动作，握紧球拍，然后以前臂为主，带动手腕向前上方急速挥拍抽球。如果抽平球，挥拍时略带向上提拉即可。如果抽高远球，触球时拍面较后仰，应有较明显的提拉动作。

● 推球的方法：当对方杀球无力或球过网较高时，可以推球回击，将球推向后场两角，也可视情况推向中场两侧。其方法和挡球方法类似，不同处是：推球在拍触球前的一瞬间要握紧拍子，以前臂和手腕的发力为主向前上方“甩”腕——正手推球时，腕部由伸腕经前臂内旋至屈腕；反手推球时，腕部由展腕经前臂稍外旋至收腕。

练习方法：

▸ 用多球进行接杀球练习。

▸ 练习者发高远球（发球后立刻准备接杀球），陪练者杀球（杀向固定的一个方位，逐渐过渡到不固定方位），练习者用规定的手法（可先用挡球，后过渡到用抽球，再过渡到挡与抽灵活运用、规定的球路（可先回击直线球，后练习对角线球，再过渡到灵活掌握球路）接杀球。

▸ 两人一组，一人吊球，一人练习挑球。

4. 步法

在羽毛球比赛中，运动员要在本方场地 35 平方米的范围内奔跑，在球没有落地前将球击到对方场区。因此，步法是各项击球的基础，会直接影响着技战术的质量和技战术的合理运用。基本步法有蹬步、跨步、腾跳步、垫步，加上原有的蹬转步、交叉步、并步、小碎步和单足跳步等，组成了上网步法、后退步法、两侧移动步法、起跳腾空步法。

（1）上网步法：如果站位靠前，可用两步交叉上网（图 6–6–22）；若站位靠后场，可采用三步交叉上网的移动方法，即右脚向右前方迈一小步，左脚接着向前交叉迈过右脚，然后右腿顺着击球方向跨一大步到位（图 6–6–23）；为了加速上网，还可采用垫步上网，即右脚向右前跨出一大步，左脚快速跟进到右脚跟后，利用左脚掌内侧后蹬，右脚向右前跨出一大步（图 6–6–24）。左上网步法同右上网步法，只是方向相反。

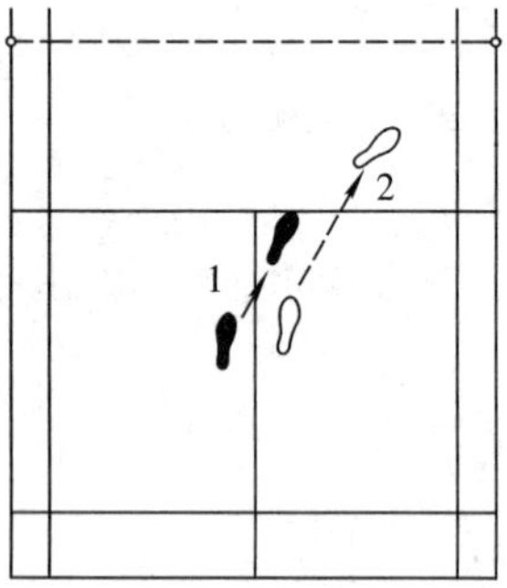

图 6–6–22

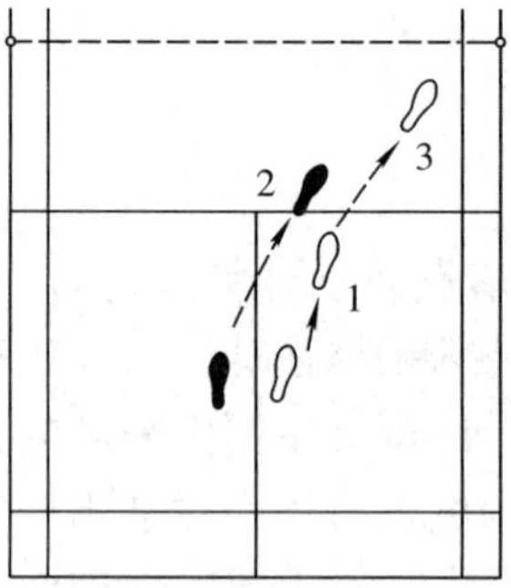

图 6–6–23

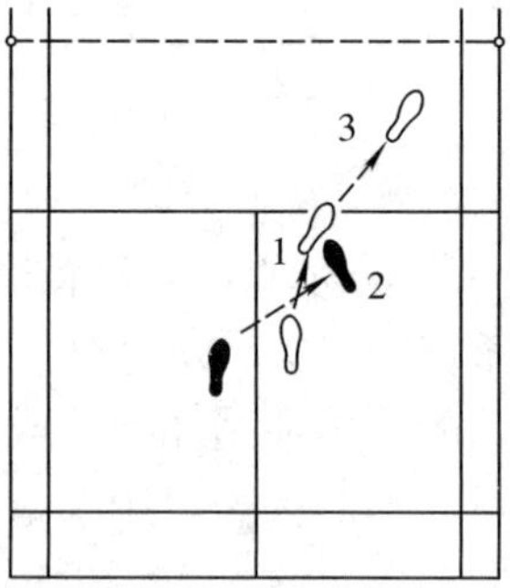

图 6–6–24

（2）后退步法：分为右后场后退步法和左后场后退步法。这里仅介绍右后场后退步法。右后场后退步法分为侧身后退一步（图 6–6–25）、侧身并步后退（图 6–6–26）和交叉步后退（图 6–6–27）。

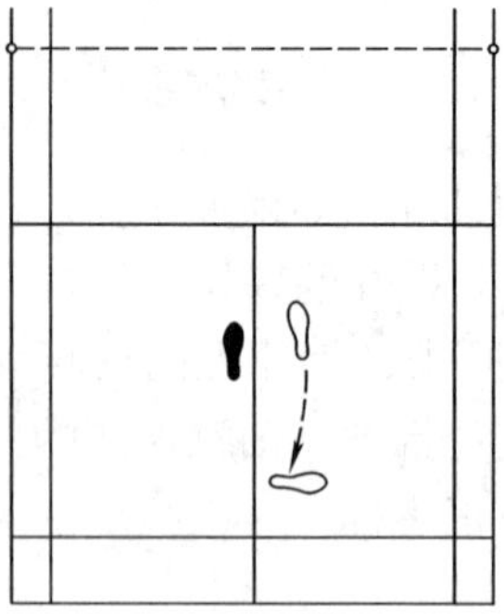
图 6–6–25

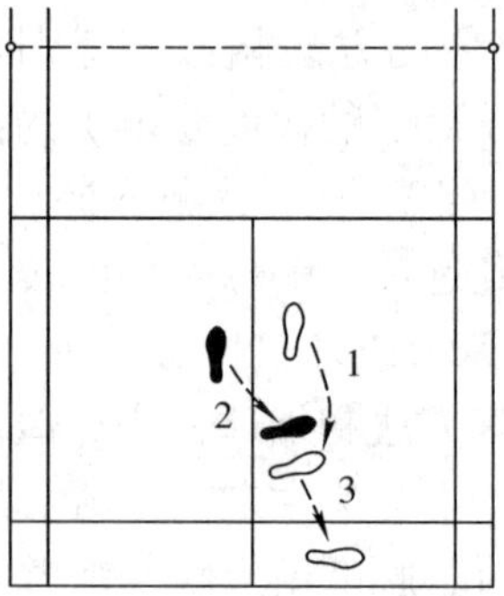

图 6–6–26

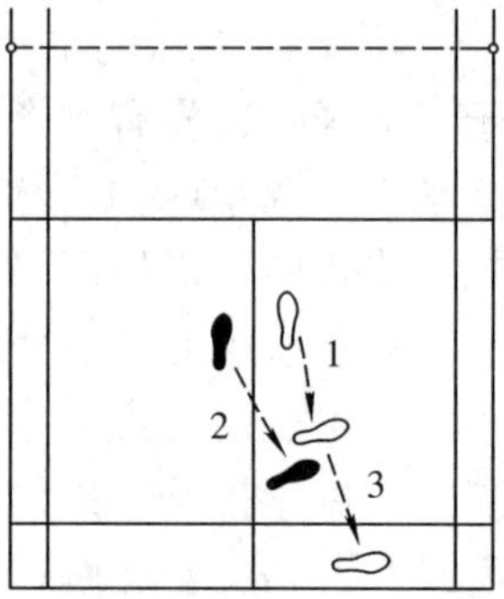

图 6–6–27

（3）侧移步法：

① 向右侧蹬跨步：起动后，左脚掌内侧用力起蹬，同时向右侧转髋，右脚向右侧跨出一大步（重心落在右脚上，脚尖偏向右侧，以脚趾制动），上身略向右侧倒做正手抽、挡球。击球后，以右脚前掌回蹬（图 6–6–28）。

② 向左侧蹬跨步：起动后，右脚掌内侧用力起蹬，同时向左转髋，左脚向左跨出一步（重心落在左脚上，脚尖偏向左侧，以脚趾制动），上身略向左侧做正手抽、挡球。击球后，左脚脚掌回蹬，回中心位置（图 6–6–29）。

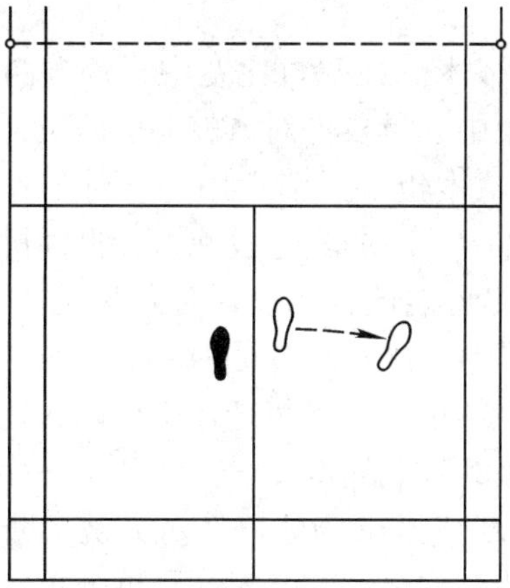

图 6-6-28

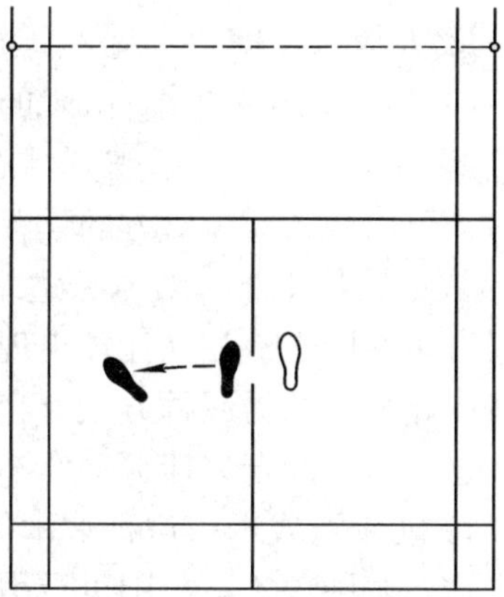

图 6-6-29

5. 羽毛球技术的学习与运用

（1）循序渐进：在学习羽毛球技术时，应由易到难，由简单到复杂，循序渐进，由单一技术到组合技术。学习羽毛球技术应有一定的顺序性，以击球技术为例，一般学习顺序为：正手高手击球—正手低手击球—反手低手击球—反手高手击球。

（2）重复练习：基础技术越扎实，越有利于提高锻炼者的技术水平和打羽毛球的兴趣。因此，必须反复练习基本技术，体会肌肉的感觉，逐渐形成动作定型。例如，击高远球和扣杀球同为高手击球，但在击球瞬间，手臂用力的大小、手腕“闪动”的速度以及大、小臂的用力方向都有所不同。

（3）学、练与竞赛有机结合：技术熟练与否，往往通过平时的练习和比赛的运用充分表现出来。因此，学习和练习之余，多进行小型娱乐竞赛是非常必要的。这不仅能提高练习者的技术水平，也能锻炼练习者运用技术的能力。

（二）基本战术

1. 单打战术

（1）发球抢攻战术：是利用发球造成对方被动，为自己创造进攻机会的一种战术。这种战术一般采用发网前低球结合平快球、平高球的方式，以争取第三拍的主动进攻。尤其对付防守能力较差或临场经验不足的对手，这种战术可以打乱其接发球的准备，争取主动权。

（2）攻后场战术：这种战术一般通过击高球、重复压对方底线两角，造成对方被动，然后伺机进攻。这种战术用于对付初学者或技术不熟练、后场还击能力不强、后退步法较慢和急于上网的对手较为有效。

（3）打四方球战术：这种战术是以快速、准确的落点攻击对方场区的四个角落，调动对方前后左右奔跑，再伺机向空当进攻。一般用于对付体力差、反应和步法移动慢的对手。

（4）打对角线战术：这种战术无论是进攻还是防守均以打对角线为主。一般用于对付身体灵活性差、转体较慢的对手。由于对方灵活性差、转体慢，来回奔跑左右两侧能使对方重心不稳而被动失误，或为自己创造进攻机会。

2. 双打战术

（1）攻人战术：即“二打一”或避强击弱战术。在双打比赛中，双方两名队员的技术水平一般是不均衡的，这种战术的要点在于集中力量攻击对方较弱的队员，尽量使对方的特长得不到发挥，充分暴露其弱点。但这一战术也要灵活运用。若对方有意保护其弱者，此时，可以两人对付对方的强者，消耗其体力，减弱其进攻威力，再伺机突击空当。

（2）攻中路战术：当对方分边站位时，要尽可能地将球攻到对方两人之间的空隙区，以造成对方争夺回击或相互让球出现失误。这是对付配合较差的对手的有效方法。攻半场战术是攻中路战术的另一种方式。当对方成前后站位时，可将球还击到两人之间靠边线的位置上，这是对付配合欠佳、动作不灵活的对手的有效战术。

（3）软硬兼施战术：这种战术先用吊网前球或推半场球迫使对方被动防守，而后大力扣杀进攻。若硬攻不下，则可重吊网前球，待对方接球欠佳时，再度强攻。此时，攻击对象最好是选择对方刚后退而立足未稳者。

3. 羽毛球战术的学习与运用

战术意识是一个运动员在比赛中，为了克敌制胜，根据主观和客观的实际而采取的作战原则和方法。要想取得比赛的胜利，技术是基础，而战术意识是关键。只有通过平时训练和实践的磨炼，才能提高技术的熟练程度，增强战术意识。

（1）单打战术意识的培养：在单打比赛中，运动员在场上独立作战，这是培养其战斗能力和灵活运用战术能力的最好机会。单打战术意识的培养可分两个阶段：

① 初级阶段：主要将基本技术训练与培养战术概念结合起来。

• 明确技术动作在战术中的运用，在训练基本技术时，要培养战术意识。

• 在进行各种固定球路的迂回练习中，不仅要熟练基本技术，还要培养战术意识。在进行综合技术练习时，既要提高基本技术水平，又要提高战术意识和战术水平。

• 平时养成多动脑、多思考的习惯，并将其运用到练习中去。

② 高级阶段：要求掌握多种球路，为各种打法服务。

• 抓好发球和接发球的训练和战术运用：在练习中，要抓住两个环节：一是重点抓好技术动作的一致性和击球落点的准确性；二是在培养战术意识方面重点抓好发球时间的变化和击球落点的变化。

• 充分发挥自己的技术特长：能否发挥自己的技术特长是关系到比赛胜负的重要因素。

• 培养洞察能力：要能洞察对方的战术变化，善于抓住对手的优缺点，扬我之长，攻彼之短，以智取胜。

• 能攻善守：提高控制与反控制的能力。在比赛中，要争取掌握主动，控制对手。一旦被动，就要以熟练的技术、战术进行反控制，全力夺回主动权。

• 学会多种打法，灵活运用：受身体、手法、步法及临场经验的影响，每个人的手法和步法都不会十全十美，因此，在比赛中要善于观察、判断对方的优劣势，采取灵活的打法和战术克敌制胜。

（2）双打战术意识的培养：

① 选择有利于发挥技、战术的跑位，提高跑位意识：要求运动员从发球、接发球开始就开始考虑自己击球的落点和球路，善于判断对方还击球的落点和球路，果断选择自己的跑位。

② 根据同伴及对方击球的质量、球路及其规律，选择有利的跑位：当同伴处于击球的主导地位时，另一名队员必须考虑到同伴击出球的落点和球路，并根据对方还击球的落点和球路选择对自己有利的跑位。

③ 根据技战术的需要和变化，灵活调换站位：在比赛场中，一旦对方了解我方配对的技术情况，势必想方设法扰乱我方阵脚，运用战术削弱我方攻势，迫使出现漏洞。为此，应根据场上情况，灵活调换站位。

（3）羽毛球战术运用的注意事项：

① 知己知彼：充分了解对方的短处和长处，同时又了解自己的长处和短处，这样，才能避实就虚、扬长避短，制定出正确、合理的战术。若对方后退步法慢、后场攻击球能力差，则可以采用以攻击后扬为主的战术；若对方转身慢、身体灵活性较差，则可以采用攻对角线战术。

② 以我为主：不论采用哪种战术，都应根据自己的技术情况和身体条件等而定。

③ 以攻为主：羽毛球比赛中的优胜者大部分都是主动进攻的一方。每个人的进攻方式不同。但在对抗中，应设法迫使对手在大部分时间里处于被动防守的状态，让自己控制比赛的主动权。

④ 随机应变：羽毛球比赛场上变幻莫测，选手必须具有灵活运用战术的能力。在比赛中，既要坚持既定的战术，也要注意战术的效果。

三、羽毛球比赛规则简介

（一）场地

羽毛球场地呈长方形，长 13.4 米，单打场地宽 5.18 米，双打场地宽 6.10 米。球场外面两条边线是双打场地边线，里面的两条边线是单打场地边线，双打边线与单打边线相距 0.46 米。靠近球网 1.98 米与网平行的两条线为前发球线，离端线 0.76 米与底线相平行的线为双打后发球线。球场上各条线宽均为 4 厘米，用白色、黄色或其他易于识别的颜色画出。

（二）比赛方法及主要规则

1. 比赛的项目

羽毛球比赛项目分为男子单打、女子单打、男子双打、女子双打、混合双打、男子团体赛、女子团体赛。

2. 比赛的计分方法及规则

（1）比赛采用每球得分、21 分制，即双方分数先达 21 分者胜，三局两胜。每局双方打到 20 平后，一方领先 2 分即算该局获胜；若双方打成 29 平后，一方领先 1 分，即算该局取胜。

（2）得分者方有发球权，如果本方得单数分，从左边发球；得双数分，从右边发球。取消（单打）后发球线。在第三局或只进行一局的比赛中，当一方分数首先到达 11 分时，双方交换场区。

3. 比赛中的站位

（1）单打

① 发球员的分数为 0 或双数时，双方运动员均应在各自的右发球区发球或接发球。

② 发球员的分数为单数时，双方运动员均应在各自的左发球区发球或接发球。

③ 如“再赛”，发球员应以该局的总的分数来确定站位。若总分为 15 分（单数），双方运动员均应在各自的左发球区发球或接发球；若总分为 16 分（双数），双方运动员均应在各自的右发球区发球或接发球。

④ 球发出后，双方运动员就不再受发球区的限制而可自由击到对方场区的任何位置，运动员的站位也可以在自己这方场区的界内或界外。

（2）双打

① 一局比赛开始和获得发球局的一方，都应从右发球区开始发球。

② 只有接发球员才能接发球；如果他的同伴去接球或被球触及，发球方得一分。每局开始，首先接发球的运动员在该局本方得分为 0 或双数时，都必须在右发球区接发球或发球；得分为单数时，则应在左发球区接发球或发球。

③ 上述两条相反形式的站位适用于他们的同伴。

④ 任何一局的本方发球员失去发球权后，由该局首先发球员发球，然后首先发球员的同伴发球，接着由他们的对手之一发球，然后再由另一对手发球，如此传递发球权。

⑤ 队员不得有发球错误和接发球的错误，或在同一局比赛中有两次发球。

⑥ 一局胜方的任一队员可在下一局先发球，负方中任一队员可先接发球。

⑦ 球发出后就不再受发球区的限制了，运动员可在本方场区自由站位和将球击到对方场区的任何位置。

4. 比赛规则

（1）交换场区

① 以下情况队员应交换场区：第一局结束，第三局开始，第三局中或只进行一局的比赛至一方达到 11 分时。

② 队员未按以上规则交换场区，已经发现立即交换，已得分数有效。

（2）合法发球

① 发球时，任何一方都不允许非法延误发球。

② 发球员和接发球员都必须站在斜对角线发球区内发球和接发球，脚不能触及发球区的界限；两脚必须都有一部分与地面接触，不得移动，直至将球发出。

③ 发球员的球拍必须先击中球托，与此同时整个球必须低于发球员的腰部。

④ 击球瞬间球杆应指向下方，从而使整个球框明显低于发球员的整个握拍手部。

⑤ 发球开始后，发球员的球拍必须连续向前挥动，直至将球发出。

⑥ 发出的球必须向上飞行过网，如果不受拦截，应落入接发球员的发球区。

（3）羽毛球的违例

① 发球不合法违例。

② 发球员发球时未击中球。

③ 发球时，球过网后挂在网上或停在网顶。

④ 比赛时：a. 球落在球场边线外；b. 球从网孔或从网下穿过；c. 球不过网；d. 球碰屋顶、天花板或四周墙壁；e. 球碰到队员的身体或衣服；f. 球碰到场地外其他人或物体；g. 球拍或球的最初接触点不在击球者网的这一方（击球者击球后，球拍可以随球过网）。

⑤ 比赛进行中：a. 队员球拍、身体或衣服触及网或网的支持物；b. 队员的球拍或身体以任何程度侵入对方场区；c. 妨碍对手，如阻挡对方仅靠球网的合法击球。

⑥ 比赛时，队员故意分散对方注意力的任何举动，如喊叫、故作姿态等。

⑦ 比赛时：a. 击球时，球夹在或停滞在拍上紧接着又被拖带；b. 同一队员两次挥拍连续击中球两次；c. 同一方两名队员连续各击中球一次；d. 球碰球拍继续向后场飞行。

⑧ 队员违反比赛连续性的规定。

⑨ 队员行为不端。

（4）重发球

① 遇到不能预见或意外的情况，应重发球。

② 除发球外，球挂在网上或停在网顶，应重发球。

③ 发球时，发球员和接发球员同时违例，应重发球。

④ 发球员在接发球员未做好准备时发球，应重发球。

⑤ 比赛进行中，球托与球的其他部分完全分离，应重发球。

⑥ 司线员未看清球的落点，裁判员也不能做出决定时，应重发球。

⑦ 重发球时，最后一次发球无效，原发球员重发球。

（5）死球

① 球撞网并挂在网上，或停在网顶上。

② 球撞网或网柱后开始在击球这一方落向地面。

③ 球触及地面。

④“违例”或“重发球”。

（6）发球区错误

① 发球顺序错误。

② 从错误的发球区发球。

③ 在错误的发球区准备接发球，且对方球已发出。

第七节　手球运动

一、手球运动简介

手球是综合篮球和足球的特点而发展起来的一种用手传球、接球、运球、射门、封打抢断，以及用各种攻防战术进行对抗的球类竞赛项目。它以球攻入对方球门得分。手球运动是一项比赛激烈、对抗性强、速度快、运动量大及对投掷力量有特殊要求的运动项目。它不仅包括田径中的跑、跳、掷等各项技术动作，同时还具有各种球类项目的技术特色。19 世纪末，手球运动作为一种游戏流行于欧洲。1926 年，由德国发起并组织了首次国际手球比赛。1928 年，11 个国家的手球协会在第 9 届奥运会期间聚会，成立了国际业余手球联合会，并首次印发了手球项目正式的国际规则。1946 年，国际手球联合会于在丹麦首都哥本哈根重新组建。此后，手球运动逐渐在欧洲的罗马尼亚、捷克、波兰等国家传播开来，然后向挪威、瑞典、芬兰、冰岛等国家发展。1936 年，11 人制手球在第 11 届奥运会被列为比赛项目。1940 年以后，法国、西班牙、意大利、突尼斯、阿尔及利亚、摩洛哥等国家也开展了手球运动。1950年以后，手球才逐渐传入美洲及亚洲。在1972年第20届奥运会和1976年第21届奥运会上，手球被列为比赛项目。

最初手球比赛每队运动员为11名，又称“11人制手球”。1965年改为每队7名运动员。全场比赛时间为60分钟，分上、下两个半时，每半时30分钟，中间休息10分钟。手球比赛进1球得1分，以射入对方球门多者为胜。

二、手球运动的打法

目前，世界上手球的打法大体上可分为力量型、技巧型和综合型三种。力量型凭身高体重形成强起高打、大刀阔斧的风格；技巧型以纯熟准确的技术及快速巧妙的打法见长；综合型主要是以力量加技巧取胜。

三、基本技术

手球技术可以分为脚步移动、进攻技术、防守技术及守门员技术等。

（一）脚步移动技术

在手球比赛中，运动员始终不停地跑，根据攻守情况的变化，要经常变换跑的速度和方向，还要做急停、起动、转身和跳跃等动作。移动技术对掌握和运用攻守技术有极重要的作用。

1. 基本姿势

比赛中，为了适应瞬息万变的需要，必须随时保持一种既稳定又灵活的基本站立姿势。

动作要领：两脚平行或斜向开立，与肩同宽，脚尖向前，膝关节微屈稍内扣，脚跟稍提起，支撑点在两前脚掌，上体稍前，身体重心落于两脚之间，两臂屈肘自然置于体侧，抬头两眼注视目标。

2. 跑

（1）起动跑、快速急起步：由静止状态变为移动状态。在进攻中，突然快速的起动能有效地摆脱防守队员，而在防守中快速起动跑能抢占有利位置。

动作要领：起动时（向前起动），一脚用力蹬地身体前倾，身体重心随之向起动方向移动，另一脚迅速跨步，紧随的前几步要小而快，同时手臂协调配合。

（2）侧身跑：比赛中，进攻队员为了便于观察场上情况和接来自侧后方的球。

动作要领：跑动中，头部和上体向场内或向有球的一侧扭转，身体重心侧前移，脚尖和膝部朝跑动方向，形成上体侧转，两臂自然摆动，两眼注视场内，随时准备接球。

3. 跳

跳是为了取得空间优势，利用空间有利的射门点而采用的一种动作技术。

（1）向前跳：多用于快速切入射门。

动作要领：起跳时踏跳腿屈伸膝关节，并且用前脚掌用力蹬地，上地前倾，身体重心向前。移动并超越支撑点，腾空后充分展体、抬头，两眼注视目标。

（2）向上跳：常用于外围远距离射门或拦截高空球。

动作要领：起跳时踏腿屈膝，降低身体重心，然后由踏跳脚后掌过渡到前掌用力向上蹬地，上体伸直，手臂协调上摆，使身体重心升高，另一脚自然屈膝抬起。

（3）向侧跳：多用于抢断球和守门员的防守。

动作要领：起跳时，单脚或双脚向侧用力蹬地，身体重心向侧移动，上体随之向移动方向倾斜，手臂主动协调向斜上方伸展，并在空中充分展体。

（二）传、接球技术

1. 持球

任何一种传球、突破或射门都是由持球开始，持球是进攻技术的基础，持球可分为单手持球和双手持球。

（1）单手持球：是比赛中最常用的持球方法。其特点是灵活性强，活动范围大，进攻威胁大。

动作要领：五指自然展开，掌根以上部位触球，用手指力量控制住整个球体（图 6-7-1）。

图 6-7-1 单手持球

（2）双手持球：一般仅在接球时使用，它是一种过渡性的持球方法。其特点是持球牢固，但灵活性差，活动范围小。

动作要领：双手收支自然分开，拇指相对呈现“八”字，用指根以上部位触球，掌心空出手持球的后侧部，手腕自然、放松。

2. 传球

（1）单手肩上传球：是比赛中最常用的传球方法（图 6-7-2）。其特点是动作简单，传球准确，适用于不同距离的传球，能与射门动作结合运用，具有很强的攻击性。

（2）单手体侧传球：是向身体侧方转移时运用的一种传球方法。其特点是传球动作幅度小、较隐蔽、出手快，适用于短距离传球。

图 6-7-2 单手肩上传球

3. 接球

（1）双手接球：分为接胸部以上高度的球和接低于腰部的球。

（2）单手接球：在比赛中运用得较少，其特点是接球时控制范围大，但接球不够稳固，易失误。

动作要领：接球时，单臂主动伸出迎球，五指自然分开，当手掌与球接触后，顺势回撤，同时另一手快速去护球。

（三）射门技术

射门是手球比赛中的得分手段，是进攻技术和战术运用的最终目的。射门技术种类较多，下面介绍支撑射门和跳起射门两种主要的射门技术。

1. 支撑射门

（1）原地肩上射门：上体侧对球门，两脚左右站立，与肩同宽，身体重心移至右脚，前膝稍屈，同时持球于肩上，形成单手肩上传球的动作。射门时，右脚蹬地，身体重心前移，以肩带动上体向左转动，同时，右臂以肩带动上臂和肘向前挥动，上体前屈，通过手腕、手指力量将球射出。此时，右脚顺势向前跨一步（图 6-7-3）。

（2）跑动射门：接球后跨左脚，同时引球至肩上，随后右脚向前跨步，上体稍向右转动，当身体由右脚支撑时，右脚用力蹬地，上体迅速向左转动，前屈，以肩带动手臂向前挥摆。同时，左脚随着右臂挥摆出球的动作向前迈步，然后随着快速跑动的惯性继续向前跑动（图 6-7-4）。

图 6-7-3 原地肩上射门

图 6–7–4 跑动射门

2. 跳起射门

（1）向前跳起射门：接球后，利用助跑，左脚前脚掌积极用力向前蹬地跳起，此时，上体前倾，左肩侧对球门，上体向右转动，右腿屈膝自然抬起，膝关节外展，使身体向前上方腾起，同时，右手持球快速引球于肩上，挺胸展腹，抬头两眼注视球门，当身体上升接近最高点时，上体向左转动，并以肩带动右臂向前摆将球射出。球离开后，踏跳脚和摆动脚依次落地，屈膝缓冲，以保持身体平衡（图 6–7–5）。

图 6–7–5 向前跳起射门

（2）原地倒地射门：内线队员在球门区线前获球时的射门。执罚 7 米线球时经常采用。能避开防守者的阻拦，缩短与球门间的距离，提高射门命中率（图 6–7–6）。

（3）鱼跃倒地射门：适合正面攻击，也可用于小角度射门。缩短与球门的距离，由小角度向 7 米线方向跃起倒地，能扩大射门角度，给对方守门员更大的威胁（图 6–7–7）。

图 6–7–6 原地倒地射门

图 6–7–7 鱼跃倒地射门

（四）守门员技术

守门员技术可分为准备姿势、位置选择、脚步移动、封挡球、传球等技术。现主要介绍封挡球技术。

（1）双手挡球：双臂向来球方向伸展，手臂并拢，手掌五指自然分开，掌心对准来球，在触球的一刹那，手腕下压，将球挡落在身前。双手挡球多用于靠近身体的来球或头顶上方的来球。特点是封挡面积大。

（2）单手挡球：单臂向来球方向伸展，五指自然分开，掌心对准来球，当球与掌接触的一刹那，手指、手腕紧张，并做下压动作，将球挡落于身体附近（图6–7–8）。单手挡球多用于封挡离身体两侧较远的不同高度的来球。其特点是封挡范围大、动作灵活、速度快，但是接触球面积小。

（3）臂封挡球：单臂向来球方向伸出，手臂肌肉和肘关节保持紧张，当球触及手臂时，手臂顺势稍后引，同时手臂做内旋将球挡落在身体附近（图6–7–9）。臂封挡球多用于守门员向前出去防守或封挡近身体两侧的来球。

（4）双臂封挡球：双臂伸直上举，并拢，掌心向前，当球触及手臂时，快速下压，将球挡落于身体附近。双臂封挡球多用于守门员封挡头顶上方的来球，特别是边锋切入射向球门近上角的球。

（5）腿、脚封挡球：封挡左侧来球时，右脚用力下压蹬地，使身体重心向左侧方向移动，左腿关节外展并向来球方向伸出，脚弓对准来球，用腿的内侧或脚弓封挡球（图6–7–10）。腿、脚封挡球多用于封挡射来的低球。

（6）手脚并用封挡球：在腿、脚挡球动作的基础上，手臂向来球方向伸出，身体重心向来球方向移动，使手、脚靠拢。当迎球而上进行封挡时，整个躯干和四肢充分伸展，像雄鹰展翅一样跃起，封挡来球。手、脚并用封挡球常用于封挡胸部以下的来球，其特点是封挡球的面积大。

图6–7–8　单手挡球

图6–7–9　臂封挡球

图6–7–10　腿封挡球

四、基本战术

（一）基本进攻战术

（1）突分配合：持球队员突破后，利用传球与同伴配合的方法。两名以上进攻队员连续进行突分配合，叫连切战术。

（2）传切配合：进攻队员利用传球和切入技术组成的配合。进攻队员传球后，快速切向球门区接取同伴传球进行射门。

（3）掩护配合：进攻队员利用身体合理地挡住对方防守的转移路线，使同伴获得进攻机会的方法。根据掩护者所处的位置，分前掩护、侧掩护和后掩护三种。

（4）交叉换位配合：两名或两名以上队员在对方防线前交叉跑动，互换位置，打乱对方防守部署，使其产生失误或收缩防区，以达到突破或射门目的。

（5）策应配合：进攻队员背对球门，接球后传给徒手切入的同伴，使同伴摆脱防守进行攻击的方法。

（二）攻防战术

（1）快攻：指以最快的速度、最短的时间把球推进到对方球门区前进行果断进攻的战术。威力大，成功率高，是“以小打大”的有效办法之一。

（2）阵地进攻：球到前场后，队员根据防守队的阵形布防而组织进攻配合的方法。

（3）防快攻：进攻转入防守时，封堵对方的第一传，破坏对方的推进速度，为本方布防赢得时间的方法。

（4）区域联防：由攻转守时，队员快速退到本方球门区前，按预定队形分守一定的区域，相互呼应，密切协作，构成集体防守阵形。

五、手球比赛规则简介

（一）比赛场地

手球比赛场地为长 40 米、宽 20 米的长方形场地，由两个球门去和一个比赛场区组成。长界线称边线，短界线称球门线（球门柱之间）或外球门线（球门的两侧）。比赛场区周围应有安全区，离边线至少 1 米，离球门线至少 2 米。

（二）比赛时间和暂停

手球比赛时间分为上、下半时，各为 30 分钟，中间休息 10 分钟。上、下半时每队各有一次暂停，暂停时间为 1 分钟。

如果在正常比赛时间结束时双方打成平局，而竞赛规程要求必须决出胜方，则在休息 5 分钟后进行决胜期的比赛。决胜期由两个 5 分钟组成，中间休息 1 分钟（双方交换场地）。如果第一个决胜期后仍为平局，休息 5 分钟后再进行第二个决胜期的比赛。第二个决胜期仍为两个 5 分钟，中间休息 1 分钟。如果第二个决胜期后仍为平局，将选定一方球门进行掷罚 7 米球，以决出胜方。即双方各出 5 名队员，分别依次掷罚；如仍为平局，则将进行 1 对 1 掷罚，直至决出胜方。

（三）球队

（1）一个队最多由 14 名队员组成。一方同时上场的队员人数不得超过 7 人（场上队员 6 人，守门员 1 人），其他为替补队员。守门员可以随时成为场上队员，上队员也可以随时充当守门员。守门员服装颜色要与场上队员明显区别。

（2）只要被替补队员已离开场地，替补队员即可不通知计时员 / 记录员随时、重复地进场参赛。参与换人的所有队员都应从本方换人区进出场地。

（3）换人违例时，应判罚违例队员出场两分钟。如同一球队在一次换人中发生多人违例，只处罚第一个违例队员。比赛重新开始时由对方掷任意球。

（四）开球

（1）比赛开始时，由掷币获胜并选择开球的队执行开球。下半时比赛开始时，双方交换场地，由上半时没掷开球的队掷开球。

（2）得分后，由失分队开球重新开始比赛。

（3）开球在比赛场地中央进行，可掷向任何方向。开球队员必须在裁判员鸣哨后 3 秒内将球掷出。在球离手前，掷球队员须至少保持一脚踏在中线上。另一脚可踏在中线上或位于本方半场。裁判球员鸣哨前，掷开球队员的同队队员不得越过中线。

（五）边线球

如球的整体越过边线，或者越过防守队的外球门之前，最后触及防守队的场上队员，或者触及场地上的天花板、悬挂物后，应判边线球。边线球由球出界或天花板、悬挂物前最后触及队的对方掷出。边线球应在球出界或球出界的一侧边线与外球门线交界处执行。掷边线球时，对方球员须距掷球队员至少 3 米。

（六）任意球

凡属队员犯规违例（持球 3 秒、超过 3 步者）都要判罚任意球，由对方在犯规或违例地点进行掷球。如裁判员会技术代表因防守队员或官员违反规则而中断比赛，比赛重新开始时，应在比赛中断时球所在位置掷任意球。掷任意球时，防守队员必须距掷球队员至少 3 米，不需经裁判鸣哨即可掷球。

（七）7 米球

（1）队员或官员在场上任何地点犯规，破坏了对方明显得分机会；非法哨音破坏了明显得分机会；非参赛人员干扰破坏了明显得分机会（如观众进入场地）；比赛最后 30 秒，队员或球队官员阻止或延迟对方执行掷球，阻止对方明显得分机会；比赛最后 30 秒；攻击或危及对方身体健康，采用特别危险、蓄意伤害的犯规动作，阻止对方明显得分机会。

（2）7 米球应在裁判员鸣哨后 3 秒内射向球门。掷球的队员须位于 7 米线后不超过 1 米的范围内。在球离开掷球员的手之前，其同队的队员须始终位于任意线外；对方队员须站在任意线外且距 7 米线至 少 3 米。在球离开掷球员的手之前，如守门员越过守门员限制线（4 米线），若射门不中，应重掷 7 米球。

（八）守门员违例

出现以下情况之一的，判守门员违例：① 在防守时危及对方，破坏了对方明显得分机会；② 控制球后持球离开球门区；③ 在球门区内接触球门区外地面上静止或滚动的球；④ 将球门区外地面上静止或滚动的球拿进球门区；⑤ 比赛场区持球重新进入球门区；⑥ 当球向比赛场区滚动时，用脚或膝关节以下部位触球；⑦ 在球离开对方掷 7 米球队员的手前越过守门员限制线（4 米线）或其两侧延长线，但只要守门员有一只脚踏在守门员限制线或线后地面上，就允许其另一只脚或身体其他部分在空中越过 4 米线。

（九）处罚

1. 警告

出现以下情况之一的判处警告：① 通过语言或手势烦扰对方或本队队员，或为使其分心而向对方队员喊叫；② 通过不遵守保持 3 米距离的规定或其他方式延误对方正常掷球；③ 通过“戏剧性表演”试图误导裁判员对对方行为的判断，或夸大某个动作的影响以引起比赛暂停或使对方被冤枉受到处罚；④ 主动用脚或是小腿阻挡射门或传球；单纯的反射性动作。出于战术意图重复进入球门区。

2. 罚出场两分钟

出现以下情况之一的判罚出场 2 分钟：① 换人违例，额外队员进入场地或一名队员从替补区非法干扰比赛；② 需升级处罚的犯规；③ 应直接判罚出场 2 分钟的犯规；④ 需升级处罚的非体育道德行为；⑤ 在有一名官员已被警告的情况下，同队官员再次出现非体育道德行为；⑥ 队员或官员需直接罚出场 2 分钟的非体育道德行为；⑦ 取消队员或官员比赛资格伴随的罚出场；⑧ 在一名队员被判罚出场 2 分钟后，比赛重新开始前，该队员又有非体育道德行为。

3. 取消比赛资格

出现以下情况之一的判取消比赛资格：① 危机对方队员身体健康的犯规；② 队员或随队官员，场上或场下的严重体育道德行为和极端非体育道德行为；③ 在随队官员已被警告和罚过出场2分钟后，同队的任一官员再有非体育道德行为；④ 同一队员第三次被罚出场；⑤ 7米球决胜期间严重或重复的非体育道德行为。

4. 同一情况下多次犯规

再重新开始比赛以前，如队员或随队官员同时或连续多次犯规，且这些犯规导致多种判罚，那么原则上只给予最重的判罚。

思考题

1. 球类运动的共同特点是什么？

2. 结合自己参与球类运动的实践，谈谈球类项目对自己的身体、心理和社会适应等方面产生了哪些良好影响。

3. 参加篮球、排球、足球、乒乓球、羽毛球、网球和手球锻炼的注意事项有哪些？

4. 如何欣赏高水平球类比赛？

第七章 时尚体育运动

第一节 健美运动

一、健美运动概述

健美运动是指通过健美操、韵律操、形体操等各种徒手练习或利用哑铃、杠铃、单双杠、拉力器等各种器械，运用专门的动作方式和方法进行锻炼，以发达肌肉、健美体魄、改善体型和陶冶情操为目的的一种运动。

在长期的发展过程中，健美运动形成了两个相对独立的运动项目，即竞技健美运动和竞技健美操运动。

健美运动简单易行、适用性强，是大学生提高自身身体素质、美化体型的重要途径。它对提高大学生身心健康的作用主要体现在以下几个方面：

（1）增强体质，增进健康：经常进行健美锻炼，能有效地改善和提高心血管系统、呼吸系统和消化系统等的生理机能，从而提高身体的抵抗能力和适应能力。

（2）使肌肉增粗，力量增大：长期坚持健美运动，能够使肌肉得到强烈的刺激，而使肌肉纤维增粗，肌肉的横断面增大，肌肉变得丰满、结实和粗壮。此外，在力量练习的影响下，可使肌肉内供能物质含量增加，储氧的肌红蛋白、肌肉代谢场所的线粒体数量及体积、毛细血管网等均增加，肌肉结缔组织增厚，从而使肌肉收缩更有力，力量增大。

（3）矫正体型体态：体型主要是指全身各部位的比例是否匀称、协调、平衡、和谐，以及主要肌肉群是否具有优美的线条。体态主要是指整个身体及各主要部位的姿态是否端庄优美。自古以来，人们就十分强调人的体态，要求站有站相、坐有坐相、走有走相。当代大学生在日常生活中如果不注意自己的仪表姿态，就会影响某些骨骼的正常生长和发育，从而造成一些不良姿态，如含胸弓背、脊柱侧弯等。通过健美训练，能给予身体某些部位以良好的影响，促使肌肉发达，例如，过胖的学生可以通过科学的训练减少肌肉中的脂肪含量，达到减肥的目的。科学的健美训练还有助于矫正某一部位的畸形。

（4）培养顽强意志，陶冶情操：健美训练很艰苦、富有挑战性，只有达到一定的训练量和强度，才能收到良好的锻炼效果。健美训练后往往会导致腰背疼痛、肌肉酸痛。长期坚持健美训练，能培养学生不怕苦、不怕累、不怕疼的顽强意志。健美训练对学生树立自信、自强良好的心理素质也有着较大的作用。此外，通过健美训练和观看健美比赛，还可以满足人们对美的追求，培养健康的审美情趣和积极进取的人生理想。

二、健美体型的衡量标准

（一）人体健美体型的类型

由于人体的骨骼、肌肉和脂肪的比例和分布状况不同，可将人体健美体型分为5种类型：

（1）适应型：发挥自身体型的优势，通过健美练习改善身体的不足，塑造理想的体型。

（2）姿态型：将肉体美与姿态美相结合，塑造独特的气质和姿态。

（3）多姿型：肌肉发达适中，身体曲线多姿。

（4）体能型：肌肉发达、匀称。

（5）力量型：肌肉特别发达，线条轮廓特别明显。

（二）衡量健美体型的标准

人体美是健、力和美三者的有机结合，它包括肌肉和骨骼的发育情况、外部姿态以及人的精神气质等。人体体型健美应具备以下10个条件：

（1）骨骼发育正常，身体各部位比例协调、匀称。

（2）男子肌肉均衡发达，女子体态丰满而无肥胖臃肿感，男女皮下脂肪适度。

（3）五官端正，头部与五官位置比例协调，男子眼睛有神，女子眉清目秀。

（4）双肩对称，男宽女圆，微呈下削，无耸肩或垂肩之感。

（5）脊柱背视成直线，侧视呈正常的生理曲线，肩胛骨无翼状隆起和上翻之感。

（6）胸廓宽阔厚实，比例协调，无含胸驼背之感。男子胸肌圆隆，背视腰以上躯干呈“V”形；女子乳房丰满、坚挺而不下垂，侧视有女性特有的曲线美感。

（7）腰微呈圆柱形，腹部扁平，男子在处于放松时仍有腹肌垒块隐现，女子腰围比臀围约细1/3。

（8）臀部圆满结实，男子鼓实且稍上翘，女子不显下坠。

（9）下肢修长且不纤细，线条柔和，小腿腓肠肌位置较高并稍突出，足弓高，两腿并拢时正视和侧视均无屈曲感。

（10）整体外观给人以肌肉发达、健壮有力、体型匀称、线条鲜明、精神饱满和坚忍不拔之感。

以上10条标准是“十全十美”的人体健美体型。是否符合人体体型健美的条件，很大程度上取决于先天遗传，若先天不足，也可以通过后天的锻炼、塑造来进行克服和弥补，使之接近或达到人体体型的健美条件。为了方便大学生在锻炼中进行自我评价，以下附男女一般健美体围参照表（表7-1-1，表7-1-2）和健美体型评分标准（表7-1-3）。

表7-1-1 男子一般健美体围标准

身高/厘米	体重/千克	胸围/厘米	扩展胸围/厘米	上臂围/厘米	大腿围/厘米	腰围/厘米
153～155	50	94	97	32	45	65
155～157	52	94	98	32	49	65
157～160	54	95	99	33	50	66

续表

身高 / 厘米	体重 / 千克	胸围 / 厘米	扩展胸围 / 厘米	上臂围 / 厘米	大腿围 / 厘米	腰围 / 厘米
161～163	56	95	101	33	51	66
163～166	59	98	102	34	52	68
166～169	61	100	103	34	53	69
169～171	63	100	104	35	53	69
171～174	65	102	105	35	54	70
174～177	67	103	107	36	55	71
177～180	70	103	108	36	55	72
180～183	72	104	109	37	56	72

表 7-1-2　女子一般健美体围标准

身高 / 厘米	体重 / 千克	扩展胸围 / 厘米	臀围 / 厘米	腰围 / 厘米
152～154	47.5	88	88	58
154～158	48.5	88	88	58
158～161	50	89	89	59
161～163	51.5	89	89	60
163～166	53	90	90	60
166～169	54.5	90	90	61
169～171	56	92	92	61
171～174	58	92	92	62
174～176	60	94	94	64
176～178	62.5	96	96	66

表 7-1-3　健美体型评分标准

得分	胸围 / 厘米减去腰围 / 厘米		身高 / 厘米减去体重 / 千克	
	男	女	男	女
优秀	30	26	95	100
良好	20	18	100	105
及格	15	14	105	110
不及格	15 以下	14 以下	90 以下，105 以上	95 以下，110 以上

三、健美训练的方法

健美训练的目的是为了使肌肉丰满、发达或减少体内多余的脂肪而达到体型健美。要使健美训练更实用、更有效、更有乐趣，就必须根据个人的具体情况选用不同的训练方法。下面介绍几种常用的健美训练方法：

（一）循环训练法

循环训练法是指在每次训练时，把多个训练身体不同部位的动作按一定次序编排好，并逐项、依次完成所有动作的训练方法，即完成一个循环的练习。一个循环一般包括6~14个动作，每个动作练习间歇45~60秒，每个循环间休息2~3分钟。

实例：仰卧起坐—引体向上—跳绳—俯卧撑—侧卧举腿—跑步—俯卧挺身—快速上下五层楼梯。

这种训练方法的特点是能够全面提高身体素质，增长肌肉力量和耐力，既有趣味又无单调感，能充分调动练习者的积极性。

（二）定量间歇训练法

定量间歇训练法是指一个动作在一次训练课中所用的重量、动作次数、练习组数和间歇时间等基本相同的一种训练方法。组与组之间一般休息1~2分钟（表7-1-4）。

表7-1-4 定量间歇训练法实例

次序	内容	练习重量与数量
1	深蹲	60千克　3×8
2	卧拉	40千克　3×8
3	直腿硬拉	60千克　3×8
4	颈后推	20千克　3×8
5	提踵	40千克　3×8
6	腕屈伸	10千克　3×15
7	仰卧两头起	3×15

这种训练方法的特点是具体明确，容易掌握，是常用的一种方法，比较适合初学者。

（三）金字塔形训练法

金字塔形训练法是指一个动作在练习时用的重量逐组增加，相应减少每组的重复次数的一种训练方法。其练习的重量是一个下大上小的塔形。

这种训练方法的特点是对局部的肌群有较大的刺激，能有效地增加肌肉的力量和体积。

（四）优先训练法

优先训练法是指对身体某块肌肉有侧重地优先安排训练的方法。如胸大肌不是很发达的人在训练时，首先要对胸大肌进行强化训练，然后再进行其他部位的练习。

这种训练方法的特点是可在一定程度上有效地弥补身体某些肌肉的不足。

（五）重量渐减训练法

重量渐减训练法是指练习某一动作时用的重量逐组减少，动作练习重复次数相应减少，而每组练习之间没有间歇时间的一种训练方法。

这种训练方法的特点是训练的密度较大，能有效地提高肌肉的耐力和长时间训练的能力，促使肌肉达到饱和。

（六）助力训练法

助力训练法是指练习某一动作筋疲力尽时，借助身体其他部位的力量或者外力完成更多次重复动作的训练方法。例如，做卧推时，待自己不能推起来时，可借助同伴的助力完成 1~2 次重复动作。

这种训练方法的特点是能使局部肌群受到最大深度和强度的刺激。

四、发达肌肉的有效练习

（一）发达胸部肌肉群的练习

1. 俯卧撑

主要发展胸大肌、肱三头肌和三角肌的肌力。

练习时，屈肘前身体要前探，尽量拉长胸大肌，用力时要注意胸大肌发力。做前吸气，成直臂俯撑时呼气（图 7–1–1）。

2. 俯卧哑铃飞鸟

主要发展三角肌后部、斜方肌的肌力。

俯卧在长凳上，两脚踏实地面，上背部和臀部着凳面，用哑铃做飞鸟的动作。注意肩、肘、腕始终在一个垂面内（图 7–1–2）。

3. 杠铃（或哑铃）仰卧推举

主要发展胸大肌、肱三头肌和三角肌前束的肌力。

仰卧在凳上，两手正握杠铃，比肩稍宽。屈臂下放杠铃于胸部，两肘外展，再将杠铃从胸前往上用力推起至两臂完全伸直。上推前吸一口气，憋气上推，两臂伸直后呼气（图 7–1–3）。

图 7–1–1 俯卧撑

图 7–1–2 俯卧哑铃飞鸟

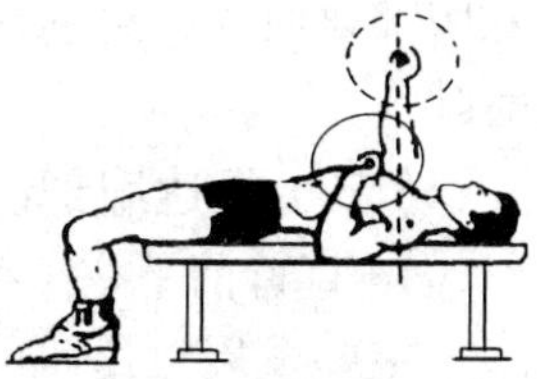

图 7–1–3 杠铃仰卧推举

4. 颈上卧推

主要发展胸大肌上部肌肉的肌力。

仰卧在平凳上，双手宽握杠铃放至颈部上，两肘尽量外展，然后用力向上推杠铃至手臂伸直。上推前吸一口气，憋气上推，两臂伸直后呼气。

5. 哑铃仰卧屈臂拉

主要发展胸大肌上部和背阔肌、大圆肌的肌力。

上背部仰卧于凳面，头稍露出凳端，两腿弯曲蹬地，动作过程中注意“夹胸”（图7–1–4）。此动作也可用杠铃来完成。

6. 哑铃上斜飞鸟

主要发展胸大肌上部和三角肌前中部肌肉的肌力。

仰卧在上斜板上，高于45°，双手抓住两个哑铃，保持双臂微微弯曲，用哑铃做上斜飞鸟的动作（图7–1–5）。

7. 弹簧棒内收

主要发展胸部中沟肌肉的肌力。

两手握住弹簧棒两端（掌心相对），置于腹前，然后两臂同时内收，肩胛骨后缩，使弹簧棒在胸前，再慢慢放松复原。

8. 宽撑双杠

主要发展胸下部肌肉的肌力。

两手握住双杠成支撑，脸朝下，下颌收紧，弓背，脚尖向前，两眼看脚尖，然后慢慢屈臂使身体下降至下颌约于双杠齐处，再用力将身体撑起。注意伸臂时吸气，放松时呼气（图7–1–6）。

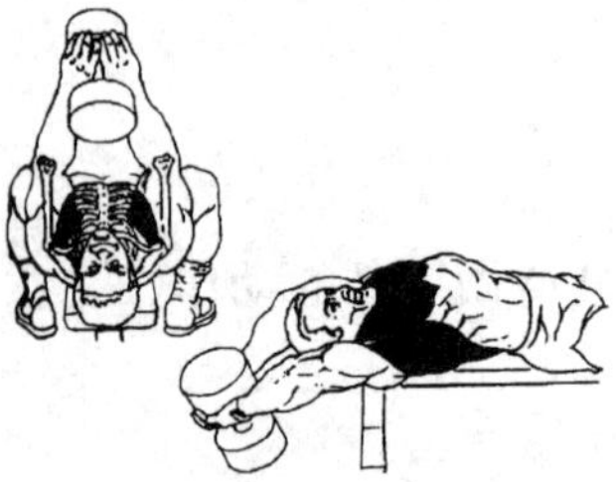

图7–1–4 哑铃仰卧屈臂拉

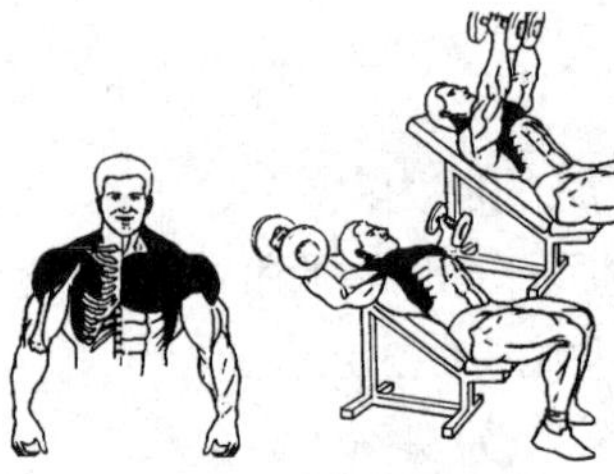

图7–1–5 哑铃上斜飞鸟

图7–1–6 宽撑双杠

9. 双杠支撑摆动臂屈伸

主要发展胸下部肌肉的肌力。

两手握住双杠成支撑，以肩为轴，身体前摆时肩略后移。后摆至最高处时屈肘，腰部和腹部要放松。再前摆时，两臂用力伸直，如此往复摆动臂屈伸。注意屈肘时吸气，前摆时呼气。

（二）发达肩部肌肉群的练习

1. 直臂前平举上举

主要发展三角肌前部肌肉的肌力。

两手握住杠铃下垂，直臂前平举静止4~6秒再上举至直臂支撑。上举时吸气，举直后呼气。

2. 直立提肘上拉

主要发展三角肌侧部肌肉的肌力。

两手握住杠铃下垂，间距比肩略窄，身体直立，用力向上提肘至胸部后慢慢复原。提肘时吸气，复原后呼气。

3. 颈后推举

主要发展三角肌、斜方肌和肱三头肌的肌力。

两手宽握住杠铃，放置在颈后肩上，用力将杠铃推起至两臂完全伸直后慢慢复原。杠铃放置在颈后应吸一口气，推上后再调整呼吸（图 7–1–7）。

图 7–1–7 颈后推举

4. 两臂交替前举

主要发展三角肌前部、中部肌肉的肌力。

双手握哑铃于身体两侧，掌心向后，肘关节微屈。先举起一侧哑铃，在还原的同时举起另一侧哑铃，交替进行。抬臂时吸气，放下臂时短促呼气。

5. 直臂绕环

主要发展三角肌中部、前部肌肉的肌力。

两臂下垂持哑铃在胸前呈十字交叉，做胸前直臂绕环。力求自然，上举时吸气，放下时呼气。

6. 哑铃（杠铃）前平举

主要发展三角肌、胸大肌和前锯肌的肌力。

两手握哑铃（杠铃）自然伸直置于体前，单手持哑铃经体前上举至肘关节高于肩，两手交替上举，双手持杠铃前平举（图 7–1–8）。

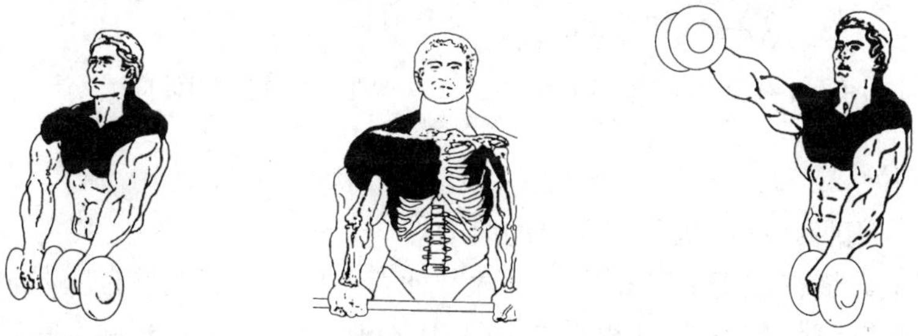

哑铃准备　杠铃准备　前平举

图 7–1–8 哑铃（杠铃）前平举

7. 弓身侧平举

主要发展三角肌、斜方肌和大圆肌的肌力。

弓身成水平状，双手持哑铃于体侧，然后两臂向后上振至与肩同高后慢慢还原。后振时吸气，还原时呼气（图 7–1–9）。

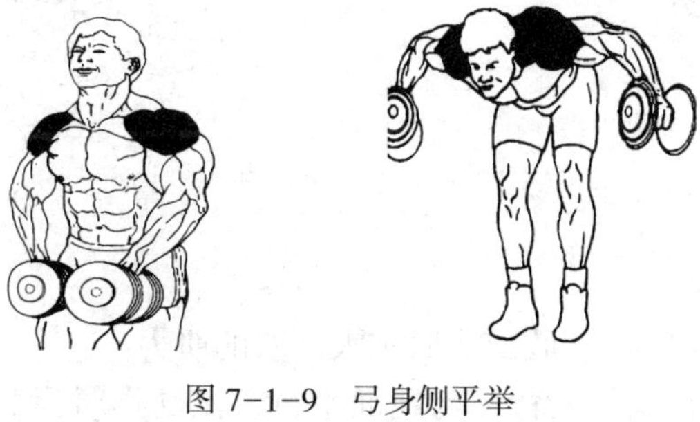

图 7–1–9 弓身侧平举

（三）发达背部肌肉群的练习

1. 坐姿划船

主要发展背阔肌和大圆肌的肌力。

坐在凳上，两腿前伸，两脚踩住前方固定物，两臂伸直，两肩放松。拉动时，两臂屈肘向胸腹部拉引，同时挺胸、抬头，肩胛骨向脊柱靠拢（图 7−1−10）。

2. 引体向上

主要发展背阔肌上、中部的肌力。

两手正握或反握单杠，握距同肩宽，两脚离地，两臂伸直，身体悬垂。引体发力使身体向上拉至头过杠面，然后身体慢慢垂下成原来姿势（图 7−1−11）。练习时，要求用背肌和臂肌收缩发力，引体不要借助身体摆动和屈蹬腿的力量。

图 7−1−10 坐姿划船

图 7−1−11 引体向上

3. 重垂下拉

主要发展背阔肌、三角肌和胸大肌的肌力。

正坐在凳上，横杠位于头部正上方，两臂伸直下拉，可分为胸前下拉和后仰下拉（图 7−1−12）。向前拉至胸前第 3~4 根肋骨处，上体稍后仰，抬头挺胸，向后拉至极限，尽量低头，不要用体重借力拉。

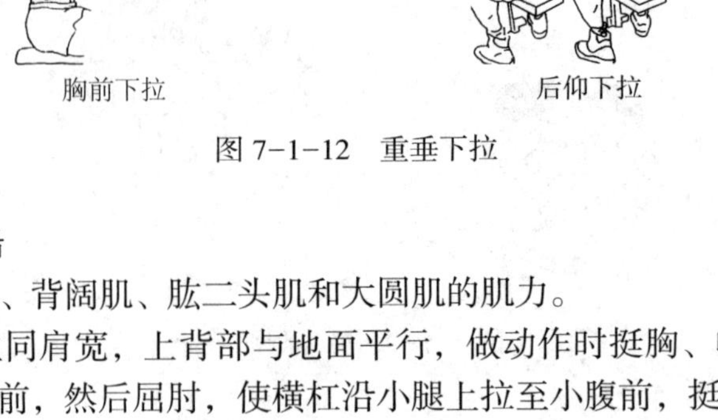

图 7−1−12 重垂下拉

4. 杠铃俯立划船

主要发展斜方肌、背阔肌、肱二头肌和大圆肌的肌力。

俯立，两脚开立同肩宽，上背部与地面平行，做动作时挺胸、收腹、紧腰，先将杠铃直臂拉至小腿胫骨前，然后屈肘，使横杠沿小腿上拉至小腹前，挺胸、抬头，上体抬起

15° ~20°，掌心向前（图 7−1−13）。

5. 单手哑铃俯立划船

主要发展斜方肌、大圆肌和冈下肌的肌力。

两脚开立同肩宽，上背部与地面平行，单手持哑铃于肩关节下方。运动时，使哑铃沿腿外侧上拉至腰部，同时转头翻肩（图 7−1−14）。为减轻腿部肌肉的负担，可采用单膝跪凳，同侧手撑凳面的动作。

图 7−1−13　杠铃俯立划船

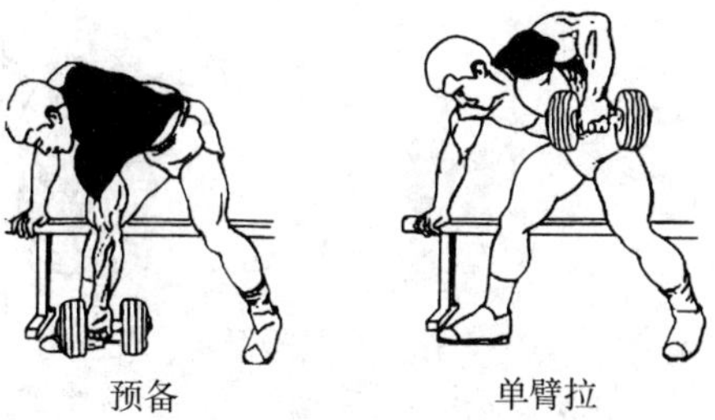

图 7−1−14　单手哑铃俯立划船

6. 直臂拉弹簧拉力器

主要发展斜方肌的肌力。

两手握弹簧拉力器的两端，两臂由前平举向两侧用力拉直至两臂和体侧平行，然后还原再做。扩胸时吸气，还原时呼气。

7. 杠铃耸肩

主要发展斜方肌的肌力。

身体直立，两臂持杠铃下垂，练习时用力向上耸肩至最高位，然后还原再做。耸肩时吸气，还原时呼气。

8. 直臂下拉

主要发展背阔肌、大圆肌和胸大肌下部肌肉的肌力。

两臂自然伸直，使拉杆从体前拉下至大腿前（图 7−1−15）。

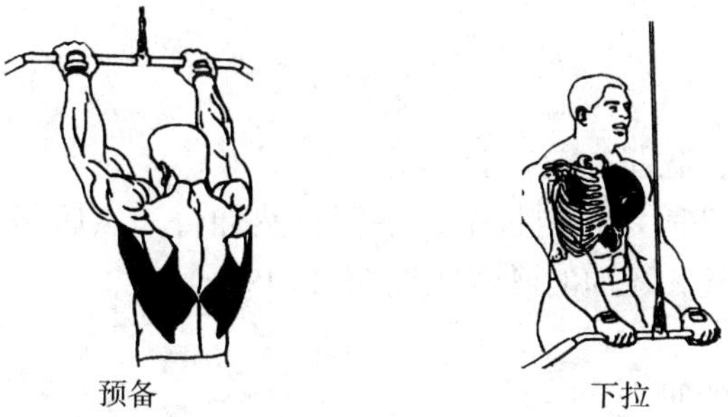

图 7−1−15　直臂下拉

（四）发达臂部肌肉群的练习

1. 站立臂屈伸

主要发展肱三头肌的肌力。

两脚自然开立，双手握杠铃（或哑铃），两臂伸直，上臂与地面垂直，两臂持铃向头上伸直打起（图 7-1-16）。

2. 坐姿臂屈伸

主要发展肱三头肌外侧肌肉的肌力。

坐在凳上，两手握哑铃的一端，两肘高抬并向侧分，然后用力向上伸直两臂，使哑铃沿背部滑动至最高位。伸肘前吸气，肘直后呼气（图 7-1-17）。

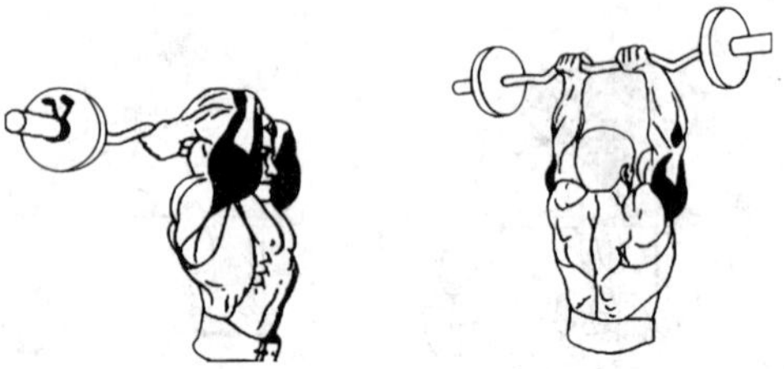

持铃颈后屈　双臂伸起

图 7-1-16　站立臂屈伸

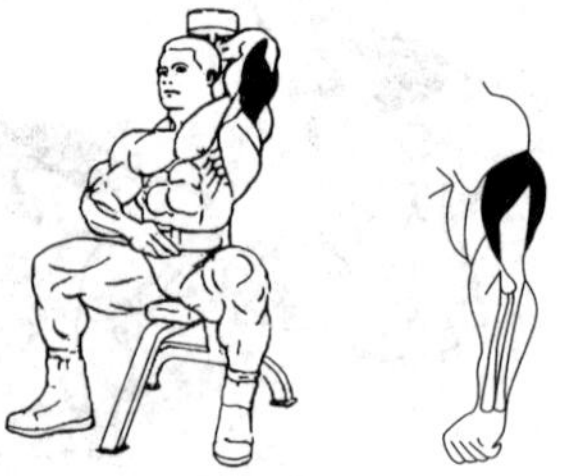

图 7-1-17　坐姿臂屈伸

3. 仰卧臂屈伸

主要发展肱三头肌的肌力。

仰卧在凳上，两手握住在头前的杠铃，两肘高抬，肘尖向上，然后用伸前臂的力量将肘伸直。用力伸臂时吸气，伸直后呼气（图 7-1-18）。

持铃颈后屈　双臂持铃体前伸

图 7-1-18　仰卧臂屈伸

4. 斜板弯举

主要发展肱二头肌、肱肌、前臂肌群的肌力。

单手握住哑铃，肘部固定在斜板上，手臂自然伸直，然后用力屈肘使哑铃至锁骨前，再慢慢还原。屈肘时吸气，还原时呼气（图 7-1-19）。

5. 站姿杠铃弯举

主要发展肱二头肌的肌力。

两脚开立，两手握住哑铃下垂，然后将哑铃弯举至胸前，再慢慢放下还原。屈肘时吸气，还原时呼气（图 7-1-20）。

6. 俯坐弯举

主要发展肱二头肌的肌力。

坐在凳上，上体前俯，持铃手肘关节顶在同侧大腿内侧 1/3 处，前腿与大腿成 45°，

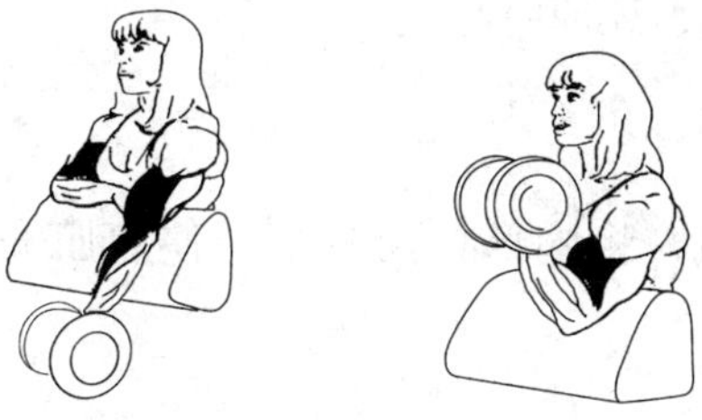

预备　　屈肘弯起

图 7–1–19　斜板弯举

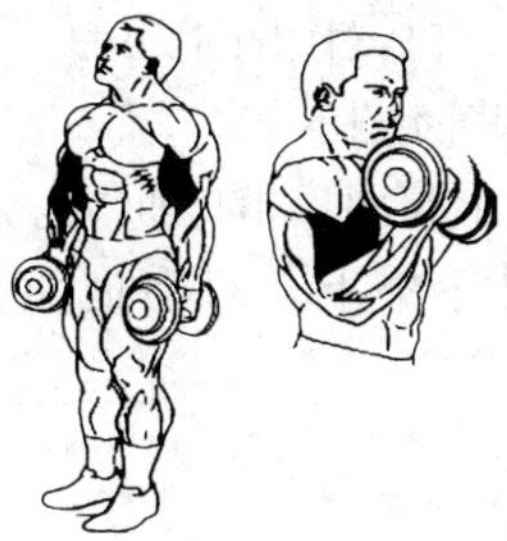

图 7–1–20　站姿杠铃弯举

直接弯起或转腕弯起，与肘关节的最佳角度为 50° ~55°（图 7–1–21）。

7. 斜坐弯举

主要发展肱二头肌的肌力。

斜坐弯举可以更有效地固定躯干和下肢，使动作更加独立地完成（图 7–1–22）。

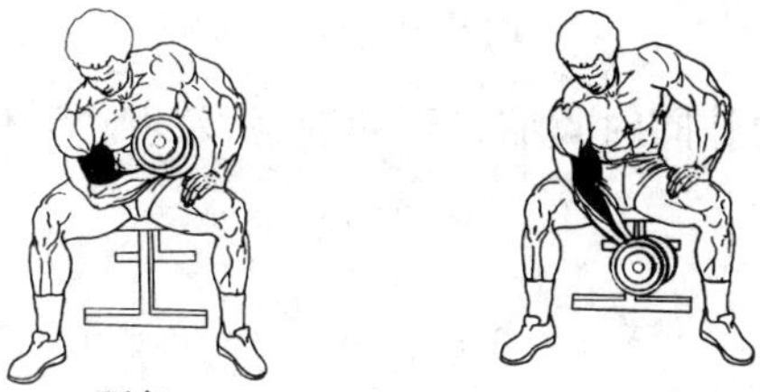

预备　　屈肘弯举

图 7–1–21　俯坐弯举

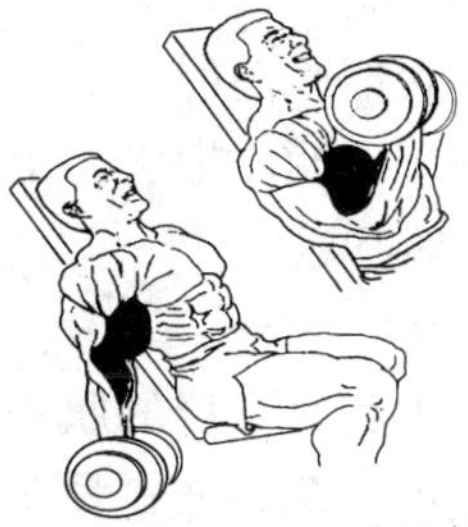

图 7–1–22　斜坐弯举

8. 重垂下压

主要发展肱三头肌的肌力。

站立，含胸收腹，两臂弯曲握手柄于胸部上方，掌心向上，下压至手臂完全伸直。练习时注意上臂夹胸（图 7–1–23）。

预备　　下压　　单臂下压

图 7–1–23　重垂下压

（五）发达腰腹肌肉群的练习

1. 仰卧起坐

主要发展上腹肌肉群的肌力。

仰卧在垫上，低头团身，两手抱头，下肢固定，然后慢慢后倒，当背快接触到垫时，立即收腹起坐，再慢慢倒体还原。起坐前吸气，还原时呼气。

2. 屈腿仰卧起坐

主要发展上腹肌肉群的肌力。

屈腿仰卧于垫上，双手抱头，收缩腹肌，将胸部拉向腿部，使腹肌充分挤压（图 7-1-24）。

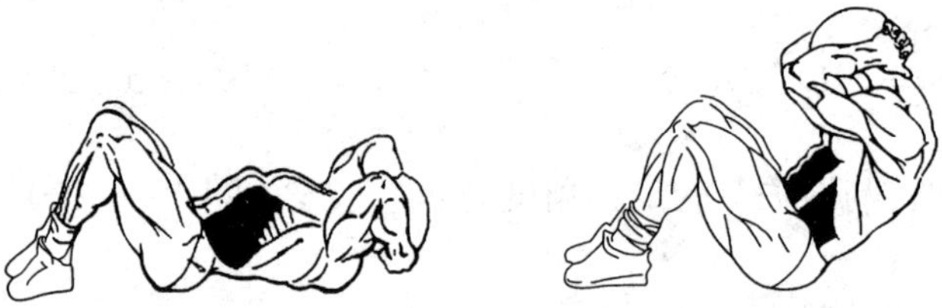

图 7-1-24 屈腿仰卧起坐

3. 屈膝两头起

主要发展腹部肌肉群。

仰卧在垫上，两手抱头，上体蜷起时两膝同时收缩，至两肘触及两膝后还原。做动作前吸气，收缩时呼气。

4. 直腿抬起

主要发展下腹肌肉群的肌力。

仰卧在垫上，两腿伸直，头靠墙，两手掌心朝下放在臀下，然后直腿上抬，抬至最高处停 2 秒后还原。收缩时吸气，两腿放下时呼气。

5. 坐姿屈膝举腿

主要发展下腹部肌肉的肌力。

坐在凳上，臀部稍露出凳面，两手握住凳边缘，上体稍后仰，两腿离开地面。两腿屈膝上举，两大腿靠近胸腹部，同时收腹，缓慢伸腿还原（图 7-1-25）。

6. 悬垂举腿

主要发展下腹部肌肉的肌力。

悬垂在单杠上，双腿伸直上举，超过水平面后，停 1~2 秒后还原（图 7-1-26）。练习时不要借助于身体的摆动力，尽量用腹肌收缩完成动作。

图 7-1-25 坐姿屈膝举腿

图 7-1-26 悬垂举腿

7. 仰卧举腿

主要发展下腹部肌肉的肌力。

仰卧在地板或地面、斜板上，双手抓住头后的固定物，两腿伸直（或弯曲）上举至极限后还原（图 7-1-27）。

图 7-1-27　仰卧举腿

8. 体侧屈

主要发展腹外侧肌肉群的肌力。

两腿开立与肩同宽，肩负杠铃直立，做左右体侧屈。侧倒时吸气，直体时呼气。

（六）发达腿部肌肉群的练习

1. 负重深蹲

主要发展股四头肌的肌力。

直立，两手握住放在颈后的杠铃，挺胸紧腰，慢慢下蹲而后起立。用力时吸气，放松时呼气。

2. 坐姿腿屈伸

主要发展股四头肌的肌力。

坐在凳头，膝关节内缘紧贴凳面，脚负重做腿屈伸动作。用力时吸气，放松时呼气。

3. 箭步蹲

主要发展股四头肌的肌力。

肩负杠铃，两腿前后分开成箭步，然后屈膝下压至能承受的深度即伸直两腿，最后收回两腿。成箭步支撑时吸气，起立后呼气。

4. 腿弯举

主要发展股二头肌的肌力。

俯卧在凳上，手抓住凳端，两脚钩住拉力器，脚跟并拢，两腿用力向前弯曲，将配重片拉起至触及臀部，还原后再做（图 7-1-28）。

5. 腿屈伸

主要发展股四头肌的肌力。

以股四头肌的收缩力，由小腿将托棍向上举起至两腿完全伸直，然后以股四头肌的张力慢慢放下还原（图 7-1-29）。

6. 站立腿弯举

主要发展股四头肌的肌力。

站立，上体略前倾，双手扶住把手，单腿脚后跟钩住脚托，使小腿克服阻力向上弯起（图 7-1-30）。

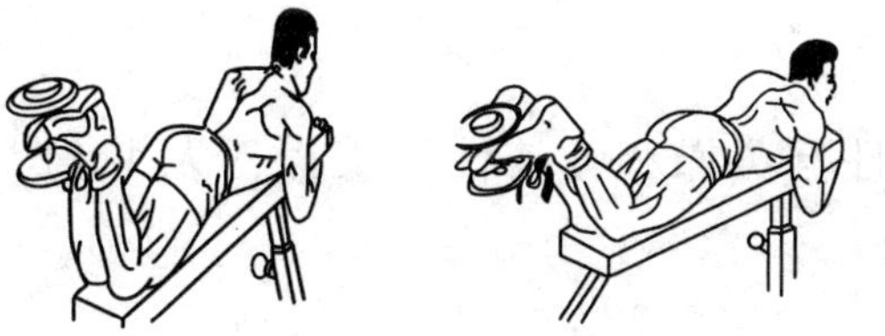

图 7-1-28　腿弯举

图 7-1-29　腿屈伸

图 7-1-30　站立腿弯举

7. 站立起踵

主要发展小腿肌群的肌力。

前脚掌踏于木板上，脚后跟着地，然后尽量提高脚后跟再放下，连续进行。膝关节保持自然伸直状态，脚下垫 7~10 厘米厚的垫木，用力踮起脚尖使小腿三头肌处于“顶峰收缩”状态。练习时，身体正直、上体挺拔，臀部不要后坐（图 7-1-31）。

8. 剪蹲

主要发展股四头肌的肌力。

前脚全脚掌着地，脚尖稍内扣。后脚用前脚掌着地，脚跟稍外偏，使前后脚内侧在一条线上，前脚踝关节和膝关节在一条线上（图 7-1-32）。剪蹲可分为跨步剪蹲、原地剪蹲和垫木剪蹲。

图 7-1-31 站立起踵

图 7-1-32 剪蹲

第二节 健美操

一、健美操概述

健美操在国外被称为“有氧体操”（aerobics），是有氧运动的一种。它通常徒手或采用轻器械进行练习，是在氧气供应充足的情况下，以人体有氧系统供能为主的一种运动形式。健美操的运动特征是持续一定时间、中低强度的全身性运动，主要锻炼练习者的心肺功能。近几十年来，随着遍及全球的健身热和娱乐体育的发展，健美操风靡世界，特别是 20 世纪 80 年代以来，健美操以其强大的生命力在全世界范围内迅猛开展起来。目前，健美操不仅是我国大、中、小学体育教学的重要内容，也是全民健身运动的重要组成部分。

（一）健美操的分类

健美操运动可分为健身性健美操、表演性健美操和竞技性健美操三大类（图 7-2-1）。

- 健美操
  - 健身性健美操
    - 有氧操
    - 力量操
    - 各种轻器械操，如踏板操、哑铃操、橡皮筋操
    - 水中有氧操、形体操、街舞、拉丁健美操、搏击健美操
  - 表演性健美操
  - 竞技性健美操
    - 男子单人操
    - 女子单人操
    - 混合双人操
    - 3 人操、6 人操

图 7-2-1　健美操的分类

（二）健美操的特点

1. 高度的艺术性

健美操是融体操、舞蹈、音乐于一体，追求健与美的运动项目。因此，健美操属于健美体育范畴，具有高度的艺术性。

健美操的艺术性主要体现在其“健、力、美”的项目特征上。“健康、力量、美丽”是人类所追求的完美身体状态，而无论是健身性健美操，还是竞技性健美操，无不处处表现出“健、力、美”的特征，并展现出高度的艺术性。

健美操运动动作协调、流畅、有弹性，练习者不仅可以锻炼身体、增强体质，还可以从中得到美的享受，提高艺术修养。健美操运动员在比赛中所表现出的健美的体魄、高超的技术、流畅的编排和充沛的体力等，往往给观众留下深刻的印象。

2. 强烈的节奏感

健美操动作具有强烈的节奏感，可通过音乐充分表现出来。音乐是健美操运动不可缺少的组成部分。健美操音乐的特点是节奏强劲有力、旋律优美，具有烘托气氛、激发人们热情的作用。健美操运动与音乐巧妙结合后，产生的强烈的节奏感使得健美操更具有感染力。

3. 广泛的适应性

健美操练习形式多种多样，运动量可随时调整，对场地器材的要求也不高。因此，不同年龄、性别，不同身体素质和技术水平的人都适宜参与。各类人群都能从健美操练习中找到适合自己的运动方式，从中得到乐趣。

（三）有氧健美操的种类

1. 搏击健美操

搏击健美操是融合音乐、舞蹈、拳击、搏击等特点而形成的健美操。搏击健美操是健美操的又一发展，与拳击不同，前者的目标是健身，后者的目标是击败对手。搏击健美操不易受伤，更适合大众参与。

搏击健美操不是一项竞技运动，而是对搏击和健美操的补充，练习搏击健美操可以提高自信心、肌肉的协调性以及必要的技巧与柔韧性。

2. 拉丁风格的有氧健美操

最早的有氧健美操都带有拉丁舞风格，如爵士舞风格的有氧健美操、萨尔萨有氧健美操。萨尔萨有氧健美操是一种节奏明快的拉丁舞风格的有氧健美操，汲取了曼波舞、恰恰恰、探戈和桑巴舞的风格。这些有氧舞蹈的共同特点是髋部动作很多，姿态优美。

3. 朋克、街舞风格的有氧健美操

朋克、街舞风格的有氧舞蹈与朋克音乐和街舞音乐有很大的关系，这些音乐比较欢快，使人激情洋溢。朋克、街舞风格的健美操是带有自由舞和黑人舞风格的有氧舞蹈，动作放松、自由多变，能够提高锻炼者的协调性，从而达到健身的目的。

4. 水中有氧健美操

水中有氧健美操可以在很短时间内达到塑造健美体形的目的，它是健美操和游泳的结合，很适合缺乏锻炼的肥胖人群。

5. 健身球有氧健美操

健身球是一项新兴、有趣、独特的体育健身运动。由于健身球在提高某些肌肉力量、柔韧等（腰背肌、骨盆肌）方面的作用明显，近年来，这项运动被广泛推广。

健身球的用途和优点较多，适合大多数人的锻炼（包括需要康复治疗的人）。健身球对脊柱和骨盆有良好的锻炼效果，对患者肌肉损伤的康复和腰背部疾病疗效显著。健身球在锻炼时比较安全，不容易出现损伤，可以提高锻炼者的柔韧性、肌肉力量、平衡感及心肺功能。

二、健美操的基本动作

（一）健美操基本步伐

健美操基本步伐是体现健美操练习者下肢动作基本姿态的主要手段。根据动作的特点及运动强度，健美操的基本步伐分为以下 12 大类：

1. 踏步类

踏步类动作运动强度较低，要求在运动过程中至少有一只脚与地面保持接触。常见的步伐有 4 种：

（1）踏步（图 7-2-2）

种类：脚尖不离地的踏步、脚离地的踏步、高抬腿的大幅度踏步。

形式：原地踏步、移动踏步、转体踏步。

方向：向前、向后、向左、向右的踏步。

技术要点：落地时，由脚尖过渡到脚跟着地；屈膝时，胯微收，两臂自然前后摆动。

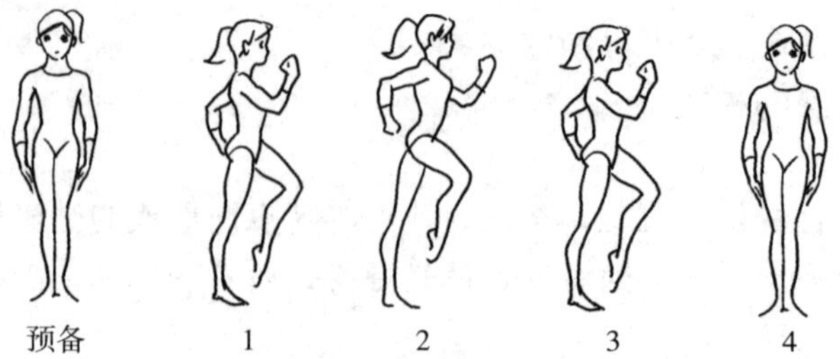

图 7-2-2 踏步

（2）走步

种类：一种。

形式：一种。

方向：前走、后走、斜向走、弧形走。

技术要点：基本同踏步。

（3）“V”字步（图 7–2–3）

种类：正“V”字步、倒“V”字步。

形式：平移、转体正“V”字步、小幅度跳正“V”字步和倒“V”字步。

方向：左、右腿的正“V”字步和倒“V”字步。

技术要点：一脚迈出，另一脚随之迈出，两脚成一条直线，脚间距离略比肩宽，两膝自然弯曲，然后依次收回。

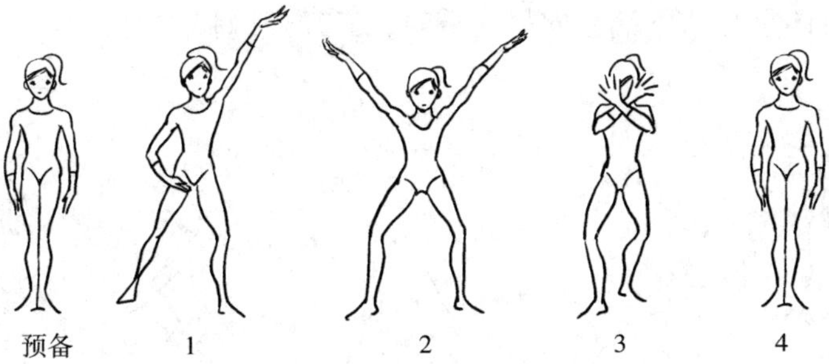

图 7–2–3　“V”字步

（4）恰恰步（水兵步）（图 7–2–4）

种类：一种。

形式：平移和转体的恰恰步。

方向：向前、向后、向侧的恰恰步。

技术要点：在 2 拍节奏中，快速踏步 3 次。

图 7–2–4　恰恰步

2. 并步类

（1）点地（图 7–2–5）

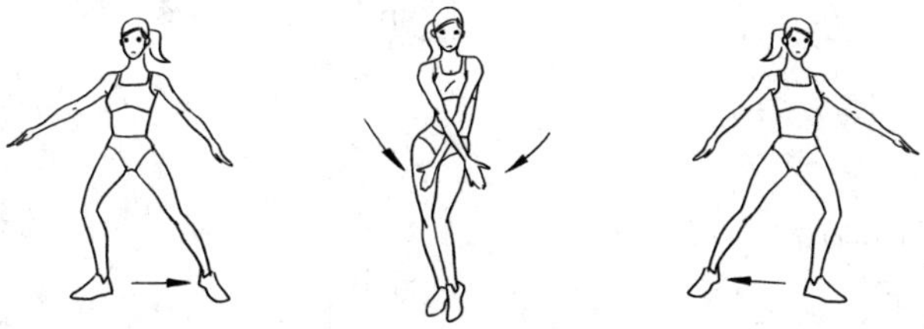

图 7–2–5　点地

种类：脚尖点地、脚跟点地。

形式：原位点地、移动点地、转体点地。

方向：脚尖向前、向侧、向后、向斜方的点地，脚跟向前、向侧、向斜方的点地。

技术要点：点地时，动作要有弹性，腿自然伸直。

（2）移重心（经半蹲左右移动）（图 7–2–6）

种类：双腿移重心、单腿移重心。

形式：原地移重心、移动中移重心、转体移重心、跳跃移重心。

方向：向前、向后、向左、向右的移重心。

技术要点：身体重心从一端移向另一端时，必须经两腿之间。

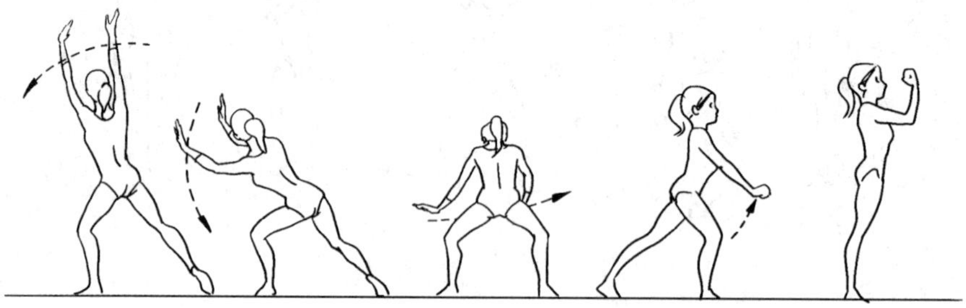

图 7–2–6 移重心

（3）并步（图 7–2–7）

种类：两腿同时屈的并步和一伸一屈的并步。

形式：原位的并步、移动的并步（“之”字步）、转体的并步。

方向：向前、向后、向左、向右的并步。

技术要点：一脚并于另一脚，重心要随之移动，两膝自然屈伸。

（4）交叉步（图 7–2–8）

形式：平移的交叉步、转向的交叉步、小幅度跳的交叉步。

方向：向前、向后、向侧的交叉步。

技术要点：一脚迈出，另一脚在前或在后交叉，重心随之移动。

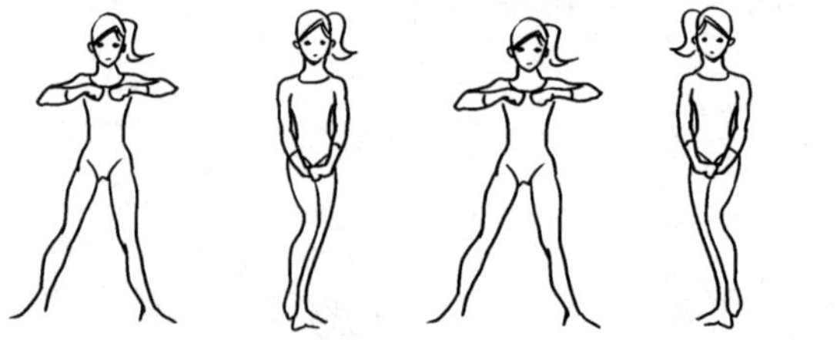

图 7–2–7 并步

图 7–2–8 交叉步

3. 弓步类（图 7–2–9）

种类：静力性弓步、动力性弓步。

形式：左右弓步、移重心的弓步、移动的弓步、转体的弓步、跳的弓步。

图 7–2–9　弓步类

方向：上步弓步、后撤弓步、侧伸弓步。

技术要点：一腿屈膝，脚尖与膝垂直，另一腿伸直，重心落于两腿之间。

4. 半蹲类（图 7–2–10）

种类：小分腿半蹲和大分腿半蹲。

形式：向侧一次半蹲、向侧两次半蹲、转体的半蹲。

方向：向侧（左和右）的半蹲。

技术要点：半蹲时，立腰。

5. 吸腿类（图 7–2–11）

形式：原地的吸腿及跳、移动和转体的吸腿。

方向：向侧、向前的吸腿。

技术要点：大腿用力上提，小腿自然下垂。

图 7–2–10　半蹲类

图 7–2–11　吸腿类

6. 弹踢类（图 7–2–12）

形式：原地的弹踢腿及跳、移动和转体的弹踢腿。

方向：向前、向侧、向后的弹踢腿。

技术要点：大腿抬起至一定角度后，小腿自然伸直。

7. 开合跳（图 7–2–13）

种类：双起双落的开合跳、单起双落的开合跳。

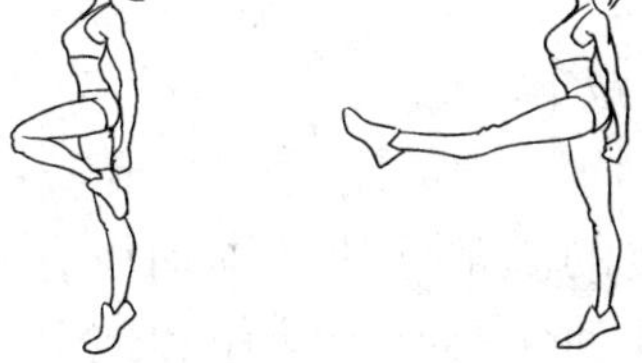

图 7–2–12　弹腿类

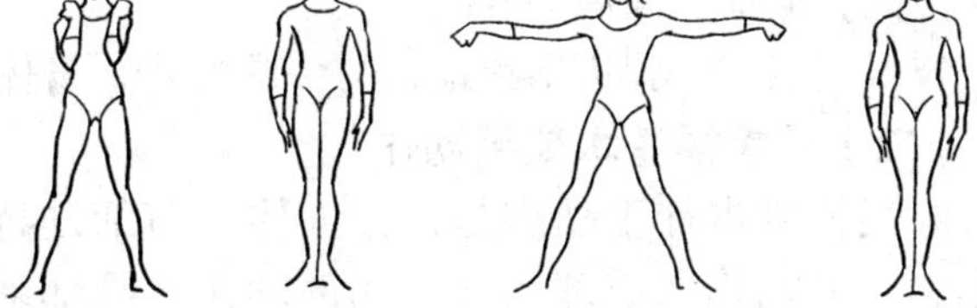

图 7–2–13　开合跳

形式：原地的开合跳、移动的开合跳、转体的开合跳。

方向：向前的开合跳。

技术要点：开合跳分腿时，两脚自然外开，膝关节沿脚尖方向弯曲。跳起与落地时，注意屈膝缓冲。

8. 踢腿类（图 7–2–14）

种类：弹动踢腿和直踢腿。

形式：弹动踢腿及跳、移动的（弹）踢腿、转体的（弹）踢腿。

方向：向前、向侧、向斜前的（弹）踢腿。

技术要点：腿上踢时，须加速用力；立腰、上体尽量保持不动。

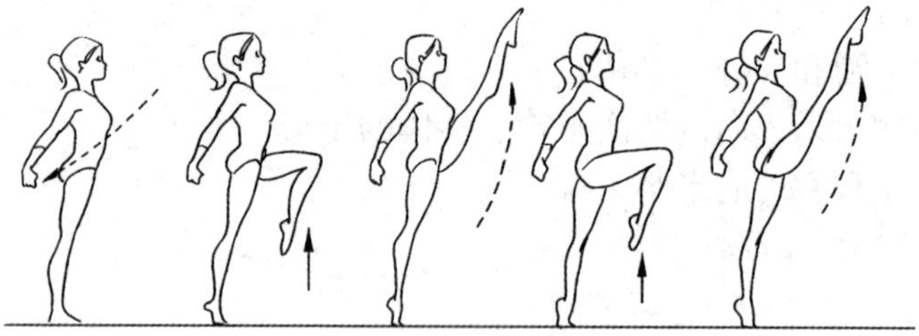

图 7–2–14 踢腿类

9. 后踢腿跳

形式：原位的后踢腿跳、移动的后踢腿跳、转体的后踢腿跳。

方向：向后的后踢腿跳。

技术要点：髋和膝在一条直线上，或后踢时，小腿尽量叠于大腿。

10. 点跳

形式：原位的点跳、移动的点跳、转体的点跳。

方向：向侧、向前、向后的点跳。

技术要点：点地时，身体重心在一条腿上。

11. 摆腿跳（图 7–2–15）

形式：原位的摆腿跳、移动的摆腿跳、转体的摆腿跳。

方向：向侧、向前、向后的点跳。

技术要点：摆腿时，上体顺势前倾、后倒或侧倾。

图 7–2–15 摆腿跳

12. 并跳

形式：移动的并跳、转体的并跳。

方向：向前、向后的并跳。

技术要点：一腿迈出蹬地，另一腿并步，身体重心随之跟上。

（二）健美操基本徒手动作

健美操基本徒手动作是根据人体关节活动特点而确定的。常见的基本动作有头颈动作、上肢动作、肩部动作、胸部动作、腰部动作、髋部动作、躯干动作和地上基本姿态。

1. 头颈动作（图 7-2-16）

形式：头颈可做屈、伸、平移、侧绕及环绕。

方向：向前、向后、向左、向右的屈和平移，向左、向右的转和绕、绕环。

技术要点：做各种形式头颈动作时，节奏一定要慢，上体保持正直。

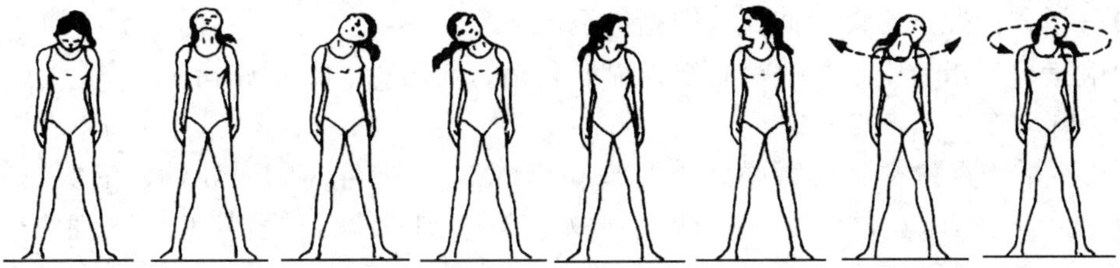

图 7-2-16　头颈动作

2. 肩部动作（图 7-2-17）

形式：单肩、双肩均可做提肩、沉肩、收肩、展肩、侧绕、绕环和振肩。

方向：向前、向后的侧绕和绕环。

技术要点：提肩、沉肩时，两肩在额状面尽量上下运动，收肩、展肩幅度要大且保持水平，振肩动作要有速度、力度和弹性。

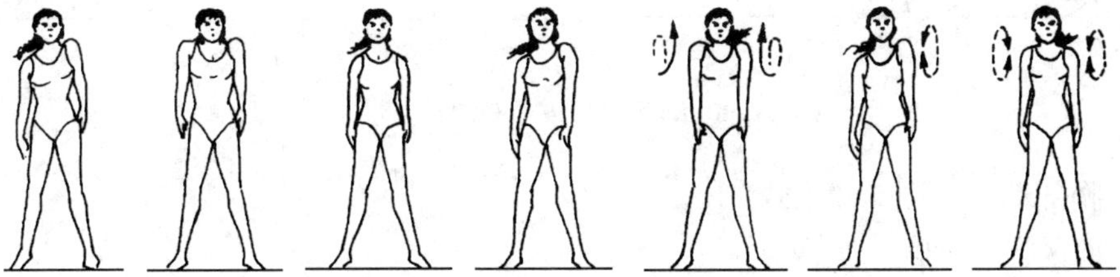

图 7-2-17　肩部动作

3. 上肢动作

（1）手形（图 7-2-18）

健美操的手形有多种，它是从爵士舞、芭蕾舞、西班牙舞、迪斯科、武术等中借鉴和发展来的。手形的恰当运用，可以使手臂动作更加生动活泼。常见的手形有：

① 五指并拢式：五指伸直并拢。

② 五指分开式：五指用力伸直张开。

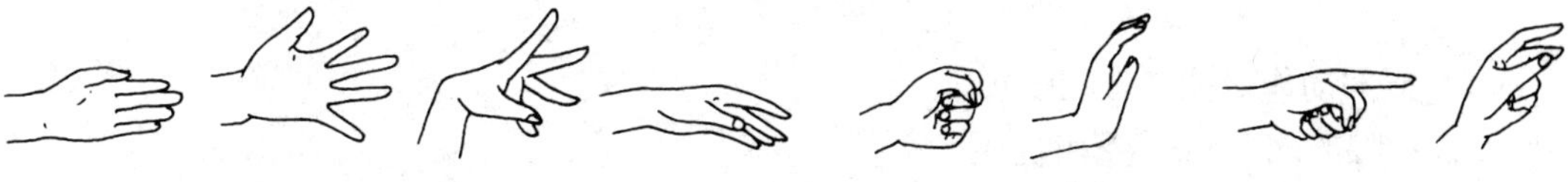

图 7-2-18　手形

③ 西班牙舞手式：五指用力，小指、无名指、中指自掌指关节处依次屈，拇指稍内扣。

④ 芭蕾手式：后三指并拢，稍内收，拇指内扣。

⑤ 拳式：握拳，拇指在外。

⑥ 屈指掌式：手掌用力上翘，五指用力弯曲。

⑦ 一指式：握拳，食指伸直或拇指伸直。

⑧ 响指：拇指与中指摩擦后打响，靠紧食指，无名指、小指屈指。

（2）臂动作（图 7-2-19）

形式：举（直臂举和屈臂举，单臂举和双臂举）、屈伸（同时屈伸、依次屈伸）、摆动（同时摆动、依次摆动、交叉摆动）、绕及绕环（同时绕，单臂绕和双臂绕，小绕、中绕、大绕）、振动等。

方向：向前、向后、向左、向右、向上、向下等。

技术要点：做臂的举和屈伸时，肩要下沉；做臂的摆动、绕及绕环时，肩要拉开用力。

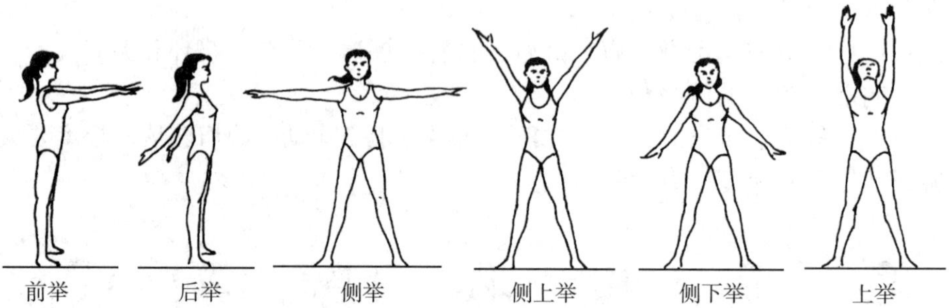

图 7-2-19 臂动作

（3）胸部动作（图 7-2-20）

形式：含胸、挺胸、振胸。

技术要点：练习时，收腹、立腰。

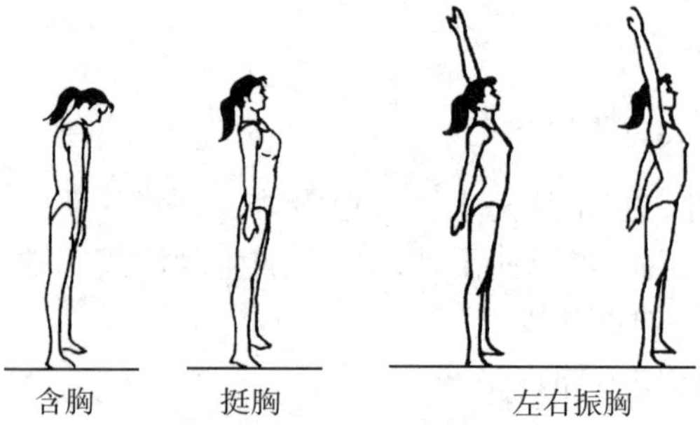

图 7-2-20 胸部动作

（4）腰部动作（图 7-2-21）

形式：腰的屈、转、绕和绕环。

方向：向前、向后、向左、向右。

技术要点：腰前屈、转时，上体立直；腰绕和绕环时，速度放慢。

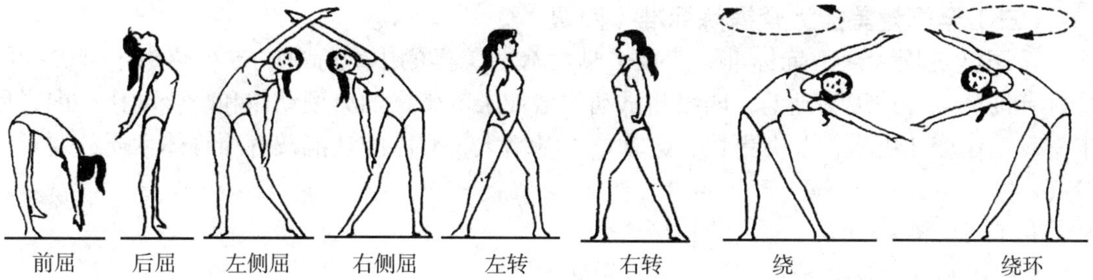

图 7-2-21　腰部动作

（5）髋部动作（图 7-2-22）

形式：顶髋、提髋、摆髋、绕和绕环。

方向：向前、向后、向左、向右。

技术要点：进行髋部练习时，上体放松。

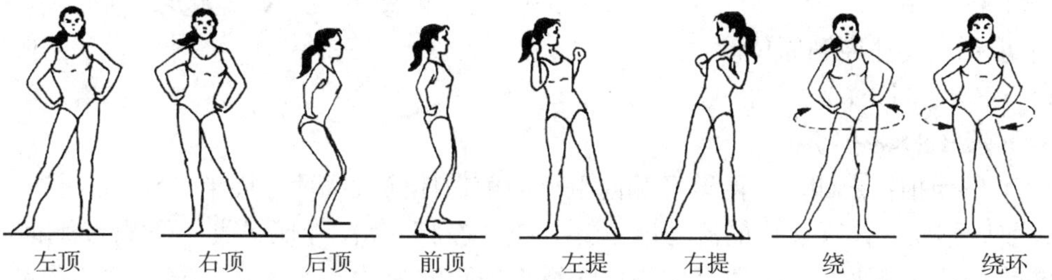

图 7-2-22　髋部动作

4. 躯干波浪动作（图 7-2-23）

方向：向前、向后、向左、向右。

技术要点：做波浪时，动作协调连贯。

图 7-2-23　躯干波浪动作

5. 地上基本姿态

形式：坐（直角坐、分腿坐、跪坐、盘腿坐）、卧（仰卧、俯卧、侧卧）、撑（仰撑、俯撑、跪撑）等。

技术要点：做各种坐姿时，收腹、立腰、挺胸，腰背紧张。

（三）全国健美操大众锻炼标准（四级）

全国健美操大众锻炼标准（四级）是大众健美操的中级标准，专为热衷于健美操的爱好者设计。在初级基础上，四级测试动作增加了健美操的典型动作和复合动作，内容更丰富，动作变化更多，节奏更快，运动量逐渐增大，对心肺功能及各项身体素质的要求均较高。

1. 前奏（4×8 拍）

1 拍：站立；2~8 拍：踏步。重复做 4 次。

2. A 段（8×8 拍）

（1）1~4 拍：左脚开始，依次成开立、还原；5~8 拍：踏步。还原成并立时稍屈膝、含胸。

（2）1~4 拍：左脚开始向前迈步，右脚跟上，然后还原，两臂依次在胸前前屈；3~4 拍：两臂同时向下振动两次；5~8 拍：左右侧并步，两臂经肩侧屈上举。注意膝关节的弹性，并腿时稍屈膝。

（3）1~4 拍：向左两次侧并步；5~8 拍：向右两次侧并步。

（4）1~4 拍：左脚开始“V”字步；5~8 拍：再做一次“V”字步，同时左右击掌。“V”字步每次要还原到原位。

（5）~（8）同（1）~（4）。

3. B 段（8×8 拍）

（1）1~4 拍：走四步，两臂经侧向上、向前做体前大绕环一周半，头上击掌，经侧举还原，前后移动应体现步伐的流动性；5~8 拍：左脚开始，脚跟点地，两臂经胸前小臂上屈、胸前平屈、侧平举，还原至体侧。注意主力腿的弹性。

（2）1~4 拍：后退 4 步；5~8 拍：左腿开始吸腿跳，两臂动作同上。

（3）~（8）同（1）~（4），重复三遍。

4. C 段（8×8 拍）

（1）1~2 拍：右转 90°，左脚上步成分腿半蹲，两臂由右经上举绕至侧举，在胸前平屈。分腿半蹲时，重心应在两脚之间；3~4 拍：左转 90°，左脚落于右脚后，重心后移，右脚原地垫一步，臂后摆；5~8 拍：不加转体，动作同 1~4 拍。

（2）1~4 拍：向左侧交叉步两臂前后摆动；5~8 拍：右脚原地小跳 4 次，同时左腿摆至左侧下举、右前下举、左侧下举，然后还原。

（3）~（4）同（1）~（2），方向相反。

（5）~（8）同（1）~（4）。

5. D 段（12×8 拍）

（1）经左腿小跳、右腿侧摆，右、左腿依次向左跨三步，右手撑地，左转 90° 成体前屈，两手触脚。向侧跨步时，重心逐渐下降，手臂水平摆动。

（2）1~4 拍：上体后倒成仰卧，两臂胸前平屈，依次上下摆动；5~8 拍：分腿、屈膝，两臂经体侧至头后屈。

（3）~（6）4 次仰卧起坐，上体抬起和下落要匀速，4 拍上，4 拍下，除腹肌外其他部位均不参与运动。

（7）仰卧向右翻转 180° 成跪俯撑。收腹，臀部稍翘，头颈自然前伸，起落要匀速。

（8）~（11）4 次跪地俯卧撑。

（12）1~4 拍：上体后移成跪；5~8 拍：左脚向右前方上步，右脚并于左脚站起，手臂在头两侧垂直上下交换。

6. E 段（4×8 拍）

（1）1~4 拍：左脚开始侧弓步，臂经屈肘至侧上举，拳心向下。弓步时，脚跟应有弹性地着地、还原；5~8 拍：左脚开始向后弓步，两臂屈肘上摆。

（2）同（1）。

（3）1~4 拍：左脚开始向前走 4 步，两小臂依次向前绕环；5~8 拍：开合跳两次，左右臂在体侧依次向上屈伸。

（4）同（3），但 1~4 拍向后退，两臂向后绕环。

7. F 段（4×8 拍）

（1）左脚开始向前跑 4 步，经半蹲小分腿跳，落地缓冲。小分腿跳时要求收腹拔背，四肢在同一垂直面内。

（2）1~2 拍：左脚向右前方上步，右脚在后原地垫一步；3~4 拍：左脚向侧并步跳；5~8 拍：右脚向后弧形跑。

（3）~（4）同（1）~（2），方向相反。

8. G 段（8×8 拍）

（1）1~4 拍：左脚开始踏步；5~8 拍：左脚开始侧点地，两臂经体前交叉摆至侧下举。点地时注意膝关节的弹动，最后一拍动作为下一拍的准备动作。

（2）左脚开始向侧弹踢两次。

（3）左脚开始向左前方、右前方做上步并步，两臂随之前摆击掌。要求上步并步动作应经弓步向前并步。

（4）左脚开始向左后方、右后方做侧滑步，两臂自然向侧、向内摆动。

（5）~（8）与（1）~（4），方向相反。

9. H 段（12×8 拍）

（1）1~2 拍：左转 90° 右脚上步，左脚提膝；3~8 拍：重心后倒成直角坐，再左转 90° 成侧卧。重心后倒时左脚先着地，再双手撑地。

（2）1~4 拍：右腿侧摆一次。侧摆腿不超过 45°；5~8 拍：右腿后摆一次，右臂前举。后摆腿时避免脊柱和头后屈。

（3）同（2）。

（4）右腿屈膝、侧摆、屈膝、还原。

（5）同（4），但最后两拍右转 180° 成右侧卧。

（6）~（9）同（2）~（5），换左腿做。

（10）左转 180°，右脚上步站起。

（11）1~2 拍：左腿侧步，右腿后屈，同时转体 180°。在做侧步屈膝时大腿屈伸要有力，富有弹性；3~4 拍：右腿侧步，左腿后屈；5~8 拍：动作同 1~4 拍。

（12）1~4 拍：左脚开始做侧步后屈半蹲；5~6 拍：双手在左侧击掌三次；7~8 拍：两腿伸直，上体稍右转，左臂前举，右臂头后屈。

四级测试动作如图 7-2-24 所示。

A段

B段

C 段

D 段

E段

F段

G段

H 段

图 7-2-24　全国健美操大众锻炼标准（四级）测试动作

三、健美操健身锻炼指导

（一）健美操锻炼时的生理负荷

健美操锻炼的最终目的是为了取得最佳的锻炼效果。从生理学角度看，只有适宜的负荷刺激才能达到增强体质的目的。负荷过大，刺激量超过了身体所承受的范围，不但不能强身健体，反而对身体有害；负荷过小，不能引起身体的适应性变化，也起不到强身健体的作用。因此，科学地确定锻炼负荷，是获得健美操锻炼效果的前提。

通过锻炼时的心率确定运动负荷：

1. 对没有训练基础的人

220（次 / 分）－年龄＝最高极限心率

2. 有训练基础的人

205（次 / 分）－年龄的一半＝最高极限心率

以上是计算运动强度的极限指标。美国健身研究协会推荐的健身指标区是：最大心率 ×（65%～80%）。心率在上述指标范围内属于有氧运动，故称健身指标区。百分比的指数越高，对身体的影响就越大，锻炼的效果就越明显。如果百分比指数超过上述范围则是无氧训练，但运动强度过低对身体的健身效果又不显著。因此，只有确定适合于自己的负荷，才能收到最佳的锻炼效果。

（二）健美操的自我监督

健美操的自我监督是指在健美操锻炼时对自己的身体健康状况自我观察的一种方法。它不但能使锻炼者科学地参加体育锻炼，而且也是自我评价运动负荷大小的有效方式。

自我监督的内容包括自我感觉和自我监测两个方面。

1. 自我感觉

（1）良好的自我感觉：经常参加健美操锻炼，会感觉身体轻松、心情愉快、性格开朗、食欲好、睡眠沉且无梦、精力充沛、记忆力提高、身体充满活力、皮肤光泽有弹性。锻炼后身体有轻微的疼痛，但清晨起床后症状逐渐消失并有强烈的活动欲望，这些都是良好的身体反应。

（2）不良的自我感觉：在健美操锻炼过程中，若出现下列现象，应引起重视并及时进行调整：

当锻炼过程中出现头痛、恶心、头晕、气喘、胸痛、心悸或其他部位的疼痛时，可能是缺乏热身运动，身体没有及时地适应或运动量过大造成的，此时，应逐渐减小运动量或采用放松走动等形式给予调整、缓冲。若不良感觉持续时间较长，应停止运动或请医生诊疗。

若锻炼后出现精神萎靡不振、四肢软弱无力、倦怠、容易激动，则可能是锻炼方法不当或疲劳的征象。可休息 1～3 天或调整锻炼负荷、缩短锻炼时间，当症状全部消失后，再循序渐进地恢复正常训练。

健美操锻炼后，若出现失眠、屡醒、多梦、嗜睡、清晨起床后头脑昏沉、食欲减退等症状，则说明：① 初学者还没有适应这种运动；② 运动量过大，应做适当的调整，但不宜停止锻炼。

近期锻炼突然大量排汗，若已排除是运动量过大造成的，则可能是身体功能状况不良、健康状况下降的反应，此时应及时调整运动强度和时间，注意观察身体变化，必要时应到医院进行检查。

2. 自我监测

在健美操锻炼中，脉搏和体重是监测人体机能状况的重要生理指标。

（1）脉搏：脉搏与参加健美操锻炼者的训练水平有关。经常参加健美操锻炼的人，安静时的脉搏较慢。当训练水平提高或下降时，脉搏也将发生相应的变化。

在自我监督中，检查心率变化的规律时，还必须注意年龄、性别差异和体温状况。中国学生体质健康调查组的调查研究表明：我国 18～20 岁的城市青年学生的心率，男生平均为75.2次/分，女生平均为77.5次/分。心率与体温的关系也非常密切，体温每升高1 ℃，心率增加8~12次/分。大学生应注意自身心率的变化，建立纵向比较生理指标的方法，在运动中通过历史对照监控身体机能变化。

（2）体重：系统地参加健美操锻炼后，体重的变化可分为三个阶段：

第一阶段：体重有逐渐下降的趋势，这是机体失去多余水分和脂肪的缘故。该阶段可持续3~4周或更长时间。肥胖或缺乏锻炼者，体重下降幅度要更大一些。

第二阶段：体重稳定阶段，运动后减轻的体重完全恢复。这个阶段可能持续5~6周以上。

第三阶段：即由于肌肉等组织逐渐发达，体重有所增加并保持在一定的水平上。

进行自我监测时，每周可测量体重1~2次，应在同一时间内进行（最好在早晨）。此外，还可测定运动前后的差值，以观察运动对机体的影响。如果出现体重持续性下降，同时身体有其他异常征兆出现时，可能是由于过度训练或患有慢性消耗性疾病所致，应查明原因或及时送往医院诊疗。

（三）健美操锻炼的注意事项

1. 月经期的锻炼

月经期是否能参加健美操锻炼，因人而异。最好根据健身者的健康状况、身体训练水平以及月经期对健美操活动的适应程度而定。

一般情况下，身体健康、月经正常者，在月经期是可以进行健美操锻炼的，但应注意运动量和伸拉动作幅度不宜过大，避免过多的跳跃运动及垫上动作。当身体逐渐适应运动后，再逐渐增加锻炼的时间及强度。

2. 饮食

参加健美操锻炼，必须注意运动前后的饮食卫生。一般进食后间隔1.5~2.5小时才可进行健美操锻炼，因为进食后的一定时间内，胃中食物充盈，横膈膜上顶，影响呼吸，不利于运动。而且此时运动可使消化器官的血液供应减少，机能减弱，这不仅影响食物的消化，还易发生腹痛、呕吐等症状。若休息时间短，可进食少一些，运动前的一餐进食不宜过多，而且应吃易于消化且含有较多糖、维生素和磷的食物，尽量少吃含脂肪及有刺激性和过敏性的食物，运动后应休息30分钟以上再进食。

3. 饮水

进行健美操锻炼，不仅可以消耗大量热能，同时也会失去大量的水分。当失水量为体重的4%~5%时，会引起机体轻度脱水。所以，在健美操锻炼过程中，应注意及时补充体内流失的水分，保证身体健康和正常的机体需要。

补充水的方法最好是少量多次，运动中每15~20分钟饮食100~150毫升。这样既可以随时保持体内水的平衡，又不会增加心脏和胃的负担。一次性大量饮水不但会使血液稀释和血容量增加，而且还会增加心脏的负担。此外，大量的水进入胃中，由于不能及时被机体吸收，会造成水在胃中潴留，稀释胃液，影响消化。若大量饮水后继续运动，容易引起运动者呕吐或其他不良反应。

一般在开始运动前10~15分钟，可饮400~600毫升水，以增加体内水的临时储备，对维持运动时的生理机能有良好作用。运动后饮水也应采用少量多次的方法。

4. 着装

参加健美操锻炼，应穿专门的健美操服装，或穿着有足够弹性、纯棉质地、柔软的服装，这不仅便于完成健美操动作，也可提高锻炼的安全性。

参加健美操锻炼，应穿着大小合适、轻松柔软、弹性及通气性能良好的运动鞋，切忌穿高跟鞋或厚底鞋进行运动。

第三节 体育舞蹈

一、体育舞蹈概述

体育舞蹈是由竞技体育与艺术表演相结合的项目，它将形体美、舞蹈美、音乐美和服装美等多种美的因素融于一体，是一项兼具娱乐性、健身性、竞技性和表演性的体育项目。

（一）体育舞蹈的起源

体育舞蹈又称国际标准舞，简称“国标舞”。它起源于西方国家的一种舞蹈形式，其前身是交际舞。在14世纪末15世纪初的意大利，出现了“社交舞”，亦称“舞厅舞”，它是由之前的民间舞融入意大利的贵族舞会中而逐渐发展演变形成的交际舞的一种形式。

（二）体育舞蹈的发展

1924年，英国皇家舞蹈教师协会对当时的交际舞进行了整理，将布鲁斯、慢华尔兹、慢狐步舞、快华尔兹、快步舞、伦巴舞、探戈舞等交际舞的舞步、舞姿、跳法加以系统化和规范化，并称为“国际标准舞”，形成最早的“国标舞”类型。

>>> 知识链接

国际体育舞蹈组织

目前，国际上有两个国际体育舞蹈组织：

1. 世界舞蹈及体育舞蹈理事会：简称WDDSC（World Dance and Dance Sport Council），1950年9月22日在英国爱丁堡成立，现有52个会员协会，注册地为英国伦敦，主要管理职业体育舞蹈事务和比赛。

2. 国际体育舞蹈联合会：简称IDSF（International Dance Sport Federation），1935年成立，现有85个会员协会，注册地为瑞士洛桑，主要管理业余体育舞蹈事务和比赛。

（三）体育舞蹈的分类

体育舞蹈按舞蹈的风格和技术结构，分为摩登舞和拉丁舞两大类。摩登舞又称“标准舞”，它包括华尔兹、探戈舞、快步舞、狐步舞和维也纳华尔兹5个舞种；拉丁舞包括伦巴舞、恰恰恰、牛仔舞、桑巴舞和斗牛舞5个舞种。如果按照竞赛项目划分，体育舞蹈可分为三类：摩登舞、拉丁舞和团体舞。其中团体舞指的是摩登舞或拉丁舞的混合舞，属于集体比赛项目，由8对选手组成，伴随舞蹈音乐的节奏，选手们不断变换队形，组合成丰富多样的图案，从而将摩登舞或拉丁舞舞蹈的音乐、舞姿、队形、图案和选手们的和谐配合融为一体，达到完美的统一，充分展示体育舞蹈的风格特点。

（四）体育舞蹈的特点

从整体上看，摩登舞除探戈舞之外，其他舞种都起源于欧洲。跳舞时，男女舞伴交手跳舞，并按逆时针方向行进，具有端庄、含蓄、稳重、典雅的风格和绅士风度。摩登舞舞步流畅，轻柔洒脱；舞姿优美，起伏有序；音乐节奏清晰，舞蹈富于技巧性。跳舞时，男性挺拔刚健、站立端庄、气宇轩昂；女性婀娜轻盈、柔媚洒脱、高贵典雅，是老少皆宜的舞蹈类型。

拉丁舞除斗牛舞之外，其他舞种都起源于非洲和拉丁美洲。跳舞时，男女舞伴跳舞时交时分，若即若离，除了桑巴舞和斗牛舞有移动之外，其他基本是在原地舞动。拉丁舞具有热情、奔放、浪漫的风格特点，舞蹈动作豪放粗犷，速度多变，手势和脚步内容丰富，充满激情，音乐节奏鲜明热烈，尤其被中青年人所喜爱。

二、体育舞蹈基本知识

（一）体育舞蹈的基本名词

体育舞蹈的基本名词是指体育舞蹈中常用的名词术语，这些名词和有关术语已成为世界性通用的体育舞蹈语言。因此，在学习体育舞蹈之前，必须熟悉这些规范性名词的含义。

体育舞蹈基本名词主要有舞姿、反身动作、反身动作位置、升降、摆荡、倾斜、组合、套路、速度、节奏、准线、平衡等。

1. 舞姿

（1）闭式位舞姿：泛指男女舞伴相向而立，双手扶握的身体位置。

（2）开式位舞姿：亦称侧行位舞姿，简称 P. P. 舞姿。是指在闭式位舞姿的基础上，男女身体略向左右打开，两人身体形成“V”字形的身体位置。

（3）外侧位舞姿：简称 O. P. 舞姿，是指在摩登舞中，男女舞伴的一方向另一方的右外侧（常见）或左外侧（较少见）前进所形成的身体位置。

（4）并肩位舞姿：是指在拉丁舞中，男女舞伴面对同一方向肩臂相并的身体位置。以男伴为基准，男伴左肩与女伴右肩相并称为“左并肩位”；男伴右肩与女伴左肩相并称“右并肩位”。

（5）影子位舞姿：是指男女舞伴面对同一方向重叠而立，形影相随的身体位置，以女伴居前较为常见。

2. 反身动作

是一个动态的动作。即跳舞时，舞者一侧脚前进或后退时，同侧肩和胯后让或前送，使身体与舞步形成反向配合的身体动作。

3. 反身动作位置

是一个相对静止的滞留形态动作。即跳舞时，在身体不转动的情况下，一脚在身前或身后形成交叉，舞者两条腿形成一条直线，以展示优美的线条，并保证两人身体维持相靠姿势的身体位置。

4. 升降

是指在跳舞时，舞者身体的上升与下降。升降动作是在膝、踝、趾关节的屈和伸的转换中完成的。

5. 摆荡

是指在跳舞时，舞者在身体上升做斜向或横向移动的同时，像钟摆似的身体摇摆动作。

6. 倾斜

是指在跳舞时，舞者身体的侧斜动作。从形体上讲，是指肩的平衡线向左或向右的倾斜，它与地面的水平线成三角斜线。

7. 组合

是指两个或两个以上的舞步型的结合。

8. 套路

是指由若干个组合串编成的一套完整的舞步型。

9. 速度

这里是指音乐速度，即每分钟内所演奏的小节总数。

10. 节奏

是指以一定的规律反复出现、赋予音乐以性格的具有特色的节拍。

11. 准线

是指双脚的位置或双脚的方向与场地之间的关系。

12. 平衡

是指舞蹈中身体重心的准确分配。

（二）体育舞蹈的相关知识及其动作的记写方法

1. 舞伴

指的是与自己同舞的另一个人。

2. 舞池

指的是专门为跳舞所用的场地，国际上进行体育舞蹈比赛的场地是有一定规格的，面积为 15 米 ×23 米，赛场上长的两条线叫 A 线，短的两条线叫 B 线（图 7–3–1）。

3. 舞程线

在舞蹈过程中，为避免在舞池中的相互碰撞，规定了舞者必须按逆时针方向行进，即舞程向。而沿着舞程向方向行进的路线就叫舞程线。它是一条沿着舞池四周运行的与墙壁平行的设想线，它是指移动方向，而不是一条一成不变的单道线（图 7–3–2）。

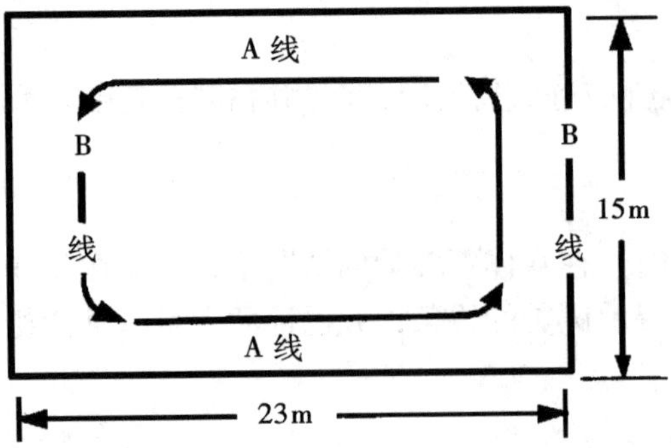

图 7–3–1 体育舞蹈比赛场地

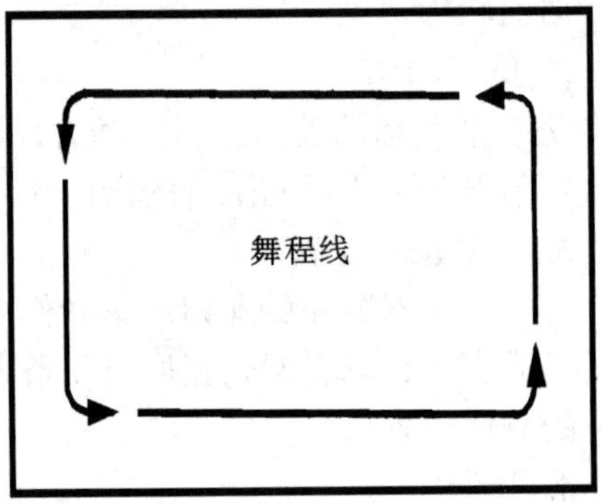

图 7–3–2 舞程线

4. 角度

指的是舞者身体在运步或旋转中与环舞池一周（360°）相对应的角度，在记录旋转动作时，应先标明旋转方向（左转或右转），再标明角度。旋转角度的认定如图 7-3-3 所示。

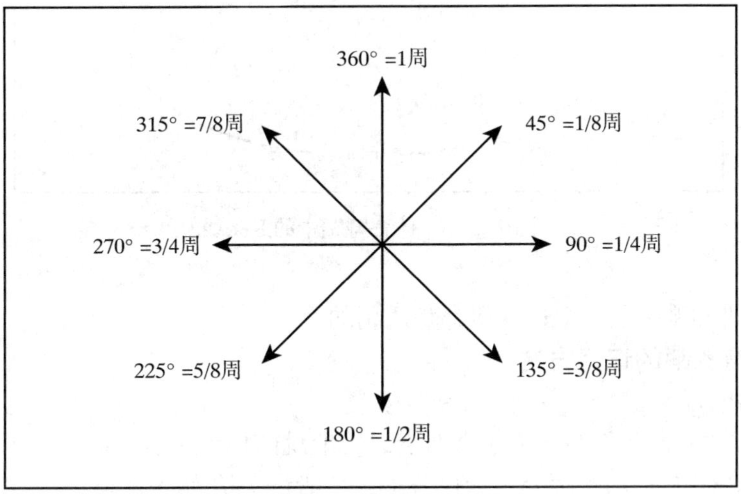

图 7-3-3 角度

5. 方位

指舞者在完成各种不同动作时，其在舞池中所处的方向、位置。在一般情况下，多以乐队演奏台的一面为规定方位的基点，定为“1 点”（也可选场地上其他任何一点）。每向顺时针方向转动 45° 则变动一个方位，以此类推共有 8 个点。因此，在场地中 4 个面为 1、3、5、7 点，4 个角为 2、4、6、8 点（图 7-3-4）。

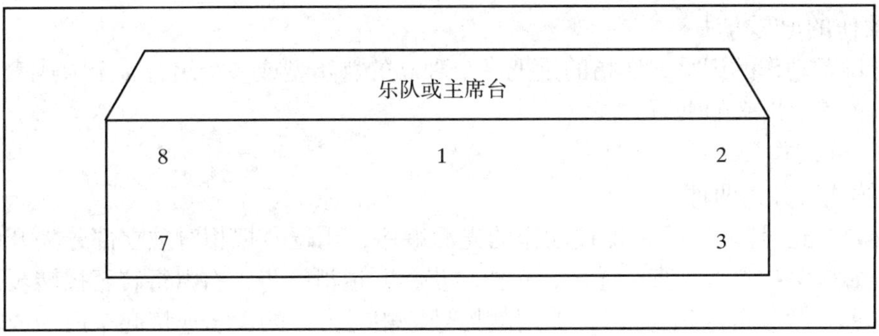

图 7-3-4 方位

以上所谈方位，是在一个固定位置时用的。在舞蹈过程中，舞者需要不断地变换方位，和舞程线的位置关系也会发生相应的变化。因此，需要规定几条线来指示舞者每个舞步的行进方向。在国际体育舞蹈中规定了 8 条线：① 面对舞程线或背对逆舞程线。② 面对斜壁线。③ 面对壁线。④ 背对斜中央线。⑤ 背对舞程线或面对逆舞程线。⑥ 背对斜壁线。⑦ 面对中央线。⑧ 面对斜中央线。如图 7-3-5 所示，只要是沿着舞程线的圆周在行

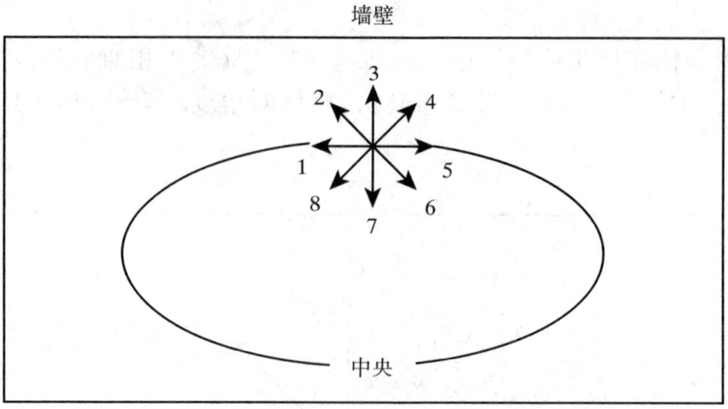

图 7-3-5 体育舞蹈中的 8 条线

进，则无论行进到哪一点，上述规律都是适用的。

（三）体育舞蹈的记写方法

1. 符号的记写

S：为英文 SLOW 的缩写，表示慢节奏，一般跳两拍为一步。

Q：为英文 QUICK 的缩写，表示快节奏，一般跳一拍为一步。

&：为英文 AND 的缩写，即为前面所指示的拍子的一半。如“S&”，S = 2 拍，& = 1 拍，如“Q&”，Q = 1 拍，& = 1/2 拍。

“a”：在音乐 4/4 的节拍中，“a”表示 1/4 拍。

H：为英文 HEEL 的缩写，表示步法是脚跟着地。

T：为英文 TOE 的缩写，表示步法是脚尖着地。

H. T：表示舞者运步过程是脚跟先着地然后过渡到脚尖。

T. H：表示舞者运步过程是脚尖先着地然后过渡到脚跟。

I. E：为英文 Inside Edge 的缩写，表示舞蹈中一脚沿另一脚的内侧向前或向后的动作。

2. 动作的记写方法

体育舞蹈动作的记写方法指的是把一个独立的舞步型或一个组合（个人成套、团体舞成套动作）表示出来的书写方法。

（1）“连续式”

“连续式”分为两种：

一种是“逗号隔开式”，即按动作的先后顺序，用逗号把相对独立部分隔开的一种书写形式。如探戈：常步，直行连步，右扭转步，并退滑行步，右滑行转至摇转步。

另一种是“破折号隔开式”，即用破折号把相对独立的学名连接起来成为成套动作的一种书写形式。如恰恰恰：基本动作—扇形步—曲棍步—右陀螺转步—闭式扭胯步。

（2）“顺序式”（数字分列式）

即按一个独立动作中每一节的先后顺序，用数字“1～”分行排列的一种书写形式。如恰恰恰的纽约步：

1～右转 1/4 周，左脚前进，右脚屈膝提踵，两膝靠拢，重心在两腿之间。

2～右脚落踵，重心回到右脚，同时左转 1/4 周。

3～5 向左的追步。

6~左转 1/4 周，右脚前进，左脚屈膝提踵，两膝靠拢，重心在两腿之间。

7~左脚落踵，重心回到左脚，同时右转 1/4 周。

8~10 向右的追步。

三、拉丁舞

拉丁舞起源于非洲和拉丁美洲，它以鲜明的风格、充满激情的音乐、变换多样的舞步及其丰富的情感体现，成为具有较高的技巧性与艺术性相结合的舞苑奇葩，是极富魅力的舞蹈形式。

（一）伦巴舞

伦巴起源于古巴，是拉丁舞中极富魅力的舞种之一。其最大的特点是，在舞步运行中始终保持连绵不断的胯部扭摆，尽显舞态的柔媚。它的音乐缠绵抒情，舞步婀娜多姿，是表现爱情的舞蹈，被誉为“拉丁舞之魂”。

伦巴舞的音乐是 4/4 拍，音乐速度是每分钟 27~31 小节，重音在每小节的第一拍，充分展现胯部动作。音乐节拍是“2、3、4~1”，第二拍和第三拍各走一步，第四拍和第一拍共走一步。也就是说，伦巴舞的节奏是四拍完成三步动作。

伦巴的基本步形有基本步、左右分展步、纽约步、对手步、定点转、扇形步、曲棍步等。

1. 基本步

伦巴分解动作示范

预备姿势：闭式位舞姿（双脚开立，男士重心在右脚，女士重心在左脚）。

男士：1~左脚经右脚向前，重心在左脚上。

2~右脚落踵，重心回到右脚上。

3~左脚再经右脚，横步稍后，重心回至左脚。

4~右脚经左脚向后，重心在右脚上。

5~左脚落踵，重心前移至左脚上。

6~右脚再经左脚，横步稍前，重心回至右脚。

女士：步法同男士，唯方向相反。

2. 左右分展步

预备姿势：闭式位舞姿（男女士保持双脚并立）。

男士：1~右脚横步稍前，重心在右脚上。

2~脚步不变，重心移至左脚上。

3~右脚并左脚，重心回至右脚。

4~左脚横步稍前，重心在左脚上。

5~脚步不变，重心移至右脚上。

6~左脚并右脚，重心回至左脚。

女士：1~左脚后退，身体左转 1/2 周（从闭式变成分展式）。

2~重心前移至右脚，后半拍右转 1/2 周。

3~左脚并右脚，重心回至左脚。

4~右脚后退，身体右转 1/2 周（从闭式变成分展式）。

5~重心前移至左脚，后半拍左转 1/2 周。

6~右脚并左脚，重心回至右脚。

3. 纽约步

预备姿势：分式位舞姿（男右手女左手相握）。

男士：1~右转 1/4 周，左脚经右脚前进，重心在左脚上。

2~右脚落踵，重心回到右脚，同时左转 1/4 周。

3~左脚向左横步，重心回至左脚。

4~左转 1/4 周，右脚经左脚前进，重心在右脚上。

5~左脚落踵，重心回到左脚，同时右转 1/4 周。

6~右脚向右横步，重心回至右脚。

女士：步法同男士，唯方向相反。

4. 对手步

预备姿势：分式位舞姿（男右手女左手相握）。

男士：1~左转 1/4 周，左脚经右脚后退，重心在左脚上。

2~右脚落踵，重心移至右脚，同时右转 1/4 周。

3~左脚向左横步，重心回至左脚。

4~右转 1/4 周，右脚经左脚后退，重心在右脚上。

5~左脚落踵，重心移至左脚，同时左转 1/4 周。

6~右脚向右横步，重心回至右脚。

女士：步法同男士，唯方向相反。

5. 定点转

预备姿势：分式位舞姿（男右手女左手相握）。

男士：1~左脚越过右脚向右前进步，重心移至左脚，同时右转 1/2 周。

2~重心移至右脚，继续右转 1/2 周，同时左脚并右脚。

3~左脚向左横步，重心回至左脚。

4~右脚越过左脚向左前进步，重心移至右脚，同时左转 1/2 周。

5~重心移至左脚，继续左转 1/2 周，同时右脚并左脚。

6~右脚向右横步，重心回至右脚。

女士：步法同男士，唯方向相反。

6. 扇形步

预备姿势：闭式位舞姿（双脚开立）。

男士：1~左脚经右脚向前，重心在左脚上。

2~右脚落踵，重心回到右脚上。

3~左脚再经右脚，横步稍后，重心回至左脚。

4~右脚经左脚向后，重心在右脚上。

5~左脚落踵，重心前移至左脚上。

6~右脚向侧横步，同时左转 1/8 周。

女士：1~右脚经左脚向后，重心在右脚上。

2~左脚落踵，重心前移至左脚上。

3~右脚再经左脚，横步稍前，同时右转 1/8 周。

4~左脚经右脚向前，同时左转 1/8 周。

5~右脚向侧稍后，继续左转 1/4 周。

6~左脚横步稍后，继续左转 1/8 周。

7. 曲棍步

预备姿势：扇形位舞姿（男士左手女士右手相握）。

男士：1~左脚前进，脚尖外旋，重心在左脚上。

2~右脚落踵，重心回到右脚上。

3~左脚并右脚，重心移至左脚上。

4~右脚后退小步，同时右转 1/8 周。

5~左脚落踵，重心回到左脚上。

6~右脚前进或向右横步。

女士：1~右脚并向左脚，重心在右脚上，同时右转 1/8 周。

2~左脚前进。

3~右脚前进，靠近男伴左侧前方。

4~左脚前进，同时左转 1/8 周。

5~右脚前进，同时左转 1/2 周。

6~左脚后退或向左横步，继续左转 1/4 周。

伦巴舞蹈演练欣赏

（二）恰恰恰

恰恰恰起源于墨西哥，它与伦巴舞在胯部动作、舞步变化、舞步名称及组合方面有很多共同之处，被称为姐妹舞种。恰恰恰在音乐上热情奔放，舞步花俏利落，风格诙谐俏皮，表现欢快的情感。

恰恰恰的音乐是 4/4 拍，音乐速度是每分钟 29~32 小节，重音在每小节的第一拍，舞步的力度要在重拍上展现。音乐节拍是“2、3、4、&、1”，第一步、第二步和第五步各占一拍，第三步和第四步各占半拍。也就是说，恰恰恰的节奏是四拍完成五步动作。

恰恰恰的基本步形有左右追步、基本步、古巴断步、前进后退锁步、纽约步、对手步、定点转等。

1. 左右追步

恰恰恰分解动作示范

预备姿势：闭式位舞姿（双脚开立）。

男士：1~左脚并向右脚，右膝弯曲，右脚脚尖点地，重心在左脚上。

2~右脚快速落踵，左膝弯曲，左脚脚尖点地，重心回到右脚上。

3~左脚向侧横步，重心还在右脚上。

4~右脚快速并向左脚，重心在两脚之间。

5~右脚蹬地拧转，左脚向侧横步，两膝伸直，重心落在左脚上。

6~右脚并向左脚，左膝弯曲，左脚脚尖点地，重心在右脚上。

7~左脚快速落踵，右膝弯曲，右脚脚尖点地，重心回到左脚上。

8~右脚向侧横步，重心还在左脚上。

9~左脚快速并向右脚，重心在两脚之间。

10~左脚蹬地拧转，右脚向侧横步，两膝伸直，重心落在右脚上。

女士：与男士步法相同，方向相反。男士做向左的追步时，女士对应做向右的追步；男士做向右的追步，女士完成向左的追步。

2. 基本步

预备姿势：闭式位舞姿（双脚开立）。

男士：1～左脚经右脚向前，两膝夹靠，大腿夹紧，左膝伸直，右膝弯曲，重心在两腿之间。

2～右脚快速落踵，右膝伸直，重心回到右脚上。

3～左脚经右脚向侧横步，重心还在右脚上。

4～右脚快速并向左脚，重心在两脚之间。

5～右脚蹬地拧转，左脚向侧横步，两膝伸直，重心落在左脚上。

6～右脚经左脚向后，两膝伸直，重心在右脚上。

7～左脚快速落踵，重心移至左脚上。

8～右脚经左脚向侧横步，重心还在左脚上。

9～左脚快速并向右脚，重心在两脚之间。

10～左脚蹬地拧转，右脚向侧横步，两膝伸直，重心落在右脚上。

女士：1～右脚经左脚向后，两膝伸直，重心在右脚上。

2～左脚快速落踵，重心移至左脚上。

3～右脚经左脚向侧横步，重心还在左脚上。

4～左脚快速并向右脚，重心在两脚之间。

5～左脚蹬地拧转，右脚向侧横步，两膝伸直，重心落在右脚上。

6～左脚经右脚向前，两膝夹靠，大腿夹紧，左膝伸直，右膝弯曲，重心在两腿之间。

7～右脚快速落踵，右膝伸直，重心回到右脚上。

8～左脚经右脚向侧横步，重心还在右脚上。

9～右脚快速并向左脚，重心在两脚之间。

10～右脚蹬地拧转，左脚向侧横步，两膝伸直，重心落在左脚上。

3. 古巴断步

预备姿势：闭式位舞姿（男女士掌心相对合掌）。

男士：1～右转 1/8 周，同时左脚小步向前，两膝夹靠，大腿夹紧，左膝伸直，右膝弯曲，重心在两腿之间。

2～右脚快速落踵，右膝伸直，重心回到右脚上。

3～左转 1/8 周，同时右脚蹬地，左脚向左横步，两膝伸直，重心移至左脚上。

4～左转 1/8 周，同时右脚小步向前，两膝夹靠，大腿夹紧，右膝伸直，左膝弯曲，重心在两腿之间。

5～左脚快速落踵，左膝伸直，重心回到左脚上。

6～右转 1/8 周，同时左脚蹬地，右脚向右横步，两膝伸直，重心移至右脚上。

女士：与男士步法相同，方向相反。

4. 前进后退锁步

预备姿势：分式位舞姿（男右手女左手相握）。

男士：1～左脚经右脚向前，两膝夹靠，大腿夹紧，左膝伸直，右膝弯曲，重心在两腿之间。

2～右脚快速落踵，右膝伸直，重心回到右脚上。

3～左脚向后迈步，脚尖着地，左膝伸直，重心还在右脚上。

4～右脚后退交叉于左脚前面，两膝弯曲夹靠，两脚前掌着地，重心在两腿之间。

5~右脚蹬地，左脚后退，两膝伸直，重心在左脚上。

6~右脚经左脚向后，两膝伸直，重心在右脚上。

7~左脚快速落踵，重心移至左脚上。

8~右脚向前迈步，脚跟着地，重心在右脚上。

9~左脚屈膝迈步，交叉于右脚后面，两膝弯曲夹靠，两脚前掌着地重心在两腿之间。

10~左脚蹬地，右脚向前迈步，两膝伸直，重心在右脚上。

女士：1~右脚经左脚向后，两膝伸直，重心在右脚上。

2~左脚快速落踵，重心移至左脚上。

3~右脚向前迈步，脚跟着地，重心在右脚上。

4~左脚屈膝迈步，交叉于右脚后面，两膝弯曲夹靠，两脚前掌着地，重心在两腿之间。

5~左脚蹬地，右脚向前迈步，两膝伸直，重心在右脚上。

6~左脚经右脚向前，两膝夹靠，大腿夹紧，左膝伸直，右膝弯曲，重心在两腿之间。

7~右脚快速落踵，右膝伸直，重心回到右脚上。

8~左脚向后迈步，脚尖着地，左膝伸直，重心还在右脚上。

9~右脚后退交叉于左脚前面，两膝弯曲夹靠，两脚前掌着地，重心在两腿之间。

10~右脚蹬地，左脚后退，两膝伸直，重心在左脚上。

5. 纽约步

预备姿势：分式位舞姿（男右手女左手相握）。

男士：1~右转 1/4 周，左脚经右脚向前，两膝夹靠，大腿夹紧，左膝伸直，右膝弯曲，重心在两腿之间。

2~右脚快速落踵，右膝伸直，重心回到右脚上，同时左转 1/4 周。

3~左脚经右脚向侧横步，重心还在右脚上。

4~右脚快速并向左脚，重心在两脚之间。

5~右脚蹬地拧转，左脚向侧横步，两膝伸直，重心落在左脚上。

6~左转 1/4 周，右脚经左脚向前，两膝夹靠，大腿夹紧，右膝伸直，左膝弯曲，重心在两腿之间。

7~左脚快速落踵，左膝伸直，重心回到左脚上，同时右转 1/4 周。

8~右脚经左脚向侧横步，重心还在左脚上。

9~左脚快速并向右脚，重心在两脚之间。

10~左脚蹬地拧转，右脚向侧横步，两膝伸直，重心落在右脚上。

女士：与男士步法相同，方向相反。

6. 对手步

预备姿势：分式位舞姿（男右手女左手相握）。

男士：1~左转 1/4 周，左脚经右脚后退，重心在左脚上。

2~右脚快速落踵，重心移至右脚，同时右转 1/4 周。

3~左脚经右脚向侧横步，重心还在右脚上。

4~右脚快速并向左脚，重心在两脚之间。

5~右脚蹬地拧转，左脚向侧横步，两膝伸直，重心落在左脚上。

6~右转 1/4 周，右脚经左脚后退，重心在右脚上。

7~左脚快速落踵，重心移至左脚，同时左转 1/4 周。

8~右脚经左脚向侧横步，重心还在左脚上。

9~左脚快速并向右脚，重心在两脚之间。

10~左脚蹬地拧转，右脚向侧横步，两膝伸直，重心落在右脚上。

女士：与男士步法相同，方向相反。

7. 定点转

预备姿势：分式位舞姿（男右手女左手相握）。

男士：1~左脚越过右脚向右前进步，重心移至左脚，同时右转 1/2 周。

2~重心移至右脚，继续右转 1/2 周，同时左脚并右脚。

3~左脚经右脚向侧横步，重心还在右脚上。

4~右脚快速并向左脚，重心在两脚之间。

5~右脚蹬地拧转，左脚向侧横步，两膝伸直，重心落在左脚上。

6~右脚越过左脚向左前进步，重心移至右脚，同时左转 1/2 周。

7~重心移至左脚，继续左转 1/2 周，同时右脚并左脚。

8~右脚经左脚向侧横步，重心还在左脚上。

9~左脚快速并向右脚，重心在两脚之间。

10~左脚蹬地拧转，右脚向侧横步，两膝伸直，重心落在右脚上。

女士：与男士步法相同，方向相反。

恰恰恰舞蹈演练欣赏

（三）牛仔舞

牛仔舞起源于美国，是一种带有跳跃性动作的舞蹈，其最大的特点就是舞蹈中的摇摆胯动作，胯部像钟摆一样的摆荡。它的音乐欢快活泼，节奏快速多变，舞步自由灵巧，尽显愉快、热烈、奔放、风趣的舞蹈风格。

牛仔舞的音乐是 4/4 拍，音乐速度为每分钟 40~46 小节。它的动作节奏为 1、2、3a、4、5a、6。其中 3 和 5 各占 3/4 拍，a 占 1/4 拍。也就是说，牛仔舞是 6 拍完成 8 步动作。

牛仔舞的基本步形有左右追步、原地基本步、并退基本步、右到左换位、左到右换位、美式旋转、停和走等。

1. 左右追步

预备姿势：闭式位舞姿（男女保持双脚并立）。

男士：1~左脚向侧小步，膝关节微屈，重心在两脚之间。

2~右脚并左脚，膝关节微屈，重心在右脚。

3~左脚向侧一大步，当重心移到左脚时，膝关节伸直，同时右膝上抬。

4~右脚向侧小步，膝关节微屈，重心在两脚之间。

5~左脚并右脚，膝关节微屈，重心在左脚。

6~右脚向侧一大步，当重心移到右脚时，膝关节伸直，同时左膝微屈。

女士：与男士步法相同，方向相反。男士完成向左的追步的同时，女士完成向右的追步；男士做向右的追步时，女士完成向左的追步。

牛仔舞分解动作示范

2. 原地基本步

预备姿势：闭式位舞姿（男女保持双脚并立）。

男士：1~左脚后退踏步，重心在左脚上。

2~右脚原地踏步，重心移至右脚。

3~5 向左的追步。

6~8 向右的追步。

女士：与男士步法相同，方向相反。

3. 并退基本步

预备姿势：闭式位舞姿（男女保持双脚并立）。

男士：1~左脚后退踏步，同时左转 1/8 周，重心在左脚上。

2~右脚原地踏步，同时右转 1/8 周，重心移至右脚。

3~5 向左的追步。

6~8 向右的追步。

女士：与男士步法相同，方向相反。

4. 右到左换位

预备姿势：分式位舞姿（男左手女右手相握）。

男士：1~左脚后退踏步，同时左转 1/8 周，重心在左脚上。

2~右脚原地踏步，重心移至右脚。

3~5 在侧行位置下，跳向左的追步。

6~右脚前进，重心在右脚上。

7~左脚向前与右脚并合，双膝微屈，重心还在右脚上。

8~右脚侧前方向一大步，右膝伸直，重心在右脚。

女士：1~右脚后退踏步，同时右转 1/8 周，重心在右脚上。

2~左脚原地踏步，同时左转 1/8 周，重心移至左脚。

3~5 稍向前的位置下，跳向右的追步，最后一步时右转 5/8 周。

6~左脚斜后退，同时右转 1/8 周，重心在左脚上。

7~右脚向后与左脚并合，双膝微屈，重心还在左脚上。

8~左脚向后退步，左膝伸直，重心在左脚。

5. 左到右换位

预备姿势：分式位舞姿（男左手女右手相握）。

男士：1~左脚后退踏步，重心在左脚上。

2~右脚原地踏步，重心移至右脚。

3~左脚前进，重心在左脚上，同时右转 3/8 周。

4~右脚向前与左脚并合，双膝微屈，重心还在左脚上。

5~左脚侧前方向一大步，左膝伸直，重心在左脚。

6~右脚前进，重心在右脚上。

7~左脚向前与右脚并合，双膝微屈，重心还在右脚上。

8~右脚侧前方向一大步，右膝伸直，重心在右脚。

女士：1~右脚后退踏步，重心在右脚上。

2~左脚原地踏步，重心移至左脚。

3~右脚前进，重心在右脚上。

4~左脚向前与右脚并合，双膝微屈，重心还在右脚上。

5~右脚侧前方向一大步，右膝伸直，重心在右脚，同时左转 1/2 周。

6~左脚斜后退，重心在左脚上。

7~右脚向后与左脚并合，双膝微屈，重心还在左脚上。

8~左脚向后退步，左膝伸直，重心在左脚，同时左转 1/8 周。

6. 美式旋转

预备姿势：分式位舞姿（男左手女右手相握）。

男士：1~左脚后退踏步，重心在左脚上。

2~右脚原地踏步，重心移至右脚。

3~5 向左的追步。

6~8 向右的追步。

女士：1~右脚后退踏步，重心在右脚上。

2~左脚原地踏步，重心移至左脚。

3~5 前进的右追步，最后一步右转 3/4 周。

6~8 继续右转 1/4 周，同时做向左的追步。第一步向左横步，第二步右脚向左并步，第三步左脚后退。

7. 停和走

预备姿势：分式位舞姿（男左手女右手相握）。

男士：1~左脚后退踏步，重心在左脚上。

2~右脚原地踏步，重心移至右脚。

3~5 前进的左追步。

6~右脚前进的抑制步。

7~左脚原地踏步，重心移至左脚。

8~10 后退的右追步。

女士：1~右脚后退踏步，重心在右脚上。

2~左脚原地踏步，重心移至左脚。

3~5 向右的追步，同时左转 1/8 周。

6~左脚后退踏步，重心在左脚上。

7~右脚原地踏步，重心移至右脚。

8~10 向左的追步，同时右转 1/8 周。

牛仔舞演练欣赏

桑巴舞分解动作示范

桑巴舞演练欣赏

（四）桑巴舞

桑巴舞起源于巴西，是一种带有弹动动作的舞蹈，其最大的特点是丰富的胯部律动。腰胯向前后、左右方向来回摆动，加上舞蹈中不停的游走、移位，表现出极强的动律感。桑巴舞音乐热烈欢欣，舞步摇曳粗犷，动作起伏强烈，尽显活泼、动人、激情、豪放的舞蹈风格。

桑巴舞的音乐是 2/4 拍，音乐速度为每分钟 40~56 小节。在一个小节中，舞步可跳出两步（SS）、三步（SQQ）或（S&S）、四步（QQQQ）等多种步型。

（五）斗牛舞

斗牛舞起源于西班牙，发展于法国，与上面介绍的几种拉丁舞最大的不同是，它没有胯部的扭动动作，也是拉丁舞中唯一表现男性的舞蹈。斗牛舞音乐威武雄壮，舞步突发迸进，脚下干净利落，尽显激昂、刚劲、有力的舞蹈风格。

斗牛舞的音乐是 2/4 拍，音乐速度为每分钟 60~62 小节。每小节两拍，口令为“1、2”。一般是一拍跳一步，第一拍是重拍。在 2/4 拍子中一般是两小节为一个乐句，口令为“1、2、3、4”，也就是说在做一组动作时，从乐句“1”时开始起步。另外，表演时斗牛舞的音乐可以是 3/4 拍或 6/8 拍。

斗牛舞分解动作示范

斗牛舞演练欣赏

四、摩登舞

摩登舞起源于欧洲，具有端庄、含蓄、稳重、典雅的风格和绅士风度。摩登舞舞步流畅，舞姿曼妙优美，动作轻柔洒脱，重心起伏有序，是娱乐性和观赏性相结合的老少皆宜的舞蹈形式。

（一）华尔兹

华尔兹起源于德国，舞蹈过程中男女舞伴如圆形转体，绕着圆形的舞池，循着圆形的舞程线进行，旋转成圆是其最大的特色，故华尔兹又称为“圆舞”。华尔兹舞姿庄重典雅，舞步飘逸潇洒、圆润柔和，尽显其委婉优雅、自然流畅的舞蹈风格，被誉为“舞中之皇”。

华尔兹的音乐是 3/4 拍，每小节三拍，舞步基本上是一拍跳一步，音乐速度为每分钟 30~32 小节，重拍在音乐的第一拍。华尔兹的基本步形有前进、后退并换步、左转步、右转步、拂步、侧行追步等。

1. 前进、后退并换步

（前进并换步以男士为例，分为左足前进并换步和右足前进并换步；后退并换步以女士为例，分为右足后退并换步和左足后退并换步。）

预备姿势：闭式位舞姿。

男士：1~左脚前进，结尾时重心开始上升。

2~右脚经左脚向侧稍向前一步，重心继续上升。

3~左脚并向右脚，重心继续上升，结尾时下降。

4~右脚前进，结尾时重心开始上升。

5~左脚经右脚向侧稍向前一步，重心继续上升。

6~右脚并向左脚，重心继续上升，结尾时下降。

注：男士完成前进并换步的同时，女士完成后退并换步。

女士：与男士步法相同，方向相反。

2. 左转步

预备姿势：闭式位舞姿。

男士：1~左脚前进，身体有反身动作，开始左转。

2~右脚经左脚横步，同时左转 1/4 周。

3~左脚并向右脚，同时左转 1/8 周。

4~右脚后退，身体有反身动作。

5~左脚经右脚横步，继续左转 3/8 周。

6~右脚并向左脚，身体完成转动。

女士：1~右脚后退，身体有反身动作，开始左转。

2~左脚经右脚横步，同时左转 3/8 周。

3~右脚并向左脚。

4~左脚前进，身体有反身动作，继续左转。

5~右脚经左脚横步，同时左转 1/4 周。

6~左脚并向右脚，同时左转 1/8 周。

3. 右转步

预备姿势：闭式位舞姿。

右转步的男女脚法同左转步，不同的是右转步时，男士右脚前进开始右转，女士左脚后退开始右转，即左右方向不同。

4. 拂步

预备姿势：闭式位舞姿。

男士：1~左脚前进，身体稍有反身动作。

2~右脚向侧稍向前。

3~左脚在侧行位置交叉于右脚后。

女士：1~右脚后退，身体稍有反身动作。

2~左脚斜向后，同时右转 1/4 周。

3~右脚在侧行位置交叉于左脚后。

5. 侧行追步

预备姿势：闭式位舞姿。

男士：1~右脚前进，并交叉于反身动作位置及侧行位置。

2~左脚经右脚横步稍前。

&~右脚并向左脚。

3~左脚向侧且稍向前。

女士：1~左脚前进，并交叉于反身动作位置及侧行位置。

2~右脚经左脚横步稍后，同时左转 1/8 周。

&~左脚并向右脚，继续左转 1/8 周。

3~右脚向侧且稍向后。

（二）探戈

探戈起源于阿根廷，是摩登舞中唯一一个带有拉丁特色的舞蹈。探戈动作刚劲有力、潇洒奔放、节奏爽快流畅、动静交织，尽显深沉、豪放、洒脱的舞蹈风格。

探戈的音乐是 2/4 拍，每分钟 31~33 小节，重拍每拍相等。其音乐的特点是以切分音为主，带有附点和停顿。基本节奏为 SSQQ 或 SQQS。其中慢拍（S）占一拍，快拍（Q）占半拍。探戈舞的基本步形有常步、直行连步、直行侧步、右摇转步、分式左转步等。

1. 常步

预备姿势：闭式位舞姿。

男士：1~（S）反身动作位置下，左脚弧线向前。

2~（S）右脚前进，右肩引导，同时左转 1/8 周。

女士：与男士步法相同，方向相反。

2. 直行连步

预备姿势：闭式位舞姿。

男士：1~（Q）左脚在反身动作位置下向前。

2~(Q)右脚横步稍后，同时身体稍向右转。

女士：1~(Q)右脚在反身动作位置下后退，同时右转 1/4 周。

2~(Q)左脚横步稍后。

3. 直行侧步

预备姿势：闭式位舞姿。

男士：1~(Q)反身动作位置下，左脚向前，向左曲转。

2~(Q)右脚向侧且稍后退。

3~(S)反身动作位置下，左脚前进。

女士：与男士步法相同，方向相反。

4. 右摇转步

预备姿势：闭式位舞姿。

男士：1~(S)右脚向前，右肩引导。

2~(Q)左脚向侧稍向后。

3~(Q)右肩引导，重心向前移至右脚。以上三步完成右转 1/4 周。

4~(S)左脚向后，左肩引导。

5~(Q)反身动作位置下，右脚向后，身体开始左转。

6~(Q)左脚向侧稍向前，完成左转 1/4 周。

7~(S)右脚并于左脚。

女士：1~(S)左脚向后，左肩引导。

2~(Q)右脚向前稍向右。

3~(Q)左脚向后稍向左，左肩引导。以上三步完成右转 1/4 周。

4~(S)右脚向前小步，右肩引导。

5~(Q)反身动作位置下，左脚向前，身体开始左转。

6~(Q)右脚向侧稍向后，完成左转 1/4 周。

7~(S)左脚并于右脚。

5. 分式左转步

预备姿势：闭式位舞姿。

男士：1~(Q)反身动作位置下，左脚向前，身体左转 3/4 周。

2~(Q)右脚向侧稍向后。

3~(S)左脚向后，左肩引导。

4~(Q)反身动作位置下，右脚向后。

5~(Q)左脚向侧稍向前。

6~(S)右脚并于左脚。

女士：1~(Q)反身动作位置下，右脚向后，身体左转 3/4 周。

2~(Q)左跟并右跟。

3~(S)右脚向前，右肩引导。

4~(Q)反身动作位置下，左脚向前。

5~(Q)右脚向侧稍向后。

6~(S)左脚并于右脚。

（三）快步舞

快步舞起源于美国，其最大的特点是在快速的舞步运行中伴以快速的身体运动。在轻松欢快的音乐中，快步舞灵巧弹动、舞姿轻盈动人、富有动力感和表现力，尽显洒脱、自由、热烈、奔放的舞蹈风格。

快步舞的音乐是 4/4 拍，第一和第三拍为重拍，其中第一拍最强。音乐速度为每分钟 50~52 小节，动作节奏为 SSQQS，慢拍（S）占两拍，快拍（Q）占一拍。

（四）狐步舞

狐步舞起源于美国，其最大的特点是舞蹈中不并步的长线条，没有停顿，连续进退，舞步间不露衔接的痕迹，滑行流畅。狐步舞舞姿平稳大方、温柔从容，舞步悠闲轻松，富有流动感，尽显轻柔、圆滑、优雅、恬静的舞蹈风格。

狐步舞的音乐是 4/4 拍，第一和第三拍为重拍，其中第一拍最强。音乐速度为每分钟 28~30 小节，动作节奏为 SQQ，慢拍（S）占两拍，快拍（Q）占一拍。

（五）维也纳华尔兹

维也纳华尔兹起源于奥地利，其最大的特点是舞步运行旋转性较强，要求在快速旋转中完成各种动作技巧。它的音乐节奏清晰、旋律活泼，舞姿华丽优雅、舞步潇洒流畅，尽显舒展、大方、热情、欢跃的舞蹈风格。

维也纳华尔兹的音乐是 3/4 拍，节拍和华尔兹相同，但运行速度比华尔兹快一倍，每分钟 58~60 小节，每小节三拍，重音在第一拍，6 拍完成一组动作，前三拍注重发力，后三拍较为舒缓。

>>> 知识链接

体育舞蹈服装规定

摩登舞：男子穿燕尾服、黑舞鞋，女子穿不过脚踝长裙、5~8 厘米的高跟鞋。

拉丁舞：男子服饰为拉丁风格，穿宽松长袖衣、紧身裤、黑舞鞋，女子穿露背、腿的短裙，穿高跟凉鞋。

男女选手服装必须协调，鞋与服装颜色必须一致。

第四节 轮滑运动

一、轮滑运动概述

轮滑也叫“滚轴溜冰”“溜旱冰”，是穿着带轮子的鞋在平坦的地板或水磨石地上进行的运动。

轮滑运动起源于欧洲。18 世纪初，一名荷兰人为了能在夏季进行滑冰而发明了轮滑。1710 年，在英国伦敦正式建立了世界上第一个轮滑场。1760 年，荷兰人范丽德发明了装有轴承的滑轮冰鞋，从此，轮滑运动在欧洲各国逐渐开展起来。1861 年，在巴黎世界博览会上，第一次出现了旱冰表演。1863 年，美国的詹姆斯·普利姆普顿创新性地用金属轮子代替木质轮子，发明了真正的轮滑。1884 年，美国人理查森和雷蒙德发明了滚珠轴承，这对改进轮滑技术起到了极大的作用。1892 年 4 月 1 日，国际轮滑联盟在瑞士成立，使得轮滑运动向正规化、国际化的方向进一步发展。1875—1937 年，受滑冰运动的影响，轮滑运动逐渐演化为花样轮滑、速度轮滑和轮滑球三种不同形式的运动项目。1924 年 4 月，在瑞士蒙特勒成立了国际旱冰组织。1925 年，这个组织正式取名为国际旱冰联合会。1936 年，在德国的斯图加特举行了首届世界轮滑球锦标赛。1937 年，在美国制定了第一个速度轮滑比赛规则。同年，在意大利蒙扎举办了首届世界速度轮滑锦标赛。1939 年，制定了花样轮滑规则。1952 年，举行了第一届世界轮滑锦标赛。1994 年，轮滑运动被列为奥运会正式比赛项目。

>>> 知识链接

国际轮滑联合会

国际轮滑联合会（International Roller-Skating Federation，IRSF）于 1924 年 4 月由瑞士、英国、德国、法国发起成立，现有协会会员 98 个，分属国际轮滑联合会承认的非洲、亚洲、欧洲、大洋洲和泛美地区轮滑联合会。

国际轮滑联合会下设国际速滑、国际花样滑和国际冰球三个委员会。主要赛事有：每两年一次的世界轮滑锦标赛、每年两次的世界花样轮滑锦标赛和每年一次的世界旱冰速滑锦标赛（分场地赛和公路赛）。

中国轮滑协会于 1980 年正式成立，并于当年 9 月加入了国际轮滑联合会。

二、轮滑运动的分类

轮滑是一项休闲运动，但同时也是一项竞技项目。随着这项运动的不断发展与完善，目前已形成多项轮滑竞技项目。

（1）速度轮滑：以单排、双排轮滑鞋为比赛工具的竞赛项目，具体项目有场地赛和公路赛。

（2）轮滑球：看上去像是冰球和曲棍球的结合体，双方各出 5 人在 44 米 ×22 米的场地上进行比赛，规则类似冰球，但不允许身体冲撞或阻挡。一场比赛为 2~3 节，每节 15~20 分钟，进球多者为胜方。

（3）花样轮滑：分为单人、双人轮滑舞和圆形轮滑舞（规定动作）。根据动作的难易程度、舞姿的优美程度打分，确定优胜者。

（4）极限运动和技巧：利用 U 形台做各种各样的惊险动作和复杂的技巧表演动作，是轮滑竞技项目中最吸引人的一项。

三、轮滑运动的特点

（1）娱乐性：轮滑运动可以做各种各样的惊险动作，有很强的娱乐性和趣味性，能够减轻心理压力，调节身体负荷，消除疲劳，达到身心放松的目的。

（2）健身性：轮滑是一项全身性的运动项目，能改善心血管系统和呼吸系统机能，增强机体的代谢功能，增强臂、腿、腰、腹等部位肌肉的力量和身体各个关节的灵活性，特别是对参与者协调性和平衡能力的锻炼作用很大。

（3）表演性：轮滑运动可以做成各种具有很强的表演性和复杂的技巧表演动作。

（4）竞争性：轮滑运动是竞赛项目，可以培养参与者积极进取、努力拼搏的精神。

（5）工具性：在平整的路面上，轮滑可以作为代步工具。

四、锻炼价值

经常参加轮滑运动，可以增强体质，提高身体的协调性、平衡性和灵敏性，改善人体的心肺功能，调节神经系统的协调能力，促进机体适应能力，提高机体的免疫力，延缓器官系统功能的衰退。另外，轮滑对培养团队精神和勇敢顽强、挑战自我的心理品质也有积极作用。

五、轮滑运动基本技术

（一）基础练习

基础练习是学习轮滑的第一步，初学者应按照循序渐进、由易到难的原则，先扶物或扶人进行练习，待初步掌握身体平衡后再进行徒手练习。

1. 原地站立

（1）“丁”字站立：脚穿轮滑鞋，扶物成丁字步站立，前脚跟卡住后脚的脚弓，上体稍前倾，双膝自然弯曲，身体重心落在后脚上。然后两脚交换位置，再呈丁字步，到站稳为止（图 7–4–1）。

（2）“八”字站立：站立时两脚跟靠近，脚尖自然分开，上体稍前倾，身体重心落在两脚之间。重心平衡后，双脚换成平行站立，上体仍前倾，使重心落在两脚之间（图 7–4–2）。

（3）平行站立：两脚平行分开，与肩同宽，脚尖稍内扣，膝部微屈，重心落在两脚之间（图 7–4–3）。

图 7–4–1

图 7–4–2

图 7–4–3

2. 移动身体重心练习

（1）原地移动重心练习：

① 原地左右移动练习：两脚平行站立，上体稍向一侧倾斜，逐渐将重心完全转移至

一条腿上支撑，待稳定后再向另一侧移动。

② 原地抬腿练习：两脚平行站立，上体稍前倾，重心移至左腿，右腿稍抬起、放下，然后以同样方法练习左腿。练习时要注意放腿时应保持脚下的轮子同时着地。

③ 原地蹲起练习：两脚平行站立，做下蹲并站起的动作。可先做半蹲，逐渐加大下蹲的幅度，直至快速深蹲并做短时间的静蹲后再站起。练习时要注意在伸踝、膝、髋三个关节时的协调配合。

（2）外“八”字脚移动重心练习：两脚成外“八”字脚站立，重心移至左脚，右脚向前迈一小步，重心随之移至右脚上，然后左脚向前迈一步，重心随之移至左腿上。反复进行练习，逐渐加快迈步频率，加大迈进距离。注意收脚时应尽量保持脚下轮子同时着地。

（3）侧向移动重心练习：两脚平行站立，重心向右侧移动，随之左脚横跨一步，右脚迅速靠拢，待稳定后再进行右侧的下一步。如此反复进行五六步后再向左侧做相同练习。

（4）横向交叉步练习：两脚平行站立，先将重心移至左腿上并继续向左移动稍超出左腿支撑点，收右腿，右腿向左腿前外侧迈步成双腿交叉姿势，重心随之移至右腿上，成右腿支撑重心，接着收左腿向侧跨一步，成开始姿势。如此反复五六步后再向右侧做相同练习。

3. 慢速滑行

（1）单蹬双滑练习：双脚平行站立，稍窄于肩。右脚内刃蹬地，将身体重心送至向前滑行的左腿上，右腿蹬地后迅速收腿，与左腿并拢成双脚平行滑行；当速度减慢时，再用左脚内刃蹬地，将身体重心送至向前滑行的右腿上，左腿蹬地后迅速收腿与右腿并拢（图 7–4–4）。

（2）单蹬单滑练习：双脚平行站立，身体前倾，两臂自然下垂，两腿弯曲。左脚用内刃蹬地，随着蹬地动作结束向前收左腿，把身体重心移向右腿，并成半蹲支撑；右脚先用平刃向前滑出，然后再用内刃蹬地，把身体重心移向左腿，成半蹲支撑；左脚再用平刃向前惯性滑行，双脚交替进行（图 7–4–5）。

（3）弯道练习：根据滑行速度和圆弧的半径，向圆心内倾斜，下肢用交叉步滑行，左脚要用外刃，右脚要用内刃。要求两腿半蹲，上体前倾，当左脚用外刃获得稳定平衡时，右脚向左脚的左内侧前方迈出大半步；当右脚落地用内刃蹬地时，身体重心从左腿移至右腿，然后左脚迅速从右腿的后方收回，向左侧迈出大半步，用外刃支撑身体重心。练习时，可从粗糙地面到光滑地面，从站立姿势到半蹲姿势，从不连续压步到连续压步（图 7–4–6）。

图 7–4–4

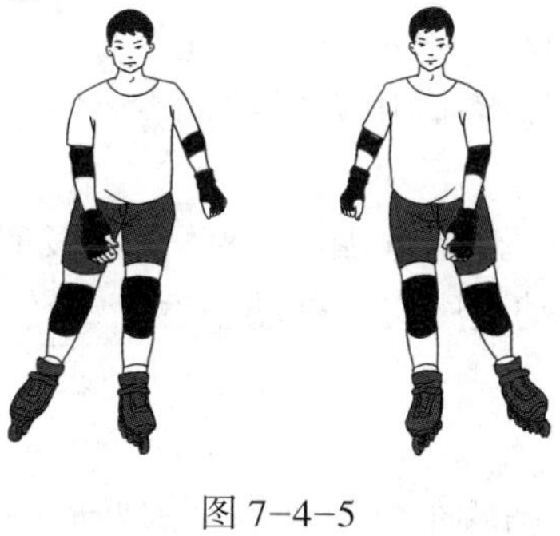
图 7–4–5

图 7–4–6

（二）滑行技巧

在初步掌握轮滑基本技术后，再学习直道滑行、弯道滑行和转弯滑行技巧，掌握向后滑行和急停方法。

1. 直道滑行

（1）滑行姿势：采用蹲屈的滑行姿势，上体前倾，与地面成25°左右的角，背部稍凸起，膝关节弯曲120°左右。速度轮滑与冰上速滑有很大差别，身体姿势不能过低，否则会由于蹬地角度太小使轮滑鞋和轮子向外侧打滑，影响轮子蹬地的效果。速度轮滑以高姿势、快频率为基本特征（图7–4–7）。

图7–4–7

（2）轮子蹬地：蹬地技术是决定滑行速度的关键，主要取决于轮子蹬地力的大小和蹬地时间的长短。轮滑过程中，不要过分减少自由滑行的时间，身体重心一般在前后两轮之间，否则会影响滑行的惯力，过多消耗体力。

（3）全身配合：全身配合是完成滑行技术和快速滑行的重要因素。首先是两腿之间的配合，当左腿惯性滑行时收右腿，左腿蹬地时右轮开始着地；其次是上体和臀部与腿的配合，即上体和臀部随着两腿交替移动而不断地转移重心；最后是两臂与两腿的配合，滑行时，两臂的摆动速度要稍快于两腿的动作速度，以增强轮子的蹬地力量，提高滑行频率。

2. 弯道滑行

（1）滑行姿势：采用身体向左侧前倾斜，至弯道滑行时，利用交叉步使身体重心落在左脚外侧和右脚内侧，滑行姿势比直道滑行稍低，重心保持平衡，蹬地腿尽量与身体倾斜面一致。

（2）蹬地动作：蹬地采用交叉步，沿着圆弧的切线滑行，步幅不要过大，惯性滑行时间要比直道短。当左轮拉收到右支撑腿时，右脚开始蹬地；右腿“压收”超过左轮时，左腿开始蹬地。

（3）全身配合：弯道滑行技术的关键是摆臂动作与蹬地动作的配合。弯道摆臂动作可以维持平衡，增加轮子的蹬地力量，提高滑行频率。弯道摆臂的幅度要比直道小，左臂摆动的幅度要比右臂小，手臂摆动的方向偏向左侧。

3. 转弯滑行（以左转弯为例）

（1）滑行姿势：向前滑行达到一定速度后，左脚要在右脚的左前方。如滑行速度快、转弯角度小，左脚要超出右脚半步，两脚间距离要宽；如滑行速度较慢，转弯弧度较大，左脚要超出右脚，两脚间距离可以略窄。转弯时，头部向左转，上体向左侧倾斜，臀部下降向左侧移，重心要移至左脚外刃，右脚用力压内侧轮（图7–4–8）。

图7–4–8

（2）全身配合：取决于双脚间距与身体重心及时向内侧倾斜的程度。前后脚之间距离长，身体重心向内侧移动速度快，移动幅度大，转弯就快，弧度就小，但身体平衡不容易掌握。

4. 向后滑行

（1）向后葫芦滑行：两脚平行站立，脚尖稍向内，两腿弯曲，双膝内扣，重心后移，上体前倾。滑行时，用两脚内刃向前蹬地，两脚跟外展，当两脚向外滑至最大弧时，两脚用力内收，双膝逐渐撑直，恢复至开始姿势。

（2）向后直线滑行：准备姿势同上，注意重心在后，上体前倾。滑行时，左脚内刃蹬地，身体重心向右侧移动，右脚向后滑行。左脚蹬地后放在右脚内侧，然后用右脚内刃蹬地，重心移到左侧，左脚向后滑行。

5. 制动方法

（1）脚跟制动法：在慢速滑行时将穿有制动胶的轮滑鞋的脚前伸，脚尖抬起使后跟上的制动胶着地，前腿用适当力量压地，使制动胶与地面摩擦，逐渐减速而停止（图7–4–9）。

（2）“T”形制动法：当左脚支撑滑行时，上体抬起直立，右脚外翻并横放在左脚后面，两脚成“T”形，使右脚轮子横向与地面摩擦。两腿弯曲，重心下降并逐渐移向右脚加大摩擦，使之减速而停止（图7–4–10）。

（3）双脚平行制动法：在快速滑行时，双脚略靠近，身体迅速转体90°，同时带动两脚转体90°，重心快速降低，腿弯曲，用双脚的轮子与地面摩擦使之减速停止（图7–4–11）。

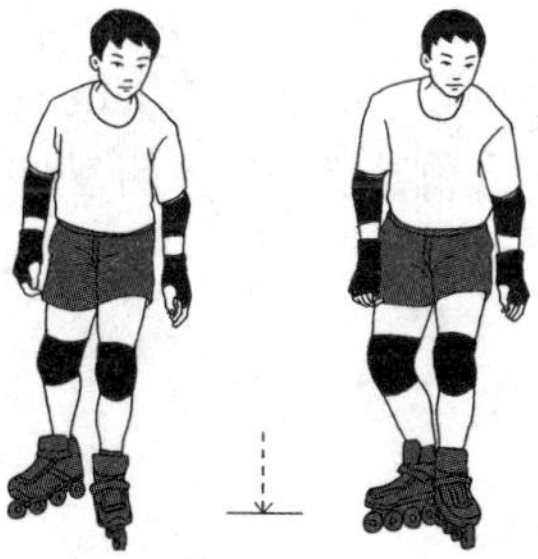

图7–4–9

图7–4–10

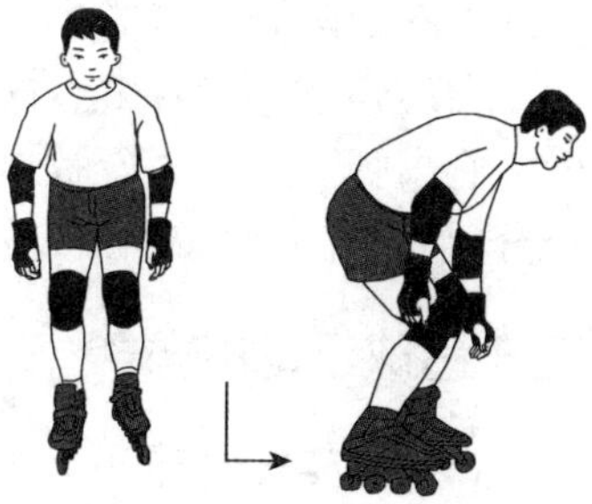

图7–4–11

>>> 知识链接

轮滑运动安全常识

为防止和避免一些意外事故的发生，在轮滑练习中应注意以下几个方面：

（1）初学者上场练习时应穿运动服或长裤长袖衣服，戴上护具，避免摔倒时受伤。

（2）初学者上场练习时必须采取正确的练习姿势，要注意上体的前倾和小腿的前伸，切不可在滑行中将身体伸展后仰。

（3）每次练习前应注意检查场地。如有沙石、木屑、烟头等杂物要及时清除干净，如有裂痕要及时修补。

（4）每次上场练习前要严格检查轮滑鞋是否符合练习要求，必须戴护盔和防护手套。

（5）在练习场上严禁随意追逐、打闹等。严禁在跑道上顺时针方向滑跑。

（6）场地附近应备有常用外伤药品，一旦出现外伤情况应及时处理。如发生骨折、脑震荡等严重损伤时，应及时到医院治疗。

第五节 台球运动

一、台球运动的起源与发展

台球起源于西欧，是一项高雅的体育运动。14 世纪，在英国维多利亚女王时代，台球活动非常受人们的重视，在一些富豪家庭里，不仅有豪华讲究的台球间，而且在进行打球活动时，还有严格的活动礼节，有的规定至今仍在沿用。1510 年，台球出现在法国，法国国王路易十四在凡尔赛宫玩的台球是“单个球”，在桌上放一个用象牙做的拱门和一根象牙立柱叫“王”，用勺形棒来打球，把球打进门或碰到上便可行分。由于法王路易十四的御医建议国王餐后做台球活动，于是这项活动得到了法国国王的喜爱和重视。17 世纪，台球在法国逐渐风行起来。

台球出现至今已有几百年的历史，在其发展过程中，人们不断对这项运动进行改进和完善。刚开始时，在桌子中心开了一个圆洞，后来又在桌子四角开了 4 个洞，后来又将桌子开了 6 个圆洞，这才演变成了今天落袋式台球球台的雏形。

台球运动不受年龄、性别、环境、天气等约束，实用性、趣味性强，深受大学生的喜爱。它寓智力和体力于激烈的竞争之中，其比赛变化微妙，引人入胜，能使学生在活动中充分感受到健身、健心、益智的乐趣，有较强的实用价值。

二、台球运动的分类

（一）英式台球

英式台球分为英式比例台球和斯诺克台球两大类，主要流行于英国和欧洲大陆。英式比例台球又称为三球落袋式台球，属基础类型的台球，是台球正式比赛项目之一。英式比例台球出现较早，要求具备较全面的技术打法。目前，世界许多著名的斯诺克台球运动员，比例式台球的基本功都相当扎实。英式台球的另一个种类斯诺克台球更是世界流行的主流台球项目之一。英文“斯诺克”的含义为“障碍”，从英文“snooker”音译而得名。斯诺克台球不仅可以自己击球入袋得分，也可以有意识地打出让对方无法施展技术的障碍球，从而使对方受阻挨罚。

（二）美式台球

美式台球又称“美式普尔”，是台球的一个重要流派，是继法式台球和英式台球之后形成的一种新风格。它与英式台球和法式台球并驾齐驱，广泛地流行于西半球和亚洲东部。美式台球包括 8 球制台球、9 球制台球、芝加哥台球、普尔台球和保龄台球等种类。8 球制台球在我国也有广泛的群众基础。

（三）中式斯诺克台球

中式斯诺克台球起源于中国，与其他台球的最主要区别在于台面中间增加了 4 个进球袋及边框，既容易进球，也容易形成斯诺克。同时拥有了更多精彩的运球路线，充分积极地体现球手之间连续进攻、巧妙防守及高难度解球的高超技艺，拓展了台球技术性及艺术性。通过针对结构进行的规则改良，中式斯诺克体现的是注重全局及排兵布阵，更具娱乐性、挑战性以及智慧元素，有“棋球”之说。

（四）法式台球

法式台球起源于法国，也称为卡罗姆台球，其含义是用主球连续撞击两个球，这是法式台球最基本的要求。与英式台球、美式台球球台的最主要区别是法式台球的球台没有网袋。卡罗姆台球有多种比赛方式，其中主要的是三边卡罗姆式台球。

三、台球的基本技术

（一）球杆重心

拿到球杆时，首先要了解球杆的重心位置，然后由重心点向杆尾处移动约40厘米，在这段距离内握住球杆是比较合适的。当然，根据主球离库边的远近，需要不同力度出杆等情况，握杆的位置可以偏前或偏后。如主球贴库时，要握接近杆的重心位置；主球较远时，可以握杆靠近尾部的位置；如需要大力击球时，握杆手亦可以往后握，以加大握杆和出杆的距离，便于发力。

（二）握杆方法

握杆的方法正确与否直接影响到出杆的好坏。正确的握法是：拇指和食指在虎口处用轻力握住球杆，其余三个手指虚握。这样握杆的优点在于保证手指、手腕和整个手臂适度放松，便于肌肉能更协调地工作。另外，手指、手腕和整个手臂的适度放松有利于手腕和整个手臂在运杆时的流畅，充分地感觉出杆触击球一刹那间杆头与球的撞击效果，给手指、手腕以及手臂肌肉本体感觉器更丰富的信号，便于正确学习掌握技术动作，以及时发现和纠正训练过程出现的动作错误。握杆时手腕要自然垂下，既不要外翻，也不要内收。

一个正确的手腕位置对于一位球手的成功十分重要，但这并不意味着所有优秀的台球选手握杆时手腕位置都一模一样。戴维斯和亨得利的手腕位置就各有不同，戴维斯的手腕要稍向外些，亨得利的手腕则是平直的。一般来讲，握杆时的手腕位置有差异，是由如下因素决定的：手腕和手臂在解剖结构上有所差异；个人长期养成的不同的用力习惯；握杆的方法、肘部位置、肩部位置、身体姿势、站位有所差异。总之，在台球训练中，应当时刻注意“手腕位置要自然垂下，既不外翻，也不要内收”的基本要求，这个基本要求不是一个绝对值，而是一个有限定的范围。斯诺克选手要比美式台球选手更应重视这一要求。因为斯诺克台面大，袋口相对球而言比美式台球小，所以对准确性的要求更高。

（三）身体姿势

击球的方向是由站位和身体位置来决定的，保持正确的身体姿势有助于完成正确的击球动作（图7-5-1）。

1. 站立位置

握好球杆后，面向球台向用主球击打目标球的方向直立，球杆指向主球，握杆手置于体侧，同时确定击打目标球的下球点和主球将要走的位置。

图7-5-1 身体姿势

2. 脚的位置

当身体位置确定后，握杆的手保持在体侧不动，左脚向左侧前方迈出一小步，双脚距离大约与肩同宽。左腿稍微弯曲，右腿保持自然直立。

3. 上体姿势

站好脚位置后，上体向右侧转并向下弯身，使肩部拉起，上体前倾，与台面接近，头微微抬起，下颌正中部位与手或球杆相贴，双眼顺球杆方向平视。

4. 面部位置

尽量使球杆保持在额头中轴线上，双眼保持水平前视，使面部之中线与球杆和后臂处在一个较为垂直的平面上。

（四）站位与击球

1. 站位

正确站位有助于完成正确击球动作。右手握杆，以右脚为轴，左脚略向侧前方迈出一步，两脚分开不宜过大，身体保持平衡。身体位置与球杆的关系保持上体前倾，脸的中心保持在球杆之上，架杆的手臂肘关节充分伸展。架杆手的位置应与本球保持约 15 厘米距离。

站位要点提示：两脚略前后分开，处在合理位置，身体保持平衡。

2. 击球动作

以肘部作为支点，像钟摆一样前后晃动，球杆向前移动时要平稳，直线前移，不宜上、下、左、右晃动。击球时，球杆要平稳，直线前后移动。

击球要点提示：以肘关节为支点，前臂自然地前后摆动；球杆平稳地直线前移；出杆击球时不能上、下、左、右摆动。

思考题

1. 健美运动的训练方法有哪些？
2. 掌握发达身体各部位肌肉的练习方法。
3. 简述健美操的特点及分类。
4. 健美操锻炼中应注意哪些事项？
5. 体育舞蹈的锻炼价值有哪些？
6. 轮滑的基本技术有哪些？
7. 台球运动的分类有哪些？如何欣赏高水平的台球比赛？

第八章
传统体育运动

第一节　武术

一、武术概述

（一）武术的起源

武术的起源可以追溯到远古先民的生产活动中。远古时期，人们为了生存不得不与兽斗，在狩猎的过程中逐渐学会了徒手和使用木棒、石头等器具击打野兽的方法。通过本能和无意识的身体动作积累，人类逐渐形成了比较合理的攻击技能与防守技能。此外，武舞也是原始社会时期人们集宗教祭祀、教育、娱乐以及搏斗训练为一体的活动方式，人们通过武舞来模拟在狩猎、战争场景中搏斗的动作，幻想产生一种超自然的力量来战胜对手。武舞现象既是对搏杀技能操练的一种形式，也是宣扬武威的一种手段。

随着狩猎工具的不断创新和生产力的发展，人类迈入了私有制的门槛。为了部落或民族利益，抑或为了满足贪欲，频繁爆发战争。大量的生产工具转化为互相残杀的武器，在人与兽斗的过程中积累起来的技能也随之转变为人与人之间的搏杀格斗。这一时期，人类在踢、打、摔、拿、劈、砍、击、刺等技术上不断地加以强化，积累了丰富的经验，同时也具有了创造锋利工具的能动性和使用工具方法的主动性。这种在战争中运用格斗技术的自觉性，标志着武术的初步形成。

（二）武术的发展概况

在中国古代夏、商、周时期，田猎和武舞是武技训练的主要手段。据《礼记·月令》载："天子乃教于田猎，以习五戎。"五戎即弦、戈、矛、殳、戟5种兵器。田猎是训练对各种武器的使用及驭马驾车，是集身体、技术、战术为一体的综合训练。这一时期的武舞由原始时期的武舞发展而来，是将用于实战的格杀经验按一定程式来训练，是古代武术由感性认识向理性认识的升华、由支离破碎向系统化演进的象征。

春秋战国时期是我国封建社会转型的剧烈变化时代。频繁的战争推动了练兵习武的空前盛行，武术开始向多样化发展，手搏、角力在民间拥有广泛的市场，可用拳打脚踢、连摔带拿、运用奇巧战术来制胜对方。另外，在与文化的交融中，武术逐渐与养生相结合，逐渐形成了注重整体、强调精气、平衡阴阳的保健思想，这对武术的发展产生了重要影响。

近代中国，国势日渐衰弱，有许多爱国志士寻求救国救民的途径，提出了"强种强国"的思想。因此，武术被作为一种尚武强国的重要教育手段推向学校。一批武术家结合传统武术的内容与西方军事体操的特点，创编了《中华新武术》，为近代武术转型做了有益的尝试。

20 世纪 90 年代，随着我国体育体制改革的深化，武术呈现出新的发展趋势。在 1992 年全国武术工作会议上，提出了编写大、中、小学的武术教材，倡导将民族体育和现代体育联系起来进行教学，这些措施对于武术在学校的开展起到了较大的促进作用。更令人关注的是，为建立规范的全民武术锻炼体系，1997 年，原国家体委批准颁布实施了“中国武术段位制”，该段位制将武术定为三级九段，为武术的发展作出了贡献。

1990 年，在北京举行的第 11 届亚运会上，武术被列为正式比赛项目。1991 年，又在北京举办了首届世界武术锦标赛。这标志着武术由国际性的赛事向世界性的竞赛转变取得成功。

通过多方筹措与不懈努力，中国武术以奥运会非正式比赛项目的方式进入了第 29 届奥运会，即“北京 2008 奥运会武术比赛”，这表明作为中华民族传统体育项目的武术正逐渐被世界所接纳，竞技武术在世界的传播和影响已不容忽视，武术终于初步实现了竞技武术国际化的目标。

（三）武术的特点

武术作为一项历史悠久的运动项目，汇聚了不同地域、不同民族的智慧，形成了拳种丰富、器械多样的运动形式。武术不同于其他任何体育项目，它具有浓厚的中国传统文化特点。

踢、打、摔、拿、击、刺、砍、劈等多种攻防动作是组成武术套路的主要内容，也是武术搏斗项目中经常使用的技术动作；武术自身的发展规律，集中体现了武术技击性的本质；武术的习练讲究内外合一，形神兼备；在长期的历史演变中，武术又受到中国古代哲学、美学等方面的影响，形成了独具民族特色的运动形式。

（四）武术的锻炼价值

长期坚持武术练习，能够加强人体肌肉韧带的伸展性，加大关节的运动幅度，提高人体的反应速度、力量、灵巧、耐力，增强人体的免疫力，对治疗多种慢性疾病和调节人体内环境平衡均有良好的医疗保健作用。同时，掌握搏斗运动的技法和规律，能促进攻防格斗的意识，既可以增强体质，也可以防身自卫。

武术在长期的发展过程中，继承和发扬了中华民族重礼仪、讲道德的优秀传统。“习武先习德”“武训”说明武术历来十分注重武德教育。“尚武”与“崇德”是武术习练过程中的两个重点，可以培养习武者尊师重道、讲礼守信、宽以待人、严于律己、坚韧不拔的良好心理素质和高尚的道德情操。

武术运动也具有很高的观赏价值。武术套路动迅静定的节奏美，踢、打、摔、拿、跌巧妙结合的方法美，内外合一、形神兼备的和谐美，给人们带来了强烈的视觉震撼和精神冲击，极大地丰富了人们的文化生活。

（五）武术的内容与分类

武术运动按照形式分类，可分为功法、套路和搏斗。

1. 功法

功法又称基本功，是以单个动作为主的练习，以提高武术套路和武术搏斗项目中身体某方面的能力。从锻炼的形式与功用来分，功法又可分为内功、外功、轻功和柔功。

（1）内功：通过站桩、静坐等练习方法，可使练习者达到精足、气壮、神明、内脏坚实、经络血脉通畅、内壮外强的功效。

（2）外功：通过击打、跌摔等练习方法，可使练习者达到强筋骨、壮体魄的功效。

（3）轻功：通过各种弹跳动作的练习，可使练习者达到蹦得高、跳得远的功效。

（4）柔功：通过压肩、压腿、下腰等练习方法，可使练习者达到提高肢体关节活动幅度和肌肉伸展能力的功效。

2. 套路

套路是指以技击动作为内容，以攻守进退、动静疾徐、刚柔虚实等矛盾运动的变化规律为依据编成的整套练习。按照套路运动形式，又可分为单练、对练和集体演练。

（1）单练：是单人演练的套路，包括徒手的拳术和器械练习。

① 拳术：是徒手练习的套路运动。其主要的拳术有长拳、太极拳、南拳、形意拳、通背拳、八极拳、八卦掌、劈挂拳、翻子拳、地躺拳、少林拳、象形拳等。

② 器械：是手持武术兵器练习的套路运动。器械的种类很多，可分为短器械、长器械、双器械和软器械 4 种。短器械主要有刀、剑、鞭等；长器械主要有枪、棍、大刀等；双器械主要有双刀、双剑、双钩、双枪等；软器械主要有三节棍、九节鞭、绳镖、流星锤等。

（2）对练：是两人或两人以上按照预定动作进行的假设性实战演练的套路形式，包括徒手对练、器械对练和徒手与器械的对练等。

（3）集体演练：是集体进行的徒手、器械和徒手与器械的演练。要求 6 人以上同时演练，队形整齐，动作协调一致，可变换队形并有音乐伴奏。

3. 搏斗

搏斗是两个人在一定条件下按照一定的规则进行斗智、较技、较力的对抗实战形式。

（1）散打：是以徒手的运动形式在擂台上进行的。使用踢、打、摔等方法制胜对方的竞技项目。

（2）推手：是以徒手的运动形式，使用掤、捋、挤、按、採、挒、肘、靠等技法，双方粘连粘随，通过肌肉感觉借劲发力将对方推出，以此决定胜负的竞技项目。

（3）短兵：是两人手持一种特制的短器械，主要使用劈、砍、斩、刺等方法进行决胜负的竞技项目。

二、武术基本功

（一）手型和步型

1. 手型

（1）拳：五指握紧，拇指压在食指、中指的第二指节上。拳面要平，腕要直（图 8-1-1）。

（2）掌：四指伸直并拢、向后伸张，拇指屈靠于虎口处或外展（图 8-1-2）。

（3）勾：五指捏拢屈腕（图 8-1-3）。

2. 步型

（1）弓步：两脚前后开立一大步，为本人脚长的 4~5 倍，前腿屈膝，膝与脚尖垂直，后腿挺直，脚尖外撇约 45°，两脚全脚着地。上体正对前方，眼平视，两手抱拳于腰间（图 8-1-4）。弓右腿为右弓步，弓左腿为左弓步。

（2）马步：两脚平行开立（约为本人脚长的 3 倍），脚尖正对前方，屈膝半蹲，大腿接近水平，膝不超过脚尖，全脚着地，身体重心落于两腿之间，两手抱拳于腰间（图 8-1-5）。

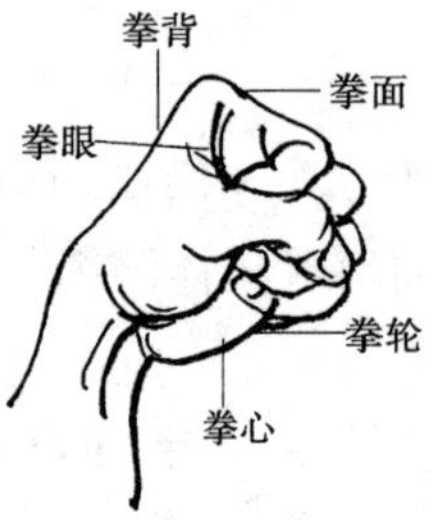

图 8-1-1 拳

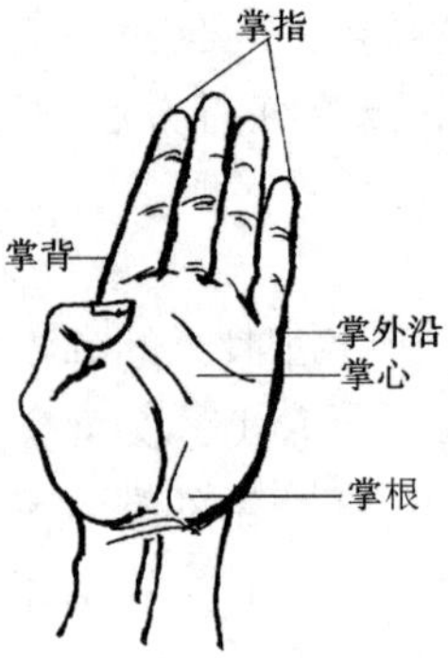

图 8-1-2 掌

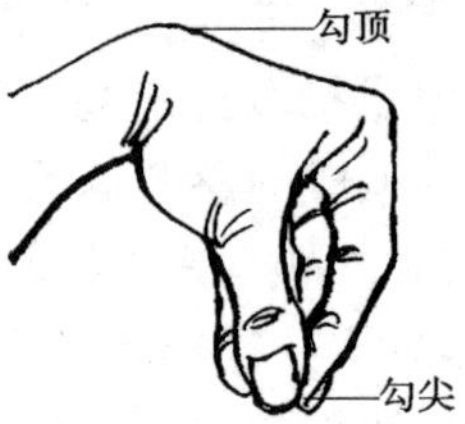

图 8-1-3 勾

图 8-1-4 弓步

图 8-1-5 马步

（3）仆步：两脚左右开立，一腿全蹲，大小腿靠紧，臀部接近脚跟，全脚掌着地，膝、脚尖外展（约 45°）；另一腿伸直平仆，脚尖内扣，全脚着地。两手抱拳于腰间，眼向仆腿方向平视（图 8-1-6）。仆左脚为左仆步，仆右脚为右仆步。

（4）虚步：两脚前后开立，后脚尖外展约 45°，屈膝半蹲，左脚跟离地，脚面绷直，脚尖稍内扣，虚点地面，重心落于后腿上，两手叉腰，眼平视（图 8-1-7）。左脚在前为左虚步，右脚在前为右虚步。

（5）歇步：两腿交叉靠拢全蹲，前脚全脚着地，脚尖外展，后脚前脚掌着地，臀部坐于后小腿接近脚跟处，两手抱拳于腰间（图 8-1-8）。左脚在前为左歇步，右脚在前为右歇步。

图 8-1-6 仆步

图 8-1-7 虚步

图 8-1-8 歇步

（二）肩臂功

1. 压肩

（1）两人相对开立步站立，上体前倾，双方互扶肩部，用力向下振动压肩（图 8-1-9）。

（2）并立步或开立步，面对肋木或一定高度的物体，两臂伸直，上体前倾，做下振压肩动作（图 8-1-10）。

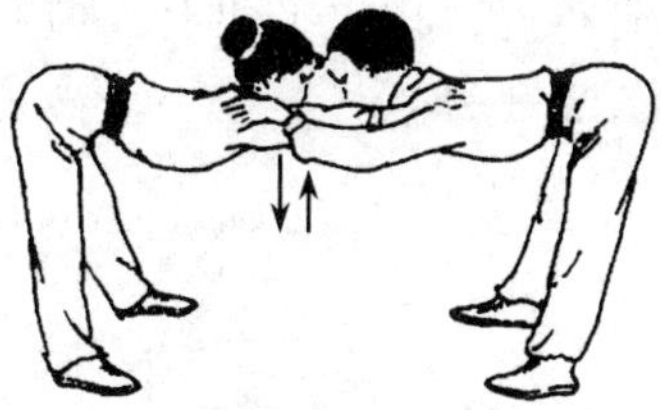

图 8-1-9 压肩（一）

图 8-1-10 压肩（二）

2. 单臂绕环

弓步站立，一手按于膝上，另一臂伸直做向前、向后绕环动作（图 8-1-11）。

图 8-1-11 单臂绕环

3. 双臂绕环

开立步站立，两臂同时或依次做向前、向后绕环动作（图 8-1-12）。

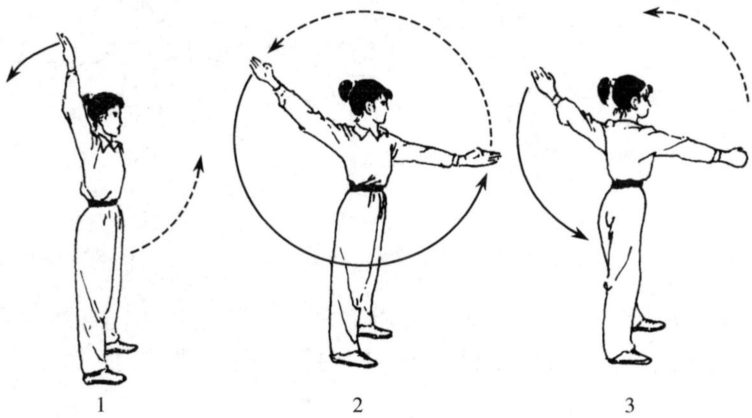

图 8-1-12 双臂绕环

（三）腿功

1. 压腿

（1）正压腿：一腿前伸放于架上，脚尖勾紧，支撑腿脚跟着地，上体前俯，两手抱紧前脚掌，以下颌尽力接近脚尖。或者可利用肋木，一脚在肋木上，脚尖勾紧，两手按在膝上，两腿伸直，体前屈下压，两臂屈肘（图 8-1-13）。

（2）侧压腿：身体侧对肋木等物体，将一腿伸直，脚放于架上，脚尖勾紧；支撑腿挺直，脚内侧正对肋木，上体向被压腿侧侧屈（图 8-1-14）。

1　　2

图 8-1-13　正压腿

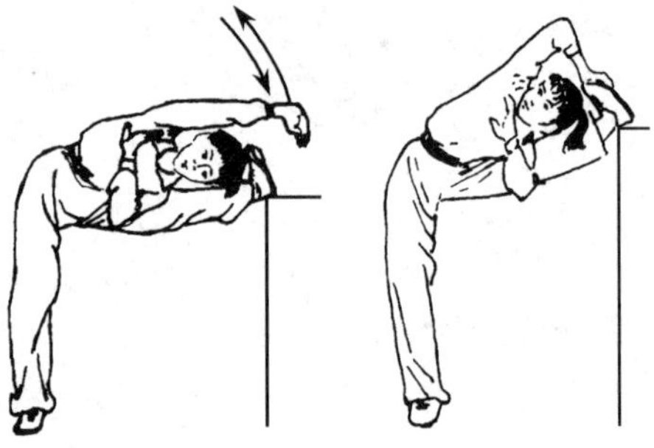

1　　2

图 8-1-14　侧压腿

2. 腿法

（1）正踢腿：并步，两臂侧平举，屈腕立掌或两手叉腰。一脚上前半步，直立支撑；另一腿脚尖勾紧轻快有力地向前额处踢起，下落成并腿直立（图 8-1-15）。

（2）侧踢腿：并步，两臂侧平举，屈腕立掌。右脚向前上半步，脚尖外撇，身体微右转，左脚尖勾紧，向左侧脑后踢起。同时，右臂上举，左臂屈肘立掌于右肩前或体前按掌，落下时脚跟靠拢支撑脚（图 8-1-16）。

（3）外摆腿：并步，两手侧平举，屈腕立掌。一脚上半步，腿自然伸直，全脚着地；另一腿向异侧方踢起，经面前向同侧方做直腿摆动，落在支撑腿旁，眼平视前方（图 8-1-17）。

图 8-1-15　正踢腿

图 8-1-16　侧踢腿

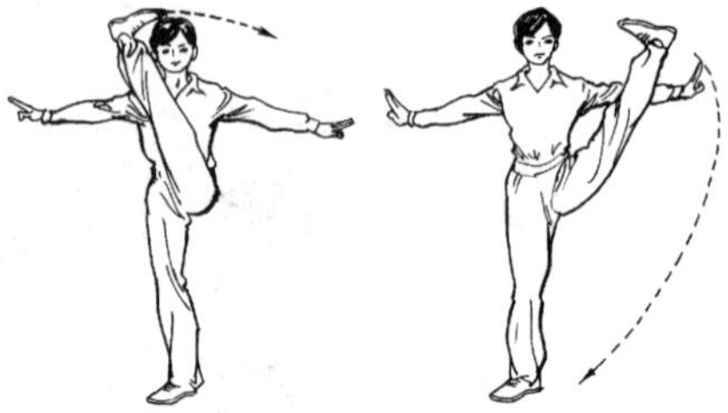

图 8-1-17　外摆腿

（4）里合腿：并步，两手侧平举，屈腕立掌。一腿上半步，自然伸直，全脚着地；另一腿向侧上方踢起，经面前向异侧方向（向内）扇面直腿摆动，落于支撑腿外侧（图 8-1-18）。

（5）弹腿：并步，两手叉腰，右腿屈膝摆起，大腿与腰平，右脚绷直。提膝接近水平时，猛力向前平踢，力达脚尖，高于腰平，左腿伸直或微屈支撑，眼视前方（图 8-1-19）。

（6）蹬腿：动作与弹腿相同，唯脚尖勾起，力点达于脚跟。

（7）侧踹腿：两脚左右交叉，右脚在前，微屈膝，接着右腿蹬直或稍屈支撑，左腿屈膝提起，脚尖勾起内扣，脚跟用力向左侧上方踹出，稍高于腰，上体向右侧倾，眼视左侧方（图 8-1-20）。

图 8-1-18　里合腿

图 8-1-19　弹腿

图 8-1-20　蹬腿

（四）腰功

1. 俯腰

并步，两手五指交叉，两臂上举，手心翻上，上体前俯，两手尽量贴地。然后两手松开，抱住两脚跟腱使胸部贴近大腿。还可以向左、右两侧俯腰，两手在脚外侧贴触地面（图 8-1-21）。

1　2　3

图 8-1-21　俯腰

2. 甩腰

开步，两臂上举，以腰髋为轴，上体做前后屈甩动，后屈时要抬头、挺胸、挺腹（图 8-1-22）。

3. 涮腰

两脚开立，略宽于肩，两臂自然下垂。以腰髋为轴，上体前倾，经右侧屈、后屈、左侧屈绕环一周，两臂随之绕动（图 8-1-23）。

1　2

图 8-1-22　甩腰

1　2

图 8-1-23　涮腰

（五）平衡

1. 提膝平衡

支撑腿直立站稳，上体正直，另一腿在体前屈膝提近胸，小腿斜垂里扣，脚面绷平内收（图 8-1-24）。

2. 望月平衡

支撑腿直立站稳，上体侧倾拧腰向支撑腿同侧方上翻，挺胸塌腰。后举腿在身后向支撑腿的同侧方上举，小腿屈收，脚面绷平（图 8-1-25）。

图 8-1-24 提膝平衡

图 8-1-25 望月平衡

（六）跳跃练习

1. 腾空飞脚

摆动腿高提，起跳腿上摆伸直，脚面绷平，脚高过肩，击手和拍脚连续快速、准确响亮（图 8-1-26）。

图 8-1-26 腾空飞脚

2. 旋风脚

摆动腿直摆或屈膝，起跳脚伸直，向内腾空转体 270°，异侧手击拍脚掌，脚高过肩，击拍响亮，转体 360° 落地（图 8-1-27）。

图 8-1-27 旋风脚

三、初级长拳三路

（一）动作名称

组别	动作名称			
起势	1. 并步站立	2. 虚步亮掌	3. 并步对拳	
第一段	1. 弓步冲拳 5. 弹腿冲拳	2. 弹腿冲拳 6. 大跃步前穿	3. 马步冲拳 7. 弓步击掌	4. 弓步冲拳 8. 马步架掌
第二段	1. 虚步栽掌 5. 马步击掌	2. 提膝穿掌 6. 叉步双摆掌	3. 仆步穿掌 7. 弓步击掌	4. 虚步挑掌 8. 转身踢腿马步盘肘
第三段	1. 歇步抡砸拳 5. 马步冲拳	2. 仆步亮掌 6. 弓步下冲拳	3. 弓步劈掌 7. 叉步亮掌侧踹腿	4. 换跳步弓步冲拳 8. 虚步挑拳
第四段	1. 弓步顶肘 5. 歇步下冲拳	2. 转身左拍脚 6. 仆步抡劈拳	3. 右拍脚 7. 提膝挑掌	4. 腾空飞脚 8. 提膝劈掌弓步冲拳
收势	1. 虚步亮掌	2. 并步对拳	3. 并步站立	

（二）动作说明及图解

起势：

1. 并步站立（图 8-1-28）

两脚并步站立，两臂垂于身体两侧，眼向前平视。

要点：头要端正，颌微收，挺胸、塌腰、收腹。

起势动作示范

2. 虚步亮掌（图 8-1-29）

右脚向右后方撤步成左弓步，右掌向右向上向前划弧，左臂屈肘，左掌提至腰侧，掌心向上，目视右掌。

右腿微屈，重心后移，左掌经胸前从右臂上向前穿出伸直，右臂屈肘，右掌收至腰侧，掌心向上，目视左掌。

重心继续后移，左脚稍向右移成左虚步，左臂内旋向左、向后划弧成勾手，右手继续向后向右向前上划弧，屈肘抖腕，在头前上方屈腕亮掌，目视左方。

要点：三个动作必须连贯。成虚步时，重心落于右腿上，左脚尖点地。

图 8-1-28 并步站立

图 8-1-29 虚步亮掌

3. 并步对拳（图 8-1-30）

右腿蹬直，左腿提膝，上体姿势不变。

左脚向前落步，重心前移。左臂屈肘，左勾手变掌经左肋前伸，右臂外旋向前下落于左掌右侧，掌心向下。

右脚向前上一步，两臂下垂后摆。

左脚向右脚并步，两臂向外向上经胸前屈肘下按停于小腹前，目视左侧。

要点：并步后挺胸、塌腰；对拳、并步、转头要同时完成。

图 8-1-30 并步对拳

第一段动作示范

第一段：

1. 弓步冲拳（图 8-1-31）

左脚向左上一步，脚尖向斜前方，右腿微屈，成半马步。左臂向上向左格打，右拳收至腰侧，拳心向上，目视左拳。右腿蹬直成左弓步，左拳收至腰侧，拳心向上，右拳向前冲出，高与肩平，目视右拳。

要点：成弓步时，右腿充分蹬直，脚跟不要离地；冲拳时，尽量转腰顺肩。

2. 弹腿冲拳（图 8-1-32）

重心前移至左腿，右腿屈膝提起，猛力向前弹出伸直，高与腰平。右拳收至腰侧，左拳向前冲出，目视前方。

要点：支撑腿可微屈，弹出的腿要用爆发力，力点达于脚尖。

图 8-1-31 弓步冲拳

图 8-1-32 弹腿冲拳

3. 马步冲拳（图 8-1-33）

右脚向前落步，脚尖里扣，上体左转。左拳收至腰侧，两腿下蹲成马步，右拳向前冲出，目视右拳。

要点：成马步时，大腿要平，两脚平行，脚跟外蹬，挺胸、塌腰。

4. 弓步冲拳（图 8–1–34）

上体右转 90°，右脚尖外撇向斜前方，成半马步。右臂屈肘向右格打，目视右拳。左腿蹬直成右弓步，右拳收至腰侧；左拳向前冲出，目视左拳。

要点：与本节的弓步冲拳相同，唯左右相反。

图 8–1–33　马步冲拳

图 8–1–34　弓步冲拳

5. 弹腿冲拳（图 8–1–35）

重心前移至右腿，左腿屈膝提起，猛力向前弹出伸直，高与腰平。左拳收至腰侧，右拳向前冲出，目视前方。

要点：与本节的弹腿冲拳相同。

图 8–1–35　弹腿冲拳

6. 大跃步前穿（图 8–1–36）

左腿屈膝，右拳变掌以手背向下挂至左膝外侧，上体前倾，目视右手。

左脚向前落步，右掌继续向后挂，左拳变掌，向后向下伸直，目视左掌。

右腿屈膝向前提起，左腿立即猛力蹬地向前跃出，两掌向前向上划弧摆起，目视左掌。右腿落地全蹲，左腿随即落地向前铲出成仆步，右掌变拳抱于腰侧，左掌由上向右向下划弧成立掌，停于右胸前，目视左脚。

要点：跃步要远，落地要轻。

图 8–1–36　大跃步前穿

7. 弓步击掌（图 8–1–37）

右腿猛力蹬直成左弓步。左掌经左脚面向后划弧至身后成勾手，右拳由腰侧变掌向前推出，目视右掌。

要点：推掌、勾手与弓步一致；左手向后上勾时不要挟上臂；不要弓腰、突臀、上体前倾。

8. 马步架掌（图 8–1–38）

重心移至两腿中间，左脚脚尖里扣成马步，右臂向左侧平摆，同时左勾手变掌由后经左腰侧从右臂内向前上穿出，目视左手。

右掌立于左胸前，左臂向左上屈肘抖腕亮掌于头部左上方，目向右转视。

要点：马步同前。

图 8–1–37 弓步击掌

图 8–1–38 马步架掌

第二段动作示范

第二段：

1. 虚步栽掌（图 8–1–39）

右脚蹬地，左腿伸直，以前脚掌为轴向右后转体 180°，右掌由左胸前向下经右腿外侧向后划弧成勾手，左臂随体转动并外旋，目视右手。

右脚向右落地，重心移至右腿上，下蹲成左虚步。左掌变拳下落于左膝上，拳心向后，右勾手变拳，屈肘向上架于头右上方，拳心向前，目视左方。

要点：右手勾挂要贴近右膝外侧，虚步右腿要蹲成水平。

2. 提膝穿掌（图 8–1–40）

右腿稍伸直，右拳变掌收至腰侧，左拳变掌由下向左向上划弧盖压于头上方，掌心向前。

右腿蹬直，左腿屈膝提起，右掌从腰侧经左臂内侧向右前上方穿出，左掌收至右胸前成立掌，目视右掌。

要点：支撑腿与右臂充分伸直。

3. 仆步穿掌（图 8–1–41）

右腿全蹲，左腿向左后方铲出成左仆步。右臂不动，左掌由右胸前向下经左腿内侧，向左脚面穿出，目随左掌转视。

要点：穿掌时，两臂要成一条直线，切忌右臂下垂。仆步左脚尖要向内扣紧。

图 8–1–39 虚步栽掌

图 8–1–40 提膝穿掌

图 8–1–41 仆步穿掌

4. 虚步挑掌（图 8–1–42）

右腿蹬直，重心前移至左腿，成左弓步。右掌稍下降，左掌随重心前移向前挑起。

右脚向左前方上步成右虚步，身体随上步左转 180°，同时，左掌由前向上向后划弧成立掌，右掌由后向下向前挑起成立掌，目视右掌。

要点：上步要快，虚步要稳。

5. 马步击掌（图 8–1–43）

右脚落地，脚尖外撇，重心稍升高并右移，左掌变拳收至腰侧，右掌俯掌向外搂手。

左脚向前上一步，以右脚为轴向右后转体 180°，两腿下蹲成马步。左掌从右臂上成立掌向左侧击出，右掌变拳收至腰侧，目视左掌。

要点：右手做搂手时，先使臂稍内旋，手掌向下向外转，接着臂外旋，掌心经下向上翻转，同时抓握成拳。收拳和击掌动作要同时进行。

图 8–1–42　虚步挑掌

图 8–1–43　马步击掌

6. 叉步双摆掌（图 8–1–44）

重心稍右移，两掌向下向右摆掌，目视右掌。

右脚向左腿后插步，两臂继续由右向上向左摆，停于身体左侧，均成立掌，右掌停于左肘窝处，目随双掌转视。

要点：两臂要划立圆，幅度要大，摆掌与后插步配合要一致。

7. 弓步击掌（图 8–1–45）

两腿不动。左掌收至腰侧，掌心向上，右掌向上向右划弧，掌心向下。

左腿后撤一步，成右弓步。右掌向下向后伸直摆动成反勾手，左掌成立掌向前推出，目视左掌。

要点：击左掌、右勾手与后撤左步、蹬腿成弓步要完整一致。

图 8–1–44　叉步双摆掌

图 8–1–45　弓步击掌

8. 转身踢腿马步盘肘（图 8–1–46）

两脚以前脚掌为轴向左后转体 180°，左臂向上向前划半立圆，右臂向下向后划半圆。

上动不停，右臂由后向上向前划半圆，左臂由前向下向后划半立圆。

上动不停，右臂向下成反勾手，左臂向上成亮掌，右腿伸直向额前踢。

右脚向前落地，脚尖里扣。右手不动，左臂屈肘下落至胸前，目视左掌。

上体左转 90°，两腿下蹲成马步，同时左掌向前向左平掳变拳收至腰侧，右勾手变拳，由体后向右向前平摆至体前时屈肘，拳心向下，目视肘尖。

要点：两臂抡动时要划立圆，动作连贯。盘肘时要快速有力，右肩前顺。

图 8-1-46 转身踢腿马步盘肘

第三段动作示范

第三段：

1. 歇步抡砸拳（图 8-1-47）

重心稍升高，右脚尖外撇。右臂由胸前向上向右抡直，左拳向下向左，使臂抡直，目视右拳。

上动不停，两脚以前脚掌为轴向右后转体 180°。右臂向下向后抡摆，左臂向上向前随身体转动。

紧接上动，两腿全蹲成歇步。左臂随身体下蹲向下平砸，拳心向上，肘部微屈，右臂伸直向上举起，目视左拳。

要点：抡臂动作要连贯完成，划成立圆。歇步要两腿交叉全蹲，左腿大、小腿靠紧，臀部贴于左小腿外侧，膝关节在右小腿外侧，右脚尖外撇，全脚掌着地。

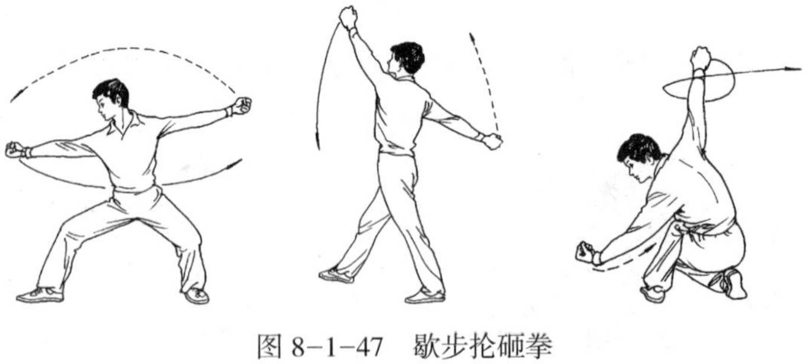

图 8-1-47 歇步抡砸拳

2. 仆步亮掌（图 8-1-48）

左脚由右腿后抽出上前一步成右弓步，左拳收至腰侧，右拳变掌向下经胸前向右横击掌，目视右掌。

右脚蹬地屈膝提起，上体右转。左拳变掌从右掌上向前穿出，右掌平收至左肘下。

右脚向右落步成左仆步，左掌向下向后划弧成反勾手，右掌向右向上划弧微屈，抖腕成亮掌，头随右手转动，亮掌时，目视左方。

要点：仆步时，左腿充分伸直、脚尖里扣，右腿全蹲，两脚脚掌全部着地。上体挺胸、塌腰，稍左转。

图 8-1-48 仆步亮掌

3. 弓步劈拳（图 8-1-49）

右腿蹬地立起，左腿收回并向左前方上步，右掌变拳收至腰侧，左勾手变掌由下向前上经胸前向左掳手。

右腿经左腿前方向左绕上一步，左腿蹬直成右弓步。左手向左平掳后再向前挥摆。

右拳向后平摆，然后再向前向上做抡劈拳，左掌外旋扶右前臂，目视右拳。

要点：左右脚上步稍带弧形。

图 8-1-49 弓步劈拳

4. 换跳步弓步冲拳（图 8-1-50）

重心后移，右脚稍向后移动，右拳变掌，臂内旋，以掌背向下划弧挂至右膝内侧，左掌背贴靠右肘外侧，目视右掌。

右腿自然上摆，上体稍向左扭转，右掌挂至体左侧，左掌伸向右腋下，目随右掌转视。

右脚以全脚掌用力向下震跺，与此同时，左脚急速离地提起。右手由左向上向前掳盖而后变拳收至腰侧，左掌伸直向下向上向前屈肘下按，目视左掌。

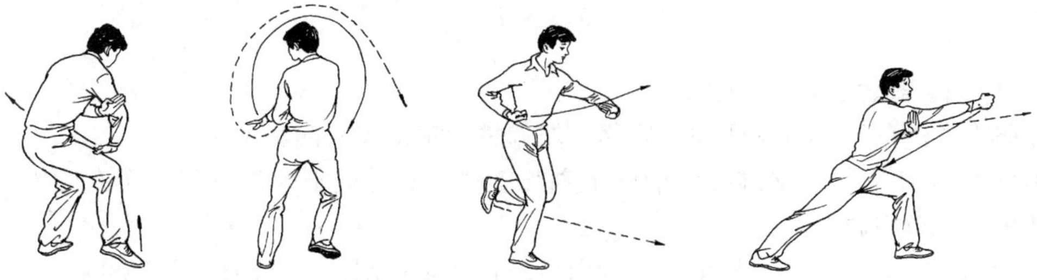

图 8-1-50 换跳步弓步冲拳

左脚向前落步成左弓步，右拳向前冲出，左掌藏于右腋下，目视右拳。

要点：换跳步动作要连贯、协调。震脚时，腿要弯曲，全脚掌着地，左脚离地不要高。

5. 马步冲拳（图 8-1-51）

上体右转 90°，重心移至两腿中间成马步。右拳收至腰侧，左掌变拳向左冲出，目视左拳。

要点：马步与冲拳要同时进行。

6. 弓步下冲拳（图 8-1-52）

右脚蹬直，左腿弯曲，上体稍向左转，成左弓步。左拳向下经体前向上架于头左上方，右拳自腰侧向左前斜下方冲出，目视右拳。

要点：拧腰转髋蹬右脚成左弓步要与架冲拳同时完成，以求动作完整。

图 8-1-51 马步冲拳

图 8-1-52 弓步下冲拳

7. 叉步亮掌侧踹腿（图 8-1-53）

左拳变掌由头上下落于右手腕上，右拳变掌，两手交叉成十字，目视双手。

右脚蹬地并向左腿后插步，左掌由体前向下向后划弧成反勾手，右掌由前向右向上划弧抖腕亮掌，目视左侧。

重心移至右腿，左腿屈膝提起，向左上方猛力蹬出，目视左侧。

要点：插步时上体稍向右倾斜，腿、臂的动作要一致。侧踹高度不能低于腰，大腿内旋，着力点在脚跟。

图 8-1-53 叉步亮掌侧踹腿

8. 虚步挑拳（图 8-1-54）

左脚在左侧落地，右掌变拳稍后移，左勾手变拳由体后向左上挑。

上体左转 180°，左拳继续向前向上划弧上挑，右拳向下向前划弧挂至右膝外侧，同时右膝提起，目视右拳。

右脚向左前方上步成右虚步，左拳向后划弧收至腰侧，右拳向前屈臂挑出，拳眼斜向上，与肩同高，目视右拳。

图 8-1-54 虚步挑拳

要点：臂前摆与右腿提摆要协调一致，右拳上挑与右脚前点成虚步要协调一致，力点达于虎口。

第四段：

1. 弓步顶肘（图 8-1-55）

重心升高，右脚踏实，右臂内旋向下直臂划弧以拳背下挂至右膝内侧，左拳不变，目视前下方。

第四段动作示范

左腿蹬直，右腿屈膝上抬。左拳变掌，右拳不变，两臂向前向上划弧摆起，目随右拳转视。

左脚蹬地起跳，身体腾空，两臂继续划弧至头上方。

右脚先落地，左脚向前落步，以前脚掌着地。同时两臂向右向下屈肘停于右胸前，右拳变掌，左掌变拳，右掌心贴靠左拳面。

左脚向左前上一步成左弓步，右掌推左拳，以左肘尖向左顶出，目视前方。

要点：交换步时不要过高，但要快。两臂抡摆时要成圆弧。

图 8-1-55 弓步顶肘

2. 转身左拍脚（图 8-1-56）

以两脚前脚掌为轴向右后转体 180°，右臂向上向右向下划弧抡摆，同时左拳变掌向下向后向前抡摆。

左腿伸直向前上踢起，左掌变拳收至腰侧，右掌由体后向上向前拍击脚面。

要点：右掌拍脚时手掌稍横过来，拍脚要准而响亮。

3. 右拍脚（图 8-1-57）

左脚向前落地，左拳变掌向下向后摆，右掌变拳收至腰侧。

右腿伸直向前上踢起，左拳变掌由后向上向前拍击右脚面。

图 8-1-56 转身左拍脚

图 8-1-57 右拍脚

要点：与本节的转身左拍脚相同。

4. 腾空飞脚（图 8-1-58）

右脚落地。

左脚向前摆起，右脚猛力蹬地跳起，左腿屈膝继续前上摆。同时右拳变掌向前向上摆起，左掌先上摆而后下降拍击右掌背。

右腿继续上摆，脚面绷平。右手拍击右脚面，左掌由体前向后上举。

要点：蹬地要向上冲，不要太向前冲，左膝尽量上提。击响要在腾空时完成，右臂伸直成水平。

图 8-1-58 腾空飞脚

5. 歇步下冲拳（图 8-1-59）

左、右脚先后相继落地。左掌变拳收至腰侧。

身体右转 90°，两腿全蹲成歇步。右掌抓握、外旋变拳收至腰侧，左拳由腰侧向前下方冲出，目视左拳。

要点：歇步要稳，冲拳要脆。

图 8-1-59 歇步下冲拳

6. 仆步抡劈拳（图 8-1-60）

重心升高，右臂由腰侧向体后伸直，左臂随身体重心升高向上摆起。

以右脚前脚掌为轴，左腿屈膝提起，上体左转 270°。左拳由前向后下划立圆一周，右拳由后向下向前上划立圆一周。

左腿向后落一步，屈膝全蹲成右仆步。右拳由上向下抡劈，左拳后上举，目视右拳。

要点：抡臂时一定要划立圆。

图 8-1-60　仆步抡劈拳

7. 提膝挑掌（图 8-1-61）

重心前移成右弓步，右拳变掌由下向上抡摆，左拳变掌稍下落，右掌心向左，左掌心向右。

左、右臂在垂直面上由前向后各划立圆一周，右臂伸直停于头上，掌心向左，左臂伸直停于身后成反勾手，同时右腿屈膝提起，目视前方。

要点：抡臂时要划立圆。

图 8-1-61　提膝挑掌

8. 提膝劈掌弓步冲拳（图 8-1-62）

右掌由上向下猛劈伸直，停于右小腿内侧，左勾手变掌，屈臂向前停于右上臂内侧，掌心向左，目视右掌。

右脚向右后落地，身体右转 90°，同时左掌变拳收至腰侧，右臂内旋向右划弧做掳手。

上动不停，左腿蹬直成右弓步，右手抓握变拳收至腰侧，左拳由腰侧向左前方冲出，目视左拳。

要点：提膝劈掌重心要稳，掳手冲拳劲力要足。

图 8-1-62　提膝劈掌弓步冲拳

收势动作示范

收势：

1. 虚步亮掌（图 8-1-63）

右脚扣于左膝后，两拳变掌，两臂右上左下屈肘交叉于胸前，目视右掌。

右脚向右后落步，上体稍右转，同时右掌向上向右向下划弧停于左腋下，左掌向左向上划弧停于右臂上，目视左掌。

右腿下蹲成左虚步，左臂伸直向左向后划弧成反勾手，右臂伸直向下向右向上划弧抖腕亮掌，目视左方。

要点：扣腿时做舞花手；右脚后落时，两臂分摆，勾手亮举与虚步同时完成。

图 8–1–63 虚步亮掌

2. 并步对拳（图 8–1–64）

左腿后撤一步，同时两掌从两腰侧向前穿出伸直，掌心向上。

右腿后撤一步，同时两臂分别向体侧下摆。

左脚后退半步向右脚并拢。两臂由后向上经体前屈臂下按，两掌变拳，停于腹前，拳心向下，拳面相对。目视左方。

要点：同起势动作 3。

3. 并步站立（图 8–1–65）

两臂自然下垂，目视正前方。

初级长拳三路完整动作演练

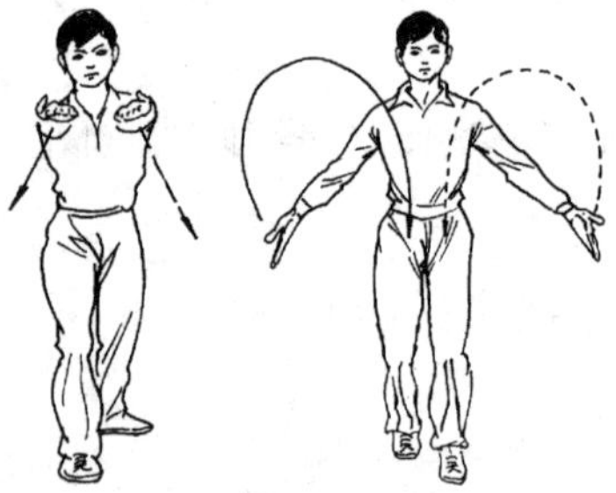

图 8–1–64 并步对拳

图 8–1–65 并步站立

第二节 24 式简化太极拳

一、24 式简化太极拳概述

简化太极拳是在 1956 年由国家体委运动司整理编定的套路。它取材于我国流传面和适应性最广泛的传统杨式太极拳，按照简练明确、删繁就简、突出重点的原则整编而成。此拳分为8组，共24个动作，故又称“二十四式太极拳”。全套动作结构合理、易学易懂，是初学者入门学习掌握的基础套路。练习者可连贯演练，也可以选择单式或分组练习。整个套路的动作练习，每一举手、一投足都应遵循以下几点：① 虚领顶劲；② 沉肩、坠肘、塌腕；③ 松腰活胯；④ 上下相随；⑤ 立身中正；⑥ 节节贯穿；⑦ 以意导动；⑧ 连绵不断；⑨ 保持一身备五弓的绷劲；⑩ 意气少，内外合一。

二、24式简化太极拳动作名称

组别	动作名称			
第一组	1. 起势	2. 左右野马分鬃	3. 白鹤亮翅	
第二组	4. 左右搂膝拗步	5. 手挥琵琶	6. 左右倒卷肱	
第三组	7. 左揽雀尾	8. 右揽雀尾		
第四组	9. 单鞭	10. 云手	11. 单鞭	
第五组	12. 高探马	13. 右蹬脚	14. 双峰贯耳	15. 转身左蹬脚
第六组	16. 左下势独立	17. 右下势独立		
第七组	18. 左右穿梭	19. 海底针	20. 闪通臂	
第八组	21. 转身搬拦捶	22. 如封似闭	23. 十字手	24. 收势

三、24式简化太极拳套路

第一组：

1. 起势（图8-2-1）

动作要点：两肩下沉，两肘松垂，屈膝松腰，两臂下落和身体下蹲的动作要协调一致。

图8-2-1　起势

2. 左右野马分鬃（图8-2-2）

动作要点：两臂始终要保持弧形，身体转动时要以腰为轴，弓步动作与分手的速度要均匀一致；做弓步时，膝不要超过脚尖，后面的脚要向后蹬转，前后脚尖夹角成45°～60°，两脚之间的横向距离应保持在10～30厘米之间。

图 8–2–2 左右野马分鬃

攻防含义：用一手化解对方攻击之手臂，另一手攻击对方。

3. 白鹤亮翅（图 8–2–3）

动作要点：两臂上下保持半圆形，左膝微屈。身体重心后移，右手上提，微向左转腰，左手下按成左虚步。动作要协调一致，并注意以腰带臂。

攻防含义：可用右手防止对方的上面攻击，左手化解对方下部的攻击。

图 8–2–3 白鹤亮翅

第二组：

4. 左右搂膝拗步（图 8–2–4）

动作要点：上步时，脚跟先着地，重心要稳；向前推手时，身体不可前俯后仰，要松腰松胯；推掌时要沉肩垂肘，坐腕舒掌，同时须与松腰、弓腿上下协调一致。

攻防含义：一手化开对方的进攻，另一手攻击对方。

图 8-2-4　左右搂膝拗步

5. 手挥琵琶（图 8-2-5）

动作要点：定势时要沉肩垂肘，胸部放松；左手上起时不要直向上挑，要由左向上向前，微带弧形；右脚跟进时，脚掌先着地，再全脚踏实；身体重心后移和左手上起、右手回收要协调一致。

攻防含义：用右手防止对方的进攻，同时左手攻击对方。

图 8-2-5　手挥琵琶

6. 左右倒卷肱（图 8-2-6）

动作要点：两臂始终保持弧形，前推时要转腰松胯，两手的速度要一致，避免僵硬。退步时，脚掌先着地，再慢慢全脚踏实；同时，前脚随转体动作以脚掌为轴扭正。退左脚略向左后斜，退右脚略向右后斜。

攻防含义：化解对方的攻击。

图 8-2-6　左右倒卷肱

第三组：

7. 左揽雀尾（图 8–2–7）

动作要点：掤出时，两臂均保持弧形，分手、松腰、弓腿三者必须协调一致；下捋时，上体不可前倾，臀部不要突出，两臂下捋须随腰旋转，仍走弧线，左脚全脚掌着地；向前挤时，上体要正直，挤的动作要与松腰、弓腿相一致；向前按时，两手须走曲线，手腕部高与肩平，两肘微屈下沉。

攻防含义：用左手向对方掤出，并用两手顺势捋拉对方，待对方失去重心或回撤时，挤按攻击对方。

图 8–2–7 左揽雀尾

8. 右揽雀尾（图 8–2–8）

动作要点：同左揽雀尾，唯动作方向相反。

图 8-2-8 右揽雀尾

第四组：

9. 单鞭（图 8-2-9）

动作要点：上体保持正直，松腰；定势时，右肘稍下垂，左肘与左膝上下相对，两肩下沉。

攻防含义：用右手化解对方的进攻，左手攻对方胸、面部。

图 8-2-9 单鞭

10. 云手（图 8-2-10）

动作要点：身体转动要以腰脊为轴，带动两臂，身体重心要平稳，不可忽高忽低；两臂转动要自然圆活，速度要缓慢均匀；移动时，脚掌先着地再踏实，脚尖向前；目随云手而移动。

攻防含义：用两手拨开对方的攻击。

图 8-2-10 云手

11. 单鞭（图 8-2-11）

动作要点：与前“单鞭”相同。

图 8-2-11 单鞭

第五组：

12. 高探马（图 8-2-12）

动作要点：上体自然正直，双肩下沉，右肘微下垂；跟步移换重心时，身体不要有起伏。

攻防含义：左手撤防，用右手攻击对方。

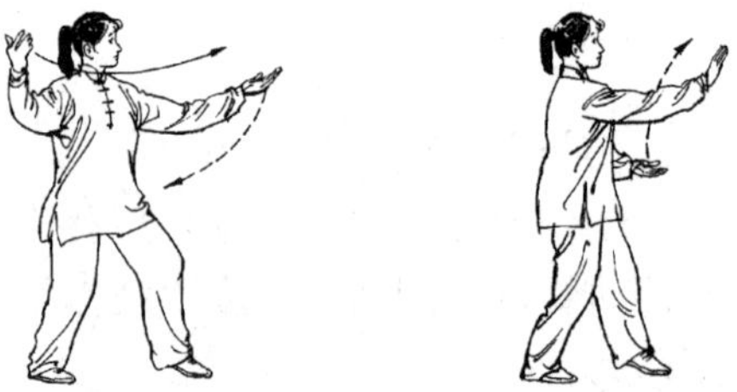

图 8-2-12 高探马

13. 右蹬脚（图 8-2-13）

动作要点：支撑腿膝微屈，以保持身体重心稳定，上体不可前俯后仰；两手分开时，腕部与肩齐平，右臂和右腿上下相对；蹬脚时，右脚尖回勾，力达脚跟；分手和蹬脚须协调一致。

攻防含义：用两手向外分开对方的进攻，同时用右脚蹬击对方胸、腹部。

图 8-2-13 右蹬脚

14. 双峰贯耳（图 8-2-14）

动作要点：定势时头颈正直，松腰松胯，两拳松握；沉肩垂肘，两臂保持弧形。

攻防含义：双拳下落化开对方攻击，随之双拳合击对方耳部。

图 8-2-14　双峰贯耳

15. 转身左蹬脚（图 8-2-15）

动作要点：左蹬脚与右蹬脚方向为 180°，左手与左脚蹬出的方向要一致。

攻防含义：同右蹬脚，唯左右相反。

图 8-2-15　转身左蹬脚

第六组：

16. 左下势独立（图 8-2-16）

动作要点：上体要正直，支撑腿膝微屈，提膝腿的脚尖自然下垂。

攻防含义：用右手牵带对方的进攻，并用右膝、右手进攻对方。

图 8-2-16　左下势独立

17. 右下势独立（图 8-2-17）

动作要点：与“左下势独立”相同，唯左右相反。

图 8-2-17　右下势独立

第七组：

18. 左右穿梭（图 8-2-18）

动作要点：两个定势分别面向右侧前方和左侧前方；手推出后，上体不可前俯；手上举时，不要耸肩；两手动作与弓步要协调一致。

攻防含义：一手向上架开对方的进攻，另一手推击对方。

图 8-2-18 左右穿梭

19. 海底针（图 8-2-19）

动作要点：在右手向前下插掌时，手腕稍向上提，上体稍前倾，收腹敛臀。

攻防含义：化解对方的进攻，顺势进攻对方。

图 8-2-19 海底针

20. 闪通臂（图 8-2-20）

动作要点：定势时，上体不可过于侧倾，两臂均保持微屈。

攻防含义：右手上架，左手攻对方胸部。

图 8-2-20 闪通臂

第八组：

21. 转身搬拦捶（图 8-2-21）

动作要点：“搬”应先按后搬并与右腿伸落相配合；“拦”应以腰带臂平行绕动向前平拦；“捶”应与弓步配合，上下肢协调一致。

图 8-2-21 转身搬拦捶

攻防含义：在两手搬、拦开对方的进攻后，右拳攻对方胸部。

22. 如封似闭（图 8-2-22）

动作要点：在身体后坐时，上体不要后仰，臀部不可凸出；在两手推出时，上体不得前倾。

图 8-2-22 如封似闭

攻防含义：用两手化解开对方的进攻后推击对方。

23. 十字手（图 8-2-23）

动作要点：在两手分开合抱时，上体不要前俯；站起后，身体自然正直，头微向上顶，下颌稍向后收；两臂环抱时须圆满舒适，沉肩垂肘。

攻防含义：可用两手推架对方的进攻。

图 8-2-23 十字手

24. 收势（图 8-2-24）

动作要点：在两手左右分开下落时，要注意全身放松，同时气也徐徐下沉（呼吸略加长）。呼吸平稳后，慢慢把左脚收到右脚旁。

图 8-2-24 收势

24 式简化太极拳完整演练

第三节 五禽戏与八段锦

一、五禽戏

五禽戏是一种中国传统健身方法，由 5 种模仿动物的动作组成，又称“五禽操”“五禽气功”“百步汗戏”等。五禽戏是中国民间广为流传的，也是流传时间最长的健身方法之一。1982 年 6 月 28 日，国家卫生部、教育部和当时的国家体委联合发出通知，把五禽戏等中国传统健身法作为在医学类大学中推广的“保健体育课”的内容之一。2003 年，国家体育总局把重新编排后的五禽戏等健身法作为“健身气功”的内容向全国推广。

最早记载了“五禽戏”名目的是南北朝陶弘景的《养生延命录》。但也有人认为是由东汉名医华佗模仿熊、虎、猿、鹿、鸟 5 种动物的动作创编的一套防病、治病、延年益寿的医疗气功。它是一种外动内静、动中求静、动静兼备、有刚有柔、刚柔并济、练内练外、内外兼练的仿生功法。

五禽戏由 5 种动作组成，分别是虎戏、鹿戏、熊戏、猿戏和鸟戏，每种动作都是模仿了相应的动物动作。每种动作都是左右对称地各做一次，并配合气息调理。

（一）熊戏

身体自然站立，两脚平行分开与肩同宽，双臂自然下垂，两眼平视前方。先右腿屈膝，身体微向右转，同时右肩向前下晃动、右臂亦随之下沉，左肩则向外舒展，左臂微屈上提。然后左腿屈膝，其余动作同上，左右相反。如此反复晃动，次数不限。

（二）虎戏

脚跟靠拢成立正姿势，两臂自然下垂，两眼平视前方。

1. 左式

（1）两腿屈膝下蹲，重心移至右腿，左脚虚步，脚掌点地、靠于右脚内踝处，同时两掌握拳提至腰两侧，拳心向上，眼看左前方。

（2）左脚向左前方斜进一步，右脚随之跟进半步，重心落于右腿，左脚掌虚步点地，同时两拳沿胸部上抬，拳心向后，抬至口前两拳相对翻转变掌向前按出，高与胸齐，掌心向前，两掌虎口相对，眼看左手。

2. 右式

（1）左脚向前迈出半步，右脚随之跟至左脚内踝处，重心落于左腿，右脚掌虚步点地，两腿屈膝，同时两掌变拳撤至腰两侧，拳心向上，眼看右前方。

（2）与左式（2）同，唯左右相反。如此反复左右虎扑，次数不限。

（三）猿戏

脚跟靠拢成立正姿势，两臂自然下垂，两眼平视前方。

1. 左式

（1）两腿屈膝，左脚向前轻灵迈出，同时左手沿胸前至口平处向前如取物样探出，将达终点时，手掌撮拢成勾手，手腕自然下垂。

（2）右脚向前轻灵迈出，左脚随至右脚内踝处，脚掌虚步点地，同时右手沿胸前至口平处时向前如取物样探出，将达终点时，手掌撮拢成勾手，左手同时收至左肋下。

（3）左脚向后退步，右脚随之退至左脚内踝处，脚掌虚步点地，同时左手沿胸前至口平处向前如取物样探出，最终成为勾手，右手同时收回至右肋下。

2. 右式

动作与左式相同，唯左右相反。

（四）鹿戏

身体自然直立，两臂自然下垂，两眼平视前方。

1. 左式

（1）右腿屈膝，身体后坐，左腿前伸，左膝微屈，左脚虚踏；左手前伸，左臂微屈，左手掌心向右，右手置于左肘内侧，右手掌心向左。

（2）两臂在身前同时逆时针方向旋转，左手绕环较右手大些，同时要注意腰胯、尾骶部的逆时针方向旋转，久而久之，过渡到以腰胯、尾骶部的旋转带动两臂的旋转。

2. 右式

动作与左式相同，唯方向左右相反，绕环旋转方向亦有顺逆不同。

（五）鸟戏

两脚平行站立，两臂自然下垂，目平视前方。

1. 左式

（1）左脚向前迈进一步，右脚随之跟进半步，脚尖虚点地，同时两臂慢慢从身前抬起，掌心向上，在与肩平时两臂向左右侧举起，随之深吸气。

（2）右脚前进与左脚并拢，两臂自侧方下落，掌心向下，同时下蹲，两臂在膝下相交，掌心向上，随之深呼气。

2. 右式

动作同左式，唯左右相反。

五禽戏完整动作示范

二、八段锦

八段锦是一套独立而完整的健身功法，据传起源于北宋，至今已有800多年的历史。古人把这套动作比喻为“锦”，意为五颜六色，美而华贵。其动作舒展优美，祛病健身，效果极好。

八段锦分为八段，每段一个动作，故名为“八段锦”。练习无须器械，无需场地，简单易学，节省时间，健身效果显著，适合于男女老少。

（一）“八段锦”的动作特点及作用

1. 柔和缓慢，圆活连贯

“柔和”是指练习时动作不僵不拘，轻松自如，舒展大方。

“缓慢”是指练习时身体重心平稳，虚实分明，轻飘徐缓。

“圆活”是指动作路线带有弧形，符合人体各关节自然弯曲的状态。

“连贯”则要求动作的虚实变化姿势的转换衔接无停顿、断续之处，既像行云流水连绵不断，又如春蚕吐丝相连无间，使人神清气爽，体态安详，从而达到疏通经络、畅通气血和强身健体的效果。

2. 松紧结合，动静相兼

松是指练习时肌肉、关节及中枢神经系统、内脏器官的放松。在意识的主动支配下，逐步达到呼吸柔和、心静体松。同时松而不懈，保持正确的姿态，并将这种放松程度不断加深。

紧是指练习中适当用力，且缓慢进行，主要体现在前一动作的结束与下一动作的开始之前。松紧配合得适度，有助于平衡阴阳、疏通经络、滑利关节，活血化瘀、强筋壮骨、增强体质。

动就是在意念的引导下，动作轻灵活泼、节节贯穿、舒适自然。

静是指动作的节分处做到沉稳，特别是在八个动作的缓慢用力之处，在外观上看略有停顿之感，但内劲没有停，肌肉继续用力，使相应的部位受到一定强度的刺激，有助于提高锻炼效果。

3. 神与形合，气寓其中

每个动作以及与动作之间充满了对称与和谐，体现出内实精神、外示安逸，虚实相生、刚柔相济，要求练功者做到意随形生，形随意转，意气相随，形神合一。

（二）“八段锦”的动作要领

第一段　两手托天理三焦

（1）自然站立。

（2）双脚分开稍宽于肩，两臂自然下垂，全身放松，目视前方，舌抵上腭，以鼻纳气，意守丹田。

（3）双手收至腹前，五指伸直并拢，两手指尖相对，掌心向上。

（4）双手徐徐抬至胸前，然后使掌心翻向内、下、外、上，边翻转边向上托起。

（5）停顿片刻，用鼻吸气，调息，两臂向两侧分开，使掌心由上向外、向下，两臂一起徐徐落至体侧，收腿站立，同时用嘴呼气，调息。

如此反复，连做 7 次。若配合呼吸，上托时深吸气，复原时深呼气。

第二段　左右开弓似射雕

（1）双脚左右自然分开，与臂同宽。两臂徐徐上举，双手在胸前交叉。

（2）左手先握拳，然后食指翘起向上，拇指伸直与食指成八字撑开，接着左臂向左推出并伸直，头随之左转，眼看左手食指；同时右手握拳，展臂向右平拉做接弓状；同时两腿弯曲成马步。停顿片刻，调息。

（3）两臂还原。

（4）两腿伸直，两臂上举。

（5）两臂徐徐落下，放在身体两侧。

左右轮换，反复各做7次。若配合呼吸展臂及拉弓时吸气，复原时呼气。

第三段　调理脾胃臂单举

（1）自然站立，两臂自然下垂，挺胸。

（2）两手徐徐上举至胸前，掌心向上。

（3）左手翻掌从左侧上举，五指并拢，左臂用力挺直，掌心向上，指尖向右。同时右手掌心向下用力下按，指尖向前。两膝微屈。

（4）两手回到胸前，两膝伸直。

（5）左手掌心下按，指尖向前，同时右手翻掌从右侧上举，五指并拢，右臂用力挺直，掌心向上，指尖向左。

如此反复，两臂轮换各做7次。若配合呼吸，上举下按时吸气，复原时呼气。

第四段　五劳七伤向后瞧

（1）自然站立，两臂自然下垂，挺胸。

（2）两手按在脐部，拇指与食指指尖相对。

（3）两手掌托于后腰部。

（4）两膝微屈。

（5）两肩稍向后引，身体徐徐左转，至极限处，双目同时后望，略作停顿，调息。

（6）身体回正。

（7）两膝伸直。

（8）调息片刻，两膝再微屈。躯体徐徐右转，要领同（5）。

如此反复，左右各做7次，向后望时吸气，复原时呼气。

第五段　摇头摆尾去心火

（1）两脚左右分开站立，比肩略宽，双臂自然下垂。

（2）上体前倾，两膝弯曲呈半蹲姿势，两手扶膝。

（3）上体向左前方转动，前俯深屈，头随之下垂。

（4）保持头部下垂，向右侧做圆形摆动，同时臀部向左侧摆动。

（5）头及上体抬起。

（6）回到（2）的姿势。两膝伸直回到（1）姿势。

如此反复左右各做7次。头左前（右前）摇转时吸气，复原时呼气，两手扶腿可随体转而稍移动。

第六段　两手攀足固肾腰

（1）双足并立两手按在脐部，拇指与食指指尖相对。

（2）两脚分开与肩同宽，两手掌托于后腰部。

（3）两手向上举，然后上体前屈，膝保持挺直，两臂下伸，两手触摸足趾或足踝，稍停片刻，调息。

（4）如果可能，两手掌触地。

（5）上体徐徐抬起，两臂亦随之抬起，成（1）姿势。

如此反复7次。可采用自然呼吸。

第七段　攒拳怒目增气力

（1）两脚左右分开比肩稍宽。

（2）两手握拳，拳心向上，平端在腰间，两膝微屈。

（3）左拳用力缓缓向前击出，臂随之伸直，小臂内旋，使拳心转向下。同时右拳紧握，右肘向后挺，双目睁大向前怒视。

（4）左手五指伸直，转动腕部至掌心向上，再握拳。

（5）左拳收回腰间，动作成（2）式。

如此反复左右各 7 次。若配合呼吸，拳向前击出时吸气，收回复原时呼气。

第八段 背后七颠诸病消

（1）双手自然下垂，两脚并拢。

（2）两手按在脐部，拇指与食指指尖相对。

（3）两手下按，掌心向下。两肩微微上耸，两足跟同时提起，离地 3~5 厘米，再迅速放下。

（4）腿微屈，重心微微下降，然后再提起，形成上下颠的动作。

如此反复 7 遍，若配合呼吸，足跟提起时吸气，足跟下落时呼气。

八段锦完整动作示范

第四节 跆拳道

一、跆拳道概述

（一）跆拳道简介

跆拳道是起源于朝鲜半岛的一项武道运动，主要利用手脚等部位进行搏击对抗。跆拳道起源于人类祖先的生存需要，源自古人捕猎野兽的技能和人类部落冲突中求得生存的对抗技巧。大约在公元 1 世纪，朝鲜半岛先后兴起了三个国家，分别是新罗国、高句丽国和百济国。三国连年征战，致使搏击武艺成为男子重要的基本技能，他们把跆拳道作为强身健体、保家卫国的手段。新罗国在三国中国力弱小，由于高句丽的入侵，新罗特别强调武艺的重要性。陈兴王创建了“事君以忠，事亲以孝，交友以信，临战无退，杀身有择”为宗旨的“花郎道”，为最终保卫新罗、统一三国造就了一大批武艺高强的勇士。这种以习练武术为主要形式的“花郎道”经历千年洗礼和锤炼，最后演变成“跆拳道”。跆拳道训练注重培养人的气质、礼仪、道德修养、忍耐、谦虚和坚忍不拔的精神，主要学习跆拳道的技术、品势、擒拿及功力击破等内容。

“跆”是用脚踢之，“拳”是用拳击之，“道”是方法、艺术，是一种精神文化的心得。可以说跆拳道是一种拳脚并用的艺术方法，由于它是以脚为主（占 70%），所以称为“脚的艺术”。另外，跆拳道还有兵器、擒拿、摔锁、对拆自卫术及 10 余种基本功夫。练习者身穿专用的白色跆拳道道服，腰系代表不同段位的腰带进行比赛或训练。跆拳道练习均要求“以礼始，以礼终”。

跆拳道训练分为十级九段，初学者必须接受一段时间的培训，考试及格后方可晋级，跆拳道九级—白带，八级—黄带，七级—黄绿带，六级—绿带，五级—绿蓝带，四级—蓝带，三级—蓝红带，二级—红带，一级—红黑带。学员至少需要一年半时间完成第一阶段后，再接受更严格训练，考试合格后，方可晋升到第二阶段—黑带（一段），黑带共分九段，段数刺在黑带两端，以供识别。

（二）跆拳道的基本特点

1. 以腿为主，拳腿并用

跆拳道有“七分用腿，三分用拳”的说法，腿法是跆拳道技术体系中最重要的一部分。拳法以冲拳为主。

2. 方法简练，刚直硬打

跆拳道提倡用简明硬朗的方法直接去打击对方，追求以刚制刚、硬打硬拼，尽可能地保持或缩短双方的距离，进攻或反击时的动作路线多为直线，方法简练，强调击打的有效性。

3. 强调气势，发声扬威

跆拳道练习时，要求训练者发声，给人以气势上的震慑。发声可以增加自己的气势和自信心，同时也可以起到震慑对手的作用。

4. 礼始礼终，注重修养

跆拳道修炼者始终把“礼”作为训练的内容之一，强调以礼始、以礼终，也就是在训练的开始和结束都要行礼，非常注重对人的道德培养。

（三）跆拳道的锻炼价值

1. 强身健体，防身自卫

通过练习跆拳道，可以提高人的速度、力量、耐力、柔韧、灵敏等基本素质，同时可以提高人体的攻击和防御能力。长期参与跆拳道练习，可以起到强身健体和防身自卫的功能。

2. 修身养性，磨炼意志

跆拳道练习需要练习者精神和身体的直接参与。任何一个想获得好成绩和晋升段位的人，都必须不断地向自己身体和精神极限冲击并与自己的惰性抗争。这无疑是对人精神与意志的考验与锻炼。只有坚持到底才会成为一个成功者。

3. 娱乐观赏，陶冶性情

跆拳道技术具有较高的艺术性，观赏跆拳道的比赛和表演不仅能得到美的享受，还能激发人的斗志，鼓舞人奋发向上、努力进取的精神，陶冶人的道德情操。跆拳道的练习内容都有一定的文化含义，通过长时间的学习和研究可以提高练习者的文化品位和修养。

二、跆拳道基本技术与学练方法

（一）实战势

左脚在前为左势，右脚在前为右势。

动作规格：以右势为例：两脚前后开立与肩同宽，前脚尖 45° 斜向左前方，后脚跟抬起，膝关节微屈，重心落在两脚之间；上身自然直立，45° 斜向左前方，双手握拳，拳心相对，两臂弯曲置于胸前；头部直立向前，目视正前方。

实战势动作示范

动作要领：身体自然，肌肉放松；膝关节松而不懈，富有弹性；心无杂念，以无意为有意。

实战势练习方法：

（1）对照练习法：站在镜子前，做好实战姿势，与标准姿势进行对照，不断改进动作。

（2）分解练习和完整练习法：先将腿部的动作和手部的动作分开练习，熟练以后再组合在一起进行完整练习。

（二）基本步法

在跆拳道习练中，步法训练非常重要。能否合理运用腿法，准确和强有力地击打对方，主要是通过机动、灵活、稳固的步法来实现的。

上步、撤步动作示范

1. 上步（图 8-4-1）

动作方法：实战姿势（右势）站立，后脚朝前上一步，换为实战姿势（左势）。

动作要点：以前脚为轴，拧腰转髋迅速，上步时上体保持平稳。

动作特点：主要用于快速进攻，使自己处于有利的进攻位置。

2. 前跃步（图 8-4-2）

动作方法：右架站立，两脚同时向前跃出一步，保持右架姿势。

动作要点：移动时两脚距离保持不变，两脚离地不要过高，滑步稳，跟步快。

动作特点：常用于调整与对手之间的距离，使自己处于有利的进攻位置。

3. 后跃步（图 8-4-3）

动作方法：两脚同时向后撤一步。

动作要点：两脚稍离开地面即可，重心保持平稳。

动作特点：主要用于调整与对手之间的距离，躲闪对方进攻或配合技术反击。

图 8-4-1 上步

图 8-4-2 前跃步

图 8-4-3 后跃步

4. 后撤步（图 8-4-4）

动作方法：左架站立，左脚迅速由前向后退一步，成右架站立。

动作要点：以后脚为轴，拧腰转髋迅速，退步时重心保持平稳。

动作特点：主要用以快速退防，从而使自己处在防守的最佳位置，由被动变为主动。

跳换步动作示范

5. 跳换步（图 8-4-5）

动作方法：右架站立，两脚原地前后交换，换成左架站立。

动作要点：换步灵活，弹跳不宜太高。

图 8-4-4 后撤步

图 8-4-5 跳换步

动作特点：主要用调整实战姿势，使自己处于有利的进攻位置。

步法练习方法：

1. 共性练习方法

▸ 对照练习法：站在镜子前，做基本步法，与标准姿势进行对照，不断改进动作。

步法配合练习

▸ 双人配合练习法：和同伴面对面做步法练习，彼此进行纠正。

▸ 分解和完整练习法：以前滑步为例，将前滑步分成两个步骤：① 右脚蹬地，左脚向前滑动一个脚掌的距离；② 右脚向前跟进一个脚掌的距离。动作熟练后，将两个步骤组合在一起练习。

▸ 默练法：不做任何动作，只在头脑中回想动作的要领。

步法反应练习

▸ 反应练习法：将几种步法用数字编成号码，每个号码对应不同的步法，教练或同伴发出不同的口令，要做出相应的步法。

▸ 组合练习法：将几种步法进行组合练习。

▸ 综合练习法：结合腿法进行练习。

▸ 负重或抗阻练习法：可以身负重物进行步法练习。

步法组合练习

2. 个性练习方法

▸ 强化练习法：适用于跳换步、上步、撤步、交叉上步、交叉撤步。实战势站立，在两腿中间放一根木棍或一条腰带，做跳换步的时候不能踩到木棍，以此强化自己的动作。

▸ 方格练习法：适用于滑步。在训练场地选定 4 块垫子或者在地面画 4 个方格，运用 4 种滑步进行练习。

步法综合练习

（三）腿法

跆拳道以其灵活多变的腿法著称，仅腿法就有上千种之多，被世人称为踢的艺术。在这些腿法中，有很多是由一些基本的腿法组合而成的。在这里，仅介绍几种基本的腿法。

1. 前踢（图 8-4-6）

动作方法：

（1）左架站立，重心移至左脚。

（2）提膝时，膝盖朝前，脚面绷直，双手握拳自然垂放在身体两侧。

（3）髋关节前送，右大腿向前抬起，当大腿抬至水平或稍高时，向前弹出小腿，用脚面击打目标，脚面绷直。在小腿弹出的一瞬间，要有一个制动的过程，使小腿产生鞭打的效果。

（4）向右转髋，使右小腿折叠快收回原位，然后后撤，右腿还原。

动作要求：出腿要快速有力，直线攻击对手，攻击中段主要使用脚前掌，攻击上段主要使用脚尖。

前踢动作示范

图 8-4-6　前踢

2. 横踢（图 8-4-7）

横踢是跆拳道比赛中运用率最高的腿法，横踢技术动作简单实用，是跆拳道技术的重点动作之一。

动作方法：

（1）左架站立，抬起右腿时，大小腿夹紧，从前方迅速提至腰部。

（2）提起右腿后，髋部略左转。为保持重心，躯干稍向左后倾，以配合快速转髋。通过腰、腿的力量，将小腿用力由外向内横踢出去。击打时，脚面稍绷直，但踝关节要放松。小腿弹出后，在弹直的一瞬间，要有一个制动的过程，使脚面产生鞭打的效果。

（3）提膝应尽量随着转髋同时进行，不能在完全转髋后再提膝，这样会造成膝盖过早偏向外侧。

（4）左脚应积极配合髋部的转动，转动时可稍有一点踮起。

动作要求：出腿要快速有力，受力点为脚背或脚前掌。攻击中注意不要踢到对方的手、肘等部位，以防止因踢到对方的手而使脚部受伤。

横踢动作示范

图 8-4-7 横踢

3. 后踢（图 8-4-8）

动作方法：

（1）左架站立，重心移至左腿。

（2）以左脚尖为轴，左脚跟外旋，身体向右后方转动，同时提起右腿，大小腿折叠。

（3）右腿向后平伸蹬出，在蹬直前膝盖稍外翻。

（4）用脚跟击打对方胸部和腹部。

（5）击打后右脚自然落下。

动作要求：身体的转体动作和后踢技术要连贯完成，受力点在脚后跟。

后踢动作示范

图 8-4-8 后踢

4. 劈腿（图 8-4-9）

劈腿是跆拳道技术中杀伤力较大的腿法之一，常作为跆拳道招牌性腿法动作。

动作方法：

（1）右架站立，重心移至右腿。

（2）提起左大腿，同时向右转髋，使左腿膝盖尽量与胸部贴近，身体重心向上。

（3）左脚高举过头，左腿伸直贴近身体，身体保持正直或稍前俯。

（4）左脚脚面稍绷直，左腿快速下压，用脚掌或脚后跟下砸对方的头部，身体重心前移至左腿上，身体稍后仰以控制重心。

（5）击打后，左脚自然落下。

动作要求：腾空转体和劈腿动作要连续完成，受力点在脚后跟或脚前掌。

劈腿动作示范

图 8-4-9　劈腿

5. 后旋踢（图 8-4-10）

动作方法：

（1）左架站立，以左脚尖为轴，左脚跟外旋。

（2）身体向右后方转，同时提右腿，向斜后方蹬伸，头部向右后方转动。

（3）身体继续旋转，右腿向后划一个水平弧线，快速屈膝用脚掌击打对方头部。

（4）右脚自然落下，还原为左架站立。

动作要求：目视对方，后旋踢动作要连续完成，受力点在脚后跟或脚前掌。

后旋踢动作示范

图 8-4-10　后旋踢

6. 侧踢（图 8-4-11）

动作方法：

（1）左架站立，将重心移至左脚，同时左脚内旋。

（2）提右腿，大小腿折叠，同时左转髋，身体右侧侧对对方。

（3）勾脚面，右腿平蹬出去，用脚掌外侧攻击对方。

（4）右腿自然下落，并撤回原位。

侧踢动作示范

图 8-4-11 侧踢

动作要求：使用侧踢动作时，动作要快速有力，如双方相距较远，可用垫步移动接近对方。受力点在脚掌。

7. 双飞踢（图 8-4-12）

动作方法：

（1）右架站立，重心移至右脚，提起左腿使用横踢。

（2）在左脚未落地时立即用右腿横踢，也就是使用两个连续横踢。击打后，两脚自然落下。两腿交换之间，髋部要快速扭转。小腿弹出后，在弹直的一刹那，要有一个制动的过程，使脚产生鞭打的效果。

动作要求：双飞踢技术是跆拳道技术中最常用的一种连续攻击技术，两腿在攻击的瞬间要快速连贯完成，身体要在悬空状态下完成该技术，两腿的连续性和速度尤为重要。受力点在脚背和脚前掌。一般来说，在中远距离时是使用双飞踢的较好时机，双飞踢中的第一个横踢常常是为了找到合适的距离或破坏对方的进攻，以利于第二个横踢。双飞踢主要用于攻击对方的胸腹、两肋和面部。

双飞踢动作示范

图 8-4-12 双飞踢

8. 前横踢（图 8-4-13）

前横踢是跆拳道比赛中较为常用的动作之一，也是运动员得分的主要技术。

动作方法：

（1）右架站立，左脚向前垫步，将身体重心移至左腿。

（2）提起右脚，向前送腿，大小腿稍折叠。

（3）绷紧脚面，右膝向内，快速弹出小腿。

（4）右腿自然落下，两腿同时后撤一步，还原成右架准备姿势。

动作要求：打击要坚决果断，后脚一定要配合积极向前移动。右腿的小腿要快速弹出，尽量增加鞭打力量。

图 8-4-13　前横踢

腿法练习方法：

1. 共性练习方法

▸ 对照练习法：站在镜子前，做基本腿法练习，和标准姿势进行对照，不断改进动作。

▸ 分解和完整练习法：先将腿法的主要动作要点分解练习，熟练之后再组合在一起进行完整练习。

▸ 默练法：不做任何动作，利用意念在头脑中进行练习。

▸ 反应练习法：将几种腿法用数字编成号码，每个号码对应不同的腿法，教练或同伴发出不同的口令，要做出相应的腿法。

▸ 组合练习法：将几种腿法进行组合练习。

▸ 综合练习法：结合步法进行练习。

▸ 空击练习法：利用相应的腿法进行空击练习。

▸ 踢靶练习法：通过踢靶进行强化动作。

▸ 负重或抗阻练习法：通过增加负重或增加阻力进行腿法的强化练习。

▸ 实战练习法：通过实战检验自己的腿法和步法的组合运用。

2. 个性练习法

劈腿辅助练习

▸ 劈腿辅助练习：先用正踢腿的踢腿方式练习下劈；找到感觉之后，让同伴拿脚靶置于自己前方略高于膝盖的位置，做提膝的劈腿练习。

双飞踢辅助练习

▸ 双飞踢辅助练习：用手扶着同伴或者椅子，先提起左腿，右腿蹬地起跳左横踢动作，熟练之后换腿练习；接下来，还是先将左腿提起来，右腿蹬地起跳踢横踢动作后不落地立刻踢左腿横踢，熟练后换腿练习。

旋风踢辅助练习

▸ 旋风踢辅助练习：主要难点在于旋转是否是直线方向，可以让同伴站在自己体侧，自己利用旋风踢旋转动作从同伴旁边转过去，但不能碰到同伴。

（四）防守动作

在跆拳道比赛中，不允许使用抓、推、抢、拌、夹等方法防守，但可以用手臂或手刀去格挡。格挡技术按照防守方向来划分，可分为向上格挡、向（左右）斜下格挡和向（左右）斜上格挡三种。

1. 向上格挡（图 8-4-14）

利用手臂或手刀自下向上的格挡动作称为向上格挡。

动作方法：左架实战姿势站立。左（右）手握拳，手臂沿身体正中线向上迅速上格。格挡时，前臂与地面平行，格挡的位置应在头部正上方，前臂外旋，以尺骨外侧接触对手的攻击腿。

动作要点：判断对手进攻要准确，上格要迅速有力。

2. 向左（右）斜下格挡（图 8-4-15）

动作方法：左架实战姿势站立。左手握拳由上至下，用左前臂向左斜下方格挡，或是右手握拳，用右前臂向右斜下方格挡。

图 8-4-14 向上格挡

图 8-4-15 向左（右）斜下格挡

动作要点：应以前臂尺骨外侧接触对方的攻击腿。

3. 向左（右）斜上格挡（图 8-4-16）

动作方法：左架实战姿势站立。左手握拳由下至上，用左前臂向左斜上方格挡，或是右手握拳，用右前臂向右斜上方格挡。

动作要点：动作迅速，以前臂尺骨或桡骨外侧格挡对方的攻击。

图 8-4-16 向左（右）斜上格挡

三、跆拳道品势与学练方法

（一）跆拳道品势

品势就是将跆拳道的进攻和防守动作进行有机的排列和组合，组成一个固定的演练套路。每章品势都有固定形式的起势和收势，每章品势都有各自的动作运行路线和文化含义。跆拳道级位品势包括太极一章至太极八章等 8 个品势，段位品势包括高丽、金刚、太白、平原、十进、地跆、天拳、汉水、一如 9 个品势。跆拳道品势还包括自编的品势，用于品势表演和品势比赛。本节课主要介绍太极一章和太极二章两套品势。

1. 品势准备姿势

动作要点：

左脚向左跨开一步，两脚开立与肩同宽。同时双手变掌，掌心相对，从小腹处向上提起双掌，同时配合以吸气动作，到达至胸口的位置时双手握拳，同时双拳内旋并向下移动至小腹处，向下移动配合呼气动作。动作完成后，双拳拳背朝前，两拳之间间隔一拳距离，拳与身体相距两拳距离，手臂略微弯曲。

2. 太极一章

太极一章 动作示范

太极一章的含义是八卦中的“乾”，指天、阳，“乾”象征着万物的根源，意味着初始，因此是跆拳道品势当中的第一套动作。特点是以站势和简单的走步为主，动作有基础动作下格挡、中内格挡、上格挡、直拳、前踢组成，适合跆拳道黄带（八级）练习者练习。

3. 太极二章

太极二章的含义是八卦中的“兑”，指外柔内刚。新的动作包括上位直拳和前踢动作。适合黄绿带（七级）练习者练习。

太极二章动作示范

（二）跆拳道品势学练方法

跆拳道品势虽然比较多，但是它都是一些基本动作的组合练习，所以要想学好跆拳道品势，首先要将跆拳道品势的基本动作进行刻苦练习，然后再进行组合练习，反复不断地进行演练，做到熟练自如。下面将介绍几种跆拳道品势的学练方法，适合所有跆拳道品势的练习。

拳法与步型组合练习

▶ 单个动作练习法：将跆拳道品势的基本拳法（冲拳）、基本格挡（下格挡、中格挡、上格挡）、基本步型（前行步、弓步、马步）、基本腿法（前踢、横踢、侧踢）等动作进行反复练习，做到熟练。

格挡与步型组合练习

▶ 拳法与步型的组合练习：针对品势中常用的组合进行练习，如前行步冲拳、马步冲拳、弓步冲拳等，反复进行练习。

▶ 格挡动作与步型的组合练习：如前行步下格挡、前行步中格挡、前行步上格挡、弓步下格挡、弓步中格挡、弓步上格挡等。

拳法、格挡、步型组合练习

▶ 拳法、格挡、步型的组合练习：如前行步下格挡上步冲拳、前行步中格挡上步冲拳、弓步下格挡冲拳等。

▶ 拳法、格挡、步型、腿法的组合练习：如前行步上格挡接前踢冲拳。

▶ 分段练习法：在基本动作练习熟练以后，将一套品势分成若干段，进行分段练习，体会动作与动作之间的衔接。

拳法、格挡、步型、腿法组合练习

▶ 组合练习法：一段动作熟练以后，进行整套动作的演练。

▶ 视频练习法：将自己的动作拍成视频，和国内或者国际顶级选手的比赛视频进行比较，找出自己的不足，加以改正和提高。

▶ 比赛训练法：参加比赛或者和同伴进行比赛，使自己得到更大的提高。

四、跆拳道竞赛规则简介

（一）跆拳道的场地

跆拳道的比赛场地为长 12 米、宽 12 米的水平、无障碍物的正方形场地。场地的地面应为有弹性的垫子。场地中央长 8 米、宽 8 米的区域为比赛区，其余部分为警戒区。警戒区和比赛区表面用两种不同颜色划分，同色时用 5 厘米宽的白线划分。

（二）跆拳道的服装

跆拳道的服装称作道服，其款式、颜色都是特定的。系扎道服用的腰带颜色各异，以其颜色可以区分运动员的段位级别，黑带是跆拳道高手的象征，是实力的体现，更是一种荣誉和责任。

（三）跆拳道的比赛时间

跆拳道的每场比赛分为三局，每局比赛时间为三分钟，局间休息一分钟。青年锦标赛每场比赛为三局，每局比赛时间为两分钟，局间休息一分钟。

（四）跆拳道比赛中允许使用的技术

跆拳道比赛中使用拳的技术时必须握紧拳，用拳正面的食指或中指部分击打；使用脚的技术时，必须用踝关节以下的脚前部击打。这里需要注意：指、掌、肘、膝等技术只适合于平时练习或品势表演中使用，在比赛中禁止使用；抓、搂、抱、推等动作在比赛中也是禁止使用的。如出现，将被判罚警告一次，警告两次将被扣一分。

（五）跆拳道比赛中允许攻击的部位

跆拳道比赛中允许攻击的部位包括髋骨以上至锁骨以下以及两肋部，但背部没有护具保护的部位禁止攻击。头部两耳向前头颈的前部只允许用脚的技术攻击。

（六）跆拳道比赛中如何得分

有效得分部位包括躯干中部（被护具包裹的躯干部位）和头部（头盔下沿线以上的所有头部部分）。

使用允许的技术，准确、有力地击中躯干或头部得分部位，即为得分一次。击中躯干得 1 分，旋转踢技术击中躯干得 3 分；击中头部得 3 分，旋转踢击中头部得 4 分。

（七）跆拳道比赛的获胜方式

（1）击倒胜（KO 胜）。

（2）主裁判终止比赛胜（RSC 胜）。

（3）比分胜（PTF 胜）。

（4）分差胜（PTG 胜）。

（5）优势判定胜（SUP 胜）。

（6）弃权胜（WDR 胜）。

（7）失去资格胜（DSQ 胜）。

（8）主裁判判罚犯规胜（PUN 胜）。

第五节 空手道

一、空手道概述

（一）空手道简介

空手道是日本传统格斗术结合琉球武术唐手而形成的，起源于日本武道和琉球的唐手。古琉球由于长年的禁武政策，武器一向被禁止使用，因此，人民不得不创出赤手空拳的格斗技术，以求得生存的自卫本领。尤其是在 17 世纪初，琉球严禁武器的携带和保存，于是在上层阶级之间，参考中国拳法，结合当地武术琉球唐手发展而成独特的格斗技术，这便是最初的空手道，当时称为“唐手”，其本义为“从中国传入的拳法”。1935 年，正式改名为空手道。第二次世界大战后，空手道通过美军宣传而在全世界广泛传播。

2016 年 8 月 3 日，国际奥委会在里约热内卢结束的奥委会全会大会上，正式宣布棒垒球、空手道、轮滑、竞技攀岩和冲浪 5 大项目成为 2020 年东京奥运会的正式比赛项目。

（二）空手道的锻炼价值

学习空手道的最根本的目的是进行意志品质、精神面貌和身体健康的修炼。空手道十分强调通过艰苦、严格的训练，使学员达到一定的自控水平，使人的精神和肌体更协调。

它所追求的是一种身心的统一、内与外的统一、精神和力量的统一和真善美的境界。它注重培养个体形成个人优秀品质，也注重培养个人形成团结友爱、互助的集体意识。

（三）级别段位

空手道的段级位制和色带制是参照柔道创立的。1924年，空手道段位制由船越义珍首创。

与柔道一样，空手道分为黑带和白带。黑带为有段者，白带为入门者。黑带与白带之间（1~3级），多数流派设有茶带。一些流派当初设有绿、黄、青等色带，现在已一般化。段级位和色带在各个流派中有差异，传统派空手的段位为全日本空手道联盟的公认段位。

二、空手道的基本技术与学练

空手道包含踢、打、摔、拿、投、锁、绞、逆技、点穴等多种技术，一些流派中还练习武器术。

空手道的基本进攻技术主要分手技和足技，手技有拳击、指击、掌底击、拳打、掌劈、臂打等，足技有脚尖踢、脚掌踢、脚踵踢、脚外侧踢和膝撞等，另外还有头击、肩击等技术以及抢背击头、卧地剪腿、二段踢、腾空回身踹等舍身技。针对上述各种攻击方法，空手道还有各种不同的防守方法，如弧形防、旋形防、合掌防、掌劈防、交叉防、闪躲防等。

空手道的攻击目标，大都以身体要害为主。攻击以夺取敌手性命、伤害敌手关节或骨骼、使敌人暂时意识不清、降低战斗能力为目的。击打目标时，还要运气吆喝，以气助势助力。空手道的防守则讲求防攻一体，即在防守的同时，也为进攻创造机会，或防、攻动作同步进行。

空手道搏击格斗技术的练习主要是通过“型”与“组手”的形式进行的。所谓“型”，就是个人单练动作的连贯演习。其中有攻击、防守的各种技法，通过手、腿和身体的运动，结合呼吸和发劲使力，组成了风格刚烈的套路。通过“型”的练习，可使练习者掌握技击的技能，达到健壮身体的效果，这与中国武术的拳术套路在本质上是一致的。型的种类比较多，各个流派都有自己规定的型。从简单到复杂，从低级到高级，有各色各样的套路。所谓“组手”，就是两人进行攻防格斗的形式。“组手”是空手道的实践形式，由初级假设训练到高级无限定的攻防组手，大致上分为一本组手、二本组手、三本组手、自由组手、竞赛组手等类别。通过一系列的组手训练，使练习者有效地达到精通徒手格斗的目的。

三、空手道的竞赛形式

空手道的竞赛形式，由于组织与流派的不同而有所区别。“全日本空手道联盟”和“日本空手协会”采用的是传统的竞技方式。其竞赛分为型的表演和组手对抗两种形式。型的表演是选手在场上演练一套型，然后由场下若干名评判员评分，评判通常由空手道界有威望的师长担任；组手对抗采用“寸前即止”的规则，即在攻击对手时，不能击触对手的身体，只能在其身体前一寸空间内停止运动。比赛在8米×8米的平坦地上进行，时间一般为2分钟。任何一方选手在2分钟内用手击、脚踢对手的面、颈、胸、腹、背等部位（寸前即止），经裁判判定为正确而有效，则得1分，为胜利。如未击或未踢至规定部位，则根据技术高低、精神和态度好坏等来评定胜负。

四、空手道的礼仪

空手道吸收中国古代儒家和佛教禅宗思想的信义、清廉、仁爱、勇武的传统文化思想，并融合日本武士道精神，形成了具有独特而鲜明特征的武道礼仪文化。空手道坚持以“始于礼而终于礼”为训条。礼仪作为空手道的一部分，有着严格的礼仪教育内容与规范，在教学、训练、竞技比赛等各种场合的礼仪规范都有明确的规定，学员必须不折不扣地践行“礼”的要求，以表达对他人的尊重及保持练习者本人自身的尊严。

空手道礼仪是空手道武道精神、文化内涵的外在体现，因此，空手道对于礼仪有着极其严格的要求和规范。空手道的礼仪分为立式礼（鞠躬礼）和坐式礼（跪拜礼）两种。

1. 立式礼

两脚并立，脚跟并拢，脚尖成八字开立。身体正直，两手臂自然垂于身体两侧。施礼时，颈部不能弯曲，上体向前约 30° 弯曲行鞠躬礼。略作一瞬间停顿后，迅速恢复至直立状态。在行礼过程中，要始终保持目视前方。

2. 坐式礼

两膝弯曲跪地，两脚腕伸直与地面贴近。上身正直，沉肩坠肘，两手自然置于两大腿的上方，目视前方。两手心朝下伸向膝前地面，以左手、右手依次置于地面，使两掌成“八”字形。臀部不能离开脚后跟，上身慢慢向正前方弯曲行拜礼。两膝的间距不能超出两个平拳的距离。上身伸直时，以右手、左手依次收回原位（右手先离地，左手后收回）。

思考题

1. 如何通过武术保持和增进体能？
2. 试述五禽戏和八段锦的锻炼价值。
3. 跆拳道分为哪几个级别和段位？
4. 试述学习跆拳道或空手道以后的心得和体会。

第九章 休闲体育运动

第一节　徒步

一、徒步的分类

根据穿越区域的不同，徒步可分为城郊、乡村、山地、丛林、沙漠荒原、雪原冰川、峡谷、平原、山岭、长城、古道、草地、环湖、江河等多种类型。

根据距离的不同，通常15千米内的徒步称为短距离徒步，15~30千米的徒步称为中距离徒步，30千米以上的徒步称为长距离徒步。

二、徒步的锻炼价值

徒步具有自然温和、强度适中、强体健身等特点，有许多益处：可以增强腿部和臀部的肌力，提高肌肉的防御抵抗能力，消除扭伤或痉挛，使躯干肌肉得到运动，从而改善脊椎的姿势，并可以防御背脊疾病，减少膝盖和髋关节负荷，延缓骨骼退化并预防骨质疏松症；增强心脏功能，使人心跳慢而有力；能增强血管的弹力，减少血管破裂的可能性，减少脂肪和胆固醇在动脉壁上聚积的可能性，减少血凝块的形成和心肌梗死的可能性；促进血液循环，增强体内的新陈代谢；降低血糖，减少血糖转化成脂肪的可能性；降低血压、减少心脏病发病率；增强忍耐力，使人心境开朗、精神愉快。

三、徒步基础装备

必备用品：背包、快干衣裤或长袖、徒步鞋、防晒品、帽子、墨镜、个人药品（如药油、跌打药、止血贴、胃药和防蚊药）、食品、饮用水。

推荐用品：登山杖、毛巾、塑料袋、后备衣物、照相机、头灯、防水袋。

四、徒步穿越的基本原理及要领

徒步行走不单是腿部运动，也是全身运动。徒步行走时，要注意通过摆臂来平衡身体，调整步伐，并控制节奏（最好的行走速度是走而不喘，脉搏尽量不要超过120次/分钟），背部肩沉背挺，用腹部深呼吸，全脚掌触地，从脚跟到脚尖位移，什么时候都要按自己的行走节奏去走，不要时快时慢，时跑时停，尽量保持匀速。

刚开始徒步时可以放缓一点，让身体每个部分都先预热，5~10分钟后逐渐加快步伐。行走中要从安全角度出发，队员之间应该保持合理的距离，一般为2~3米，这样可以避免有人因各种原因（如系鞋带、脱衣服、喝水等）暂停时，暂停队员与前进队员不会互相影响。一般情况下，暂停队员靠右边停留，前进队员从左边跨过，与迎面而来的其他队伍相遇时，也是按我右他左，礼貌相让通过，暂停人员与队伍的安全距离白天不能超过 10 分钟或者在 200 米以内，夜晚不能超过 5 分钟或者在 20 米以内。在行走中，要集中精力行走，不要边走边笑，打闹嬉戏，更不要大声歌唱，这样不但会分散其他队员的注意力，还会无谓消耗自己的体能。

行走在上坡时，重心应落在脚掌前部，身体稍向前倾，下坡时重心放在后脚掌，同时降低重心，身体稍微下垂。无论上坡下坡，对于坡度较大的山坡，应走“之”字形，尽量避免直线上下，这是一种相对安全的走法。上下坡时，手部攀拉的石块、树枝、藤条，一定要用手试拉，看看是否能够受力，才可再去做其他攀爬上下动作。

行走中的休息原则也要讲究方法，一般是长短结合，短多长少。一般途中短暂休息尽量控制在 5 分钟以内，并且不卸掉背包等装备，以站着休息为主，调整呼吸。长时间休息一次以每 60~90 分钟为好，休息时间为 15~20 分钟。长时间的休息应卸下背包等所有负重装备，先站着调整呼吸 2~3 分钟，再坐下，不要一停下来就坐下休息，这样会加重心脏负担。队员之间可以互相按摩腿部、腰部和肩部等肌肉，也可以躺下，抬高腿部，让充血的腿部血液尽量回流心脏。

徒步行走时，应带足饮用水，每人每天约 3 升的量。如果途中溪流、湖塘、沟河有水补给，一定要先观察水源污染情况，看是否有无人畜活动，是否有动物尸体倒于水旁，有无粪便、毛虫污染，是否发黑发臭，根据观察到的情况，采取沉淀、过滤、离析等方法处理后才饮用。在一般情况下，最好先用少量水珠涂擦嘴唇，等过 3~5 分钟后，嘴唇不发麻发痒、无臭无味才饮用。野外补充的水，有条件的话最好煮沸 5 分钟再饮用。喝水要以少量多次为原则，喝水应主动，不要等口渴了才喝水。每次喝两三小口，尽量缩短喝水的时间，增多喝水次数。一次喝水太多，反而会增加心脏的负担。一般的徒步等户外运动补充水分最好以 250CC/15 分钟为好。在长距离徒步过程中，排尿应该每 4 小时一次，可以通过观察尿液的颜色了解自己体内水分的缺失情况。尿液呈深黄色，微感口渴，脉搏速度正常为轻微脱水症状；尿液呈暗黄色，口内黏膜干燥，口渴，脉搏速度加快但弱为中度脱水症状；重度脱水症状为无尿液，脸色皮肤苍白，呼吸急促，口渴昏睡，脉搏快而微弱。

>>> 知识链接

徒步注意事项

对于青年人和中年人，徒步是很好的锻炼手段，可以强身健体，但是，如果不做好徒步旅行的准备工作，则有可能适得其反。进行徒步，应注意以下几点：

1. 防疲劳

预防疲劳的关键在于：一要步姿正确，二不要心急，三要会走路，走小路而不走平坦的公路，即使走公路也不要走平坦的中心而要走高低不平的路边。晚上休息时，可用热水洗脚去除疲劳。

2. 防止脚起泡

万一选鞋不对或步姿不正确，行走中感到脚的某个部位有疼痛或摩擦感，可在该处贴上一块医用胶布或在鞋的相应部位贴一块单面胶，这样可以防止脚起泡。

3. 防寒暑

在北方进行徒步旅行，要带一些质轻、防寒性能好的衣物。如果行走在广阔的北方平原，若风速较大，衣着应及时调整。在南方进行徒步旅行，夏季要注意防暑防雨。

4. 注意补充水分和盐分

出发前最好准备一壶清茶水，适当加些盐。清茶能生津止渴，盐可防止流汗过多而引起体内盐分不足。

5. 随身携带必备的药品

随身携带一些常用的感冒药、防暑药和外伤药，备一酒精盒浸1~2根棉签。

第二节 跳绳

一、跳绳概述

跳绳，古称“跳百索”“跳白索”，历史相当悠久，在我国已经开展了1 000多年。在唐人段成式著的《酉阳杂俎》里叙述：唐代的婆罗门在八月十五日“透索为戏”。在宋代孟元老著的《东京梦华录》和吴自牧著的《梦粱录》记载的百戏中，就有“跳索”这种运动（此处的“透索”和“跳索”就是跳绳）。明代以后，跳绳又叫“跳白索”。据明朝刘侗、于奕正著的《帝京景物略》记载，明代时“二童子引索略地，如白光轮，一童跳光中，曰跳白索”。《济南府志·风俗》记载：“女子以绳为戏，名曰跳百索。”清代出版的《有益游戏图说》中写道：“用六尺许麻绳，手执两端，使由头上回转于足下，且转且跃，以为游戏，是谓绳飞。”另外，清人潘荣陛在《帝京岁时纪胜》中也记载了北京元宵节“跳白索”的活动；《松风阁诗钞》有加伴唱进行跳绳活动的诗句：“太平鼓，声冬冬，白光如轮舞索童，一童舞索一童唱，一童跳入光轮中。”

近年来，随着社会经济的发展和全民健身计划的实施，跳绳运动有了可喜的进展。一些省市和地区出现了跳绳运动特色学校，如西安的跳绳学校、北京的三路居小学、济南的花园路第三小学等就是当地教育部门指定的跳绳特色学校，为跳绳运动的发展起到了很好的推动作用。在中国的秦皇岛市更是出现了一种集技术性、艺术性、挑战性和观赏性为一体的竞技跳绳，受到当地人们的喜欢，并得到国际专家的认可。国家体育总局的一位官员称其为“高层次的跳绳”。西方跳绳专家称竞技跳绳是“一种罕见的、优秀的中国跳绳技术”。国际跳绳联盟副主席、亚洲跳绳联盟主席、韩国跳绳协会会长李中瑛博士则认为，竞技跳绳是一种既适合群众普及又适合专业运动员提高的、独具魅力并具有广泛发展空间的运动。

二、跳绳的锻炼价值

（一）增强神经、肌肉的协调性

跳绳时，需要手摇脚跳，手脚配合，时起时落，时高时低。这些都需要通过身体的感受器（眼睛、肌肉）把这些情况迅速、准确地报告给大脑，再通过大脑快速准确判断，使身体各部位协调用力来完成动作。所以经常参加跳绳活动，能使大脑的工作效率提高，还可防治神经衰弱、记忆力减退等疾病。

（二）锻炼人的前庭分析器，使身体的平衡能力增强

跳绳时，有时双脚跳，有时单脚跳，并不断旋转，这可使耳朵里的前庭分析器功能增强。前庭分析器的功能是维持人体的平衡，在运动时，及时分析身体位置，并把信号传送到大脑。经常参加跳绳锻炼的人，不容易晕车、晕船和患耳病性疾病。

（三）使腿部肌肉得到锻炼

在跳绳时，腿部不断地运动，可使腿部的肌肉发达、有力，使关节灵活，弹跳力增强。经常进行跳绳锻炼，还能预防风湿性关节炎、下肢静脉曲张、下肢麻木等疾病。

（四）提高心血管系统和呼吸系统功能

在进行一分钟快速跳绳时，心跳加快，呼吸加深，这可提高心血管系统和呼吸系统功能的提高。尤其在冬季进行跳绳运动，身体的锻炼效果更好。

三、跳绳的基本技术

（一）跳短绳

1. 握绳方法

握有把（柄）的绳，手自然握住即可；握无把的绳，要把跳绳两端绕在手心和手背上，用拇指与食指第一、二关节握住跳绳。

2. 量绳方法

跳绳的长短可以双脚开立（不应大于肩）或一脚踏在跳绳中间部位，两手握绳的两端，两臂屈肘与体侧成直角，然后拉直跳绳来丈量。

3. 摇绳方法

（1）正摇绳：两手握绳，两臂自然屈曲，将绳置于体后，两手腕、手臂协调一致用力，将绳向上、向前抡起，当绳抡至头以上位置时，两手臂不停顿继续向下、向后抡绳，使绳绕身体周而复始地抡动。开始时，以两肩为轴，双臂双手腕同时用力，手臂抡绳动作比较大。技术熟练后，手臂抡绳动作可逐渐减小幅度，以两肘为轴，用两前臂和手腕配合摇绳。十分熟练以后，可仅以两手腕的动作来摇绳。

（2）反摇绳：动作与正摇绳动作相同，只是方向相反。

4. 停绳方法

当跳绳由后、向前摇转时，一脚向前伸，脚跟着地，脚尖抬起，使跳绳中段停在脚掌下。

5. 正摇跳短绳

（1）连续并脚跳：两手握绳的两端，两臂自然屈曲，将绳置于体后，两手腕、手臂协调一致用力，将绳向上、向前抡起，当绳抡至头以上位置时，两手臂不停顿继续向下、向后抡绳，当绳即将落地前的一瞬间双脚随即跳起，绳从两脚下轮转过去，两手臂不停顿继续向后、向上、向前抡绳，绳接近地面的瞬间双脚继续跳起，连续做数次（图9–2–1）。

（2）连续单脚交换跨绳跳：两手握绳的两端，向前摇一次绳，两脚分前后依次跨绳。

（3）连续单脚交换跳短绳：当绳摆至前下方时，一脚前摆越绳，绳击地时摆动腿落地、踏跳，另一腿后举。当绳摆至前方时，后退再前摆、踏跳，如此交替进行。

6. 反摇跳短绳

跳跃动作同正摇跳短绳，摇绳方向相反。

7. 编花跳

（1）向前摇绳编花跳：向前摇绳编花跳有两种跳法：第一种把跳绳摇到前上方时，两臂迅速体前交叉，同时经下向后快速抖腕，两脚立刻起跳，这种固定两臂在体前交叉摇绳跳的动作方法，也称“死”编花跳；另一种跳法是两臂在体前稍分开，摇跳一次，再摇时两臂在体前交叉摇绳跳，也称“活”编花跳（图 9–2–2）。

（2）向后摇绳编花跳：向后摇绳编花跳也有两种跳法，动作与向前摇绳编花跳基本相同，只是两臂交叉的时机（两脚跳过绳后，两臂由下向上在体前交叉）和摇绳方向不同。

图 9–2–1 连续并脚跳

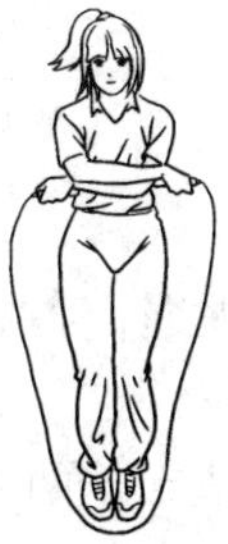

图 9–2–2 向前摇绳编花跳

8. 正摇双摇跳

两手持绳端，绳从背后向前摇动，当两脚并脚高跳起时，双手快速抖动摇绳，使绳子在脚下通过两次落地。

（二）双人跳短绳

1. 一人带一人跳

被带人与摇绳人面对或同向站立。摇绳人两手各握绳的一端，将绳放于体后。摇绳人发出：“预备—跳”后，向前摇绳，两人同时并脚跳起，绳从两人脚下依次摇过，连续跳数次（图 9–2–3）。

2. 双人同摇一绳向前跳

两人并肩站立，各用外侧手握绳的一端，将绳放于体后，其中一人喊：“预备—跳”后，两人立即同时向前摇绳，同时并脚跳起，连续跳数次。

3. 双人同摇一绳向后跳

两人并肩站立，各用外侧手握绳的一端，将绳放于体前，其中一人喊：“预备—跳”后，两人立即同时向后摇绳，同时两脚跳起，连续并脚或两脚交换跳数次。

4. 二人摇绳一人并脚跳

跳绳人左（右）手握绳，将绳放于体后，摇绳人面向跳绳人左（右）站立，手握绳。其中一人喊：“预备—跳”后，两人同时摇绳，当绳摇至跳绳人脚下时立即跳起，继续进行，连续跳数次。

5. 一正一反跳

两人并肩，相向站立，各用外侧手握绳端，将绳放在一侧，其中一人喊：“预备—跳！”后，两人立即同时摇绳，同时一人向前而另一人自然向后并脚或两脚交换跳，连续跳数次（图 9–2–4）。

图 9-2-3 一人带一人跳

图 9-2-4 一正一反跳

（三）跳长绳

1. 握绳方法

两人用单手或双手握绳，各握跳绳一端，如绳长可在拇指与其他四指间适当绕几圈。

2. 摇绳方法

两位摇绳人面对面站立，两人向同一方向摇绳，动作要协调一致。

3. 原地并脚和单脚交换跳长绳

站在跳绳的中间，由静止的侧立姿势开始。当绳摇过头顶接触地面的一瞬间，原地并脚向上起跳，绳从脚下穿过后轻巧落地，连续数次。单脚交换跳要求靠近绳一侧腿向侧跨跳，另一腿上提依次越过，轻巧落地。

4. 正面、斜面（侧面）跑入跳长绳

面对或侧对绳圈来的方向，把跳绳打地声音当作“跑”的启动信号，一打地就跑入。当摇转的绳子着地瞬间及时跳起。连续跳 1~3 次（可并脚跳、单脚交换跳或并脚加垫跳），从反面跑出。

（1）侧面进入，鱼贯“8”字形跑过：学生站成一路纵队，站在一摇绳人的一侧。两摇绳人向同侧方向正摇绳，当摇转的绳子着地瞬间排头先跑入，跳起一次后从反面跑出，绕过一侧的摇绳人，站在绳的同侧另一端，全队依次轮流跳完。

（2）两侧跑入交叉“8”字跳绳：将学生分成甲、乙两组，各站成一路纵队，分别站在绳子同侧两端。两摇绳人向同侧方向正摇绳。甲队第一人在摇转的绳子着地瞬间立即跑入，跳起一次后从反面跑出，绕过异侧摇绳人，站在乙队排尾；乙队第一人在甲队第一人跑出后，立即跑入，跳起一次后从反面跑出，绕过异侧摇绳人，站在甲队排尾，依次轮流跑完。

（四）跳双绳

1. 短绳套长绳单摇跳

两人摇长绳，跳绳人在长绳下摇短绳，短绳随长绳同时摇转，一摇一跳长短绳（图 9-2-5）。

2. 短绳不套长绳单摇跳

长短绳不交叉，两人摇长绳，跳绳人在长绳下摇短绳一摇一跳长短绳。可以跳“死绳”或跳“活绳（短跳绳人持绳跑入后再摇绳跳）。

3. 一人跳两条长绳

两人面对面站立，手持两条平行的长绳，分别握绳两端，跳绳学生站在先摇起绳的

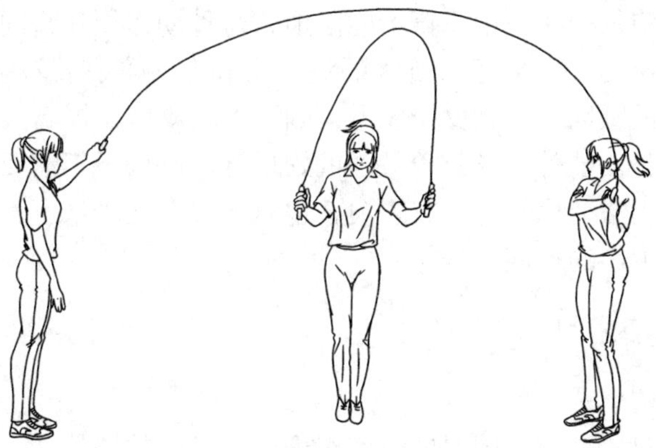

图 9-2-5 短绳套长绳单摇跳

一侧。

当先起的绳子摇过跳绳学生的头顶时，另一条绳子摇起，先起的绳子在打地的一瞬间用单脚交换跳或并脚跳的方式跳跃。跳过之后，立刻跳跃后起的绳子，连续数次，这种跳法属于跳“死”绳；跳绳学生侧对或正对来绳。当绳摇至一绳在上、一绳在下时，跳绳人从正面或斜面跑至绳的着地点附近，用单脚交换跳或并脚跳的方式跳跃，这种跳法属于跳“活”绳。

第三节 踢毽子

一、踢毽子简介

踢毽子是我国特有的民间传统体育活动，起源于汉代，盛行于南北朝和隋唐，至今已有 2 000 多年的历史。隋唐以来，踢毽子在民间流传极广，集市上还出现了专门制作出售毽子的店铺，明代开始有了正式的踢毽比赛。到了清代，踢毽活动达到鼎盛时期，在毽子的制作工艺和踢法技术上，都达到了空前的程度。

新中国成立后，踢毽子活动在全国开展得更加广泛，北京、天津、上海、广州、武汉、郑州等城市，中小学生、职员、工人经常进行踢毽子比赛，比赛内容和形式丰富多彩，踢毽技巧也越来越高。为了发展民间传统体育项目，丰富群众业余文化生活，国家体委将毽球列为正式比赛项目，并于 1984 年 3 月下旬在北京成立了第一届毽球邀请赛。1987 年 9 月，中国毽球协会正式成立。以后，在中国毽球协会的领导下，每年都举行全国毽球锦标赛。

踢毽子对于提高人体肺活量、促进血液循环、提高新陈代谢、增强体质都有良好的作用，对调节人的眼、脑、神经系统和四肢的支配能力有着特殊的功能。踢毽子时，通过抬腿、跳跃、屈体、转身等动作可使脚、腿、腰、颈、眼等身体各部分得到锻炼，能有效地提高腿部关节的柔韧性和身体的灵活度。长期参加踢毽运动，还能增强心肺功能。踢毽子要求技术动作准确，使毽子在空中飞舞不能落地，每种动作须在瞬间完成，这样就会使人的大脑高度集中，心神专一，对于锻炼人的注意力和专注度有着较强的锻炼价值。此外，踢毽还可以锻炼人的灵敏性，提高反应能力，刺激大脑皮质，提高人的智力。

踢毽子除具有健身功能外，还有着较强的娱乐性。踢毽子不需要特殊的场地，器材简便易制，形式活泼，踢法变化无穷，有表演，也有比赛，运动量可大可小，因人而异，受到广大群众特别是青少年的欢迎。

二、踢毽子的基本技术

（一）脚内侧踢法

脚内侧踢法又叫盘踢，即抬腿时的瞬间很像平常盘腿的姿势。

动作方法：两脚左右开立，以右侧为例，右臂屈肘于腰部，左手伸出，四指并拢，掌心向上，毽放于第二指节处将毽向上抛起，待毽下落时身体重心移在左腿上，提起右腿，同时膝关节外展，脚内翻，使脚内侧成水平，用足弓内侧部位踢托，使毽垂直上升，右脚落地，身体重心落在两腿上。毽子下落时，仍用此法再踢，连续将毽踢起（图 9-3-1）。

（二）脚外侧踢法

脚外侧踢法又叫拐踢，即里踢外拐的踢法。

动作方法：右脚拐踢时，左腿为支撑腿左脚脚尖向左方向站立与身体成 45° 角。左膝微屈，身体成半下蹲姿势，然后右大腿用力向左摆动，右小腿同时抬起，右脚腕呈勾形，用右脚外侧后 1/2 处将下降的毽子踢起，高度可比盘踢略高一些，但一般以齐胸为准，然后迅速将右脚脚尖向右站立与身体形成 45° 角，右膝微屈，用左脚以与右脚拐踢时的同样方法进行拐踢，形成左右互换交踢（图 9-3-2）。

（三）脚尖踢法

脚尖踢法又叫绷踢。

动作方法：绷踢法近似足球中的颠球，双脚自然站立，用一手将毽子在胸前抛起，离手高度为 10~20 厘米，一腿为支撑腿，另一腿先屈膝，后脚跟随之抬起，脚尖猛离地面将下降的毽子用脚中趾趾跟部位踢起，待毽子再下降时，起另一脚用同样方法踢起形成互换交踢。绷踢时，要微收腹，稍低头，全身放松。绷毽时，脚掌离地面高度为 20~30 厘米，毽子踢起高度距地面为 40~60 厘米为宜（图 9-3-3）。

图 9-3-1 脚内侧踢法

图 9-3-2 脚外侧踢法

图 9-3-3 脚尖踢法

（四）两腿交叉跳踢

动作方法：两脚左右开立，左手自然下垂，右手持毽轻轻抛起，当落适当高度时腿屈膝向上跳起，同时右腿屈膝，小腿向内抬起经左膝下伸出，用右脚内侧将毽踢起，待落至一定高度时仍用上述方法踢毽，反复练习。这种方法又称打踢。

三、落毽子技术

（一）脚尖停毽

右手持毽，左手自然下垂，将毽子轻轻抛起，待毽子下落到一定高度时，抬起右脚迎接毽子，当毽子与脚尖接触的一刹那，迅速向下撤脚，使毽子落在脚尖上，右脚随即落地，然后用脚尖将毽子挑起，再用同样方法将毽子接住，反复练习。

（二）脚内侧停毽

两脚左右开立，右手持毽并轻轻抛起，等毽下落到一定高度时，右腿屈膝举起，右踝内翻，用右脚内侧迎接毽子，当毽托与脚内侧接触的一刹那，右脚下撤，使毽落在脚内侧，然后把毽子轻轻挑起，仍用上述方法将毽子停在脚内侧，反复练习。

（三）脚外侧停毽

两脚左右开立，左手自然下垂，右手持毽轻轻将毽抛起，等毽下落到适当高度时，右膝内转，右脚外展，用右脚外侧迎接毽子，当脚外侧与毽托接触的一刹那迅速下撤右脚，使毽停在右脚外侧，然后挑起毽，用上述方法再将毽接住，反复练习。

（四）脚内侧踢肘部停毽

两脚左右开立，左手自然下垂，右手持毽将毽轻轻抛起，当落至适当高度时，抬起右脚用脚内侧踢毽，同时将右臂屈肘，大臂抬平，使毽子落在肘关节处，然后肘部向上突起把毽子颠向空中。待落至适当高度时，再用脚内侧踢毽，用肘部停毽，反复练习。

>>> 知识链接

踢毽子的注意事项

1. 无论采用哪种踢法，移动身体重心都是关键环节。要做到重心移动迅速，身体稳定、平衡。

2. 在踢毽过程中，毽只有垂直升降，才能连续不断，因此要练习脚的内翻和外展，掌握好用力的方向。

3. 比较复杂的技术，如两腿交叉跳踢，要判断好落点和起跳时机；颈后停毽和脚底停毽要判断好落点和掌握停毽的技巧。这些较复杂的动作要通过反复练习才能掌握。

4. 当掌握多种踢法后，可以组织游戏或者比赛，如个人赛、分组赛、积分赛、接力赛等，从而使这项活动形式活泼，增添乐趣。

第四节　自行车运动

骑自行车是一项有氧运动，不仅可锻炼身心和体质，还可以增强抵抗疾病的能力。骑自行车锻炼是有氧运动的手段之一，它经济实惠，容易普及，能提高心肺功能，锻炼下肢肌力和增强全身耐力。骑车旅游还能饱览沿途美丽风光和名胜古迹。

一、自行车运动的种类

（1）自行车：一般普通自行车，骑行姿势为弯腿站立式，优点是舒适度较高，长时间骑行不易疲乏。缺点是弯腿姿势不易加速，且普通自行车零件多采用非常普通的零件，也难达到很高速度。

（2）公路自行车：用来在平滑公路路面上使用的车种。由于平滑路面阻力较小，公路自行车在设计时为追求高速，往往使用可减低风阻的下弯把手，采用较窄的高气压低阻力外胎，挡位较高，且轮径比一般的登山越野车都大，由于车架和配件不需像山地车一样需要加强，所以往往重量较轻，在公路上骑行时效率很高。

（3）山地自行车：1977 年，山地自行车起源于美国旧金山，是为骑乘于山区而设计的车种。通常具有可变换省力或快速的档位，有些会在车架安装避震器，部分的轮胎胎皮是巧克力胎纹以便于在无铺面的路面骑乘。可变速，胎粗，抓地力好，适合越野，有减震系统以减小颠簸，整体强度较大，抗冲击能力强。相比普通自行车，山地自行车在强力骑行时更不易损坏。

（4）旅行自行车：由公路自行车发展而来，适合超远程自给自足的旅行，有较舒适放松的车架几何设计，能够负重，有最低档位，使用较宽的车胎，配件选择方面追求可靠耐用而不太侧重减轻重量，往往是用山地车脚踏板。绝大部分设计同山地自行车，但配置较灵活。其所有的改动都是为了增加耐用性而减小在长途中疲劳感的产生。

（5）折叠车：是为了便于携带与装进车内而设计的车种。有些地方的铁路及航空等公共交通工具允许旅客随身携带可折叠收合并装袋的自行车。

二、自行车运动的健身作用

骑自行车健身是最好的有氧运动，比起室内健身活动更自由，运动量便于自我控制。骑自行车是一项全身性运动，尤其是对腿部肌肉锻炼最为明显，同时可以增加肢体和关节的柔韧性和灵活性，还可以增强身体其他各系统器官的功能，如促进新陈代谢、增强心脏收缩力、增加肺活量、增进食欲、促进消化等。具体作用如下：

（1）预防大脑老化，提高神经系统的敏捷性：现代运动医学研究结果表明，骑自行车是异侧支配运动，两腿交替蹬踏可使左、右侧大脑功能同时得以开发，防止大脑早衰及偏废。

（2）提高心肺功能，锻炼下肢肌力，增强全身耐力：骑自行车运动对内脏器官的耐力锻炼效果与游泳和跑步相同。此项运动不仅可使下肢髋、膝、踝三对关节和 26 对肌肉受益，而且还可使颈、背、臂、腹、腰、腹股沟、臀部等处的肌肉、关节、韧带也得到相应的锻炼。

（3）骑自行车时，由于周期性的有氧运动，可使锻炼者消耗较多的热量，收到显著的减肥效果。

（4）改善性功能：每日骑自行车 4~5 千米，可刺激人体雌激素或雄激素的分泌和谐。

（5）促进心理健康：在郊外骑车，可使人心旷神怡，摆脱烦恼，心情愉快。

三、骑车的基本知识

1. 姿势正确最重要

骑车时，正确的身体姿势是身体稍向前倾，身体两臂伸直，腹部收紧，采用腹式呼吸方法，双腿和车的横梁平行或稍向内扣，膝、髋关节保持协调，身体不要左右摆动，注意把握骑行节奏。骑车时，双腿向外撇、摇头晃脑、点头哈腰，这些是常见的错误骑行方法，不仅会影响锻炼效果，而且很容易对身体造成损伤。

此外，蹬踏的姿势也很重要。正确的蹬踏分为踩、拉、提、推 4 个连贯动作。即脚掌先向下踩，小腿再向后收缩回拉，再向上提，最后往前推，这样正好是蹬踏一周 360°。如此有节奏地蹬踏，不仅可节省力气，还能够提高速度。

2. “全副武装”防受伤

和其他运动比起来，骑行可以在运动的同时享受大自然的美景，但这种运动特点也对骑车人自身的安全防护提出了更高的要求。

首先，要配备专业的防护装备，如头盔、眼镜、服装、手套和鞋。穿硬底的专业鞋，可以减少疼痛并使蹬踏的力量全部集中在脚踏上。其次，要注意在长途骑行中及时补充含有电解质的水分。白水不易被快速吸收，会出现“越喝越渴”的现象，严重时还会造成器官压迫导致“水中毒”。除了运动饮料，从药店买一袋补液盐加 1 升水，或者是用 10 克葡萄糖、2~3 克盐兑 1 升水自制也行。最后，注意车架的长度、高度都要和自己的身材相匹配，否则不仅会影响骑行速度，而且会对腰背、腿部和上肢造成伤害。

四、自行车骑行技术

1. 踩踏的技巧

脚的位置以整鞋长前面 1/3 处，落在踏板正中央为宜。脚的活动必须与单车的中心线平行，张得太开或太窄，脚踏的效率会减弱，速度要保持匀速，否则容易疲劳。

2. 变速的技术

变速装置是为了减速而不是加速，是为了寻求脚踏回转数的稳定，以免除因力不均匀而产生的疲劳。变速将后飞轮逐渐往大的齿盘转移或将前方的大齿盘移往小齿盘，以自己感到最适当、速度又不慢为原则。所以，变速装置的使用是为了更省力、更舒适。

3. 紧急刹车的技术

大家都知道急刹车的原则是先后刹，再前刹。如果刹车距离适当可安全刹住，如果减速太快，人常会往前抛。为防止这种危险，最好方法是断续刹车，同时将臀部往后推。尤其在雨天或细石路上更应注意。

4. 控制速度的技术

在下坡时速度加快后，要转向之际，为防止冲出路面，一定要在转弯前，控制刹车以减速。

5. 爬坡的技术

爬坡时，要运用上身的力量，腰稍往后移，握住把手往胸前用力拉，踏板往前踩，如此可很自然地运用到上半身的肌肉群，减少上坡的辛苦。不要将腰离开坐垫踩踏，因为这样很容易疲劳。在上坡时，最好使用二吸一呼的呼吸法，以补充大量的氧气。

第五节 游泳

游泳是我国最广泛的群众性体育运动项目之一，是一项深受大众喜爱和欢迎的运动。游泳能充分利用水来锻炼身体，促进身体的全面发展。本章介绍了游泳的锻炼价值和竞技游泳 4 种泳姿的基本技术。

一、游泳概述

游泳是一种凭借自身肢体动作和水的作用力，在水中活动或前进的技能活动。它是一项非常有益的运动，是我国最广泛的群众性运动项目之一。

游泳能充分利用自然条件——日光、空气、水来锻炼身体，促进身体的全面发展，运动量可大可小。无论男女老少、体力强弱甚至某些慢性病患者都可以从中获益。

地球上布满江、河、湖、海，人类在生活中不可避免地要与水打交道。不论是主动地下水游泳、玩耍，或在水上生产作业，还是被动地失足落水或乘船发生意外，假如不会游泳，生命安全就会受到威胁。如果会游泳，自身的生存就会有保障，不但可以自救，还可以救人。

游泳时由于冷水的刺激，机体代谢率大大提高，胸部在水中受到 12~15 千克的水压，呼吸条件比陆上困难得多。游泳中所需大量的氧气是通过增大呼吸深度的方法取得的，使每次呼吸都能吸进大量的氧气，呼出大量的二氧化碳。长期坚持游泳锻炼，呼吸肌会逐渐变得强壮有力，大大提高呼吸功能。

水温的刺激和压力，对心脏血管系统也提出了更高的要求。水对身体有按摩作用，人在水中成平卧姿势，有利于血液循环。长期参加游泳锻炼的人，心脏肌肉会变得粗壮有力。在游泳练习中，经常进行缺氧训练，能使机体有氧代谢和无氧代谢功能得到提高，为适应激烈运动储备力量；能使心脏在安静时跳动慢，心肌不易疲劳，而在大强度运动时心脏功能又可以很快跳动起来，以适应这种变化的要求。因此，游泳对增强心血管机能、预防心血管疾病都有积极的作用。

游泳时所有的肌肉群和内脏器官都参与到有节奏的活动中来，这种锻炼能有效地促进身体全面、匀称、协调发展，并使肌肉发达，富有弹性。

游泳对神经系统具有良好的影响。长期坚持游泳锻炼，能增强机体适应外界环境变化的能力，抵御寒冷，预防疾病。所以，经常从事游泳的人不易伤风感冒。游泳若与医疗体育配合还可以治疗一些慢性病，如高血压、慢性肠胃病、关节炎、神经衰弱、轻度脊柱侧弯、哮喘、习惯性便秘等。

二、熟悉水性练习

熟悉水性是学习各种游泳姿势前的一个重要的过渡性学习。这个练习是初学者入门必经的阶段，为学习和掌握各种竞技游泳技术打下基础。

在熟悉水性的学习和练习中，重点应抓好呼吸和滑行这两个动作。并且尽可能选择在齐腰深的水里练习。在学习浮体的方法时，应与站立的方法一起学习，以防止初学时因站立时失去平衡而呛水。

（一）水中行走练习

目的是体会水的阻力，消除怕水心理，学会在水中行走时控制身体平衡。要求在齐腰深的水里，做各种方向的行走练习。

可采用以下练习方法：

- ▸ 在水中手（单手或双手）扶池边向前、向后、向两侧行走。
- ▸ 用两手保持平衡，向前、向后、向两侧行走。
- ▸ 集体手拉手向前、向后、向两侧行走。
- ▸ 各种方向的走、跑、跳、转身、跃起和下沉等。
- ▸ 向上、向前、向后和向侧跳跃。

（二）水中呼吸练习

目的是初步掌握游泳的呼吸方法、呼吸过程、呼吸节奏，适应头浸入水中的刺激，消除怕水心理，学会用口吸气的动作。要求吸气一定要用口，呼气一定要在水中，用鼻或口鼻一齐呼。吸—闭—呼要有节奏，连续做 30 次左右。

可采用以下练习方法：

（1）双手扶住水槽或在同伴的帮助下，用口吸气后闭气，然后慢慢下蹲把头全部浸入水中，停留片刻后起立，在水面换气。

（2）同上练习，要求把头浸入水中停留片刻后，在水中用鼻慢慢地呼气，一直呼到快完（但不能把气呼尽），然后起立在水面上用口吸气（吸气之前把最后一点气呼尽）。

（3）同上练习，要求吸气后把头浸入水中，稍闭气后立即用口鼻同时呼气，在口接近水面时用力把气吐完并立即用口在水面上吸气，吸气结束后立即把头再次浸入水中，连续做有节奏的吸、闭、呼的动作。

（4）两脚原地开立，按以上练习，要求独立完成连续吸、闭、呼的动作 30 次左右。稍休息后，重复此练习，但不同的是随头逐渐向前上抬（或向侧转）时开始加大呼气量。

呼吸是学习游泳的难点，练习呼吸应贯穿于学习的始终。

（三）浮体与站立练习

目的是消除怕水心理，体会水的浮力，了解人在水中是可以漂浮起来的，学会浮体后站立的本领。掌握水中闭气要领，要求练习时要尽量深吸气，在水中闭气的时间应尽可能长。站立时，两臂前伸向下按压水并抬头，以脚触池底站立。

可采用以下练习方法：

1. 抱膝浮体练习

原地站立，深吸气后，下蹲低头抱膝。双膝尽量靠近胸部，前脚掌蹬离池底，成低头抱膝团身姿势，自然漂浮于水中。站立时，两臂前伸，向下按压水并抬头，同时两腿伸直，以脚触池底站立，两臂自然放于体侧（图 9-5-1）。

2. 展体浮体练习

两脚开立，两臂放松向前伸出，深吸气后身体前倒并低头，两脚轻轻蹬离池底，成俯卧姿势漂浮于水中，两臂、两腿自然伸直。站立时，收腹、收腿，两臂向下按压水并抬头，两腿伸直，脚触池底站立。

（四）滑行练习

目的是体会水中的平衡和身体的滑行姿势。学会蹬池壁或蹬池底和身体成流线型的动作，保持身体平衡。要求滑行时臂和腿并拢伸直，头夹于两臂之间，身体成流线型。注意要有向前滑行的动力才能滑行得好，所以必须同时学会蹬壁或蹬池底的动作。

可采用以下练习方法：

1. 蹬池底滑行练习

两脚前后开立，两臂前上举。深吸气后上体前倒并屈膝，当头、肩浸入水中时前脚掌用力蹬池底，随后两脚并拢，使身体成流线型向前滑行。

2. 蹬壁滑行练习

背向池壁，一手拉水槽，一臂前伸，同时一脚站立，一脚贴池壁；深吸气后低头，上体在水中前倾成俯卧姿势，大小腿尽量收紧，臀部靠近池壁，两脚掌贴住池壁。与此同时，拉水槽的一臂向前伸出与前伸臂并拢，头夹于两臂之间，这时两脚用力蹬离池壁，成流线型向前滑行（图 9–5–2）。

图 9–5–1 抱膝浮体练习

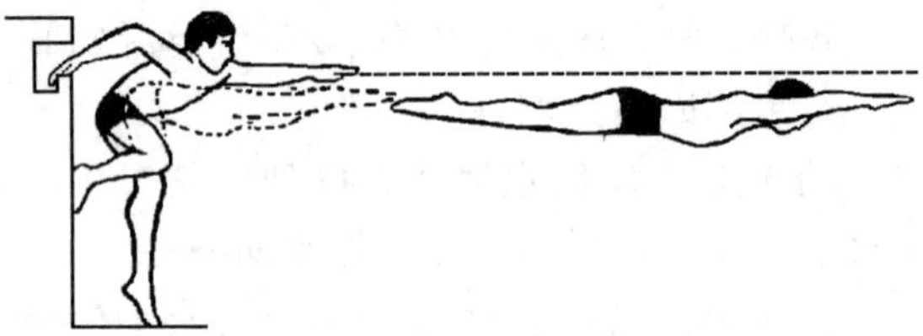

图 9–5–2 蹬壁滑行练习

三、游泳基本技术

（一）蛙泳

蛙泳整个动作与青蛙游水十分相似，所以取名为蛙泳。

蛙泳的特点是游时省力，容易学，游动时动作全部在水下，声音较小，头部可以露出水面呼吸，视野广阔。

1. 身体姿势

蛙泳身体姿势示范

游蛙泳时，身体呈水平俯卧于水中，两臂向前伸直并拢，两腿自然向后伸直并拢，同时上体稍挺起，头略抬，使身体和前进方向成 5°～10° 角，这种流线型的姿势，既能减少前进的阻力，又可以充分发挥手、臂、腿的作用，加快游速。

2. 腿部动作

腿部蹬水动作是蛙泳推动身体前进和加快游速的主要动力来源。腿部动作可分为滑行、收腿、翻脚和蹬水 4 个动作阶段。

（1）滑行：是蛙泳的开始姿势，当身体借助惯性力向前滑行时，两腿并拢向后伸直，身体成水平姿势，下肢放松，只靠腿部肌肉的适当收缩，把脚跟稍稍提向水面，为收腿做好准备。

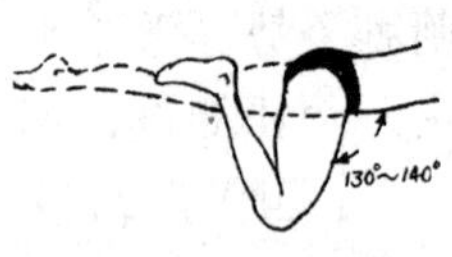

图 9–5–3 收腿动作

（2）收腿：是蹬腿的准备动作，路线要短，阻力要小，要为蹬水创造有利条件。收腿时，两腿稍微内旋，使脚跟分开，膝关节随腿的下沉向前，边收边分。收腿结束时，大腿和躯干之间角度为 130°～140°，小腿尽量靠近臀部（图 9–5–3），并藏于大腿的投影之中，两膝的距离约与肩同宽，两脚掌几乎是平行向前收，靠腿的内旋使脚跟分开与臀部同宽。

（3）翻脚：指从收腿到蹬夹水的一个过程，是收腿的继续、蹬水的开始。蹬水效果的好坏，取决于翻脚技术是否正确。

为了增长蹬夹的路线，随着收腿的结束，两脚应继续向臀部靠紧，大腿内旋使两膝内压的同时，小腿向外翻，接着脚尖也向两侧外翻，使脚掌内侧正对蹬水方向。整个翻脚的动作由内收腿、压膝、翻脚三个连贯动作组成（图 9–5–4）。

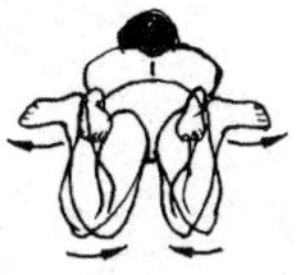

图 9–5–4 翻脚动作

（4）蹬夹水：翻脚后，立即以腰腹和大腿同时发力向后蹬水。先伸髋，再伸膝，以大、小腿内侧和脚掌向后做急速而有力的蹬夹动作。在蹬夹腿过程中，当两腿并拢时略向下压，以形成前后鞭打动作。蹬夹是推动身体前进的重要动力来源。

蛙泳腿部动作示范

为了增长有效的蹬夹动作路线，要在两腿蹬直之后再伸直踝关节，而不要过早地伸直，否则会缩短蹬水的有效距离。因此，踝关节的灵活性对提高蹬水效果特别重要。

3. 臂部动作

蛙泳的臂部动作可分为滑行、抓水、划水、收手、伸臂等 5 个连续的动作。

（1）滑行：伸臂结束后，身体向前滑行，这时两臂向前伸直，手指并拢，掌心向下，两手尽量接近水面，使身体在较高的位置上保持稳定，整个身体成流线型。

（2）抓水：是滑行后进入划水前的动作，如果立即开始做划水动作，其动作方向会向外下方，不仅不利于推进身体，还会造成身体过分起伏，所以从滑行到划水之间要有一个准备划水的抓水动作。抓水时，肩保持前伸，两臂内旋，使两臂和掌心转向斜外下方，屈手腕成 150° ~160° 。结束抓水时，两臂和水平面及前进方向为 15° ~20° ，肘关节伸直。

蛙泳臂部动作示范

（3）划水：抓水后紧接着划水。划水路线是向后偏外下方，划至与前进方向约成 80° 。划水时，肩部向前伸展，保持高抬肘的姿势。整个动作过程是肘高于手并前于肩，在手带动前臂和上臂向后划水的过程中，肘关节的角度为 120° ~130° 。划水是用手掌加速内拨的动作，这个动作带动前臂收至超过垂直部位并开始降肘，掌心从外后转向内后急促拨水而结束划水，这也是蛙泳划水最有效的阶段。

（4）收手：划水结束即开始收手。收手就是结束划水后，手掌在向内上移动的同时，上臂外旋，向前推肘的动作过程。收手时，要尽量把两臂收在身体的投影之中，以发挥划水造成的推进惯性作用，减少水对臂前移的阻力。

（5）伸臂：收手后继续推肘伸臂。推肘不是先伸肘关节，而是伸肩关节的同时伸肘关节。两手先向前上、再向前伸。两臂伸直后即恢复成滑行姿势。伸臂时不能有停顿的动作。

4. 呼吸和完整动作的配合

蛙泳的呼吸方法有两种：一种是早吸气，一种是晚吸气。早吸气在两臂抓水时抬头用力呼气，在划水过程中吸气，在收手过程小闭气低头，伸臂滑行时慢慢吐气。晚吸气是划水将要结束时才开始抬头用力呼气，在两臂结束划水和收手过程中，身体达到最高点时吸气，结束收手时闭气低头，在伸臂的后阶段直至划水过程中慢慢吐气。

一般优秀运动员多采用晚吸气的方法，因为这种方法能保持身体平衡，动作连贯，前进速度均匀，对提高成绩很有帮助。但是晚吸气动作要求严格，吸气时间比较短促。所以一般游泳爱好者和初学者，先从学习早吸气的方法开始为宜，它比较简单易学。

蛙泳完整技术配合动作如图 9-5-5 所示。

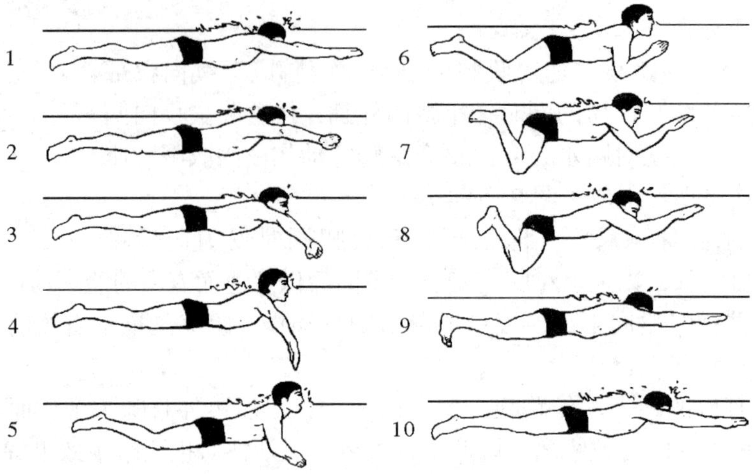

图 9-5-5 蛙泳完整技术配合动作

蛙泳完整技术配合动作示范

5. 练习方法

（1）腿部动作练习

① 陆上练习：

▸ 模仿蛙泳腿。坐在凳上或池边上，上体稍后仰，两手撑在体后，两腿伸直并拢，髋关节展开，做蛙泳腿的收腿、翻脚、蹬夹水和停止动作。练习时，可先分解做，再连贯做。要求收腿时，大腿带动小腿，边收边分；翻脚时，脚翻向蹬水方向，膝稍内压；蹬夹水时，应向后弧形蹬夹；停止时，两腿并拢，伸直放松。

▸ 俯卧在凳子上做收、翻、蹬夹、停的动作。先做分解动作，再做连贯的完整动作。要求边想边做，开始可以由同伴帮助体会和纠正动作。重点体会翻脚和蹬夹水的路线及动作的节奏。

▸ 单腿练习。一脚站立，一脚收缩，然后用手搬脚上翻，做蹬夹水练习。

② 水中练习：

▸ 一手抓住水槽，一手撑住池壁做收、翻、蹬夹和停等腿部动作练习。

▸ 扶池槽仰卧做蹬夹水动作。

▸ 扶池槽俯卧做蹬夹水动作。

▸ 扶池槽仰卧或俯卧由同伴帮助或纠正蹬夹水的动作。

▸ 在水中由同伴托住腰腹后，做腿的蹬夹水动作。

▸ 用救生圈或救生衣使身体浮起后，做蹬夹水动作。

▸ 双手扶木板或其他浮体的前端，练习收、翻、蹬夹和停的腿部动作。

▸ 由同伴拉着练习者前伸的手，牵引着做腿部的完整练习。

▸ 自己蹬池壁滑行后，做蛙泳腿的练习。

（2）手臂动作练习

①陆上练习：

▸ 原地站立，做手臂的划、收、伸动作。

▶ 原地站立，上体前屈，两臂前伸，掌心向下，做蛙泳划水动作。

② 水中练习：

▶ 在水中原地站立，上体前屈成水平姿势。然后两掌心向下前伸于水中，做划水、收手、前伸的动作。

▶ 在水中上体前倾，走动中做两臂划、收手和伸臂的连贯动作。

▶ 由同伴托扶腰腹，使身体成水平姿势，在水中做手臂的划、收、伸动作。

▶ 用救生衣或救生圈保护，在水中做划臂动作。

▶ 自己蹬池壁，在滑行中做双臂的划水连贯动作。

（3）呼吸练习

① 陆上练习：

▶ 原地站立，双臂上举，当双臂左右分开时，抬头呼吸，随之低头，双手还原。

▶ 原地站立，上体前屈成水平姿势，两臂前伸，掌心向下，当两臂向左右分开时，即抬头呼吸，随之划水时低头。

② 水中练习：

▶ 在水中原地站立，上体前倾，头没水中，两臂在水中伸直，当两臂向左右分开时，即抬头呼吸，随之划水低头。

▶ 在水中练习走动的呼吸动作。由保护人帮助夹抱着双腿，使身体俯卧于水面，然后听保护人的口令做吐气、吸气的呼吸练习。

（4）完整配合技术练习

① 陆上练习：原地站立，双臂上举，开始划臂并呼吸，继而低头继续划水，收手时单腿抬举。臂伸直，蹬夹腿。

② 水中练习：

▶ 在同伴托扶下练习完整的配合技术，做划手、呼吸、低头划水、收手收腿、伸臂蹬夹的动作。

▶ 采用浮体物（如救生衣、救生圈等）练习完整配合技术。可以自己一边默念划手、吸气、收手、收腿、伸臂、蹬腿，一边做上述动作练习。

▶ 漂浮或俯卧后做一次划臂、两次或三次蹬腿、一次呼吸的配合动作。

▶ 做一次划水、一次呼吸、一次蹬腿的练习。

（二）爬泳

爬游又称自由泳。由于这种姿势的两臂轮换划水很像爬行，所以称为爬泳。在自由泳比赛中，规则规定可以采用任何一种姿势。因为爬泳的速度最快，所以在自由泳比赛中，一般都采用爬泳这种姿势。

1. 身体姿势

游爬泳时，身体平直地俯卧在水中，身体的纵轴与水平面保持 $3^\circ \sim 5^\circ$ 角，微微抬起，这种平直的姿势能缩小前进时的截面，有助于减少阻力。颈部自然后屈，与水平面成 $20^\circ \sim 30^\circ$ 角，两眼注视前下方。两臂轮换前伸向后划水，两腿上下交替打水、身体保持平直，既不要收腹提臀，也不要挺胸塌腰，但在游进中身体可以绕身体纵轴有节奏地转动，这种转动一般在 $35^\circ \sim 45^\circ$ 角之间。

爬泳身体姿势动作示范

2. 腿部动作

爬泳的打腿，主要使身体保持平衡，有利于划水，在整个爬泳的配合技术中有着重要的作用。

爬泳腿部动作示范

爬泳的打腿是两腿不停地上下交替摆动。向下时，腿自然伸直，用髋关节发力，大腿带动小腿。打水的幅度，一般两腿间差距为 30~45 厘米。向下打水时，动作要快而有力，向上提腿时应放松一些。在向下打水时，由于惯性作用，此时小腿和大腿仍继续向上移动，而使膝关节有些弯曲，弯曲程度一般在 140° ~160° 角之间。在打水时，脚尖自然伸直，在向下打水时，两脚应自然向里转一些。

打水的次数，一般是一个完整的划臂动作配合 6 次打水，但也有人采用 4 次打水和 2 次打水，这要根据个人的特点来定。

3. 臂部动作

爬泳的手臂动作是产生推进力的主要动力。整个手臂动作可分为入水、抱水、划水、出水和空中移臂 5 个不可分割的部分。它们之间并没有明显的界限，而是一个完整的动作。

（1）入水：在完成空中移臂后，手应向前，自然放松地入水，入水点一般在身体纵轴和肩关节的前方延长线之间。入水时，手指自然伸直并拢，通过臂内旋使肘关节抬高，弯成 130° ~150° 角，使肘关节处于最高点，掌心斜向外下方。这种姿势阻力较小。

（2）抱水：臂入水后，手掌从向斜外下方转向斜内后方，并开始屈腕、屈肘，保持高抬肘姿势。抱水时，上臂和水平面约为 30°，前臂与水平面约为 60°，手掌接近垂直对水，肘关节约屈成 150°，整个手臂像抱个圆球似的。

（3）划水：划水是整个臂部动作产生推进力的主要环节。在抱水的基础上，划水时臂与水面成 35° ~45°。

爬泳臂部动作示范

划水时应采用屈臂划水，屈臂的程度可根据自己的身体条件而定。臂长、臂力弱的可以屈臂程度大些，反之则可以屈臂程度小些。

开始划水时，屈肘 100° ~120°。此时前臂移动快于后臂，当划至肩下垂直面时，屈肘 90° ~120° 角。前臂迅速向后推水至侧腿旁，结束划水。在划水过程中，手掌微凹。

（4）出水：划水结束后，臂借助推水后的速度惯性，利用肩三角肌、肩带肌的收缩及身体沿纵轴的转动，将肘部向上方提起，并迅速将臂部提出水面，这时臂部和手腕应柔和放松。

（5）空中移臂：是臂部在一个划水周期中的休息放松阶段。移臂时，肘稍屈，保持比肩和手部都要高的位置（图 9–5–6），不要直臂侧向挥摆，也不要以手来带动臂成屈肘移臂，这样动作紧张，而且也不正确，还达不到放松的目的。

宽平移臂：半径长　　高肘移臂：半径短

图 9–5–6 空中移臂

（6）两臂配合：爬泳两臂是否协调配合，是前进速度均匀性的重要条件。两臂配合，通常有三种方法。

▸ 前交叉：是指一臂入水时，另一臂处在滑下阶段，这是一种带滑行阶段的技术（图

9–5–7 之 1）。

▸ 中交叉：是指一臂入水时，另一臂已经进入划水阶段的中间部分（图 9–5–7 之 2）。

▸ 后交叉：是指一臂入水时，另一臂已经进入划水阶段的后半部分（图 9–5–7 之 3）。

对一般游泳爱好者来说，以学习前交叉为宜，因为前交叉能更好地保持身体平衡，较易掌握呼吸技术，也可以节省体力，减少疲劳。

4. 呼吸与臂部动作的配合

爬泳的呼吸是利用头向左侧或右侧的转动，用嘴呼吸的。如以向右呼吸为例：右手入水以后，嘴和鼻开始慢慢地呼气，划臂划至肩下向右侧转头，呼气量开始增加，当右臂推水即将结束，呼气量进一步加大。右臂出水时，马上张嘴吸气。移臂到一半时，吸气就结束，并开始转头复原。此时，又闭气，继续转头和移臂，脸部向前下方。头部姿势稳定时，右臂又入水开始下一次呼吸。如此反复循环呼吸。

5. 呼吸和完整动作的配合

爬泳腿、臂、呼吸的配合动作，一般采用两手各划水一次，呼吸一次和两腿打水 6 次的配合方法。为了充分发挥手臂作用，提高游进速度，也有采用两臂各划一次水，呼吸一次和打腿 4 次的配合方法。

完整的配合动作如图 9–5–8 所示。

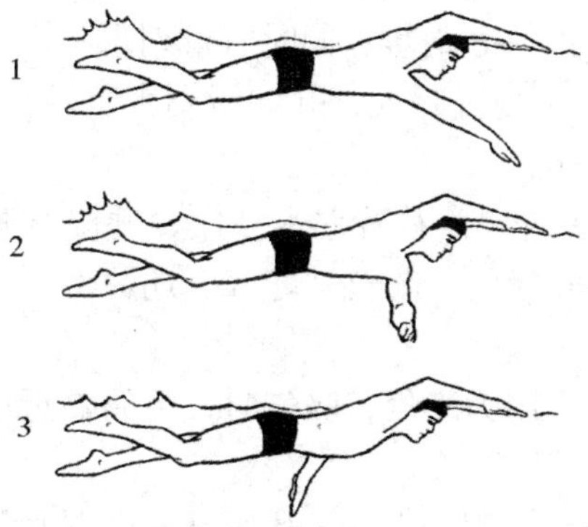

图 9–5–7 两臂配合的三种交叉方式

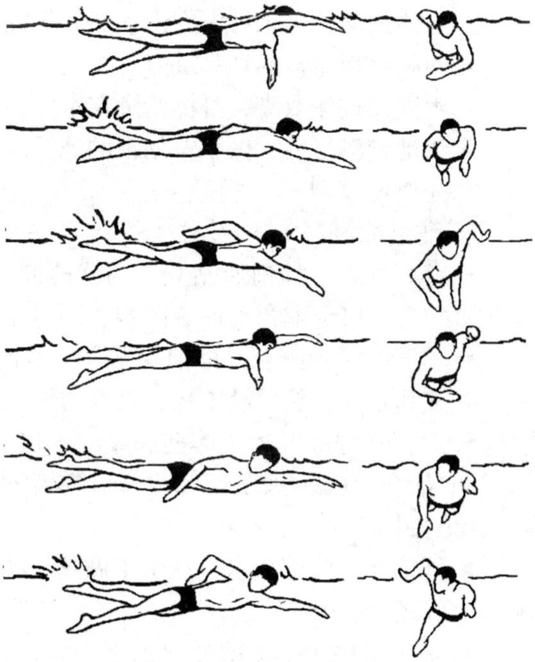

图 9–5–8 爬泳完整技术配合动作

爬泳完整技术配合动作示范

6. 练习方法

（1）腿部动作练习

① 陆上练习：

▸ 坐姿打水。坐在岸边或桌椅边上，两手合掌，两腿伸直，脚尖相对，脚跟分开成八字形。以髋关节为轴，大腿带动小腿，做上下交替打水动作。先可以做慢打水，然后再做快打水的练习。

▸ 坐在池边，两脚放入水中打水，要求同上。

▸ 俯卧在池边或长凳上，两臂前伸或弯曲抱住物体固定，两腿自然并拢伸直，做上下打腿动作。

② 水中练习：

▸ 扶池槽打水。

▸ 手扶浮板或救生圈打水。

▸ 脚蹬池壁滑行打水。打水方法按腿部动作要领做。

▸ 练习者由同伴拉着，做原位或后退行走的打水练习。

（2）臂部动作练习

① 陆上练习：

▸ 身体站立，上体前屈，两臂伸直前平举，做单臂的抱水、划水、出水、空中移臂、入水的模仿动作。

▸ 双臂的配合。原地站立，上体前屈，两臂伸直前平举，做左（右）臂抱水、划水、出水、空中移臂、入水模仿练习。

② 水上练习：

▸ 站立在水中，上体前倾，做手臂的划水练习。动作按臂部动作要领做。

▸ 上体前倾，入水做水中走动的动作练习。

▸ 两腿夹板做臂的划水练习。

▸ 由同伴扶住双脚，身体俯卧在水中，练习手臂划水动作。

▸ 蹬池壁滑行后，做手臂划水的练习。

（3）呼吸练习

① 陆上练习：

▸ 臂腿配合。体前屈站立，两臂前伸，做脚尖不离地两膝轮流前屈的踏步，并与二次划水配合。口令配合：1~3 踏步，同时左臂划水一次；4~6 踏步，同时右臂划水一次。

▸ 单臂与呼吸配合。体前屈站立，做抱水动作，同时慢慢呼气，并向后划水、转头、用力呼气和吸气，然后做出水、入水动作。头转正时闭气。

▸ 双臂和呼吸配合。体前屈站立，口令配合：1~3 踏步，右臂划水一次，并配合吸气、闭气、吐气、还原；4~6 踏步，左臂划水一次，同时吸气、闭气、吐气、还原。

② 水中练习：

▸ 体前屈，脸部入水，在水中做呼气动作。转头时，用力吐气；吸气时，下颌靠近肩部，闭气还原。

▸ 站定水中，上体前屈成水平姿势，头部放在水里。开始时，可以练习一臂划水与呼吸的配合，再练习两臂同时划水与呼吸的配合，也可以模仿向前游泳的姿势，两脚向前走动进行练习。

▸ 练习者双脚由同伴扶住，身体俯卧在水中，做呼吸与两臂配合的动作。

（4）爬泳的完整技术配合练习

▸ 滑行打腿，一臂前伸，一臂划水。划时不要太快，但划水路线要长，以推水为主。

▸ 滑行打腿，两臂分解配合。

▶ 滑行打腿，两臂轮流划水，做前交叉配合。

▶ 臂与呼吸配合，滑行打腿，单臂划水，向同侧转头呼吸。掌握技术后再做两侧呼吸。

▶ 完整配合游。距离可以逐渐加长，在长游中改进和提高技术水平。

（三）仰泳

仰泳是仰卧在水面的一种游泳姿势。仰泳时，依靠两臂交替向后划水，两腿交替上下（向后）打水游进。它和爬泳的动作相似，只是身体仰卧，是中老年和游泳爱好者喜欢的一种游泳姿势。

1. 身体姿势

仰泳时，身体要自然伸展、仰卧在水中形成较好的流线型，头和肩稍高，腰腹和腿部保持水平，身体纵轴在水平面上形成 4° ~6° 角，腹部和两腿均在水面下 10~15 厘米。

仰泳的头部姿势很重要。仰泳时，头应保持相对稳定，不要左右晃动，颈部肌肉要自然放松，从整个身体姿势看上去，好像平躺在床上一样。

仰泳身体姿势示范

2. 腿部动作

仰泳的腿部动作与爬泳相似，主要是保持身体平衡。仰泳时，腿部动作是以髋关节为轴、以大腿带动小腿、小腿带动脚的“鞭打”形式来完成。它与爬泳不同的是，身体在水中的位置比爬泳低，腿的打水推动作用比爬泳要大。仰泳打水时，大腿动作幅度比爬泳小，但小腿的弯曲角度和打水幅度都要比爬泳大。

仰泳腿部动作示范

仰泳腿部动作可分为下压和上踢两个部分。前进时，主要靠向上踢水的动作，所以踢水时要脚背稍向内旋，并向后上方踢以加大踢水面。不要向两侧踢水，也不要使膝和脚踢出水面，降低踢水的效果。下压动作有一定的推进作用，但主要是为上踢动作做准备，起着使身体上升和保持平衡的作用。

3. 臂部动作

仰泳的臂部动作分为入水、抱水、划水、出水和空中移臂 5 个阶段。

（1）入水：入水时臂自然伸直，掌心朝外下方，小指首先入水，手稍内收，与小臂成 150° ~160° 角。入水点在肩的前方延长线上。臂的入水动作要求轻松、自然，不应击水。其顺序是大臂先入水，小臂和手接着入水。

仰泳臂部动作示范

（2）抱水：手臂入水以后，躯干上部稍向入水臂一侧转动，直臂向前下方伸，同时转手腕对准水，成屈臂抱水姿势。这时大臂与前进方向构成 40° 角，手掌离水约 30 厘米。

（3）划水：仰泳的划水动作是推进身体前进的主要动力。整个动作从屈臂抱水开始，向后划水到大腿侧下方为止。划水动作由拉水和推水两个部分组成。

● 拉水：拉水时，肘关节应屈成 150° 角（使手掌和小臂都达到良好的对准水的姿势）。随着划水力量的加大，屈肘角度也应逐渐减少。当划至肩部垂直平面时，手掌离水面 15 厘米左右，小臂和大臂形成 90° ~110° 角。

● 推水：推水时，应充分利用拉水的速度和划水面，使整个手臂同时用力向下方做推压的动作，并利用推水的惯性，使大臂带动小臂和手加速内旋推水，并以手的下压结束推水动作，这时手掌在大腿侧下方，离水面 45~50 厘米。

从仰泳的整个臂部动作可以看出，手掌因在不同部位时所处的深度不同，所以在整个划水动作中形成一个“S”形路线。

（4）出水：正确的出水动作是先压水后提肩，使肩露出水面后，由肩带动大臂、小臂和手依次出水。为了减少水的阻力，手出水时，手掌心应向内，大拇指向上。

（5）空中移臂：当臂提出水面后，应迅速沿着肩的垂直面向肩前移动。移臂时不要偏离，否则身体会左右摇摆，增加前进的阻力。当手臂移过垂直部位后，手掌即开始内旋，使掌心向外翻转，接入水动作。移臂时，臂要放松，移臂的后阶段，要注意肩关节充分伸展。仰泳时，两臂的动作始终是对角交替的。当一臂完成出水时，另一臂抱水；当一臂空中移臂时，另一臂则划水。

4. 仰泳的呼吸和完整的技术配合

仰泳的呼吸一般为两臂各划一次，呼吸一次，不要过于频繁地呼吸，不然会引起动作紊乱。一般一臂移臂时开始吸气，然后作短暂的闭气，另一臂再移臂时开始吐气，按此循环运行。

仰泳腿、臂、呼吸的完整配合，一般采用打腿6次、臂划水两次、呼吸一次的配合方法（图9-5-9）。

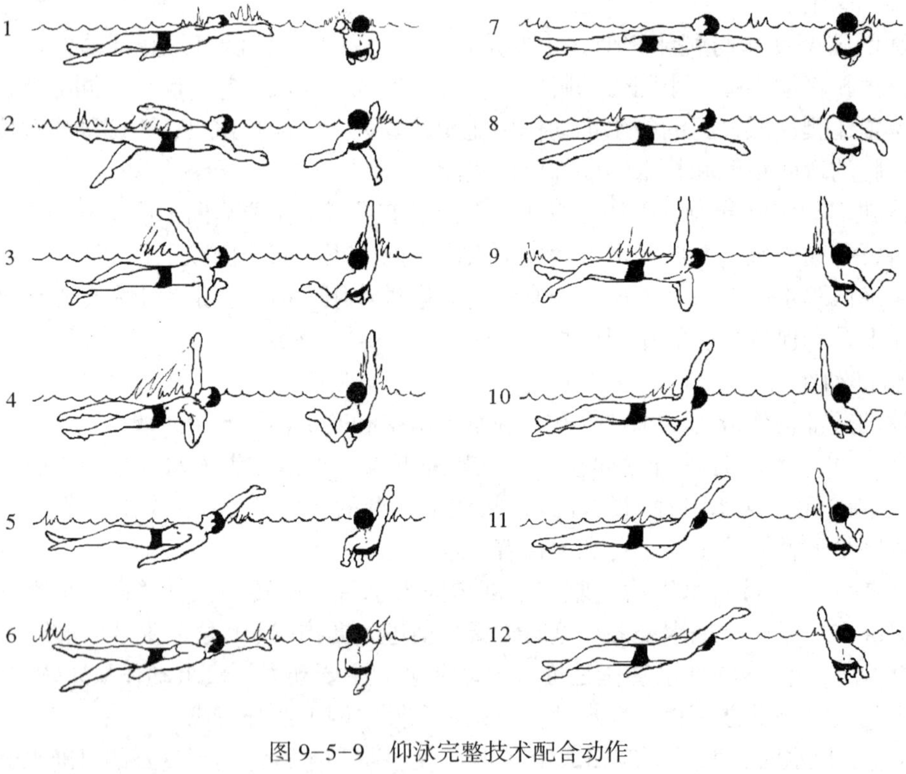

仰泳完整技术配合动作示范

图9-5-9 仰泳完整技术配合动作

（四）蝶泳

蝶泳是由蛙泳演变而来的，由于双臂出水时像蝴蝶飞行，所以被称为蝶泳。后来有人模仿海豚的波浪击水动作游动，所以又被称为海豚式游泳。由于海豚式游泳速度仅次于自由泳，所以在蝶泳比赛时，一般都采用这种泳姿。

蝶泳身体姿势示范

1. 身体姿势

蝶泳时，身体俯卧在水中，两臂同时向前方入水，经抱水、划水至大腿处，然后提肘出水，在空中移臂后再入水；躯干以腰部发力，带动大腿、小腿及脚进行波浪形的鞭状打水。整个动作从头、颈、躯干到脚部沿着身体纵轴做传动式的起伏，形成波浪式动作。

蝶泳时要求身体姿势相对稳定，身体有节奏地起伏，以给臂和腿部动作提供有利的条件，但不要起伏太大，不然会破坏身体的水平游进和增加水对身体的阻力。

2. 躯干和腿部动作

蝶泳时，虽然身体的游进主要靠臂部动作，但是蝶泳的打水动作在游进中也起着十分重要的作用。它不但可以弥补臂部动作间断时速度下降的不足，而且还能使身体处于平衡，给臂和呼吸动作创造良好的条件。

躯干和腿部动作的开始姿势是：两腿并拢，脚掌稍加内旋，踝关节放松。在鞭打水时，从腰发力，带动脊柱、髋、膝、踝各部位相继屈伸，形成波浪式动作。

蝶泳腿部动作示范

向下打水时开始屈膝约 110° 角，髋关节几乎伸直，脚上抬到最高点至水面，然后向后下方打水，当小腿继续向下打水，腿部打水的反作用力使臀部升高，大腿和躯干约为 160° 角，脚跟距水面约 50 厘米，然后两腿伸直向上移动，由腰部发力，带动臀部下降。髋关节逐渐展开后，使脚后跟与臀部几乎成水平，经过伸直膝关节，身体也几乎成水平。这时在臀部带动下，大腿开始下压，膝关节随大腿的下压而逐渐弯曲。随着屈膝程度增加，脚向上抬到最高点接近水面，再准备向下打水。

3. 臂部动作

蝶泳的臂部动作是推进身体向前的主要动力，也是游泳姿势中推进力最大的一种。蝶泳臂部动作是两臂同时对称进行的。

蝶泳臂部动作示范

蝶泳臂部动作过程也包括入水、抱水、划水、出水和空中移臂 5 个部分。

（1）入水：两臂经空中移臂后在肩前插入水中，入水时，两手距离略与肩同宽，掌心向两侧，手指向下，依手、前臂、上臂依次切入。

（2）抱水：手入水后，迅速向前下方伸肩滑下，手掌由外侧转向内做抱水动作（肘关节保持最高位置）。抱水时，手和前臂的速度比肘部快，这时前臂与水面约成 45° 角，肘关节约屈成 150° 角，上臂与水平面约成 20° 角，两手掌距离略比肩宽。

（3）划水：划水时，两臂屈臂向后，靠上臂内旋，前臂和手加速向内后拉水。拉至与肩平直时，屈肘约 100° 角，然后继续向后推水直至大腿旁。划水时，两手臂的路线呈双“S”形。

（4）出水：推水结束后，手臂充分推直，然后借助其惯性，提肘，迅速将两臂和手提出水面。

（5）空中移臂：臂出水后，两臂经身体两侧和空中快速向前移动。移臂时，整个臂部动作要自然放松。

4. 呼吸与臂部动作的配合

当臂部入水后，用鼻和嘴慢慢吐气，两臂进入划水时，下颌微抬。划水到胸腹下方时抬头，嘴露出水面用力完成吐气，然后迅速张嘴吸气。两臂出水在空中移臂时闭气，头放平。

5. 臂、腿、呼吸的完整技术配合动作

蝶泳的动作配合比例为 2∶1∶1，即采用打腿两次、两臂划水一次、呼吸一次的方式。臂和腿的具体配合方法是：两臂入水时，做第一次打水，抱水时腿向上，当两臂推水结束，同时打水结束。也可以采用打腿一次、两臂划水一次、呼吸一次的配合，但一般游泳爱好者宜采用 2∶1∶1 的配合方法（图 9-5-10）。

蝶泳完整技术配合动作示范

图 9-5-10 蝶泳完整技术配合动作

第六节 攀岩运动

（一）攀岩运动简介

现代攀岩运动是从登山运动中衍生出来的竞技运动项目，是指人类利用原始的、本能性的攀爬技术，借助各种装备作安全保护，攀登峭壁、裂缝、海蚀岩、大圆石以及人工岩壁等。20 世纪 50 年代，这项运动起源于苏联，当时是军队中的一项军事训练项目。1974 年，攀岩被列入世界比赛项目。进入 80 年代，以难度攀登的现代竞技攀登比赛开始兴起并引起了人们广泛的兴趣。1985 年，在意大利举行了第一次难度攀登比赛。1988 年 6 月，国际竞技攀登比赛在美国举行。1989 年，首届世界杯攀岩赛分阶段在法国、英国、西班牙、意大利、保加利亚和苏联举行。运动员参加各地比赛，最后累计总成绩，进行排名。以后，世界杯攀登比赛每年举行一次。随着攀岩运动的蓬勃发展，国际攀联在各大洲成立委员会，组织洲内地区性大赛。

（二）攀岩运动的特点

惊险、刺激是攀岩运动的显著特点。攀岩运动能充分满足人们回归自然、寻求刺激、挑战自然、挑战自我的欲望，这是它深受人们喜爱的原因。参与这项运动，可使人在与悬崖峭壁的抗衡中学会坚强，在与大山的拥抱中感受宽容，在征服攀登路线后享受成功与胜利的喜悦。攀岩运动员不仅需要具备良好的身体素质、心理素质和娴熟的技巧，更要有良好的应变能力、坚强的毅力和丰富的参赛经验。由于攀岩者在岩壁上稳如壁虎、矫似雄鹰，因此它又是一项极具美感和观赏性的运动，被称为“岩壁上的芭蕾”。

（三）攀岩运动的分类

1. 按地点分类

（1）自然岩壁攀登：在野外攀爬天然生成的岩壁，一般是开发和清理过的难度或抱石路线。

（2）人工岩壁攀登：在人工制造的攀岩墙上攀登，包括室内攀岩馆和室外人工岩壁。

2. 按攀登形式分类

（1）自由攀登：不借助保护器械（主绳、快挂、铁锁等），只靠自身力量攀爬。

（2）器械攀登：借助器械的力量攀登。

（3）顶绳攀登：在岩壁上端预先设置好保护点，主绳通过保护点进行保护，攀登者在攀登过程中不需进行器械操作。

（4）先锋攀登：路线预先打上数个膨胀钉和挂片，攀登过程中将快挂扣进挂片成为保护点并扣入主绳保护自己，攀登者需要边攀登边操作。

3. 按比赛形式分类

（1）难度攀岩：是以攀岩路线的难度来区分选手成绩优劣的攀岩比赛。难度攀岩的比赛结果是以在规定时间里选手到达的岩壁高度来判定的。在比赛中，队员下方系绳保护，带绳向上攀登并按照比赛规定有次序地挂上中间保护挂索。比赛岩壁高度一般为15米，线路由定线员根据参赛选手水平设定，通常屋檐类型难度较大。

（2）速度攀岩：以速度决定胜负。在最短的时间内完成路线，便得以晋级，直至产生冠军。

（3）抱石比赛：运动员在指定时间内不限次数去尝试完成多条路线，尝试次数最少而又能完成路线者为冠军。判定名次，首先看结束点的多少，如果结束点同样多则看得分点数量，最后看攀爬次数。

（4）室内攀岩：是在一个高而大的房间内设置不同角度、不同难度的人工岩壁，在上面装有许多大小不一的岩石点，供人用四肢借助岩点的位置，手攀脚蹬。室内攀岩的难易程度可由人直接控制。岩壁也分为人工岩壁和天然岩壁。人工岩壁是人为设置岩点和路线的模拟墙壁，可在室内和室外进行攀岩技术的训练，难易程度可随意控制，训练时间比较机动，但高度和真实感有限；天然岩壁是大自然在地壳运动时自然形成的悬崖峭壁，给人的真实感和挑战性较强，可自行选择攀岩的岩壁、路线及攀登地点，路线变化丰富，有凸台、凹窝、裂缝和仰角等。

4. 按比赛性质分类（竞技攀登）

（1）完攀：运动员在比赛之前可以收集路线的有关资料和观察路线，在攀登过程中一旦脱落或犯规即判其失败。

（2）看攀：运动员在比赛前对路线的信息一无所知，边观察边进行攀登，在攀登过程中一旦脱落或犯规即判其失败。

（3）红点攀登：运动员可以对路线进行反复的观察和试攀，只要最终达到终点即可。

（4）速度攀岩（speed climbing）：上方系绳保护，运动员按指定路线进行速度攀登的比赛。运动员按完成比赛路线所用的时间来决定每轮比赛的名次。

（5）大圆石攀岩（bouldering）：岩石高度不得超过 4 米，每条路线不超过 12 个支点。攀登时，运动员不系保护绳，每次比赛需要选择 10 条路线攀登。

（四）攀岩的装备与动作要领

1. 攀岩的基本装备

装备器材是运动的一部分，是攀岩者的安全保证。攀岩装备分为个人装备和攀登装备。个人装备指的是安全带、下降器、安全铁锁、绳套、安全头盔、攀岩鞋、镁粉和粉袋等；攀登装备指的是绳子、铁锁、绳套、岩石锥、岩石楔，有时还包括悬挂式帐篷。

2. 攀岩的基本动作要领

攀岩的基本方法是三点固定法，对身体各部位的姿势和动作均有一定要求。攀登岩石峭壁时，身体要自然放松，以双手双脚中的三个支点稳定身体重心，重心要随着攀登动作的转换而移动，这是攀岩时身体稳定、平衡、省力的关键。

攀登自然岩壁时，手臂的动作变化比较大，要视支点情况不同而采用如抓、攀、抠、拉、张、推、跨、蹬、挂、踏等各种用力方法。

在攀登过程中，脚的动作要领是：两脚微屈、外旋，大脚趾内侧紧贴岩壁面，以脚踩支点来维持身体重心，在自然岩壁支点大小和方向不同的情况下要灵活运用。在攀登的过程中，膝部不要接触岩面，在用脚踩支点时，要掌握用力的方向，切忌用力过猛。在攀登过程中还要注意手脚配合。在学习攀岩的过程中，首先要练好上肢力量，上肢又以手指和手腕、手臂力量为主，再配合以脚腕、脚趾以及腿部的力量，使身体重心随着用力方向的不同而协调地向前移动。

3. 攀岩时的基本要求

（1）尽量节省手的力量：攀岩是用手和脚，通过寻找岩面上一切可利用的支点，克服攀爬者自身的体重及所携带的重量向上进行攀登。所有攀登者应该有一定的手臂、手指、肢尖及腰腹力量。由于手臂力量相对很有限，在攀登的过程中，应尽量用腿部力量，而节省手的力量。

（2）控制好重心：控制重心平衡是攀岩过程中最关键的问题，重心控制得好就省力；反之，就会消耗许多不必要的力量，同时也就影响了整个攀登过程。

（3）有效地休息：在一条攀登路线中，肯定是有些地方简单，有些地方难，要想一口气爬完全程比较困难，所以，想爬得高一些，应学会有效地进行休息，一般是到达一个比较容易的位置，以最省力的姿势，边休息边观察下一段要攀爬的线路。这一点在比赛过程中尤为重要，因为正式的比赛，攀登的路线是完全陌生的，而且只有一次机会。

（4）主动调节呼吸：初学者往往忽略这一点。攀爬一条线路是一个连续的过程，从一开始就应该主动去调节呼吸，而不应等快坚持不住了再去调整。

另外要强调一点，攀岩是一项有危险性的运动，若装备质量合格，保护技术过硬，保护人员操作规范、认真，就不会有危险；反之，若装备质量有问题，保护人员操作不规范、不认真，就容易出危险。因此，攀岩运动中的保护是每个参与者都应时刻注意的问题。

（五）攀登时的保护方法

攀登者在保护人通过登山绳给予的保护下进行攀登。登山绳的一端通过铁锁或者直接与攀登者腰间的安全带连接，另一端穿过保护者与其腰间安全带相连的铁锁和下降器，中间穿过一个或多个固定的安全支点上的铁锁。

保护者在攀登者上升过程中不断给绳或收绳，在攀登者失手时，握紧绳索制止其坠落。攀登者在突然发生坠落时冲击力是很大的，直接手握绳索很难将其拉住。冲击力主要是通过绳索与铁锁及下降器之间的摩擦力而抵消的。因为保护支点上有很大的摩擦力，所以体重较轻的人也可以保护较重的人。保护的形式按保护支点的相对位置一般分为上方保护和下方保护两种。

1. 上方保护

这是保护支点在攀登者上方的一种保护形式。在攀登者上升的过程中，保护人不断收绳使攀登者胸前不留余绳，但也不要拉得过紧，以免影响攀登者行动。上方保护对攀登者没有什么特殊要求，发生坠落时冲击力也较小，较为安全。进行上方保护使用的器材一般有安全带、铁锁和下降器。保护人收绳时要注意随时用一只手握住下降器后面的绳索，或把下降器两头的绳索紧紧抓在一起。因为在发生事故时，只抓住下降器前面的绳子是很难制止坠落的。

2. 下方保护

这是保护支点位于攀登者下方的一种保护方式。该保护方式没有上方预设的保护点，只是在攀登者上升的过程中，不断把保护绳挂入途中安全支点上的铁锁中。这是国际比赛中规定的保护方法，实用性较大。但这种保护方式要求攀登者自己挂保护，而且发生坠落时由于坠落距离大且冲击力强，适合于技术熟练者使用。

思考题

1. 徒步走的锻炼价值是什么？
2. 徒步穿越应注意哪些事项？
3. 跳绳的特点和作用有哪些？
4. 踢毽子的锻炼价值有哪些？踢毽子有哪些基本技术？
5. 自行车运动有哪些种类？锻炼价值如何？
6. 游泳的锻炼价值有哪些？熟悉水性的练习有哪些？
7. 简述蛙泳腿部动作的技术要领。
8. 攀岩运动的基本技术要哪些？

参考文献

[1] 潘绍伟. 大学体育与健康 [M]. 北京：人民教育出版社，2004.

[2] 蔡志坚. 大学体育 [M]. 北京：高等教育出版社，2010.

[3] 李重申，李金梅. 体育实践教程 [M]. 2 版. 北京：高等教育出版社，2010.

[4] 李仪. 大学体育与健康教程 [M]. 北京：高等教育出版社，2012.

[5] 刘建国，崔冬雪，及化娟等. 当代大学体育与健身 [M]. 北京：高等教育出版社，2014.

[6] 刘传进，朱礼金. 体育与健康 [M]. 2 版. 北京：高等教育出版社，2015.

[7] 彭雪涵，王萍丽，汪焱. 大学体育 [M]. 北京：高等教育出版社，2014.

[8] 李鸿江. 田径 [M]. 2 版. 北京：高等教育出版社，2008.

[9] 高等学校新世纪体育教材编写委员会. 篮球 [M]. 北京：高等教育出版社，2006.

[10] 郭永波. 篮球运动教程 [M]. 北京：北京体育大学出版社，2005.

[11] 黄汉升. 球类运动——排球 [M]. 3 版. 北京：高等教育出版社，2015.

[12] 中国排球协会审定. 排球竞赛规则 [M]. 北京：人民体育出版社，2012.

[13] 陆卫平. 排球竞赛与裁判方法 [M]. 北京：北京航空航天大学出版社，2009.

[14] 邱书蕊. 排球运动教学与训练 [M]. 北京：人民体育出版社，2011.

[15] 王崇喜. 球类运动——足球 [M]. 3 版. 北京：高等教育出版社，2014.

[16] 王崇喜. 足球教学设计 [M]. 北京：高等教育出版社，2009.

[17] 麻雪田，李仪. 足球比赛理论与实践 [M]. 北京：北京体育大学出版社，2008.

[18] 刘丹，赵刚. 青少年足球训练纲要与教法指导 [M]. 北京：人民体育出版社，2011.

[19] 蔡健玲，吴修文等. 跟专家练乒乓球 [M]. 北京：北京体育大学出版社，2002.

[20] 苏丕仁. 乒乓球运动教程 [M]. 北京：高等教育出版社，2003.

[21] 陶志翔. 网球运动教程 [M]. 北京：高等教育出版社，2003.

[22] 周鸣共. 网球　世界因你而精彩 [M]. 北京：高等教育出版社，2007.

[23] 郑兆云，许绍哲. 羽毛球 [M]. 北京：北京体育大学出版社，2010.

[24] 肖杰. 学打羽毛球 [M]. 北京：北京体育大学出版社，2005.

[25] 陈伟华. 羽毛球实用技术 [M]. 北京：人民体育出版社，2009.

[26] 羽毛球竞赛规则 [M]. 北京：人民体育出版社，2010.

[27] 羽毛球竞赛规则与裁判法 [M]. 北京：北京体育大学出版社，2008.

[28] 编写组. 球类运动——乒乓球 手球 垒球 羽毛球 [M]. 3 版. 北京：高等教育出版社，2017.

[29] 蔡仲林，周之华. 武术 [M]. 3 版. 北京：高等教育出版社，2015.

[30] 梅雪雄. 游泳 [M]. 3 版. 北京：高等教育出版社，2007.

[31] 黄宽柔，姜桂萍. 健美操　体育舞蹈 [M]. 北京：高等教育出版社，2006.